秦都咸阳

（增补本）

陕西历史博物馆 编

王学理 著

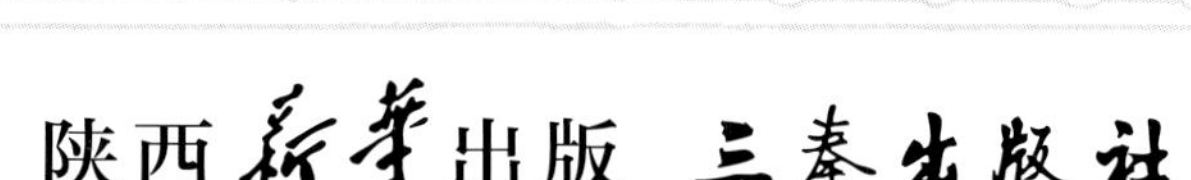
陕西新华出版 三秦出版社

图书在版编目（CIP）数据

秦都咸阳 / 陕西历史博物馆编；王学理著 . -- 增补本 . -- 西安：三秦出版社，2024.4
ISBN 978-7-5518-3134-5

Ⅰ . ①秦… Ⅱ . ①陕… ②王… Ⅲ . ①文化遗址—研究—咸阳 Ⅳ . ① K878.04

中国国家版本馆 CIP 数据核字（2024）第 084980 号

秦都咸阳（增补本）

陕西历史博物馆 编
王学理 著

出版发行	三秦出版社
社　　址	西安市雁塔区曲江新区登高路 1388 号
电　　话	（029）81205236
邮政编码	710061
印　　刷	陕西隆昌印刷有限公司
开　　本	787mm × 1092mm　1/16
印　　张	23.5
插　　页	4
字　　数	450 千字
版　　次	2024 年 4 月第 1 版
	2024 年 4 月第 1 次印刷
标准书号	ISBN　978-7-5518-3134-5
定　　价	96.00 元

网　　址　**http://www.sqcbs.cn**

1.秦宫一号遗址（冀阙的西阙）

2.冀阙复原透视图（杨泓勋绘）

秦宫殿遗址出土的壁画残块

1.安邑下官钟

2.半斗鼎

3.错金银铜鼎

4.彩绘陶壶

5.铜錞于

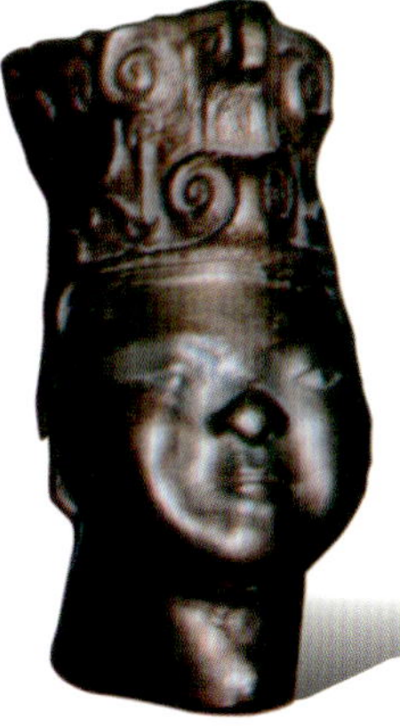

6.铜俑头

7.陈爰金饼

1.彩绘骑马俑

2.铜构件

3.雁足铜灯

4.修武府温杯

1.高奴禾石铜权

2.铜诏版

3.两诏铜量

4.青铜龙构件

1.阿房宫前殿夯土基址断面

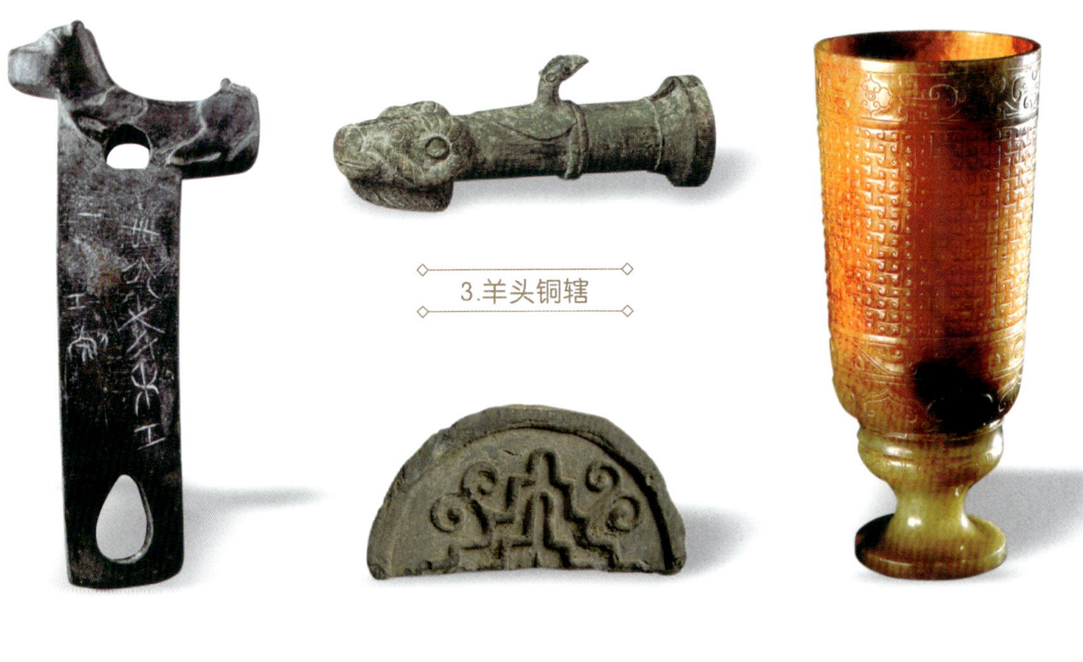

3.羊头铜辖

2.虎形铜辖

4.瓦当

5.高足玉杯

1.秦始皇陵

2.秦俑头

3.秦俑一号坑

4.将军俑

5.彩绘铜车马

1.铜天鹅

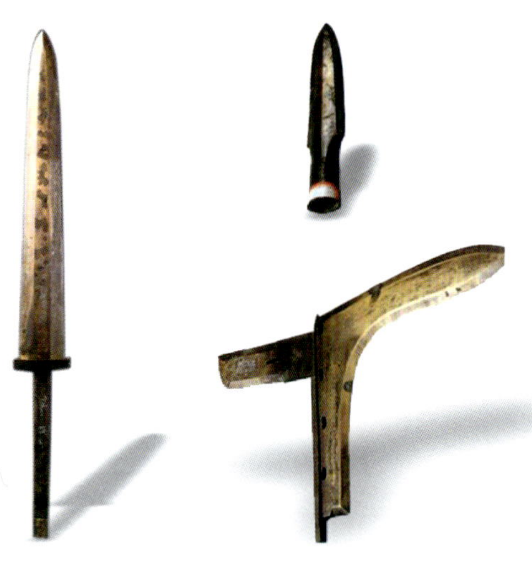

2.青铜鈹与戟

3.彩绘铜盾

4.杜虎符

前 言

公元前350年，秦孝公把军事指挥中心从栎阳迁到了咸阳。从此在这荒芜的黄土原上，既要发展生产壮大经济实力，又要扩展军事增强外战能力，还得顾及都城的建设。随后经过七代国君贯彻耕战政策、发扬勇敢善斗的传统精神，走过艰苦的惨淡经营之路，终于使一座光耀中华大地的都城咸阳屹立在渭河之滨的咸阳原上。

作为秦咸阳存世，还不算短的144年里（公元前350年～前206年），有着一段跌宕起伏的辉煌历史，秦咸阳经过了从秦国的“王都”到秦王朝的“帝都”这两大历史阶段。而“革故—创新—强立”的奋斗历程，正是秦人使一个偏处西隅的“部落”崛起成为“封国”，再成为“帝国”的轨迹，在中华两千年的历史上画出了辉煌灿烂、光耀千秋的壮丽图卷。

秦咸阳这座具有历史地位的都城，不但建筑宏伟、占地广阔，“自雍门以东至泾、渭，殿屋复道周阁相属”“咸阳之旁二百里内宫观二百七十，复道甬道相连”(《史记・秦始皇本纪》)，使咸阳形成“渭水贯都，以象天汉。横桥南渡，以法牵牛”(《三辅黄图》)的格局，而且由这里掀起震动中华大地的政治风暴，曾发生过数不清的风雷激荡、人事诡谲的故事，件件都勾起历代人们无限的遐思与追忆。也正因为这些曾经的历史存在，给中国乃至世界都留下了浓墨重彩的一笔，对中国几千年来政治、军事、文化影响深邃。但可惜的是，秦都咸阳最后焚毁于项羽的一把大火。

追溯秦都咸阳从“兴起”到“废毁”的历史，我们清楚地看到在它存在的一个半世纪里曾经经历了四个大的阶段，即：

一、初创期

从秦孝公十二年到二十四年的12年期间（公元前350年～前338年），秦孝公同商鞅对内忙于变法、完成一系列政治改革，为摆脱旧势力的束缚，既不能返回旧都雍城，也不能继续留在临魏前线的栎阳，于是择地咸阳，辟以为都，建造“冀阙宫庭”及宫垣之外无暇他顾，连他的陵墓也是追随先父献公葬到栎阳以东去了。但不可否认的是，渭水北岸的咸阳地带为以后这座城市的发展奠定了基础。

二、发展期

从秦惠文王元年起，终庄襄王之世，历经五代秦王、90 年间（公元前 337 年 ~ 前 247 年），秦国已发展成为一个“带甲百余万，车千乘，骑万匹，虎贲之士、跿跔科头贯颐奋戟者，至不可胜计”的军事大国（《史记·张仪列传》）。咸阳也同步地发展成了当时中国的一大都会。在这一阶段，咸阳的建设已被纳入城市的总体规划之中。宫殿建筑、手工业作坊、商业市场及居民区、王陵及市民墓区等，统统构成了城市规划的主要因素，均被组织在一个合理的布局中。首都范围急骤扩大，完全突破了局促于渭北一隅的狭小范围，跨过渭河向周都丰镐之侧的广阔地域发展。政治重心也随之有了向渭河南岸主要宫殿区转移的趋势。显然，这时的咸阳以东西流向的渭水为界，分成渭北老城区（可简称“渭北区”）和渭南新区（可简称“渭南区”）。

三、鼎盛期

嬴政 13 岁为秦王，39 岁统一中国后称“始皇帝”，50 岁病死在出巡途中。他在位的 37 年间（公元前 246 年 ~ 前 210 年），首先削平地方割据的诸侯国，奠定了中华帝国的基本框架。同时，他对首都咸阳的建设也取得了极其光辉的成就。表现在：一是在统一战争期间曾“徙天下豪富于咸阳十二万户。……秦每破诸侯，写放其宫室，作之咸阳北阪上，南临渭”，给予实际的充实；二是调整规划，向南、向东扩大发展，使“诸庙及章台、上林，皆在渭南”“作信宫渭南，已更命信宫为极庙，象天极”。“自极庙道通郦山。作甘泉前殿，筑甬道，自咸阳属之”“营作朝宫渭南上林苑中”，“令咸阳之旁二百里内宫观二百七十，复道甬道相连”（《史记·秦始皇本纪》）。此时的咸阳作为秦帝国的首府，已有了市中区、近郊和远郊的划分，达到了它繁荣昌盛的顶点。

四、衰落期

秦始皇死后，赵高、秦二世阴谋集团在政治上倒行逆施，使首都咸阳处在腥风血雨之中，在市政建设上当然不会有什么建树。项羽在农民反秦的浪潮中领兵进入咸阳，掳走宫女，掠去财富，一把火竟把这座都城烧成瓦砾遍地、焦土垒垒的废墟。而这一急剧的变化，发生在秦二世执政到秦亡，才不过三年时间（公元前 209 年 ~ 前 206 年）。

咸阳从“筑冀阙，徙都之”（《史记·秦本纪》）到“渭水贯都，以象天汉，横桥南渡，以法牵牛”的规模，应该说是战国时期列国都城中的后起之秀，既是诸都建筑精华的集中表现，也是千百万劳动人民辛勤劳动和高度智慧的结晶。从时间上讲，它自身则是经过了自北而南、由小到大的发展历程。在那一个半世纪里，秦的政治指挥中心是随这座城市规模的变化而发生位移的，如秦孝公时完全处于渭北；惠文王到庄襄王期间，因政治、外交、祭祀等大事内容的不同，时在渭北，时在渭南；而秦始皇时，他的主要活动则已转到了渭南。

秦亡汉兴，咸阳的历史又翻过新的一页。汉高祖六年（公元前 201 年）改咸阳为新城县，七年并入长安县。历史无情地也跟着翻了过来，秦朝时长安是都城咸阳南区的一个乡，汉朝时渭北区降成一个县级、渭南区则成了汉都长安的一部分。

由此可见，渭河南北两地较近，既合二为一，又一分为二，随势而变。当然，“咸阳”既是秦的首都，早已按其环境地理的特点命名，以后谁也没有想到，也没有必要再去改名。实际上，时势虽变名号沿袭的情况，在历史上也不足为奇。所以，我们只能把“咸阳”二字看作是历史的符号而已。从地缘意义上讲，秦都咸阳是周都丰镐的后继者，又是汉都长安的前身。人们不可囿于字面的地名硬同今之咸阳市重合，因为这既不符合历史的真实，而且还会模糊都城史研究者的视野。

一个宫殿重重、财富集中的秦都咸阳城，在地平线上永远地消失了。它那峥嵘的岁月，也只是在历史文献上留下一道浅浅的印痕。笔者作为秦都咸阳初期考古的参加者与开拓者，在 1985 年出版了《秦都咸阳》一书，第一次阐明这座都城的兴建起因、形成规模、城制布局、科技文化及最后的毁灭，从而为秦咸阳研究奠定了框架；1999 年又出版了《咸阳帝都记》一部专著，在更广阔的范围、更深的层次对秦咸阳的研究拓宽了思路。近期又完成了《咸阳帝都记》的修订，可作为大学教学辅助材料、古代都城研究者及社会人士的参考。另外，笔者作为长期亲历秦咸阳考古与研究的先行者，对早先的《秦都咸阳》再作增补，也可以作为《咸阳帝都记（修订本）》另一形式的辅助读物，一雅一俗，或可使不同需求的广大读者了解秦都咸阳的历史面貌，从而受到古人智慧与创造力的启发，把古今咸阳与西安的辉煌推向世界，对世界认识西安和咸阳略有裨益。

目 录

一、先从秦孝公选择咸阳建都的战略思维说起

（一）秦国的衰弱与献公的奋起

秦国的都城原来在雍（今陕西凤翔区），在春秋时期曾有过 294 年辉煌。秦穆公内政外交多有建树，也曾“伐戎王，益国十二，开地千里，遂霸西戎”（《史记・秦本纪》）。也就是说他发兵攻打西戎，并灭了 12 个蛮夷部落国，使都城一下子向西延伸了千里，扩展到陇西、北地郡（即今甘肃陇右、陇东地区、宁夏回族自治区南部），巩固了秦国大后方的西部地区，为东向诸侯、争霸天下创造了条件。秦穆公被列为“春秋五霸”之一，连周天子都派使臣来向他贺以金鼓的重礼。从这里，我们就不难想象秦国的强盛与影响了。

在穆公之后，秦国维持过一段强盛的余晖。但随后政治腐败，秦国开始走下坡路，在军事上也呈现出劣态。像南郑反叛，而当政的秦躁公却奈何不得（《史记・秦本纪》《史记・六国年表》）。占据洛水和无定河之间黄土高原上的义渠戎，于躁公十三年（公元前 430 年）一直攻打到渭南，雍都朝野震惊而又无法抗拒[①]。实际上，对秦国直接威胁的，还要算是来自经过变法强盛起来的东邻魏国。那时，魏在黄河西岸筑起了少梁城（今陕西韩城市南少梁村），秦虽然也反击了，但仍然是得而复失（《史记・六国年表》）。

据《吕氏春秋・当赏篇》记述，秦国“群贤不说（悦）自匿，百姓郁怨非上”。就在秦国混乱之际，东邻的魏国乘势而上。公元前 413 年（秦简公二年）起，魏国出兵攻秦郑县（今陕西华阴市），魏公子围攻繁庞（今陕西韩城市东南），逐虏百姓。大将吴

① 《史记・秦本纪》：“（躁公）十三年，义渠来伐，至渭南。”《六国表》作“渭阳”，《后汉书・西羌传》作“渭阴”。原来义渠戎在战国初年占据着洛河流域和无定河之间的广大地区，虽然在公元前 444 年遭到秦厉公的打击，义渠王被俘，不得不向北退去，同秦修好。但在秦厉公之后，又乘魏强秦弱的军争间隙向南侵袭，所以《汉书・西羌传》有“泾北有义渠之戎”的记载。也正因为义渠戎的势力已达渭北高原的南缘，而沿洛河向南攻至今渭南是完全可能的。“渭南”即“渭阴”，两处记载一致，可见“渭阳”系传抄致误。

起率军攻克临晋[①]、元里（今陕西澄城县南），并占领了洛阴（今大荔县西）、合阳（今陕西合阳县东南）两城。魏国在洛河以东、南至临晋、华阴以东的占领区设立了河西郡（龙门以下到今大荔一带的黄河西岸再到洛河东岸的广大地域），治设在临晋。还在洛河东岸筑起一道防秦的“魏长城”，“自郑滨洛以北，有上郡”（《史记·秦本纪》）。魏文侯还以名将吴起任郡守，“以拒秦韩”（《史记·孙子吴起列传》）。（图 1–1）

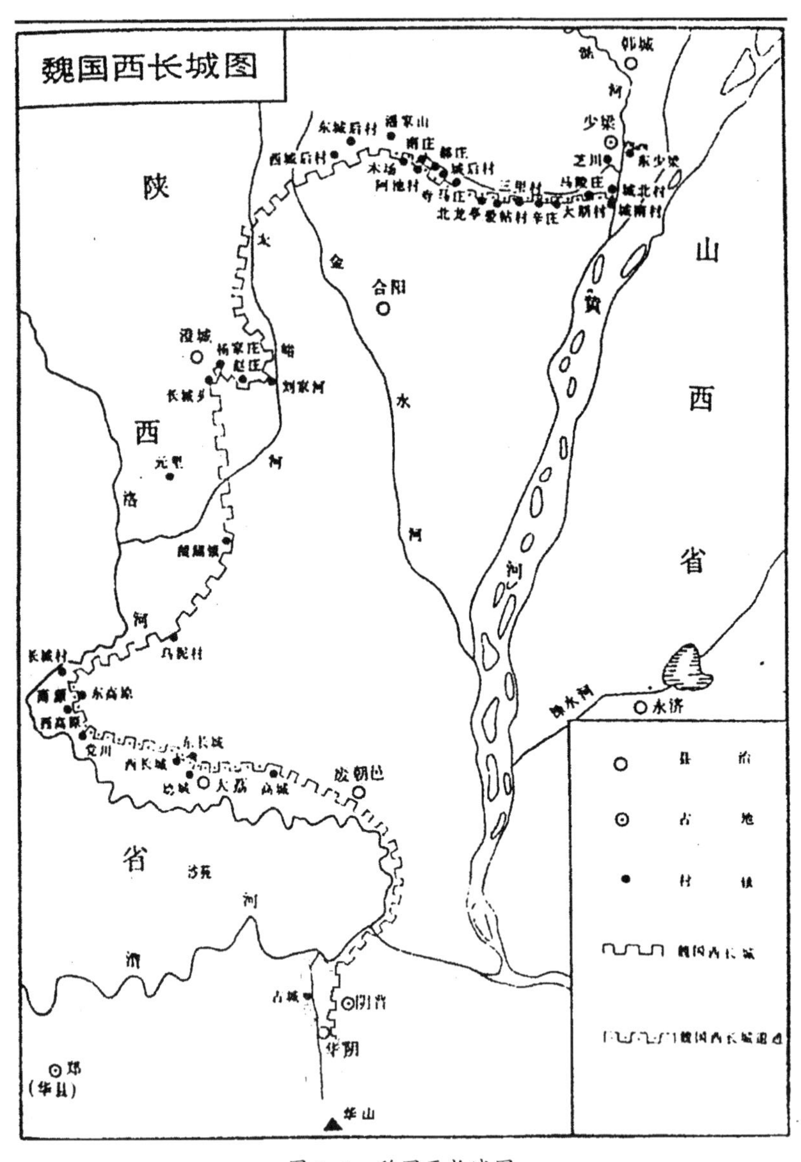

图 1–1　魏国西长城图

① 临晋，原名王城，秦于公元前 461 年灭大荔戎，因“筑高垒以临晋”，故名。位于今陕西大荔东。

秦国失去了“河西地”这大片领土以及作为天然屏障的黄河防线，被迫退守洛河一线。公元前 408 年（秦简公七年），秦在河西岸作“堑洛”的军事防卫工程——长城，并筑重泉城（今陕西蒲城县东南钤铒乡内），屯驻重兵，防御魏国（《史记 · 秦本纪》《史记 · 六国年表》）。秦长城南自华阴东南的小张村起，东北行，过渭河，沿右岸向西北，经大荔沙苑，到蒲城北城南，直北，两过洛河，傍岸右西北行，过白水西北，至黄龙山。这条边城当然是秦国丧失河西地后自划的东界了（图 1–2）。

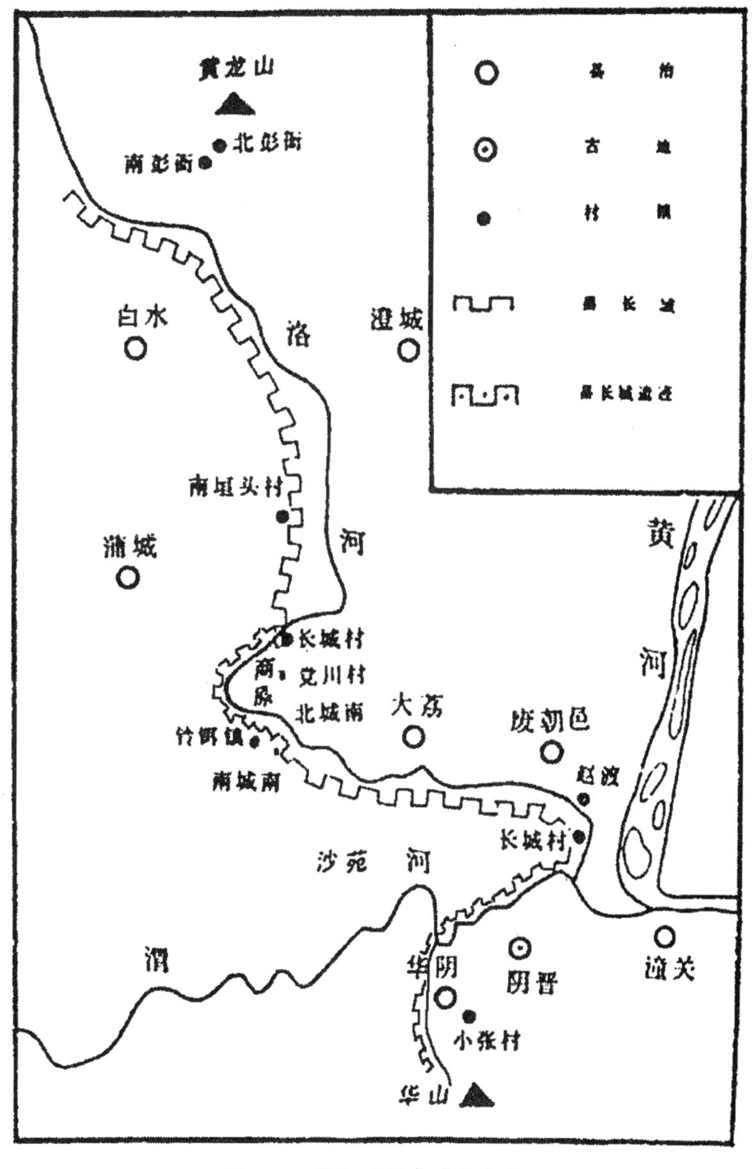

图 1–2 洛河下游秦国长城图

秦国奴隶主贵族控制着国家的政权，治理得一团糟。国君的废立完全由“庶长”们裁决，国君的母后和宦官专权，政局动荡，内乱迭起，给社会带来不安，人民遭受无尽的痛苦。

在这里，我们不妨看看当时秦国的那些乱劲。公元前428年，秦怀公被从晋国迎回来继位，但仅经过四年就受到庶长晁与大臣的围攻，被逼自杀。但死后，大臣们把他早死的太子昭子的儿子扶上了台，是为灵公。灵公在位10年死，但太子师隰（即公子连）不得立，在争位的内乱中只有出奔到魏国。大臣们却从晋国迎来了灵公的季父悼子，这就是简公。简公立16年，死后儿子惠公立。惠公13年死，仅有两岁的儿子出子（或称“出公”）被立为秦君，政权实际完全落入了母后及宦官之手。当师隰出奔29年后（即公元前385年），庶长改（即菌改）又迎回了这位灵公之子师隰，“杀出子及其母，沈之渊旁”（《史记·秦本纪》）。师隰（公子连）立为秦君，是为献公。秦国遭受“四世之乱”，至此终于盼来了稳定。

秦献公是有作为、有理想的一位君主，富有革新精神。他为了摆脱雍都奴隶主旧势力的包围与干扰，一上台就颁布“止从死”的命令，把残酷的人殉制度废除了。接着为向魏国夺回“河西地”，把国家政治中心从雍都搬到了栎阳（今西安市阎良区武屯镇官庄村与古城屯村之间）。经过一段时间的发展，他在河西地上便对魏国发起了进攻。二十一年（公元前364年），在今陕西泾阳西北展开了对魏国的“石门之战”。旗开得胜，斩首六万，取得了战国时期秦对外的第一次大胜仗。一扫百年之耻，连周天子都赐以绣“黼黻”纹样古冕服表示祝贺。仅隔了一年，又同魏国在黄河西岸、今韩城市南展开了“少梁之战”。这一仗又打败了魏军，还俘虏了魏军统帅大将公孙痤，从而占领了河西的庞城（即繁庞，位于今韩城市东南）。

英雄未竟身先死，秦献公在二十四年（公元前361年）与世长辞，继位的是年仅21岁的太子渠梁，是为秦孝公。

（二）秦孝公的“求贤令”与商鞅的智慧

春秋战国期间，各国相互攻伐，旨在兼并土地，掠取劳力和封建租税，从而形成了强凌弱、众暴寡的政治局面。

尽管新兴地主阶级的代表人物秦献公生前的政治改革曾收到一定成效，自厉公以来积弱的局面有所改变，但由于奴隶制的生产关系未解除，奴隶主贵族的政治势力和经济实力还顽固地盘踞在各个领域，秦国还没有从根本上摆脱内外交困的处境，像河西地仍在魏国之手，一旦魏兵西出长城，冲决秦国的洛水防线，就会直逼泾渭地区，不但新都栎阳难保，就是旧都雍也将岌岌可危。

于是，秦孝公登基的头一年（公元前 361 年）就下了“求贤令”，承诺“宾客群臣有能出奇计强秦者，吾且尊官，与之分土”（《史记·秦本纪》）。

图 1–3 商鞅图

这个时候，一位法家人物走到历史的前台。他就是“少好刑名之学”的公孙鞅（生于公元前 390 年左右），本是卫国的公子，姓公孙氏，名鞅，也称“卫鞅”。因后来秦国给的封地十五邑在商、於（今陕西丹凤县），就号称“商君”，历史上习惯叫“商鞅”（图 1–3）。此时 29 岁的公孙鞅正当年富力强、才思敏捷、政治成熟。虽然先在魏国从事政治活动，但终得不到重用。当他得知秦孝公礼贤下士之后，为了追求自己的理想，就带着李悝的《法经》，立即从魏国赶到了秦国。

在栎阳，由国君的宠臣景监引见，商鞅终于见到了秦孝公。他们二人曾有过三次谈话，很富有戏剧性，从中足以展现出商鞅的机智与聪慧。

开始，商鞅为试探秦孝公强国的态度、决心与办法，就大谈“帝道”，但孝公默不作声。第二次又谈“王道”，孝公根本就不听。尽管商鞅两次夸夸其谈，大加演义三皇五帝无为而治、以德治国的那一套，而孝公却在打瞌睡，还生气埋怨景监不该介绍这样的人来，简直是浪费时间！

商鞅好不容易又争取到第三次谈话的机会。他改变了内容，大谈富有进取精神的“霸道”。这个所谓“强国之道”才真正引起了孝公的兴趣，还“不自知膝之前于席也，语数日不厌”。因为古人还没有今日那高桌子、低凳子的设置，更不会有可靠的沙发之类，只能“席地而坐”，而且还是各自一张席坐着。这时，孝公唯恐听不明白，就不停地把自己的席子往商鞅跟前靠。正因为双方对话投机，竟“数日不厌”。

秦孝公接受了商鞅的变法主张，唯恐身边的大臣有非议。为取得朝臣们的支持，就召开了一次公开的听证会。这听证会在当时被称作“廷议”，这实际上是秦国原始的军事民主制残留的些许优良传统。这次听证会论辩激烈，又富含哲理，因为司马迁用词严密，又甚有故事性，所以我就照录《史记·商君列传》的原文，稍加调整写在下边，供大家欣赏：

商鞅曰：“疑行无名，疑事无功。且夫有高人之行者，固见非于世；有独知之虑者，必见敖于民。愚者暗于成事，知者见于未萌。民不可与虑始而可与乐成。论至德者不和于俗，成大功者不谋于众。是以圣人苟可以强国，不法其故；苟可以利民，不循其礼。”

孝公曰：“善”。

甘龙曰：“不然。圣人不易民而教，知者不变法而治。因民而教，不劳而成功；缘法而治者，吏习而民安之。”

卫鞅曰：“龙之所言，世俗之言也。常人安于故俗，学者溺于所闻。以此两者居官守法可也，非所与论于法之外也。三代不同礼而王，五伯不同法而霸。智者作法，愚者制焉；贤者更礼，不肖者拘焉。”

杜挚曰：“利不百，不变法；功不十，不易器。法古无过，循礼无邪。”

卫鞅曰：“治世不一道，便国不法古。故汤武不循古而王，夏殷不易礼而亡。反古者不可非，而循礼者不足多。”

孝公曰：“善”。

经过这场辩论，在秦国变法有了明确的是非，秦孝公坚定了变法的决心。为取得广大百姓的理解，商鞅在南门外竖立一根木头。颁布政令，谁能把这根木头搬到北门，可得十金的赏赐。但人们怀疑此为欺诈。赏金增加到五十金时，竟然有个人把这根木头搬到了北门，真的得到了这赏金（《史记·商君列传》）。这“南门徙木”的故事表明秦孝公、商鞅说话算数，为变法取得社会舆论的支持。

秦孝公以公孙鞅为左庶长（秦爵第十级，相当国卿），接着就颁布了变法之令。

商鞅受到秦孝公的信任和支持，经过三年的舆论和组织准备，由国家颁布法令，改革户籍组织，奖励军功，实行“连坐法”，打破了僵化的思想状态和习惯势力，使秦国萎靡不振的社会面貌为之一新。公元前 352 年，公孙鞅由左庶长升任大良造（秦爵第十六级，相当于相国）。他率军东渡黄河，围降了魏的别都安邑（今山西夏县北）。次年又攻下魏的西长城要塞固阳，从而缓和了东境的军事压力，转而内向，大刀阔斧地进行第二次改革。

秦孝公和商鞅为了把变法运动推向纵深，首先采取一项大的措施就是于公元前 350 年（秦孝公十二年），把政治指挥中心从栎阳迁到了咸阳，定成国都。

（三）后撤军事前沿的指挥中心，不忘洛东形势

商鞅变法时，为什么要离开栎阳？为什么把都城不迁在渭河南岸的丰镐之地呢？为什么又会选中咸阳呢？

按说，渭河南岸的历史、地理、生产、生活等诸多方面的条件是很不错的。固然周都丰镐遭犬戎之乱已是瓦砾遍地、满目疮痍的烂摊子，毕竟紧贴渭河之南还有着广阔的地域呢！但是，秦孝公和商鞅并没有在意，其战略考量大概不外乎以下的原因：

第一，就当时军事斗争形势而言，魏是战国初期的强国之一，是秦国向东发展的直接障碍，而且占有秦的河西之地，隔洛水同秦对峙。秦献公徙治栎阳的目的，就在于“东伐”魏国、夺回河西地。固然随着秦进魏退的变化，双方争锋的焦点已由河西地移到函谷关以东，原处于第一防线偏后的栎阳，其战略地位就不再像原来那样重要，其所在位置当然也就不能完全适应变化了的要求。于是，服从于军事斗争目标的这一都城已完成其临时性的任务。但这只是给了秦国缓冲的时间，并不等于掌握了扭转局势的主动权，所以还不能放松对洛河以东的警惕；

第二，栎阳地势高亢，距渭河又远，无险可凭，况且东近“泽卤之地”的卤泊滩（在今富平县东、蒲城县西南），生产、生活条件都不甚理想。既然魏国迁都大梁、减缓了秦国东部的军事压力，同时也给了秦国发展的机遇。因此，选择固定的国都就显得十分的必要；

第三，从变法实际考虑，雍都是宗族奴隶主集团盘踞的老巢，迁都咸阳就可摆脱旧势力的包围，避免干涉与阻挠，便于新法的迅速继续推行；

第四，咸阳原具有帝王之气，它东有泾渭的交汇，形成攻防的天然屏障。后有广阔平原赖以资助。而且咸阳位于关中平原的中心地带，恰在沣、渭交会以西的大三角地带[①]。这里有着大片的良田沃土，早为人们所开发利用，是个农产丰富的“奥区”。那么，秦国依仗这衣食之源的优越地位，就更加有利于国家基地的稳固。守在中央，居高临下的黄土台塬，确实具备“据河山之固，东乡以制诸侯”（《史记·商君列传》）的战略条件；

第五，咸阳濒临渭水，是南北两岸东西并行的大道交叉处：由渭北的一条古道，可东出临晋关（又称蒲津关，魏置，在今陕西大荔县东黄河西岸），渡河可东至蒲阪（今山西运城西南蒲州镇），直抵魏的腹地；由渭南的一条古道，东出崤函关隘（东自崤山，西到潼津，通函谷，关址位于今河南灵宝市西南），便可同诸侯争锋中原。同时，渭河又具漕运之利，顺流而下可直入黄河，早在春秋时代就用作漕运[②]。所以，咸阳正当水陆津梁，形势险要，有进退战守的军事作用和立国守成的政治作用，无疑是符合建都条件的。应该说，这是秦孝公与商鞅从近期到长远的战略谋划，是高人一等的智慧。

（四）商鞅变法的主要内容与效果

秦国在咸阳发布的一系列政令和措施，都带有根本的性质。根据《史记·秦本纪》和《史记·商君列传》记载，其主要内容包括经济和政治的两方面，具体条目是：

1.“开阡陌封疆”，也就是在田间修建南北与东西相交的道路（阡陌），树立田界的标志（封），并连接以矮墙（疆）；

2.田制规正了，国家依田亩收取租税，按壮丁征收军赋，从而做到“赋税平”；

3.“集小乡、邑、聚为县，置令、丞”。合并乡野原来的聚落，设成县，置令或丞等官吏实施行政管理，从而消除了奴隶主贵族的割据势力，集权于中央；

4.“平斗桶权衡丈尺”，即：由国家颁布标准器，统一度量衡制度；

5.“令民父子兄弟同室内息者为禁”，“民有二男以上不分异者，倍其赋”。这既革除

① 《诗·大雅·文王有声》：“丰水东注，维禹之绩。”据清人胡渭《禹贡锥指》考证：在古代，不仅沣水东流，而且涝、滈、潏、灞诸水也注入沣水东流。而今灞河是在泾水入渭处才注入渭河。汉代，沣水独自北流，于今咸阳市东南入渭。北魏时，沣水是在咸阳市西南的短阴山下入渭的。

② 《史记·秦本纪》载：秦穆公十二年（公元前648年），“晋旱，来请粟。……以船漕车转，自雍相望至绛”。历史上称这一救援活动为“泛舟之役”。渭水量大而平稳，适宜漕运，历代不绝。但也因季节性而水位落差较大，所以过河就形成“冬自桥梁夏自舟”的状况。近多年来，由于生态失去平衡，水量骤减，以至夏季涉足而过，几近断流。

了社会陋习，建立了新风尚，又按丁男确立家庭单位收取人头税，有利于耕战政策的推行。

6.“令民为什伍，而相牧司连坐。”即重新编制户口，以“五家为保，十保相连”，相互监督，建立起中国最早的“连保制度”；

7. 奖军功，戒私斗。“有军功者，各以率受上爵；为私斗者，各以轻重被刑大小”；

8. 发展农业生产，限制商人，奖勤罚懒。规定“僇力本业，耕织致粟帛多者复其身。事末利及怠而贫者，举以为收孥”。对从事商业和懒而贫的人及其妻子，一定没收为官奴婢；

9. 规定“宗室非有军功论，不得为属籍。明尊卑爵秩等级，各以差次名田宅，臣妾衣服以家次”。限制宗室特权，实行以军功大小为准的新等级制。体现出“有功者显荣，无功者虽富无所芬华”。突出为国立军功，体现的是公平和正义；

10. 徙都咸阳，彻底摆脱奴隶主贵族盘踞的老巢——雍城之干扰。

新的改革内容包括政治和经济两方面内容，实际上是为推行“耕战政策”铺平道路。

商鞅变法前后有十二年，开始并不顺利，犯禁的人达千数之多。连太子都犯了法，害得师傅公子虔、公孙贾都受了刑罚。定都咸阳过了四年，公子虔再次犯法，商鞅按刑法削了他的鼻子。经过雷厉风行地推行变法，政治改革收到了显著效果。这时“秦民大悦，道不拾遗，山无盗贼，家给人足。民勇于公战，怯于私斗，乡邑大治”（《史记·商君列传》），秦国形成了良好的社会风气。

秦国的军事力量因商鞅变法的胜利而大大加强，诸侯国也不得不刮目看待这个崛起于西土的强国。公元前 343 年（秦孝公十九年）“天子致伯”，给秦孝公还送来祭祖的肉。第二年，各诸侯国都来祝贺（“诸侯毕贺”）。秦国还派公子少官带军队参加了逢泽（今河南开封市南）的诸侯集会，并朝见了周天子。接着，在公元前 339 年（秦孝公二十三年）商鞅率军攻魏，俘虏了魏将公子卬，还迫使魏国交还了一部分西河郡地。魏国也不得不把自己的政治重心从安邑（今山西省夏县西北禹王村）最后撤到了大梁（今河南省开封市）[①]。

① 魏国的首都原在安邑（今山西省夏县西北禹王村，有城址发现），魏惠王为了巩固自己的东部地区，并企图夺取宋国的土地，同楚、齐争锋，于魏惠六年（公元前 364 年）徙治大梁（今河南省开封市）。这时的安邑只是作为别都（也可说是陪都）而存在，作为对付秦国的军事前哨和指挥中心。后因商鞅变法而强盛起来的秦国，在多次战争中挫败魏国，魏国又不得不于公元前 339 年撤去安邑这个据点。所以《史记·魏世家》称作“安邑近秦，于是徙治大梁”。《史记·商君列传》也说：“魏遂去安邑，徒都大梁”。辨参见王学理：《魏徙大梁与秦陷安邑》，《文博》1984 年第 3 期。

商鞅方升（上海博物院藏）

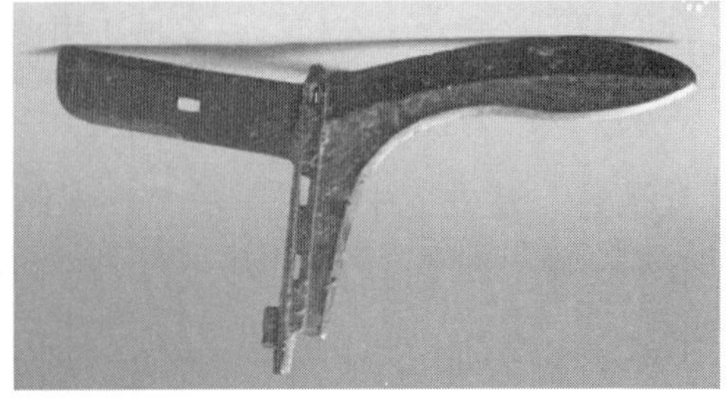

商鞅戟（上海博物馆藏）

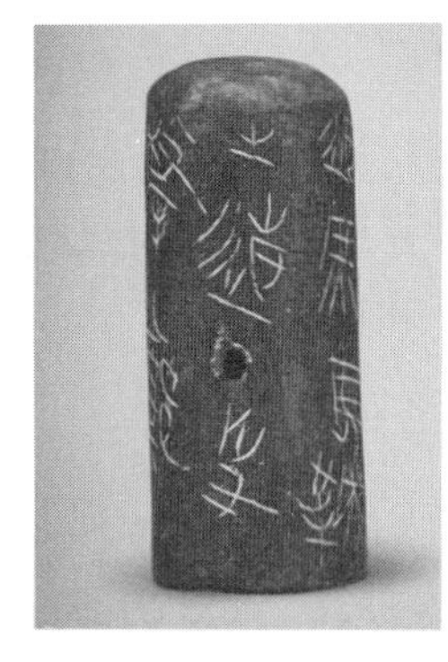

十九年商鞅殳镦（咸阳塔儿坡出土）

十九年商鞅殳镦铭释文（十九年大良造庶长鞅之造殳犛郑）

图 1–4　商鞅器（部分）

卓有成效的变法，历史把商鞅推到了政治前台。秦咸阳时期的文物遗留记载下了他的这段功绩。见于著录的传世品有量器——“商鞅方升”①，兵器有“商鞅戟”②、“商鞅矛镦”和“商鞅殳镦”③。1995 年，在咸阳塔儿坡秦墓地的 27063 号墓里又出土了一件“商鞅殳镦”，铭刻“十九年大良造庶长鞅之造殳犛郑”等 14 个字④。（图 1–4）商鞅封邑的城址位于陕西丹凤县城西 2.5 公里处的古城村。经陕西省考古研究所的探测与发掘，发现战国中期的城墙一段，残长 1000 余米，出土大量的建筑文物和陶器。完整的“商”字瓦当和戳印“商”字陶文的筒瓦，就是秦孝公二十二年（公元前 340 年）卫鞅因功而封商邑的有力证据⑤。（图 1–5）

① 商鞅方升，现存上海博物馆。

② 罗振玉：《三代吉金文存》20.21，中华书局，1983 年；罗振玉：《贞松堂集古遗文》12.6，北京图书馆出版社，2003 年；容庚：《秦金文录》41，1931 年。

③ 矛镦一件，收录在罗振玉《三代吉金文存》20.60；殳镦两件，见于省吾：《双剑誃古器物图录》49，1940 年。

④ 咸阳市文物考古研究所：《塔儿坡秦墓》，三秦出版社，1998 年。

⑤ 陕西省考古研究所等：《丹凤古城楚墓》，三秦出版社，2006 年。

图 1-5 “商”字瓦（商邑采集）

商鞅变法主要是以首都咸阳为司令台的；对外战争的胜利，国威的增强，也是以首都咸阳为出发点的。徙都咸阳，是商鞅第二次变法的内容之一。这一远见卓识，可说是秦国政治形势、社会面貌发生根本变化的转折点。

二、建都咸阳的标志物——冀阙

（一）“重威”意识的开端

《史记·秦本纪》载，秦孝公十二年（公元前350年）“作为咸阳，筑冀阙，秦徙都之。”《史记·商君列传》也载：“作为筑冀阙宫庭于咸阳，秦自雍徙都之。”

秦孝公为使商鞅变法再从深层展开，就把修建“冀阙”列为迁都的首项工程来进行。那么，筑“冀阙”，既是定都的标志，又是为这座历史名城举行的奠基礼。作为秦咸阳先期工程和国君权威的标识，“冀阙宫庭”的营建，其政治作用和历史意义在秦孝公和商鞅的潜意识中是绝对的重要。商鞅向赵良也曾经炫耀说，自己“大筑冀阙，营如鲁卫”。所谓“大筑”，就不是一般性的“小筑”。其体量大，涉及的工程量也大，其所处的位置必然也是显著的。

孝公定都咸阳，为什么要从“筑冀阙”开始？“阙”在都城建设上居于怎样的位置呢？“阙”最早出现在周代，《诗·郑风·子衿》就有“纵我不往，子宁不来，挑兮达兮，在城阙兮”的句子。因为阙位于城门之前，被认为这种城阙也就是城门楼，自然也就成了城门建筑的代称。《穀梁传》桓公三年也有“礼，送女，父不下堂，母不出祭门，诸母兄弟不出阙门”的话。

春秋战国时期，阙的形式也有了多样的变化。它既是立于城门和宫门外的一对多层建筑物，故而就有了“城阙”（又称“门阙”）、“宫阙”的称呼[①]。同时，阙的等级制色彩也越来越浓。它始称“象魏”，因为在此处公布法令、告示于民，便于观瞻，所以有把阙直呼为“观”或“门观”的（《说文解字》）。晋崔豹《古今注》给阙下的定义是“阙，观也。古每门树两观于其前，所以标表宫门也。其上可居，登之则可远观，故谓之观。人臣将朝，至此则思其所阙，故谓之阙。其上皆丹垩，其下皆画云气仙灵、

① 起初，阙、观不分。阙，一名“观”。《三辅黄图》载：“阙，观也。周置两观以表宫门，其上可居，登之可以远观，故谓之观。人臣将朝，至此则思其所阙。”

最早的阙是建在都城之门、宫门之外，到了汉代，从汉景帝陵园起，陵城四门高起三出阙，是为“陵阙”。此后连祠庙、宅第之前也设有阙，成了社会地位和身份的标志。

奇禽怪兽，以昭示四方焉”。由于君主常于此出列教令，臣下也常在这里上朝或待诏，又是出入城或宫的必经之道，不但设阙于“门两旁，中央阙然为道”（《释名·释宫室》），而且也高大其建筑体量与形制，以别君臣之尊卑，警示入朝的臣下到达帝王的宫禁之地当毕敬严肃。显然，从位置、形制、作用方面看，阙无不是君权威仪的象征物。至于秦孝公所筑的“冀阙”，又作何解释呢①？《史记·商君列传·索隐》：“冀阙，即魏阙也。冀，仿也。出列教令，当记于此门阙。”看来，这是较为接近孝公原旨的一种说法，因为他迁都咸阳首先是从“筑冀阙”开始的，不仅用这一庄严场所宣布一系列改革法令，而且重要的用意就是向世人宣示他政治改革的决心。

西汉初年，萧何大修未央宫，受到高祖刘邦的责怪。他的回答很直接，说“天子以四海为家，非壮丽无以重威，且无令后世有以加也”（《史记·高祖本纪》）。“重威”，就是要君主具有威严的仪表、威武的风度、威慑臣民的作为。那么，商鞅大筑冀阙就在于树立秦孝公变法图强、万民敬畏的形象。可见“重威”的意识，商鞅是先人一步。

（二）冀阙遗址的发现与定性

“冀阙”在咸阳哪里？这就需要先从“大筑”这个字眼入手。于是，我们考古人就向咸阳原上那最显著的建筑基址奔去。

1. 试掘的成效

1961年11月，陕西省考古研究所渭水考古队在对咸阳原普遍考古调查的基础上，吴梓林队长和笔者选定了窑店镇牛羊村北那座高大的夯土堆（图2–1）。当地人曾怀疑它是一座古墓，我们二人经过勘查后就在顶部的西北角开了探方进行试掘。当出土物陆

① “冀阙”名称的得来，还有以下几种说法：
一说是记事于阙。唐司马贞说：“冀阙，即魏阙也。冀，记也。”张守节也说：“刘伯庄云：‘冀，犹记事。阙，即象魏也’”（《史记·秦本纪·正义》）。所以杜预就确指：“阙，象魏也。”
又一说是以古冀州之地而名阙。宋程大昌《雍录》：“案《史记》：‘孝公十一年，卫鞅围安邑，降之；十二年作冀阙。’冀者，冀州也，安邑即冀州之邑也。冀之为州，尧、舜、禹皆尝都焉。今此孝公已得冀州而作冀阙，其必放古阙存者，而创立此名也。”明董说的《七国考》也力主此说。
还有一种解释是：冀读魏，阙高巍然，故名之为“魏阙”（《吕氏春秋·审为》、孙贻让《周礼正义》）。
以上三说，各有其合理的部分，但也具有其片面性。实际上，阙在原先是公布政府文告法令——“象”的地方。《周礼·天官冢宰》：“正月之吉，始和布治于邦国都鄙，乃悬治象之法于象魏，使万民观治象，挟日而敛之。”郑司农曰：“象魏，阙也”。《吕氏春秋·审为》载：“中山公子牟谓詹子曰：‘身在江海之上，心居乎魏阙之下，奈何？’”可见象魏（也称象阙）、魏阙之称早已有之，与阙之称“冀”无涉。至于“孝公已得冀州”之说，是不符合历史事实的，因为在筑冀阙的前三年，升任大良造的商鞅曾率军攻降过魏的旧都安邑，但并不等于得到冀州。合理的解释应该是：孝公、商鞅既把阙看作是王权和胜利的象征，在变法图强取得初步成效的情况下营筑新都，就有了记功于实用、雪耻于争锋的寓意，而两座雄伟的阙台建筑居高临下，巍然阙如，就称之为“冀阙”。再把“冀阙”同附属的宫殿建筑合并而称之，就成“冀阙宫庭”了。

续在我们手铲下剥离出来时，抑制不住内心的激动至今仍历历在目：

图 2-1　西阙遗址（1 号）发掘前形状

坚硬平整的红褐色地面大片大片展现在眼前，这不是“木衣绨绣，土被朱紫”吗？

二方连续的几何纹壁画残块出土了，这不是对秦代绘画的大突破吗？它预示着今后将以考古发现来填补中国美术史的空白！

一些铜建筑构件，虽然经过大火多有烧结，但精美的图案仍在昭示当年的光辉！

一方大的倾水池出现，连接着陶质拐头，向世人展现了这座建筑的排水系统。

……

咸阳原上的这第一掘，终于确认了它是一处重要的宫殿建筑基址，给予的编号是“咸阳第 6 号宫殿建筑遗址”。时隔 12 年之后，即 1974 年，又由我和“咸阳考古工作站”的多位同行正式作了发掘，改名为“秦咸阳第一号宫殿遗址”（图 2–2）。

在考古发掘的一号宫殿建筑遗址东列，跨过牛羊沟还有一个大小相等、形状相反而对称的遗址。不过，由于某种原因大土包已不复存在。经探测，东西两处实属一体两单元建筑。面阔130米，南北纵深40米，呈“凹”字形，中间阙然为道。当时，请古建筑学家杨鸿勋先生作了建筑复原，一幅完整的二元构图的两观形式建筑图呈现在世人面前①（图2-3）。东西两观上有阁道飞架，下有从原底北上的御道穿过。从总体上可以看出：两观高耸，阙然为道，再加之两翼铺陈以大小不同、形式各别的其他宫殿建筑，从而形成高低错落、参差有致、主次分明、统一和谐的整体。这就是秦人独有的、具有创新意义的“冀阙”！发掘过的所谓“一号建筑”，实际是冀阙的“西阙”罢了。

图2-2 西阙建筑（1号）发掘后状态

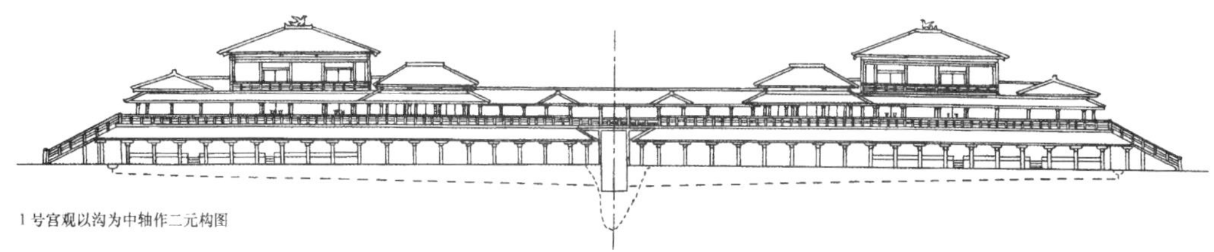

图2-3 冀阙（1号）整体复原南立面图（杨鸿勋图）

① 杨鸿勋：《秦咸阳宫第一号遗址复原问题的初步探讨》，《文物》1976年第11期。

2. 作者断定冀阙的根据

第一，体量大，仅存的西阙台残高 6 米，是诸宫殿遗址中最高最大的一座。坐落在咸阳原南缘，目标最为显著。居高临下，俯视渭川、面对秦岭、广阔平原尽收眼底。足以展现孝公定都咸阳、雄霸天下的宏图大略。

第二，地盘大，对称结构的两观形式，是定性冀阙的有力证据。完整的冀阙遗址是一个地跨牛羊沟、东西向展开、两端各由夯土筑起三层的高台建筑。面阔约 130 米，南北纵深 40 米。经复原的西阙台，高可 17 米左右。由于北部中心内收，在平面上形成“凹”字形。现在的牛羊沟原来是一条南北向的坡道（“御道”），“冀阙宫庭”的主体建筑以它为中轴线，东西各有高起的阙台建筑对峙，二者之间在上层用“飞阁”（复道）相连，从而形成二元构图的两观形式[①]。庞大巍峨的建筑体量、重叠繁重的高台宫室、凌空干云的飞阁复道，雄踞北陵（咸阳原）之地。又有宽阔的“御道”由原下拾级而上。观居两旁、中央阙然为道的这一高大建筑，是“冀阙”的最好诠释。

第三，发掘取样，经碳 -14 测定，此建筑的绝对年代是公元前 340 年。出土的包含物中有战国时期的葵纹和云纹瓦当及排水管道（只见圆筒不见五角形的），但又伴出各式云纹瓦当和陶文，从而确定了这一组建筑的相对年代是：始造于战国中期，沿用于秦统一之后，毁于秦末大火。

第四，位于宫城前部，居于八大宫殿建筑遗址之首，这正是“冀阙宫庭”完整版的再现。

（三）冀阙雄姿的展现

考古发掘的“西阙”，是冀阙现存的唯一标本。从建筑外形、结构、体量到考古复原，一个宏伟峥嵘的秦建筑横空出世，使人莫不惊讶它的奇妙。现在，还是让我们先从艰苦的考古说起吧！

西阙作为一个大型的夯土台，底盘东西长 60 米，南北宽 45 米，现存高 6 米。由底到顶分三层依台建屋（图 2–4）。

底层：围绕台基，南侧西段有 5 个单室坐北朝南地一线排开，编号由东往西排为 8 ~ 12 室；北侧中部有两个单室相邻，坐南面北：由西而东分别是 6 室、7 室。门前出檐设廊，形成甬道。再围绕底层建回廊一周，便利底层各间往来。

中层：正中是主体居室（1 室），平面近方形，东西长 13.4 米，南北宽 12 米。南

---

① 杨鸿勋：《建筑考古学论文集·秦咸阳宫第一号遗址复原问题的初步探讨》，文物出版社，1987 年。

北壁各有两门，分别可达“露台”（在南底层五室之上）和“榭”（14 室，在北底层 2 室之上）。东壁留一门，通“曲阁”（2 室），可沿“阁道”东向东阙；主室东南另辟卧室（3 室），西侧有卧室（4 室）和盥洗室（5 室）。

上层：主室外，西南方有坡道（陛）可登主室之上的楼阁，这当是阙楼的最高层了。

图 2-4　冀阙遗址（1 号）复原透视图（杨鸿勋图）

各室内地面平整、光滑、坚硬而呈暗红色，大概是《三辅黄图》上所谓的“土被朱紫”。墙壁上多有黑色“壁带”及墨绘几何纹图案，或是彩色壁画。不但在室内设置有冷藏食品的竖井和取暖的壁炉，而且还有一套由倾水池、引水陶管和渗井组成的供水、排水系统，很符合古代的室内卫生要求。

西阙楼整体结构特殊、空间组织多变，而居室、卧室和设有栏杆与平座的榭、曲阁及四望的楼阁，其排列灵活，显示着一种生机勃发向上的建筑风格①。把不同用途的室、台、榭、廊、道有机地、灵活地安排在一个多层次的高台建筑物内，结合为一个整体，又使通风、采光、供排水等设施得到合理的运用，无论从空间到平面，其布局自由灵活，在中国建筑史上都具有重要意义。

① 秦都咸阳考古工作站：《秦都咸阳第一号宫殿建筑遗址发掘简报》，《文物》1976 年第 11 期。

三、新都咸阳的雏形

（一）“冀阙宫庭”之城的出现

1973年11月至次年4月，秦都咸阳考古工作站围绕“冀阙宫庭”作大面积钻探。由我亲手操作大平板测量仪，把宫城测绘在图纸上，但长时间里并没有引起人们对它性质、作用和历史地位的注意。

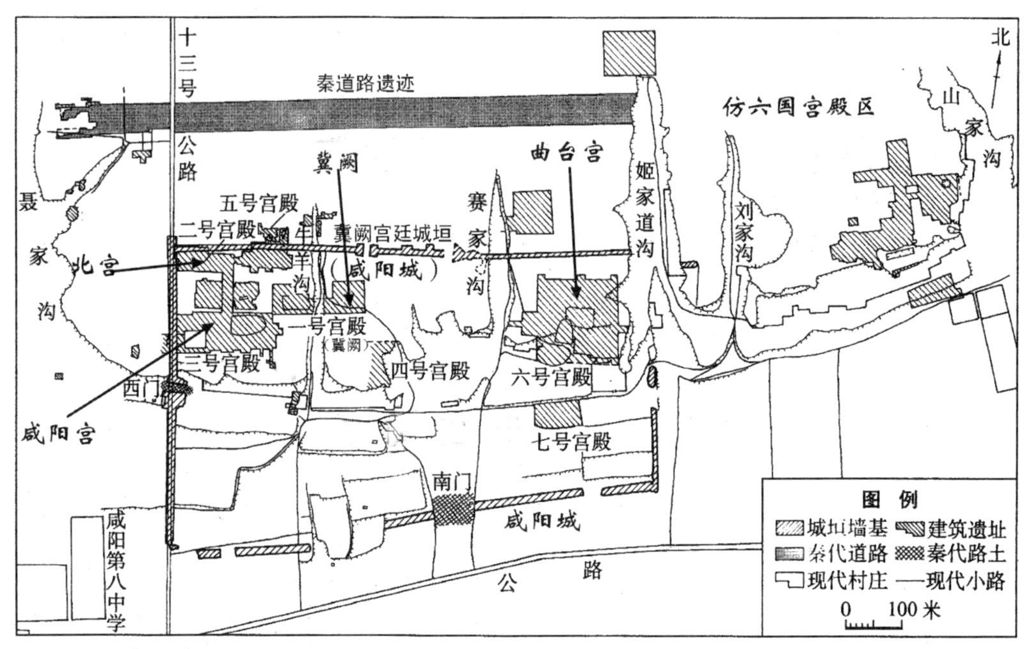

图3–1　秦“冀阙宫庭”城垣及宫殿建筑区（王学理测绘）

探测出的宫城呈长方形，西墙紧压在窑店去韩家湾的十三号公路上，东墙在姬家道，南北两道墙分别位于牛羊村的原下和原上（图3–1）。在宫墙之内分布着八处大型的宫殿建筑遗址，其中的“冀阙”位于城北部偏西处，西南有三号宫殿遗址，西北方包括了二号宫殿遗址的南中部，城东北部的姬家道西则是高6米的咸阳宫别殿遗址。城南半部在原下，地势较为开阔平坦，发现多处路土和小面积夯土。此道城墙的东墙和南墙的基部保存较差，断断续续，但走向明确。南墙长 902 米，北墙残长 843 米，西墙长 576 米，东墙 426 米，估计全城周长 2747 米。墙基宽 5.5 ~ 7.6 米，距地表深 1.4 ~ 2.2 米。经试掘知，在墙基中夹杂有战国时期的瓦砾和鬲、釜、盆、罐等生活陶器残片，说明此道夯土墙和“冀阙”建筑属于同一时代，也许比“冀阙”稍晚一点时间。

《水经注》渭水条：“渭水又东北径渭城南，文颖以为故咸阳也。秦孝公之所居离宫也。……至孝公作咸阳，筑冀阙，而徙都之，故《西京赋》曰：‘秦里其朔，实为咸阳’。”薛综注：“里，居也；朔，北也。秦地居其北，是曰咸阳”。由“冀阙宫庭”的城内布局看，“宫庭”建筑位于城的北半部，居高临下，当是秦公及诸王处理政务的朝寝之区；南半部在原下，是大道和一般性建筑。因为城的范围不太大，作为宫城的作用和性质也较为明显。此城持续时间长，咸阳再无郭城的发现，从这个意义上讲，它作为“故咸阳”的早期之城的理由完全可以成立。

（二）棘门

“棘”与“冀”同音。棘门是“冀阙宫庭”城的正南门，出城的道路就是“棘门大道”。北穿冀阙中道，南下与东西大道成丁字相接。可东向蒲关，西去陇右。

棘门的确认，我有文献记载为据。《史记・绛侯周勃世家・正义》引孟康说棘门是“秦时宫门也”，但不明确是哪座宫殿之门。《括地志》说“棘门在渭北十余里，秦王门名也”，只有《长安志》和《读史方舆纪要》均以唐宋咸阳城作基点，说“今咸阳东北十八里有棘门”，这才有了地点可寻。

唐宋咸阳城约当今咸阳市东任家嘴附近。按唐大里计（1 里 =531 米），棘门在其“东北十八里”，约合 9558 米，正当今牛羊村附近。经考古探测知，“冀阙宫庭”建筑（一号宫殿选址）呈两观相对形式，中间阙然为道，有干道直通宫城南门。这里就应当是冀门的所在。

棘门既是秦的宫门，到了西汉就成了地名，对保卫首都长安城则具有极为重要的军事意义。《史记・孝文本纪》载：后六年（公元前 158 年）派“河内守周亚夫为将军，居细柳（今咸阳市西南钓台街道办两寺渡①）；宗正刘礼为将军，居霸上（今西安市东灞河东岸的桥梓口）；祝兹侯（徐悍）军棘门，以备胡。”由此可见，秦孝公与商鞅筑“冀阙宫庭”选址具有先见之明。

---

① 咸阳市秦都区钓台街道办西张村原名“西帐村”，据说是周亚夫坐帐的地方。这一带属汉上林苑范围，有建筑遗物，曾采集到“上林”文字瓦当。

（三）咸阳早期的城市居民与户口编制

首都咸阳的城市人口，其来源由三个渠道构成，一是周地的原居民，像咸阳助剂厂的春秋秦墓，时代早于迁都之前。其中墓主人多半是些周的遗民；二是从陇右早就进入关中的秦人；三是统一六国过程中陆续迁入的移民。

对于城市居民，商鞅变法时就注意编制户口。“令民为什伍”，即：五家编制为一个基层单位——“伍”，两伍编为一“什”。其长曰：“伍老（或曰“伍长”“伍伯”）”、“什长”①。按军队组织编制户籍的作用在于：一是在地方上“相牧司连坐”，实行“连坐法”。五家担保，十家相连，要什伍之内各家人人相互监督，随时告发“奸邪”（对告发者行赏，对知而不举者处“腰斩”的极刑；对隐匿者除诛其身外，还要没收妻子为奴），以确保社会秩序的安定；二是由于“卒伍政定于里，军旅政定于郊”（《管子·小匡》）。兵、民组织对口的结果，便于什伍赴战，适应快速征兵和军中同伍人相保的需要。

咸阳市民的户籍，同样是以一个壮男为主组成的家庭单位。为实现按人口征收赋税，商鞅变法还规定：“民有二男以上不分异者，倍其赋”。迁都咸阳后，再次“令民父子兄弟同室内息者为禁”（《史记·商君列传》）（图3-2）。当然，这种禁令对改造“聚族而居”的落后习俗，也具有一定的积极意义。

图 3-2 《商君书》书影

---

① 《管子·立政》：“十家为什，五家为伍。什伍皆有长焉。”伍长也称“伍老”，《韩非子·外储说右下》：“王国使人问之何里为之，訾其里正与伍老屯二里。”

四、咸阳在富国强兵的基础上扩大规模

（一）商鞅遇害，秦法未改

公元前 338 年，秦孝公死后，即位的是秦惠文王。他就是在商鞅变法初期，触犯禁令的那位太子嬴驷。

这时，一帮曾被夺爵削职的宗族贵戚和犯法受罚的人犹如一群恶狼，纷纷倾巢而出，聚集到新君周围，攻击商鞅。以曾因犯法被削掉鼻子的公子虔为首的一帮人，罗织罪名，诬告商鞅谋反。这最有效的罪名一下子激起嬴驷的复仇情绪和报复心理，出自君权集中的自私，终于下令逮捕商鞅这位有功于秦的老臣。

在无法辩驳的紧急情况之下，商鞅只有逃走。遇对头的魏国不接纳，他只得又返回自己的封地商邑（今陕西丹凤县）。商鞅发邑兵自卫，最终还是被擒，杀之于郑县（今陕西渭南市华州区华州街道附近）。不但处以最残酷的“车裂之刑”，还把他的全家也给杀害了。一位忠臣被冤杀，令人唏嘘！

商鞅　〔宋〕王安石

自古驱民在信诚，一言为重百金轻。

今人未可非商鞅，商鞅能令政必行。

商鞅虽然被处死了，但他在秦国变法的成果并未因此改变。

秦国地主君权集中制已经确立，军功爵制下的生产关系也已确定，农业劳动者、当兵的士卒也因“农战政策”的推行而身份有所改变。生产力得以解放，秦国的经济随之就有了长足的发展

（二）秦国赖以强盛的经济增长

1. 农业生产

本来，秦国早就采用了“以牛田，水通粮”（《战国策・赵策》载赵豹语），显然，

牛耕的效率比耦耕提高好几倍。秦国还比较早地把铁用来制作农具[①]，遂使更多地开辟荒地和深耕细作成为可能。

一些大型水利灌溉工程的完成，对大面积提高粮食产量、取得巨大的经济效益、增强秦国国力，具有特别重要的意义。

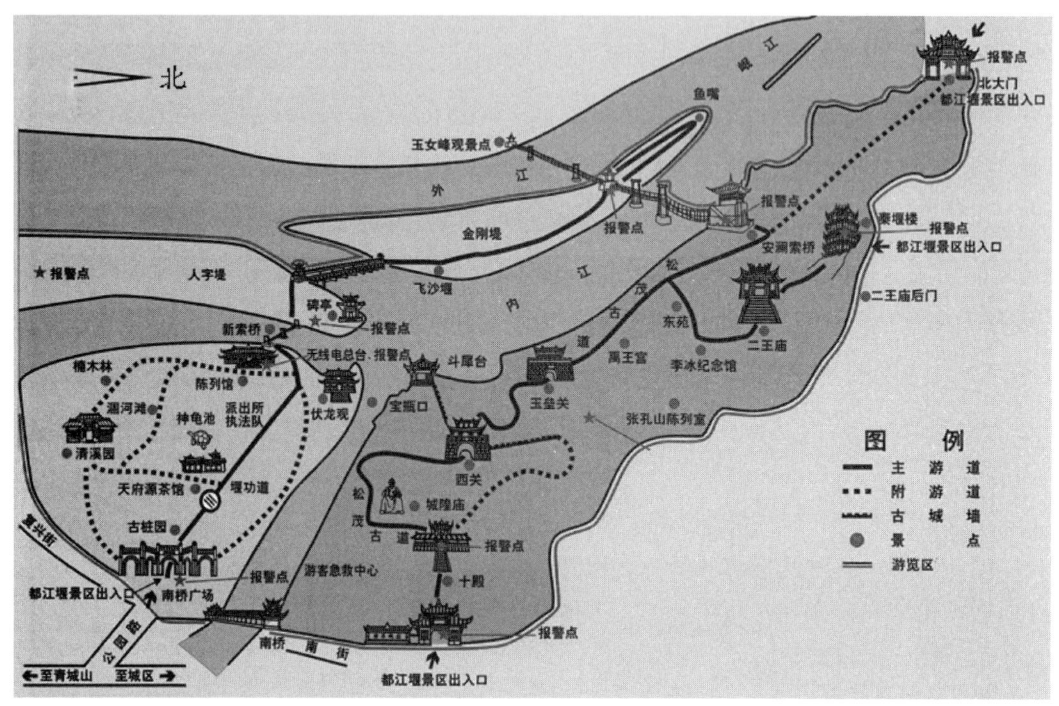

图 4-1　都江堰地区图（旅游图改制）

秦昭王时（公元前 306 年 ~ 前 251 年），蜀守李冰发动群众，着手治理岷江。在灌县一段修成都江堰水利工程（图 4-1）。“溉田之渠以万计”（《史记·河渠书》），使成都平原三百多万亩土地摆脱了长期以来遭受水旱的困扰，变成肥沃良田，成为“水旱从人，不知饥馑，时无荒年”“沃野千里”的“天府”之国（常璩《华阳国志·蜀

① 秦国用铁制造农业生产工具，不但时间早，而且使用也较为普遍。《诗经·秦风》有“驷铁孔阜”的句子，是以铁来比喻马的颜色。周人已经“取厉取锻”（《诗经·大雅·公刘》），学会使用锻铁。秦继周，改用铸铁制造工具，在春秋战国的秦墓中多有出土。像凤翔秦景公大墓中就出土有十多件铁铲、铁锸和铁削，其制作时间当在入葬的时间（公元前 537 年）之前。高庄的 46 座秦墓中就出土了铁器 56 件，其中仅起土的工具——铁锸就有 7 件。这些情况说明，秦自春秋晚期起，农具就渐次以铁质为主了。据王学理《秦始皇陵研究》一书记述，1970 年冬在始皇陵园内城北门外，发现大铁铧一件，通长 25 厘米，有豁土的脊长 5 厘米、高 1 厘米。在秦俑坑、食官遗址、寝殿建筑遗址、居赀役人墓地、上焦村秦墓、马厩坑，出土铁锸 46 件、铁铲 5 件、铁锛 20 件、铁锤 10 多个，还有铁斧、刮刀、削、锛、錾、抬钩多件。此外，在西安半坡、咸阳、朝邑、蓝田、凤翔、宝鸡等地，也有战国秦铁农工工具的出土，其中农具、手工工具种类齐全，基本满足了农业和手工业生产的需要。

志》）。至今还存于那里的“二王庙”，享受着四时祭祀，就表达着历代人民对李冰这位“为官一任，造福一方”、办实事、干好事的伟大的水利专家父子的崇敬之意[①]。

古代渭河南岸的丰镐地区，河流纵横，水量充沛，农业早已发达。《诗经·小雅·白华》就有“滮池（当渭水和丰镐之间）北流，浸彼稻田”的句子。但泾、渭以北的广大地域虽然地势平坦，却未能灌溉而要等雨下种，况且东部的今蒲城县西南又有大片的“泽卤之地”不能种植。秦始皇元年（公元前246年），韩国来了一位水利工程学家郑国，在渭北旱原开始施行一项沟通泾水与北洛水的凿渠工程，这就是著称后世的“郑国渠”（《史记·六国年表》）。

《史记·河渠书》载：郑国渠“凿泾水自中山（在今陕西泾阳县西北），西抵瓠口为渠，并北山，东经洛，三百余里。欲以溉田……因填阏之水，溉泽卤之地四万余顷”。所谓“瓠口”，即古焦获泽（也作“焦护泽”。地在泾阳县西北）。所言“北山”，指的是泾阳县的北仲山，三原县北的嵯峨山，富平县北的将军山、频山，蒲城县北的尧山、金粟山。在这里，我们结合《水经注》中对郑国渠流经的具体地名记载及考古调查材料，可以确认：引水的渠口在今泾阳县西北王桥镇船头村西北、礼泉县北屯乡湾里王村东南之间的泾河东岸。渠口宽15～20米、深7米，渠堤自西北向东南延伸高约3～5米。总干渠向东，经王桥、石桥，东北经马家堡至云阳镇西北。后沿嵯峨山南麓向东，与冶峪河河道重。东至清峪河入冶峪河口，东北流经三原县北鲁桥镇南。向东，在楼底坡与自北而南的浊峪河重合，直至康家堡。继续向东，今泾惠一支渠到阎良镇北的一段，仍是郑国渠的故道。沿原南东流，绕原头在姚河附近横绝石川河（沮水），于中合村、马家堡一线向东又横绝温泉河（漆水），东过西安市阎良区康桥镇。东北向，经蒲城县南卤泊滩，在县东南的龙阳镇晋城（秦重泉县）北入洛河。全长126.03公里（图4–2）。

① 1974年3月和1975年1月，先后在都江堰渠首的外江里发现两尊石雕人像，前者是李冰像，身上题铭作：“建宁元年闰月戊申朔二月十五都水掾尹龙长陈壹造三神石人王汆万世焉。”后者是一持锸的劳动者形象。“建宁元年”是公元168年，可知李冰像刻于东汉末年的灵帝时。“都冰掾”和“长”都系水利工程维修和管理的专职官吏。《华阳国志·蜀志》载：“于玉女房下白沙邮作三石人，立三水中，与江身要（腰），水竭不至足，盛不没肩”。那么，此持锸石像可能是“三神石人”中的一个，系当时立的“水则”。参见《文物考古工作三十年》第355页，文物出版社，1979年。

（取自《郑国渠》）

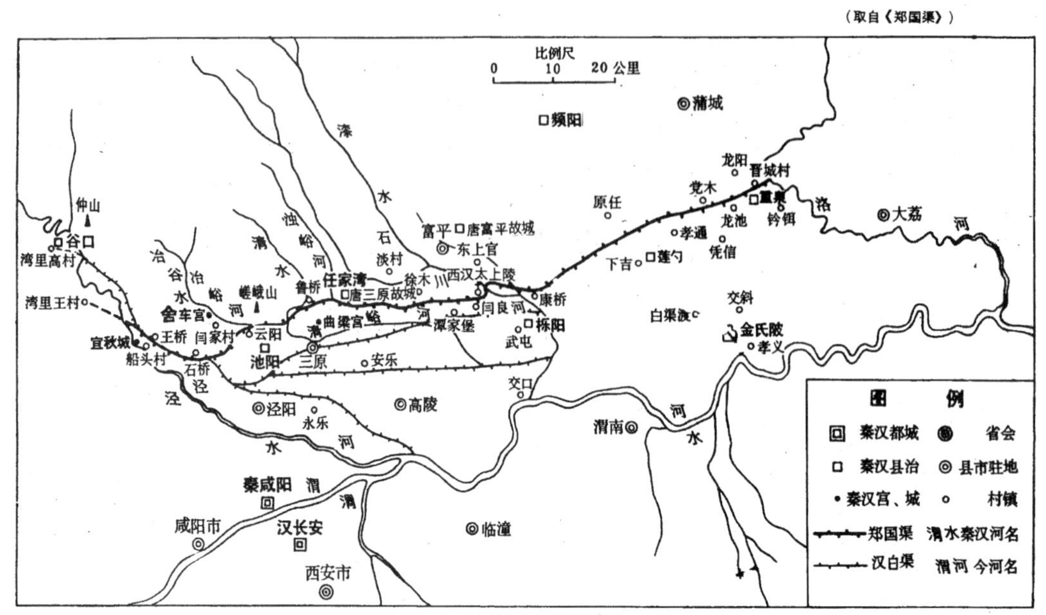

图 4–2 郑国渠流经示意图

郑国渠灌溉“四万顷土地”（合今 276.4 万亩[①]），亩产量达到“一钟”（合今 251 斤 / 亩[②]），每年可获得谷子七亿斤左右，正如伟大的史学家司马迁说的“于是关中为沃野，无凶年，秦以富强，卒并诸侯”。即使今之泾惠渠及其支渠的某些渠道，还是沿用着郑国渠的故道。

秦国农业丰收，产量增加，不仅改善了人民的生活状况，使国家也有了更多的粮食储备。云梦秦简《仓律》说，首都咸阳的太仓“一积”（一个仓库单位）可盛粮“十万石”，栎阳仓“一积”盛“二万石”。即使一般的仓库，“一积”也能盛“万石”粮。粮多，草也多，咸阳的“刍稿”（饲牲畜的干草，主要是禾秆类）仓库是“二万一积”，

① 秦制：“六尺为步”（《史记·秦始皇本纪》）、“二百四十步为一亩”（《太平御览》750 引《一行算法》）。据测定，1 秦尺 =0.231 米，那么，折算如下：

1）秦亩 =（6×0.231）米 ^{2}×240=461.0391 米 ^{2}

2）合今亩为 461.039 米 ^{2}÷666.67 米 ^{2}=0.691（亩）

3）万顷合今亩数为：4000000×0.691 亩 =2764000 亩

② 《左传》昭公三年：“釜十为钟”。杜预注：“六斛四斗”。据商鞅方升测知，秦一斛为 20100 毫升，今一升为 1000 毫升。则秦 1 钟 =20100 毫升 ×6.4÷1000 毫升 =128.64（升）。这实际是一秦亩（合今 0.691 亩）谷子的产量，合今亩产为 128.64 升 ÷0.691=1.86 石。

据知，1 市石谷子重约 135 斤，亩产折为衡制为 135 斤 ×1.86=251.1 斤 / 亩。

从农业科研部门获知，1949 年关中平原（含灌区）的产量是 146.55 斤 / 亩，1996 年高达 698.32 斤 / 亩。但这是各种粮食的综合产量，如果是谷子的单产量，数字也还要下降。但无论如何总可说明郑国渠浇灌后，使谷的产量提高，大大地超过了解放前的产量。

也远较地方的大一倍。在秦国社会上也出现了“民殷富”“蓄积饶多”(《战国策·秦策》苏秦语)，“庶人之富者，累巨万”（《汉书·食货志》）的新局面。《史记·货殖列传》说：“故关中之地，于天下三分之一，而人众不过什三，然量其富，什居其六。”此估计当否，值得探讨。因为汉初要从山东漕转粮食供应京师，岁输数十万石，武帝时最多达六百万石。那么，秦国时期是否进粮？从陈留（今河南陈留县）敖仓（荥阳西北山上）漕粮大概是可以肯定的。但秦国粮草饶多也是不可否认的事实。再加上巴蜀地区的粮食通过秦岭和巴山中的“千里栈道”，源源运入关中，就使得秦国“仓粟多”“富天下十倍”（《史记·高祖本纪》），为“倾邻国而雄诸侯”（《汉书·食货志》）准备了物质前提。

2. 手工业制造

出自耕战对武器装备、生产工具，以及统治阶级和一般人民衣食住行的需要，从实用的前提出发，秦国政府异常重视手工业的发展和管理，因而就能制造门类齐全、技术精进、质量上乘的产品。

青铜铸造固然是门传统的手工业，秦国开始据有西周故地，收有“周遗民”并掌握了青铜制造技术的工匠。首先把有限的铜材用来制作数量最多、器形最小的戈、矛、镞、削一类兵器上。其次才是供少数贵族使用的铜容器和生活用器、工具等，如鼎、簋、壶、钫、甗、盘、匜、豆、鬲、盆、蒜头壶、带钩等。凤翔发现的铜釭，作为建筑的构件，其体量硕大、图案华美，应该说是一种特例。至于车马器、装饰品，数量却是极少的。

在秦孝公之后，由于战争的需要，则刺激了军工生产。秦有“十三年少府工檐”铜矛、太原检选有始皇五年相邦吕不韦少府戈。由铭文知，作为中央九卿之一的“少府”不但是全国手工业的最高领导机构，而且也设立有手工作坊从事兵器和其他军需用品的生产。制造兵器的手工业作坊设在中央的有雍、栎阳、咸阳，设在郡的有上郡、河东郡、蜀郡、陇西郡、上党郡。库冶地点也非一处，像咸阳有“武库”“北库”，上郡有漆（今陕西佳县）、高奴（今延川县）、图等。秦俑坑前五探方（T1、T2、T10、T19、T20）、二号坑试掘方和三号共出土青铜兵器 41924 件，其中以青铜箭镞占大多数。虽然戈、矛、戟、铍、殳和剑、吴钩（“金钩”，即弯刀）一类长兵器和护体的短兵器及弩机只有 536 件，占总数的 1.28%，但种类齐全，囊括了当时冷兵器中的远射、长兵和短兵这三大门类。三棱铜镞的三个棱都呈微凸的弧形，其横截面作等边三角形，用精度 0.01 毫米的外径千分尺校量，数量最多的 Ic 式镞三边误差只有 6.5% ~ 8.5%-

11.5% ~ 33.5%[1]。至于秦始皇陵西侧出土的两乘驷马铜车，虽然只有原物的1/2，但制作精细、结合严密，通过铸造成型，再经锉、磨、冲、凿、钻等手法，采用镶嵌、拉拔、焊接、套接、插接、铆接、活铰连接、销钉固定等机械技术，把423种计3700个零部件组合成一体（其中一号车201种1828件，2号车221种1872件），表施彩绘，华丽鲜明，堪称彩绘的铜铸艺术佳作。事实说明：秦的青铜制造业服从耕战的需要，其制作技术都有着高度的发展。

战国末期，秦国已重视采矿和冶铁业。官府中专门设立了“左采铁”“右采铁”的官吏（见云梦秦律竹简）。司马迁的四世祖父司马昌曾做过秦的“铁官”。但是，秦国产铁地少而矿床贫，又多呈鸡窝状分布，所以才把有限的铁用来制造农具和手工工具。

同铜器制造业、冶铁铸造业并称“三大支柱产业”的制陶业，因为同国计民生直接关联，又多是就地取材，就显得特别普遍而活跃。在始皇陵区见“丽亭”“丽市”“焦亭”陶器。“杜亭”当在今西安市南的秦杜县。但在渭北也发现“杜亭”陶器。同样，在始皇陵又发现有“咸亭”的陶器。这说明它作为一种商品，销售不仅限于本地，而是可以异地交换的。

其他如金银细工、玉器雕琢、漆器制造、丝麻纺织等手工业门类，在有秦一代都有长足的发展。冀阙宫廷遗址的一处窖穴中曾出土有一包已经炭化了的衣服，均是平纹的丝绸织品，计有锦、绮、绢等种类。其中单衣、夹衣、丝绵衣和包袱分别由平纹绢、丝绵、绢地锁绣、锦、麻布做成。虽然原来的颜色已经看不出来，但由軗菱纹作为主体纹样，间以动植物、几何纹作二方连续图案却是富丽堂皇的，表现了织、染、绣的技术很高。

3. 商业活跃

春秋时代早期的秦国，随着交换的发生已经有了商业贸易的活动。凤翔雍都秦市遗址的探出，是秦国设市贸易的最好说明。秦穆公曾允许“贾人”贩盐，并向他们征税，于国于民于商都有好处。栎阳“北却戎翟，东通三晋”的地理位置，也多“大贾”的存在（《史记·货殖列传》）。“栎市”陶文的发现，同秦献公“初行为市”记载相一致，正是战国时期秦国设立专门的市场与管理机构、商业活跃的表现。

商鞅变法时虽推行重农抑商政策，但并非禁绝一切合法的商业活动。他说“农、商、官三者，国之常官（职）也。农辟地，商致物，官法（治）民”（《商君书·弱

---

① 见王学理：《秦俑专题研究》一书中的《秦俑兵器刍论》《秦俑坑青铜兵器的科技成就管窥》等文。三秦出版社，1994年。

民》）。这表明他已明确地认识到了商业是国民经济不可缺少的部门，能够起着沟通有无的作用。但他却忽视了手工业生产的作用和商品流通对生产的促进作用，因而制定了抑商政策，如“使商无得粜，农无得籴”“重关市之赋”，使商人服徭役做到“商劳”“食贵，籴食不利”，主张“市利尽归于农”（《外内》），就大大地打击了商人、限制了商业的发展。

农民以家庭为单位的个体经济的发展，已经“农有余粟，女有余布”，为互通有无的商业活动提供了剩余产品。《史记・货殖列传》说“燕、秦千树栗”“渭川千亩竹”之家，是富同“千户侯”封君的。《汉书・地理志》也说“户杜竹林，南山檀柘，号称陆海”。关中有大片的竹林，以长安、户县为最多，有千亩竹的富户之家也不在少数。这些农副产品直接出售或经过再加工，推上市场，才真正变成了财富。

咸阳、栎阳、成都及其他通都大邑，依仗着具有相当规模的商品生产，辟有市场，进行专门的商贸活动。就连小地方也有集市的存在。金属铸币的广泛使用，在商品交换中充分发挥了支付手段功能。

战国时期，进入交换领域的商品只能是剩余的农、牧产品和手工业制品。它包括粮食、家畜、家禽、蔬菜及各种陶器、木器、漆器、铁器和纺织品等。

（三）地主阶级政权的稳固

商鞅变法确立了秦国新兴地主阶级的政治统治。其中央集权的郡县制，实际是在以后的年代里逐渐完善和强化的。

“秦无所谓封建诸侯之制度也，但有武功封爵之法”（马非百《秦集史》）。秦孝公时，商鞅制定的爵位有二十级，其爵秩由小到大依次递进。

秦始皇统一六国之后，建立了一套中央集权的郡县制国家机器，为历代所遵循。其中央政权组织形式采取的是皇帝之下的“三公”“九卿”制，即：丞相、太尉和御史大夫，分管着全国的行政、军事和监察。三权并立，统由皇帝节制；九卿则是中央政府的高级官职，分管皇室各方面的具体工作。这一政权组织的模式，实际是在商鞅变法后的秦国逐步形成并臻于完善的，遂使地主阶级政权日益稳固。

地方行政系统逐渐形成郡、县两级制。县下依次是乡和里。因为起先郡只设立在边境，其郡守常以武官充任。县有令（长），下设丞和尉，分管民政及军事。

秦国从中央到地方，建立起一套统治机构，从而支持了秦国君主集权制的形成。到了秦始皇统一中国之后，才正式建立起一套中央集权制的郡县制国家制度。

为维护秦国新兴地主阶级的利益与新的生产关系，自商鞅变法开始就非常重视用法律的强制手段推行新法。1975 年湖北云梦睡虎地秦墓法律竹简的出土，使我们认识了秦律制度、具体了解其律令内容及治狱案例（图 4–3），可见已经形成一套严密的法律制度。秦律从大的方面表现出两种形式：一是律令条文及其对刑律的解释、治狱爰书程式（有关审案准则、文书程式）、法规和文告；二是刑罚名称。至于刑罚，从死刑到连坐，其名称之多反映出施刑的残酷性。但严刑峻法的负面影响，就是为那些贪暴之吏、不逞之徒往上爬的“擢进”以契机。刑戮妄加，罪非其人，苦了百姓！

商鞅变法后，秦国“内务耕稼，外劝战死之赏罚”（《史记·秦本纪》），以郡县为单位在全国实行普遍征兵制。获得土地的农民是军队的主要成分，“斗食”以下的小官吏、贬谪的官吏、赘婿、商人都得服兵役，就连“隶臣”“工隶臣”这些判刑较轻的社会罪犯也能从军。通过军功而进爵升级，其结果使秦国“全民皆兵”。充分的兵源保证了秦国具有一支强大的军队。秦国的军权完全操持于秦王之手，不在王下另设统管军事的最高武官。出兵时，临时命将，“凡兴士被甲，用兵五十人以上，必会王符，乃敢行之”（《新郪虎符》铭），事毕即解除兵权，仍居原官。

五、咸阳在对外战争中发挥指挥台的作用

经过商鞅变法，秦国富强，在“耕战政策”的推动下，开始了军事主动进取的态势。历代秦王坐拥咸阳，以此为军事指挥中心，从而取得一系列胜利，直至统一中国。

从以下的历次战例中，即可看到咸阳作为对外战争的指挥台作用是多么的重要：

（一）秦惠文王的战功

1. 收复河西地，控制关中

公元前 333 年，在雕阴（今陕西富县北）打败魏军，魏献阴晋（今陕西华阴市）求和，遂改名“宁秦”。接后再次在雕阴同魏激战，魏国被迫献出占领的秦河西之地，再献河西北段的上郡十五县[①]（《史记·秦本纪》。秦国从此实有“关中”，在政治、经济和军事上都处于一个十分有利的战略位置。

2. 惠文君称“王”与打败五国联军

秦惠文君志得意满，在齐、魏、楚早已改“侯”称“王”之后，于十三年（公元前 325 年）也正式称王。更元元年（十四年，公元 324 年），命相邦张仪率军攻取魏的陕（魏邑，一作“焦邑”，今河南三门峡市西陕州区），“出其人”，并在上郡建筑关塞，即所谓“上郡塞”（《史记·张仪列传》）。再出兵攻取魏的曲沃（魏邑，今河南灵宝市东北）和平周（魏邑，今山西介休市境）。

更元六年（公元 319 年），秦出兵攻取了韩的鄢（今河南鄢陵西北）。次年，在函谷关击败由楚怀王为纵长的五国伐秦联军（赵、燕、韩、楚、魏）。更元八年（公元前 317 年），秦派庶长樗里疾率军在脩鱼（今河南原阳县西）打败三晋联军，俘虏韩将鲠、申差于浊泽（魏邑，今河南禹市东北），击败赵公子渴、韩太子奂军，总共斩首八万二千人。秦国声威大震，倾动诸侯。

---

① 史念海说：“魏国的上郡其实就是黄河以西的地方。魏国的上郡于秦时，南已无阴晋（今陕西华县），而北又无少梁（今陕西韩城市南）。现在这一带只有几个县，和所谓十五个县的数目不符。古今形势各异，设邑置县不能都是前后一律的”（《黄河中游战国及秦时诸长城遗迹的探索》，《陕西师范大学学报》1978 年第 2 期）。

3. 取巴蜀，胜义渠，败楚丹阳

秦在东方取胜之后，就掉头西向。更元九年（公元前 316 年）派司马错伐蜀，杀蜀王、灭巴苴，取得了富庶丰饶的巴蜀盆地。

公元前 315 年对义渠戎作战，取二十五城。安定了秦国的大后方。

挥师攻击三晋。公元前 316 年，取赵中都（今山西平遥县西北）、西阳（今河南光山县西南）。次年，败韩，取石章（今河南洛阳市洛宁县西）。更元十一年（公元前 314 年），秦派樗里疾攻降了魏的焦和曲沃。还在岸门（今山西河津市南）一战打败韩军，韩送太子包入秦为人质求和。更元十二年（公元前313 年），秦出兵攻赵，取蔺（今山西离石市西）。

张仪用计拆散齐、楚联盟。楚怀王因未得到许诺的商（今陕西丹凤县西北）、于（今河南西峡县地）间的六百里土地，负气攻秦。公元前 312 年，楚同秦军在丹阳（今河南淅川县丹江之北）激战，楚军大败，俘获楚将屈匄、裨将逢丑等七十余人，取上蔡。再败反扑而来的楚军于蓝田，进而攻取楚汉中地六百里，设置了汉中郡。使巴、蜀同秦的本土连接起来，从而奠定了强盛的大后方基地。

（二）秦武王的遗恨

公元前 311 年秦惠文王死，即位的是秦武王嬴荡。他想“车通三川，窥周室”，也就是驱车直达黄河、洛河、伊河汇聚的周都洛阳，看看周王室是个什么样。这实际展现的是秦图谋向中原扩展的雄心。

昭王三年（公元前 308 年）攻韩的大县宜阳（今河南宜阳县），次年“拔宜阳”，渡过河又设置了武遂（韩邑，今山西垣曲县东南）。从此，秦国打开了走向中原的通道。

就在攻取宜阳之后，“有力，好戏”的这位秦武王从咸阳急急忙忙赶到周王城所在的洛阳去抖威风。他同大力士孟说“举龙文之鼎”比蛮力，不料鼎坠绝膑而死。真的报应了“窥周室，死不恨矣”的前言（《史记·秦本纪》）。

（三）秦昭襄王的雄诈

武王的异母弟嬴则（又名稷）即位，是为昭襄王。这是一位雄图大略又有魄力的长寿秦王，在秦统一之战中，文武两手、诚诈相辅，运用自如，难有人企及。

1. 攻魏韩，军方城，囚楚怀王

昭王四年（公元前 303 年），攻取了魏的蒲城（今山西永济北）、晋阳和封陵（今山西芮城西南风陵渡），韩的武遂。

公元前302年，借楚与齐、韩、魏战而兵败垂沙（今河南唐河县）之机，进攻楚的方城（楚国北境的长城，位今河南方城县至邓州市间），接着又攻取了新城（又作襄城，今河南襄城县）。

昭王八年（公元前299年），秦再次攻打楚国，占取了新市（今湖北京山市东北）等八城。随之，书诈楚怀王到武关，并劫持至咸阳，以“割巫、黔中之地”相要挟。

九年，秦昭王见楚立顷襄王，大怒，发兵出武关，攻楚，取析（今河南西峡县境）等十五城（《史记·楚世家》、云梦秦简《编年记》）。楚怀王被囚禁，逃走又被捉回，竟于公元前296年死在秦国。秦、楚关系彻底断绝。

2. 伐三晋，破合纵，参与攻齐

十三年（公元前294年），秦派向寿攻韩，取武始（今河北武安市南）。白起率军攻取韩的新城（今河南伊川县西南），并攻伊阙（今河南洛阳市龙门县）。

十四年（公元前293年），韩派公孙喜率周、魏联军实施军事报复。秦找到借口，就派左更白起大战伊阙，败韩、魏联军，斩首二十四万，虏公孙喜，拔五城（《史记·秦本纪》《编年记》）。白起也因功升为国尉。随之又渡河取安邑以东到乾河地（《史记·白起列传》），初置河东郡（《水经·涑水注》）。

十五年（公元前292年），大良造白起攻魏的垣（今山西垣曲县南），后又归还。

十六年（公元前291年），左更司马错取魏的轵（今河南济源市东南）及垣（今山西垣曲县东南王茅镇）。白起攻韩，取得了原属楚后归韩、以冶铁著名的中原重镇——宛（今河南南阳市）。

十八年（公元前289年），魏冉为将，与白起、客卿错率秦军攻魏，重新占垣，取蒲阪等大小六十一城。

经受秦的一系列沉重打击，魏、韩求和。魏割让河东四百里地，韩献武遂二百里地（今山西垣曲县东南、黄河以北的地区），使秦的版图向中原大大地推进了一步。

二十年（公元前287年），韩、赵、魏、燕、齐五国打算攻秦。秦国反而乘机向外出击，攻取了魏的新垣、曲阳（今太行山之南）。并全力进攻魏的河内地，魏国无力对抗，只有献出河内和安邑城①。

---

① 云梦秦简《编年记》载秦昭王“廿年，攻安邑”，未说结果。而《史记·秦本纪》和《六国年表》都记作昭王二十一年（公元前286年）“魏献安邑”。实际上并不矛盾，因为在二十年司马错向魏的河内发起进攻已触及安邑，二十一年魏国就献出了包括安邑在内的河内地。说详见王学理：《魏徙大梁与秦陷安邑》，《文博》1984年第3期。

秦昭王二十二年（公元前285年），派大将蒙骜首先向齐进攻，取得河东九城，改设为县。次年参加五国伐齐联军，共占齐国七十余城（《史记·燕世家》），齐湣王出逃莒也被齐相淖齿所杀。齐国惨败，已无力同秦对抗。

秦转而向三晋和楚进攻。秦昭王二十四年（公元前283年），秦军攻取魏的林（今河南新郑市东北）、安城（今郑州市东北原武），逼近魏都大梁，因有燕、赵援救而离去。随后两年，相继秦军伐赵，取兹氏（今山西汾阳）等二城及离石（今山西离石）[①]。

3. 拔鄢郢，攻三晋，消灭义渠

秦在败齐和三晋之后，即转而攻楚。兵分两路：秦昭王二十七年（公元前280年），先派司马错率军从陇西出发，经由巴蜀之地补充兵力和给养后，带兵十万，大船舶万艘，米六百万斛，沿涪陵江攻入楚的黔中郡，迫楚割上庸（今湖北竹山县西南）、汉北地，并继续向巫、笮地区进攻（《史记·秦本纪》《楚世家》《六国年表》《司马错列传》）。秦派另一支部队，再次攻取楚的邓（今河南邓州市）。这些都大大牵制了楚的力量并给以消耗。次年，由大良造白起率大军出武关，南下攻郢都西北仅百余公里的重要门户——鄢（今湖北宜城市西南）。白起对鄢久攻不下，就决西山的鄢水（一名长谷水，即今之蛮河）灌城，死百姓数十万，“城东皆臭”（《水经·沔水注》），秦占据鄢城。

白起于秦昭王二十九年（公元前278年）攻取了楚都的外围据点安陆（今湖北安陆市、云梦县一带）、竟陵（今湖北潜江市西北），随即很快攻破楚都郢，并纵火烧了楚先王的夷陵。次年，蜀守张若率军向南攻占了巫郡、黔中郡。拓土直至洞庭湖，秦就以郢为中心，新建了南郡。

楚衰弱，秦国又调兵东向三晋。秦昭王三十二年（公元前275年），攻魏，拔两城，兵临魏都大梁城下，占领启封（即开封，今河南开封市附近）。次年，秦攻取了魏的蔡（今河南上蔡西南）、中阳（今河南中牟西）等四城，三十四年（公元前273年），大战于华阳（今河南新郑市北），占华阳、卷、长社（今河南长葛市西），秦设立南阳郡（治设宛）。

秦昭王三十五年（公元前272年），秦宣太后诱杀义渠王于甘泉宫。秦遂起兵灭义

---

① 《史记·秦本纪》记秦昭王二十五年伐赵“拔二城”。云梦秦简《编年记》“廿五年，攻兹氏”，可知兹氏是二城之一。《史记》的《六国表》和《赵世家》记载秦昭王二十六年“拔赵石城”。云梦秦简《编年记》记此年“攻离石”。《史记·周本纪》记此年苏厉对周君说：“秦破韩、魏，扑师武，北取赵蔺、离石者，皆白起也。”《资治通鉴·周纪四》胡三省注指出石城就是离石。

渠戎，始置陇西、北地和上郡（《后汉书·西羌传》）。这为秦以后全力进攻东方提供了稳固的后方。

4. 蚕食韩土，大战长平

韩为秦的近邻，但国力衰弱，秦就采取蚕食的办法。秦昭王四十二年（公元前 265 年）起，攻取少曲（今河南济源东北）、高平（今济源西南）、陉城（今山西新绛县东北）、缑氏（今河南偃师东南）、蔺（即北蔺邑、蔺阳邑，今山西离石区西）。

秦昭王四十七年（公元前 260 年），秦国派左庶长王龁进攻韩的上党。上党降赵，秦因而攻赵。赵派老将廉颇驻守长平（今山西高平市），拒秦。秦以反间计使昏庸的赵孝成王撤换了廉颇，换上狂妄骄横、只会纸上谈兵的赵括为主帅。秦国即以白起为上将军、王龁为尉裨将，以诱敌、设伏、断绝粮道、穿插截击、围困等多种战术，射杀了赵括、坑杀了四十万降卒（《史记·秦本纪》《白起列传》）①。

秦昭王五十年（公元前 257 年），范雎设计逼杀白起，从此直到秦昭王去世前的一段时间内，秦国对外用兵只是小有胜利。

（四）秦孝文王短祚

秦昭襄王是位长寿君（公元前 306 年 ~ 前 251 年），19 岁即秦王位，执政 56 年，活了 75 岁。当他咽气时，作为太子的嬴柱已是 53 岁的老人了。

公元前 251 年，嬴柱即位，是为秦孝文王。他忙前忙后，使唐太后与先王合葬，又接待韩王、楚使及各诸侯派使的吊丧活动，还办了“大赦罪人，修先王功臣，褒厚亲

---

① 长平之战遗址位于山西太行山南部的高平市西北丹河两岸，两千年来有关战争遗物和死伤遗骸多有暴露。1997 年 7 月 15 日，我随《中国皇帝》摄制组经过高平市，曾到唐庄乡谷口村采访。这里有清光绪年间修建的“骷髅庙”，供奉着赵括及其夫人的塑像。据《重修骷髅庙碑记》知，早在唐代“明皇幸（唐潞州治今山西长治市），见头颅似山，骸骨成丘，触目伤心。……建庙，颜其额曰‘骷髅庙’，易其谷曰‘省冤谷’（又注：原名‘杀谷’）。”秦坑杀赵卒四十万于长平是一桩触目惊心的历史事件，世人尽知，连这处山谷也号称“杀谷”。由于是先杀后埋的乱葬坑，距地表不深，所以遗物、遗骸时有露出。唐明皇建庙以抚孤魂，诗人李贺在《长平箭头歌》中有“漆灰骨末丹水沙，凄凄古血生铜花。白翎金竿雨中尽，直余三脊残狼牙。……虫栖雁病芦笋红，回风送客吹阴火”之句，景象惨然可怖。明人刘基也在其《长平戈头歌》中有“长平战骨烟尘飘，岁久遗戈金不销。野人耕地初拾得，土花渍出珊瑚色”。现在的一些地名似乎还保留着对那段辛酸历史的回顾，如有的村叫“长平”“三军”“企甲院”“谷口”“箭头”，在这些地方近年也有战国时期文物的出土，如三棱铜镞、铜戈、戟、赵国和燕国的刀币、秦“半两”铜钱、“安阳”布、带钩、铁簪等。

陕西省考古研究所会同晋城、高平两市于 1995 年 10 月对高平市西北约七公里的永录乡永录村周围做过调查，发现尸骨坑十余处。对发掘一号坑部分头骨统计，推测其中埋葬的个体有 130 多个。经鉴定死者全为男性，年龄以 30 岁左右的最多，比例占三分之一以上；20 岁以下的甚少，而 45 岁以上的占有相当比例。无一具完整的骨骼，从箭痕、刃痕、砸痕及骨折情况看，系被杀（射杀、斩杀、击杀等）后乱埋的。因此说，《史记》所言的“坑杀”，实际是杀而后坑埋之（《长平之战遗址永录 1 号尸骨坑发掘简报》，《文物》1996 年第 6 期）。

戚，弛苑囿”的善事，在自己即位的三天就与世长辞了（《史记·秦本纪》）。

（五）秦庄襄王灭东周，地接三晋

接秦孝文王、继承王位的亲子异人（变名子楚）是为秦庄襄王。他才真正地完成了生父“大赦罪人，修先王功臣，施德厚骨肉，而布惠于民”的遗愿。在位三年期间，也干了一些轰轰烈烈的大事。

秦庄襄王元年（公元前 249 年），相邦吕不韦率军灭东周。蒙骜率大军攻韩，取得军事要地成皋（今河南荥阳汜水镇）和荥阳二城，初置三川郡，使秦的东界推进到魏都大梁附近。

庄襄王二年（公元前 248 年），蒙骜攻取赵之太原，又攻取魏国的高都（今山西晋城市）、汲（今河南卫辉市西南），赵的榆次（今山西榆次区）、新城（今河南商丘市西南）、郎孟等三十七城。

三年（公元前 247 年），王龁又攻取韩之上党，建太原郡。至此，秦地已东到赵国的西界。

（六）秦始皇（图 5-1）奋六世之余烈统一天下

秦庄襄王的儿子嬴政 13 岁代立为秦王（公元前 246 年），因年少，初即位，国家大事由母后和丞相吕不韦处理。九年（公元前 238 年）22 岁亲政，粉碎嫪毐作乱，事连吕不韦而免相。

图 5-1　秦始皇帝

图 5-2　吕不韦

1. 吕不韦（图 5-2）在秦王政时的任相期间，对外的主攻目标仍是三晋：二年（公元前 245 年），派麃公率军攻取魏的卷（今河南原阳县西），斩首三万。三年（公元前 244 年），蒙骜攻韩，取十三城。又攻魏的畼、有诡两城。随后相继攻占魏的酸枣（今河南延津县西南）、燕、虚（今河南封丘县北）、长平（今山西高平市西北）、雍丘（今河南杞县）、山阳（今河南焦作市东南）等二十城，初置东郡。在挫败韩、魏、赵、卫、楚五国联军的同时，灭卫（魏的附庸小国）占朝歌（今河南淇县）。攻取赵的龙、孤、庆都，魏的汲（今河南卫辉市西南）、垣（今山西垣曲县东南）、蒲阳（今山西隰县）和衍氏（今河南郑州市北）（《史记·秦本纪》）。

2. 秦王嬴政的十年统一之战：在秦王政亲理政务之后，从十一年（公元前 236 年）至二十六年（公元前 221 年），前后经过 15 年，以首都咸阳作为军事指挥中心，接连对外用兵。其间并亲临前线，作实地考察①，对统一战争的形势及其发展实施明确的部署和指挥。特别是自十七年（公元前 230 年）之后，秦国以雷霆万钧之力，摧枯拉朽，仅用了十年工夫，次第削平诸侯割据，统一了中国，使秦从“王国”一跃而成为“帝国”。10 年统一大战，是嬴政从秦王登上秦始皇宝座的历史过程。其间富有戏剧性的情节，足见他文治武功的智慧与谋略。

十七年（公元前 230 年），内史腾攻韩，得韩王安。韩国成为第一个被消灭的国家，其地改为“颍川郡”；

十八年（公元前 229 年），攻赵。次年，王翦、羌瘣取赵地，俘赵王迁，流放于房陵（今湖北房县）；

二十年（公元前 227 年），燕太子丹派荆轲行刺。王翦、辛胜攻燕，破燕易水之西；次年，秦取蓟城，得太子丹之首；

二十二年（公元前 225 年），王贲攻魏，引水灌大梁（今河南开封市），三月城坏，魏王假请降，魏国亡；

二十三年（公元前 224 年），复召王翦，领兵攻楚，杀楚将项燕。次年，虏楚王负刍，楚国亡；

二十五年（公元前 222 年），加大战争规模，王贲攻燕的辽东，俘燕王喜。攻代，虏代王嘉。王翦平定楚的江南地，降越君，设置会稽郡；

二十六年（公元前 221 年），王贲从燕南攻齐，俘齐王建，放逐到松柏林里饿死。在齐地设立了临淄郡和琅邪郡。

至此，秦始皇完成了统一大业。

---

① 据《史记·秦始皇本纪》载：十三年（公元前 234 年）“王之河南”。十九年（公元前 228 年）“王之邯郸。……从太原、上郡归。”二十三年（公元前 222 年）“秦王游至郢、陈”。

六、咸阳由北而南的地域扩展

自秦孝公十二年（公元前350年）定都“咸阳”之后，到秦始皇二十六年（公元前221年）统一中国，前后经过130年时间。咸阳的城市建设，随着统一战争的进程、外事往来的频繁、城市经济的发展，因渭河北岸地域范围的限制，便跨越渭河向南发展，从而形成南北对立又一体的新、老两区。原来渭北的早期咸阳，是以牛羊村的“宫城”为中心展开城建的。战争的形势使都城处在扩大的动态之中，无论从渭北老区到渭南新区，都不曾再筑外郭城。当然，咸阳作为都城，同任何一座城市一样，绝不是孤零零的一个城圈。尽管前后还没有再形成一个大的城圈，但人口聚集、宫殿林立、商贸繁兴……自然形成一个聚集性的城市，这也自然地有了“城”与“郊”的区别。即使言“郊”也有着“近郊”和“远郊”的不同。这种由里向外的区间分布，就构成了同心圆似的“首都圈”。

经过我对咸阳60多年的考古与研究，于是提出了“咸阳有宫城而无外郭城”的理论，是个有中心和朦胧轴线关系的散点式聚集型城市[①]。

尽管咸阳无城，毕竟有政治、经济、文化、商业、人口聚集的范围。于是，我们只能找到它相对的边界。

（一）早期“咸阳”——以“冀阙宫庭”为中心的渭北区

《汉书·五行志》上说秦惠文王时的咸阳是：“南临渭，北临泾。”这只是说明秦咸阳处在渭河与泾河之间，同“咸阳”取名来自“山南水北皆阳”一样，但很笼统，并没有圈定秦都的范围。

下面结合考古材料来考述一下早期秦都咸阳的四界，以考古调查为据：

1. 北界

成国故渠在咸阳二道塬（渭河二级阶地）的北部，其遗迹当今渭高干渠南侧约200米处，沿420 ~ 435米的等高线自西向东横陈。咸阳原上从黄家沟至刘家沟一带的秦遗

① 王学理：《秦都咸阳》，陕西人民出版社，1985年；王学理：《咸阳帝都记》，三秦出版社，1999年。

址确实分布在成国渠之南侧。这就应是渭北区咸阳的北界。

2. 南界

今之渭河在秦汉时期偏南一线。由于秦岭新构造运动、渭河南岸相对抬升及渭南支流的顶托作用，使渭河向北移动。在今咸阳市以东由于渭河向北侧蚀的结果，使这段河床呈西南—东北向的平行北移，在南侧则让出越来越宽的河漫滩。由秦昭王造又经秦始皇扩建的渭河桥，西汉时因南对长安城北城西起第一门——“横门”①，所以惯称“横桥”。此桥南端的位置，据《汉书·文帝纪》苏林注说渭桥“在长安北三里”。三汉里也不算长，只有 1300.68 米②。有意思的是汉成帝建始三年（公元前 30 年）七月，住在渭水边上的小女子陈持弓听说发洪水，受惊后一口气向南跑进横门，闯入未央宫（《汉书·成帝纪》），可见秦汉时渭河距长安城是很近的。汉长安城横门遗址在今西安市西北六村堡乡相小堡村西侧，其门外确实有一条南北向、长约千米的秦汉大道遗迹。横桥跨度是“南北三百八十步”。那么，秦汉时期渭河的宽度是“三百八十步”(《三辅旧事》引《三辅黄图》及《括地志》），折算为 526.68 米③。今西咸新区秦汉新城窑店镇南、东龙村东 150 米处有一条深埋地下 1.4 米的南北向大道，路土厚 30 厘米，宽 50 米，这里北同秦“冀阙宫庭”遗址、南同汉横门遗址在一条直线上。村南的渭河北岸，距汉长安故城横门遗址的南北直线距离是 6200 米。这即是说，秦咸阳南临的渭河在近二百年内迅速向北移了 4372.64 米④。再就我从 20 世纪 60 年代以来的多次考古调查而言，在这一斜行的北岸地带，由西南的长兴村往东行，可以看到滩毛村到店上村之间的河岸地层是：战国至秦的文化层堆积厚度平均在 2 米。东北行，秦文化层厚度逐次减薄、包含物的密度也随之降低。西隆村以东接近原生土，而汉代遗物渐渐增多。1961 年至 1963 年，经我们发掘滩毛村南的制陶手工业区，因河北岸崩陷，井圈、陶器随之露出。至 1972

---

① 横门，又称横城门、光门，王莽改名朔都门左幽亭。

② 苏林是三国时期魏国人，东汉晚期一里合今 433.56 米，其所言“三里”合今 1300.68 米。

③ 秦是“六尺为步”，一尺合今 23.1 厘米。桥长 380（步）=0.231 米 ×380×6=526.68（米）。

④ 1973 年，为在“文化大革命”后恢复秦都咸阳的考古发掘作资料准备，我对今咸阳市以东直至灞河入渭处这一段渭河作了实地勘查，并到咸阳、渭南及三门峡库区的有关水文部门查询了有关记录资料，重点走访了汉长安北的高龄老人。据河边的老人讲，在他父子口耳相传中知道：距今一百五六十年前的清道光年间（公元 1821 年～ 1850 年），在桂家花园附近，有“木桥墩”露出水面，四根一排，每排的南北间距六七米，桥宽可容两辆大车。桂家花园在今西安市未央区汉城街道办高庙村北二里多路，当汉长安故城的洛城门外，此桥必是唐贞观十年（公元 636 年）在秦渭桥旧址东十里修的中渭桥遗址。桂家花园村北对咸阳市窑店镇的左所村，因渭河的北移，该村在百多年来向后退（即距南岸越来越远），搬迁了四次。这些情况都说明渭河的迅速北移是近世的事，究其原因当同大地构造变化及自然生态的失衡有关。

年我从韩城调回西安后再重访咸阳故地时，原来的发掘区早已沦入河底，去足下已百米矣！由此可见，早期咸阳“临渭”的南界，其西段在今滩毛一带向南突入4公里，是否全有文物遗迹，尚不可知；其东段在大寨村、邓家村一线的南北宽1800米的地带，今天所见确属空白。至于向南延伸的原来宽在4000多米的地面上有无战国到秦的建筑，恐怕永远是一个难解之谜。无论怎么说，渭北区咸阳的南界应该就在今渭河北岸向南推移4300多米的地方。

3. 西界

秦昭王大将白起死于杜邮亭，今咸阳市东郊任家嘴北3530工厂院内有封土堆高6米、底径19米，传为白起墓①。任家嘴附近即是秦杜邮亭，由此东去“十里”（汉）合今4335.6米②。在这十里地段内绝不见秦文化地层，由此可知咸阳的西界当在长兴村附近。

4. 东界

汉高祖刘邦与吕后合葬的长陵南对咸阳原边的三义村，村西侧到刘家沟有秦宫殿建筑基址，迤逦而西，属于北阪宫区。但在三义村东侧的柏家嘴村，除过一些零星建筑夯土和遗物外，连同今杨家湾这一低洼地带，就成了秦咸阳东郊的风景区——兰池和兰池宫。

由前述可知，文献记载只给我们提供了早期咸阳中心区的相对位置，而考古资料才给我们揭示了它的大致范围。随着渭河由“西南—东北”的流向，早期咸阳占据的渭河一级阶地及二级阶地（二道原）平行而呈斜行的狭长地带，决定了咸阳形制的地理特点。东西跨度虽大，但两端南北展开的距离则不等，如西界北起黄家沟，南越长兴村、滩毛村，南段已陷入河底，估计宽在6000米以上；东界南北较短，仅在三义村附近的二道原上下，长不过150米。其南北两边呈平行的“≈”形，即：北线西起黄家沟村原边东行，在胡家沟北折，到毛王沟沿成国渠故道南侧东北行，至山家沟以北；南线起自滩毛以南渭河中心，东行，在西隆村呈南北走向，过辉堵村（即“灰堆”），穿窑店镇，再沿牛羊村南至山家沟。在这个东西宽6600米、南北长200～6000米的范围内，即是早期咸阳的中心区。其间分布着各种类型的战国、秦代的建筑基址、手工业作坊遗迹、窖藏，出土有大量的文化遗物，成为研究秦都咸阳的凭借。在这一“秦都文化带”的两

① 据《咸阳文物志》记述：白起墓封土呈圆形，底径19米，高6米，有夯筑垣墙，东辟门。20世纪70年代初，已作清理，“墓道、墓室为砖券，出土铁剑等物”。墓室既是砖券，封土又呈圆形，显然属于汉墓形式。但传说是白起之墓，是否为汉代重新掩埋？

② 1汉里=433.56米，参见陈梦家：《亩制与里制》，《考古》1966年第1期。

侧，大体为农业与野市区。

早期咸阳的郊区，应该是西到雍门宫，东到兰池，北至韩家湾，南及渭河两岸。（图6–1）

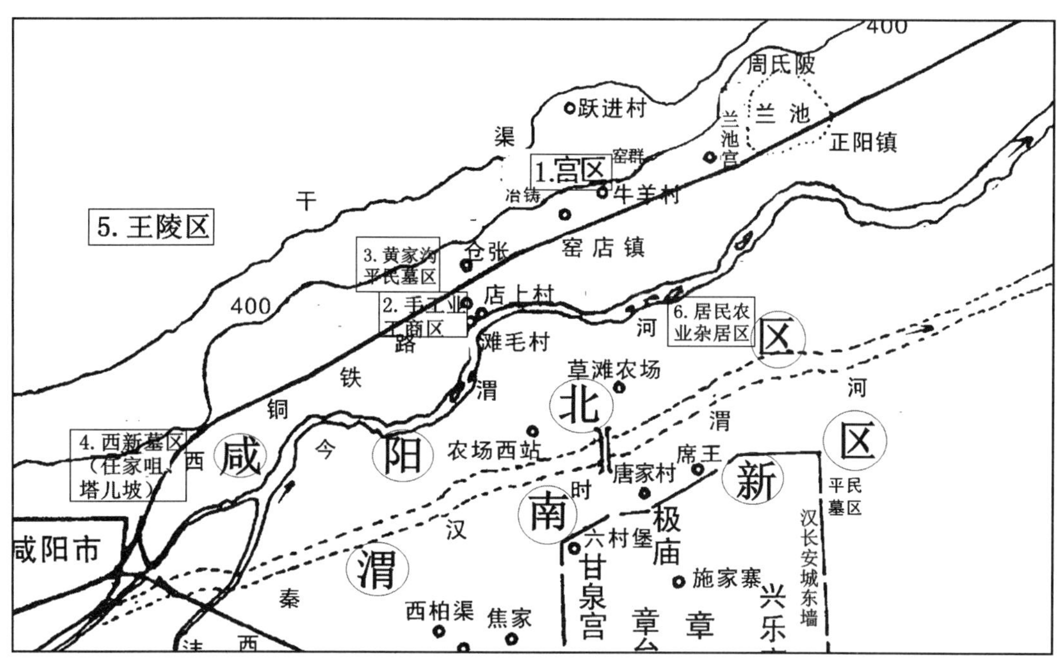

图 6–1　秦咸阳渭北六区示意图

（二）“渭南新区”在迅速形成中

商鞅变法，迁都咸阳，筑“冀阙宫庭”于今咸阳原的一隅。以此为基点，在随后百多年的发展中，以惠文王、昭襄王和秦始皇等三代君主时的变化为最大。

《汉书·五行志》：“先是惠文王初都咸阳，广大宫室，南临渭，北临泾……秦遂不改，至于离宫三百，复起阿房，未成而亡。”《三辅黄图·序》也有近似的话：“惠文王初都咸阳，取岐雍巨材，新作宫室。南临渭，北逾泾，至于离宫三百。复起阿房，未成而亡。”固然我们从中不难看出咸阳的土木工程建设和地域的扩大，确实是从惠文王开始的，到秦亡而不改。但班固不说是秦孝公定都咸阳而用词是惠文王“初都”，这是为什么？看来，他意在强调只有从秦惠文王开始咸阳才初具都城的规模。

实际上，秦惠文王“广大宫室”已经不仅仅是“南临渭”，而已经逾越了渭河向南更广阔的地域上扩展。像章台宫、长安宫已具有相当的规模，而且成为在外交上显示秦国威仪的场所[①]。上林苑中也有宫殿，正处于初创的阶段[②]。

昭襄王时，除过大力充实渭河南岸的宫殿建筑，如兴乐宫、六英宫之外，还在渭河上架设了渭水桥（横桥），成了同渭北咸阳宫连接起来的纽带。他为了去旧都——雍地祭祀和悠游，还在渭河南岸向西的大道上陆续修造了很多离宫别馆，如棫阳宫、长杨宫、高泉宫等等。从城市建设规划上看，昭襄王把王陵区做了新的转移，这就是在渭南区向东选定了“东陵墓区”。

只有到了这个时候，我们才可以清楚地意识到：原来渭河之南本是秦咸阳的临渭近郊，所建诸多宫殿都带有离宫别馆的性质。而到现在，其地位与作用正在发生大的转向。如果说最初秦孝公定都取名时，“山南水北”还能概括“咸阳”这一地理特征的话，但在首都地跨渭水两岸的情况下，此一名称就不尽恰切了。当然，作为历史遗留下的这一符号性称谓也就无须更改而只能沿用之。况且这一历史名称驰名国际，叫起来也能唤出一种沧桑感。（图 6–2）

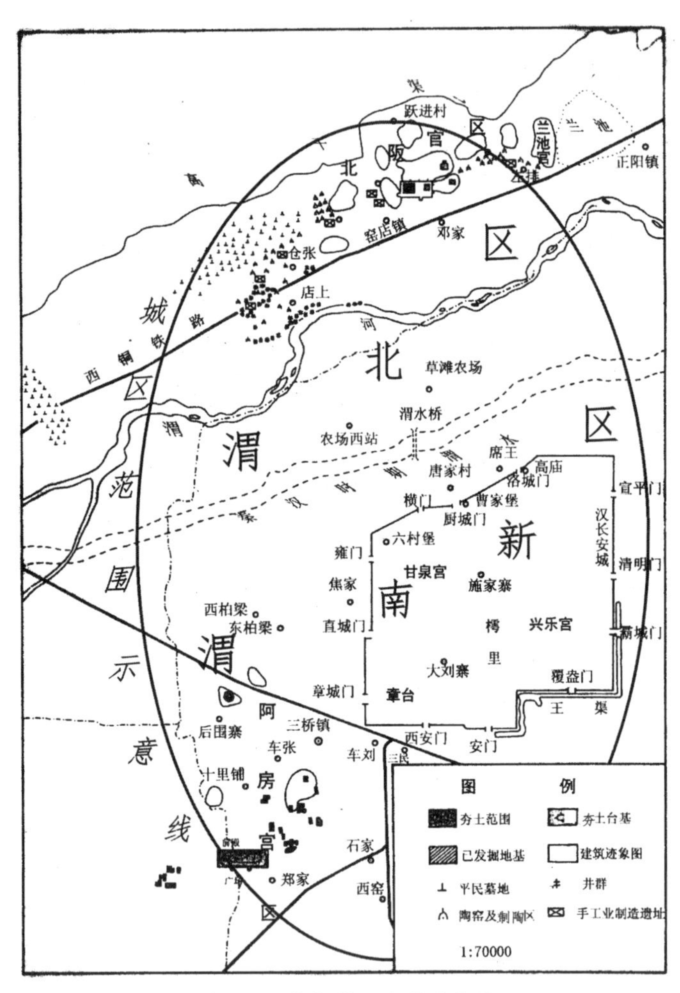

图 6–2　秦都咸阳城区示意图

（三）“渭水桥”——连接咸阳南北两区的纽带

咸阳渭河两岸的往来，自

① 章台宫是渭南的一处主要朝宫，苏秦曾对楚威王说：“今乃欲西面而事秦，则诸侯莫不西面而朝于章台之下矣。”（《史记·苏秦列传》）楚怀王也确实朝过章台（《史记·秦本纪》）。长安宫虽说是离宫，但其范围很大，主要宫殿很可能还是距渭河不太远的地方。

② 《史记·秦始皇本纪》：“三十五年……乃营作朝宫渭南上林苑中。”《三辅黄图》：“阿房宫亦曰阿城。惠文王造，宫未成而亡，始皇广其宫室。”

古靠的是船只摆渡。富有创新精神的秦昭襄王，竟在滔滔东逝而又宽阔的渭水上架起一座桥梁。这充分显示出秦人富于开拓、勇于历险的精神风貌。

1. 文献记载与桥名

《史记·孝文本纪》索隐引《三辅故事》载："咸阳宫在渭北，兴乐宫在渭南，秦昭王通两宫之间，作渭桥，长三百八十步。"《三辅黄图》载："秦造横桥，汉承秦制，广六丈三百八十步，置都水令以掌之，号为石柱桥。"

看来在咸阳这段渭水河道上建桥始于秦昭王，秦始皇时只是作了增修与扩建。其规模之大，气势之雄伟，虽然时间经过了一千多年，唐诗人杜牧仍能发出"长桥卧波，未云何龙？复道行空，不霁何虹？高低冥迷，不知西东"的赞叹（《阿房宫赋》）。

渭水上这座桥，秦名"渭桥"。西汉在渭南建都长安，因桥南对横门，又名"横桥""横门桥""石柱桥"。自从汉在城西渭水上建了"西渭桥"、在灞水入渭处建了"东渭桥"之后，始有"中渭桥"之名，合称"渭水三桥"。

2. 横桥结构与技术特点

据《三辅旧事》载："桥广六丈，南北三百八十步，六十八间，八百五十柱，二百一十梁。桥之南有堤，缴（激）立石柱"[①]。《三辅黄图》作"桥广六尺，南北三百八十步，六十八间，七百五十柱，百二十二梁（今本作"二百一十二梁"、《长安志》引作"二百二十"、《玉海》引作"百二十"），桥之南北有堤，激立石柱。柱南京兆主之，柱北冯翊（《初学论》引《三辅故事》作"右扶风"）主之，有令、丞，各领徒一千人（《水经·渭水注》引作"千五百人"），桥之北首垒石水中"。关于桥的主要参数在各书或引文中大致相同，但桥面宽度却有"六丈"与"六尺"的不同。想来，长达"三百八十步"的桥，宽仅"六尺"是难以容载车马的，当以"六丈"为是。按秦"六尺为步"，1 尺合今 0.231 米，经折算结果是：

横桥长度：0.231 米 ×6×380=526.68 米

横桥宽度：0.231 米 ×60=13.8 米

《三辅旧事》与《三辅黄图》所记无疑都是汉之横桥，但也都承认"汉承秦制"在渭桥上所体现的这一事实。一般来说，反映的秦桥风貌不会有大的距离。而内蒙古和林格尔东汉墓壁画上的"渭水桥"，又给我们提供了形象的凭借[②]。

① 据《二酉堂丛书》张澍辑本，引《三辅旧事》和《三辅黄图》两书，数字有出入，今改从后者："横桥，秦造，汉承秦制，广六丈，南北三百八十步。"

② 盖山林：《和林格尔汉墓壁画》，内蒙古人民出版社，1978 年。

和林格尔“渭水桥”壁画的梁下有“渭水桥”榜题，桥上的车骑间有“长安令”三字，说明表现的是汉长安之渭水桥。这座中渭桥在东汉末年，董卓入关后焚毁。后经曹操重修，但桥面从原来的“六丈”减成了“三丈六尺”，桥头之存留石像也坠毁水中。而“渭水桥”壁画所绘，一定是董卓未焚之前的横桥形象。其结构是一座多跨的梁式桥，在每跨的端点各有四根并排的立柱，柱上施两跳斗拱以承托木梁，梁上横铺木板，再在桥面两侧立以护栏。因为这幅壁画是绘在拱形的券洞顶部，桥身本来是平直的却变成了带有斜形的边跨。当然，这是不符合历史实际的。虽然它没有表现更多的间跨，也不见两岸的堤或石柱，但整体间架结构还是比较清楚的。若结合山东、苏北的画像石以及成都的画像砖，可知此类多跨的梁式木桥在当时是很普遍的（图 6–3）。

图 6–3　和林格尔汉墓渭水桥壁画

在这里，横桥工程所显示的技术特点对研究中国桥梁史很有参考价值：

第一，它是一座多跨的木排架梁式桥，多达 68 跨（间），总长度 526.68 米，比现在咸阳市南渭河上的钢筋水泥公路桥——咸阳市一号桥，还多出 80 多米。这在世界桥梁建筑史上也是少见的；

第二，桥墩固然用木柱，但在激流中立有石墩（或言“铁墩”），增加了横桥整体的稳定性①；

第三，“桥之南北有堤”，即桥所在的渭河两岸砌有护岸堤。因为渭水流经黄土及沙壤地带，质地亦常疏松。采取砌堤护岸措施，以防浪涛侧蚀，对稳定桥基具有重要作

① 《水经·渭水注》：“秦始皇造桥，铁镦重不能胜，故刻石作力士孟贲等像以祭之，镦乃可移动也。”《太平御览》引文同此。《三辅旧事》：“桥北京（立）石水中，旧有忖留神像。”传说此像是鲁班用脚画出的，这实际是出于后人对这一雄伟工程的赞颂。

传说用铁镦，我以为不是不可能的。在高陵县耿镇白家嘴西南的唐东渭桥遗址中，见到用木桩联结作桥墩，周围皆以青石条和卵石围砌，再以铁汁浇灌，使之凝结成一个整体。而相邻的两石条之间，则以铁栓板连接，这大概就是所谓的“铁镦”。

用。这是黄土地带建桥经验的积累和创造，对后世都有深远的影响。至今在桥梁、码头和水利工程中，砌筑“泊岸”的做法，都应看作是对古代优良传统的借鉴；

第四，“桥之北首垒石水中”，桥南也应如此。因为渭河河床是缓沟状，两岸不是壁立陡峭而是较宽的河漫滩。和林格尔汉墓壁画上，在桥的中段水流翻浪并有行船竞渡，而两端河滩宽，花木扶疏，反映着当时的真实，古今亦然。正因如此，就在桥之两端垒石作“引桥”，势所必然；

第五，桥面宽“六丈”（13.8 米），接近我国现代大中城市内“四车道”的城市桥梁设计要求（15 米）。因为它不但便利南北市民的往来，更主要的还是一条“御道”。可惜的是画面上没有表现出“阿房渡渭”的复道和甘泉宫通咸阳的甬道来。

3. 位置考定

“横桥”因汉长安城北有“横门”而得名，相对而言两者的间隔距离当然不会太远。

汉都长安是在秦都咸阳南区的基础上建立起来的城市。秦、汉两都的中心区隔渭水南北对直，就很能说明汉不仅利用秦的旧宫，而且对秦的交通大道、关梁渡口也是一仍其故。横桥北对秦咸阳的“冀阙宫庭”——咸阳宫，南入横门，穿过华阳街，直达未央宫。这条交通线对西汉早期长安城具有无可替代的重要作用，因为经过水上锁钥的横桥，有三个方向的大道，即：过棘门后东北向长陵、阳陵，或西北行，沿驰道、经安陵，下长平坂，渡泾水，至池阳宫，直驱避暑胜地甘泉宫；向东，过泾河，沿渭北大道，去栎阳宫，至太上皇陵；到渭城，西北行，经孝里（即秦之杜邮），可去汉诸陵，直接细柳（汉武帝后则多经西渭桥），沿渭河北岸大道西去。于此，我们也就明白了汉天子为什么把未央宫作为朝宫、其北阙还成了正门的道理。汉武帝造“千门万户”的建章宫于城西，直至王莽造九庙于城南，也都是围绕这一事实上的南北轴线进行的。横门地区是个繁华的所在，内有东、西市的商业活动地，门外至横桥间“夹横桥大道，市楼皆重屋”（《三辅黄图》）形成又一个商业地带。

《三辅黄图》：“长安城北出西头第一门曰横门。门外有桥曰横桥。”《汉书·文帝纪》苏林注：渭桥“在长安北三里”。汉长安故城的横门遗址在今西安市西北六村堡街道办相家巷村东、关庙村北侧。由此北去“三里”（魏），即 1300.68 米，就是横桥南端的桥头。中国社会科学院考古研究所汉城队在横门外探出一条长 1250 米的大道，再向北即是淤沙堆积，不见路土，说明已经到了秦汉时期的渭河南岸，路迹长度接近“三里”也表明魏时人观测之准确。

渭水北移，是近百年来形成南进北退的趋势，因而河床向南让给了沙滩，再变成陆地，从而就出现了今日可大面积种植的草滩农场。而秦时北岸几近四公里的广阔地域却沦入了河底[①]。不过，今咸阳市窑店镇南的东龙村东 150 米处还残存着一段南北向的秦大道遗迹，保存在地下 1.4 米深处，路土厚 30 厘米，路面宽 50 米。该路段向南过渭河，同横门外大道相接，直对汉长安城横门遗址；该路北端直指牛羊村的秦“冀阙宫庭”遗址。这些足以说明它就是秦汉时期经过横桥、连接渭河南北的交通大道，这也无疑地为探寻横桥的具体位置提供了方向性的线索[②]。

（四）“极庙”——都城重心南移的指示器

《史记·秦始皇本纪》载秦咸阳：“诸庙及章台、上林皆在渭南”。所谓“诸庙”指的就是祭祀祖先的宗庙。但秦献公在栎阳、孝公在渭北咸阳，均未提起过有宗庙之设。就连嬴政加冕时，还得跑到故都雍的祖庙去举行。到了秦二世议尊始皇庙时，群臣才明白地说“先王庙或在西雍，或在咸阳”。但昭王庙设在“渭南阴乡”有文献记载而其他先王庙并未提及，可见昭王之后的秦王各庙都在渭南新区。《礼记·祭法》说“置都立邑，设庙、祧、坛、墠而祭之”。秦重视宗庙之礼，既然咸阳政治重心南移，从昭王庙到始皇庙能不在渭南的市中区？

秦始皇在统一中国后的第二年，就在渭河南岸进行了两项宫殿建设工程。一个是“作信宫”，另一个是“作甘泉前殿”。

关于信宫，在《史记·秦始皇本纪》中有两条文献记载：

秦始皇二十七年“作信宫渭南。已更命信宫为极庙，象天极。自极庙道通郦山。”

二世元年下诏：“增始皇寝庙牺牲及山川百祀之礼，令群臣议尊始皇庙。群臣皆顿

---

① 渭河在秦汉时代的长安段，流经偏南。三国魏人苏林说渭桥“在长安北三里”的话是可信的。东汉一里合今 433.56 米，三里也不过 1300 多米。据《汉书·成帝纪》载：建始三年（公元前 30 年），渭水涨溢，虒上（河边的地名）的小女子陈持弓急入横城门，误入“未央宫钩盾中，吏民惊上城”。一个小女孩急入未央宫，倾城受惊，占据高地，足以说明渭水距汉长安城横门不远，水面同汉城的高差也不很大。而现在的渭河经过两千年，已北移 5 公里以上。

20 世纪 60 年代，我发掘秦都咸阳遗址时，专门在高庙到草滩农场的滩地上调查。走访一高龄老人，他说父亲小时候就在河边玩耍，有一年河水落下时，他还看到木桥桩。我还专门到渭南去找一个三门峡水库的管理机构，还复制了关中渭河迁移的资料。当时对渭河北移是近百年的事感到奇怪。2012 年，渭河考古队在汉长安城厨城门一号桥发掘中，出土了清代“康熙通宝”铜钱，就说明至迟在清代中后期，渭河的主河道还在这地方。只有在近百年来，随关中人口增加、森林砍伐、水土流失、环境恶化，渭河北移的速度加快。看来，原以为秦岭抬升运动、促使渭水向北倒岸的看法并不准确。

渭河桥的最新考古资料见《秦汉渭桥遗址为同期世界最大木桥》，《陕西文化遗产》2013 年 1 月 25 日。又见《中国文物信息网》。

② 汉长安横门外的南北大道和渭北东龙村的秦路，均无调查简报发表。此处引用，全系实地探测者的描述。

首，言曰：‘古者，天子七庙，诸侯五，大夫三。虽万世，世不轶毁。今始皇为极庙，四海之内皆献贡职，增牺牲，礼咸备，毋以加。先王庙或在西雍，或在咸阳。天子仪当独奉酌祠始皇庙。自襄公已下轶毁。所置凡七庙，群臣以礼进祠，以尊始皇庙为帝者祖庙’。”

“信宫”在竣工之后改名为“极庙”。秦二世元年（公元前209年）奉为“始皇庙”，听群臣建议又尊作“帝者祖庙”。这由“生祠”（信宫）到“祖庙”（始皇庙）的过程，实际是在为“大咸阳”中心奠基，也就是说在首都范围内于渭南设立新区在帝国上层得到了确认。

君主生前为自己立祠，可说也是秦始皇的创造。不过，那时不称“庙”而叫作“宫”，不立神主，也不举行祭祀活动，而是当作宫使用。此一约定俗成的习惯也被汉代沿用了下来，像景帝庙称“德阳宫”，武帝庙称“龙渊宫”，孝元王皇庙称“长寿宫”等等。

信宫既是秦始皇的生祠，一开始他把这里当作举行庆典、朝会群臣的大朝之处，随后才搬到渭南新区的甘泉宫（南宫）。只有到了三十五年（公元前212年）“营作朝宫渭南上林苑中”时（《史记·秦始皇本纪》），政治中心才有最终确定在阿房宫的安排。正因为《三辅黄图》的作者看到有甬道把信宫、甘泉前殿、郦山陵墓及渭北诸宫连接为一体的实际，又看到信宫地位之重要并有取咸阳宫而代之之势，所以就径称“信宫亦曰咸阳宫”。

据考古材料可知，由咸阳渭城区窑店镇北原上的“冀阙宫庭”——咸阳宫遗址向南，有大道遗迹直通秦汉时期的渭河故道——秦“横桥”的所在。桥南的南北大道遗迹有一千多米长，北入汉长安城横门。在横门大街两侧与南端，正是秦都咸阳渭南新区的宫苑建筑的集中地：西侧有甘泉宫（南宫）——地当汉桂宫，东侧向南有秦章台宫、兴乐宫，再偏西南就是上林苑。那么，秦都咸阳由北而南形成一条轴线。按“冀阙宫庭（咸阳宫）—极庙—章台—上林苑”这一位序关系，极庙当坐落在汉长安城的北部，位置应在“北阙甲第”之北、东市之南[①]。这种布局，显示出“大咸阳”中心区正从渭北转向渭南，而且首都的轴线关系也从朦胧中向明朗化的方向发展。这也表明：中国人“天下之中”的观念也在秦文化中有了融合。（图6–4）

① 刘瑞：《秦信宫考——试论秦封泥出土地的性质》，《陕西历史博物馆馆刊》（5），西北大学出版社，1998年。

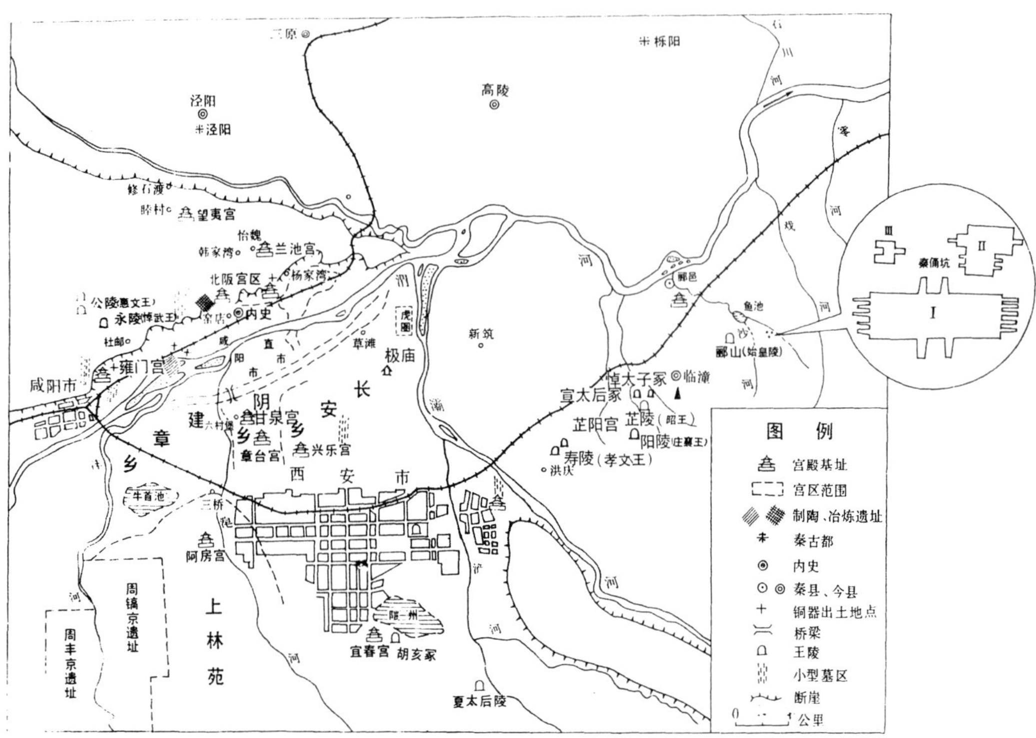

图 6-4　秦都咸阳布局示意图（王学理绘）

七、秦始皇扩都的梦想

（一）“因北陵营殿”——对整体改建咸阳计划的实施

秦都咸阳的范围有多大？古人自有表述。据《长安志》说是“始皇表河以为秦东门，表汧以为秦西门”，这当然只是东西的区间。《史记·秦始皇本纪》引《庙记》把四至说得很具体：“北至九嵕、甘泉，南至鄠、杜，东至河，西至汧渭之交，东西八百里，南北四百里，离宫别馆，相望属也。”

秦咸阳真有这么大吗？显然，当时秦人确实把“秦内史”在关中的地方都当成咸阳来看待的。实际上，这个以黄河象征的秦“东门”和以汧河象征的秦“西门”并不是实际存在的门。也并不是对首都咸阳说的，而是就秦国而言的。秦人气度之大在这里强调的是它有如关梁一般的重要性。

秦始皇在统一六国之后，自认为功过三皇、德盖五帝，也想在对咸阳作总体改造时如何体现天下唯吾独尊的气概。但面向早已形成的实际，特别是在无现代化机具的古代，改建巨量的土木工程，谈何容易？

说实在的，秦始皇开始还是倾心于“冀阙宫庭”为中心的建设。因为这里居高临下，俯视渭川更能显示监控万民的威严。《三辅黄图》的一条记载，向人们揭示了当时秦始皇改建咸阳的指导思想：“咸阳故城自秦孝公至始皇帝、胡亥并都此城。始皇兼天下，都咸阳，因北陵营殿，端门四达，以则紫宫，象帝居。渭水贯都以象天汉，横桥南渡以法牵牛”[①]。这段文字表明秦始皇心地博大、改造首都要取法于天象，体现出天上“天帝”为尊、地下自己为大的“合辙”之意。这一布局，从总体上确实赋予了自然与人为的美感。像沿着咸阳原这高亢的地势（“因北陵”），营造屋宇，殿门向四个方面

① 据孙星衍、庄吉校定本，见《从书集成》。

伸展形成一个中心，正如天帝常居的“紫宫”[①]；滔滔东去的渭水穿过城市，恰似银河亘空，划破无垠的星野；而“横桥”飞架，把南北的阙庙宫观连接起来，正像在满天星斗的苍穹里飞来的“鹊桥”，才给牛郎和织女的团聚带来难得的方便。看：这多么具有浪漫的情调！（图 7–1）

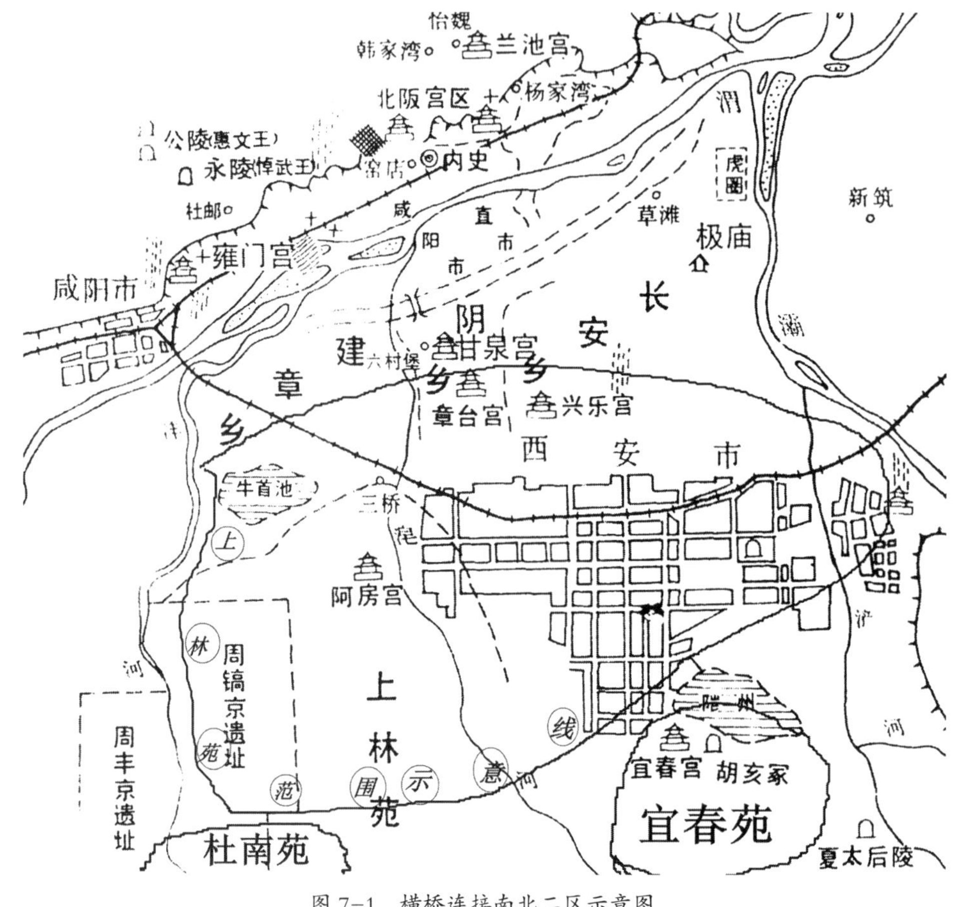

图 7–1　横桥连接南北二区示意图

把渭水变成首都“城中河”的这种布局和空间结构，确确实实是被秦始皇织进了那美丽的神话之中了。咸阳雄伟壮观的规模，充分地显示着帝国的威力，这实际也是王权

① 这里的“紫宫”是“三垣”之一的星宿名称，系紫微宫（也称“紫微垣”）的简称。它位于北斗（西方称“大熊座”）的东北，共有十五颗星，以北极星（即“小熊座 a 星”）为中枢，东西分列，呈现出一种屏藩的形状。不过，古人观测天象除过因农事季节需要外，还赋予了它以神秘的色彩，使之同封建迷信的占星术联系在一起，既把地上的人事关系天象化，反过来，天象的变化则认为预示着人事的变动和吉凶。这就是早已流行着的“天人相应说”。《晋书·天文志》：“紫宫，大帝之坐也，天子常居也”，说明主宰整个宇宙的是天上的“天帝”或“上帝”，居紫宫；主宰人间的则是地上的天之骄子——君主，居京都。咸阳作为“天子之都”就是始皇统一天下后，用“以则紫宫，象帝居”的指导思想建设的。

意识在都城建设上的具体反映。难怪当年服役于此的刘邦看到咸阳的宏伟、秦始皇的威仪，不禁发出“大丈夫当如此”的喟然长叹[①]。

（二）建筑设施比照星宿，力图做到天人合一

在既成的事实面前，秦始皇还是很理性地把地上建筑同天上星宿作了象征性对照（图 7–2）：

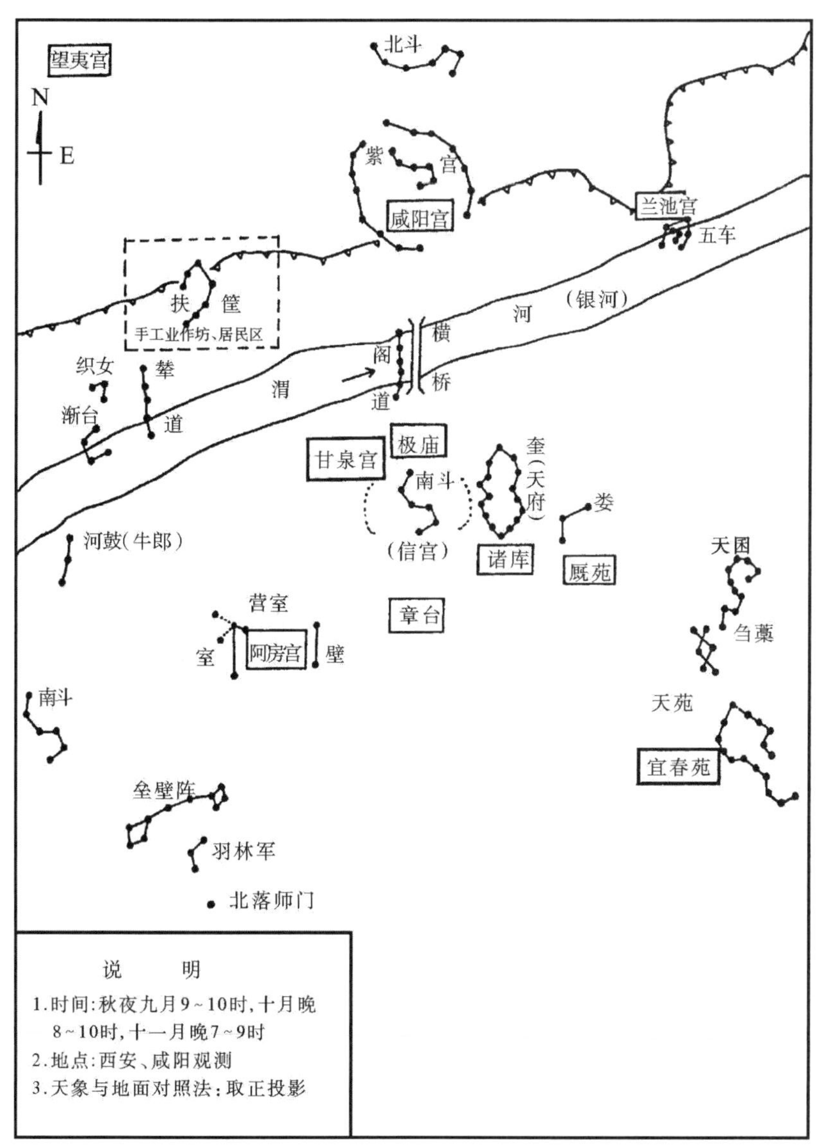

图 7–2 秦始皇“法天”意识示意图

① 《汉书·高帝纪》：“高祖尝繇咸阳，纵观秦皇帝，喟然太息，曰：‘嗟呼，大丈夫当如此矣’！”

1.“冀阙宫庭”作为“则紫宫，象帝居”，从而把咸阳的众多宫殿建筑罗织到天象中来。

第一，按北天规划咸阳，以咸阳宫为中心，对应天帝（泰一，或太一）居住的“紫宫”；

第二，渭水流经咸阳比附天上银河，横桥连接北南二区恰是便利牛郎、织女相聚的鹊桥；

第三，信宫改名为“极庙”，以像中宫的天极星①；

第四，阿房宫有复道凌空，横绝渭水，连接渭北诸宫，同“天极”星有“阁道”跨过天河到达“营室”相似②；

第五，咸阳的宫苑、池囿、府库等重大设施，似都能在天上找到相应的星宿：

毕宿“五车”与“咸池”——兰池宫与兰池形似；

昴宿“天苑”——宜春苑、上林苑；

奎宿是“天府”，胃宿有“天囷”“天廪”——咸阳有诸库；

娄宿——厩囿；

牛宿“辇道”“阁道”——咸阳御道。

……

2.始皇陵墓内“上具天文，下具地理”（《史记·秦始皇本纪》），可说是天地一体的宇宙模拟，既是法天范围的扩大，也是大千世界的缩小。

（三）“阿房宫”——改建方案的大调整

秦始皇从“因北陵营殿”到移办甘泉宫，深感都不能展现大秦帝国的雄风，便找了个借口，开始在上林苑里重新建造“朝宫”。司马迁在《史记·秦始皇本纪》中着重作了这样的介绍：

“三十五年（公元前212年）……于是始皇以为咸阳人多，先王之宫廷小。吾闻：

---

① 把信宫改名为极庙是为了像天帝之有“天庙”一样，其地位之重要犹如处“紫宫”的天极。“天极”，即北极星。“南斗为庙”（《史记·天官书》），所以，“天庙”也就是南斗。天极星处中宫，有北斗绕行。二十八宿虽分属青龙、玄武、白虎、朱雀等四宫，却是众星朝北斗的。秦始皇按天都有天极、天庙，在帝都就安排有咸阳宫、极庙。亦步亦趋地仿效，表明他追求的是无论生前或死后都要同百神中最尊贵的天帝一样，永远处在中心位置。

② 天帝出自“天极”，经过横绝天河的“阁道”，抵达作为离宫别馆的“营室”（《周礼·冬官》：“营室，北方玄武之宿，与壁连体为四星”。在室宿二星之周围又有“离宫”六星分三处作为附座）。

周文王都丰，武王都镐，丰、镐之间，帝王之都也。乃营作朝宫渭南上林苑中。先作前殿阿房，东西五百步，南北五十丈，上可以坐万人，下可以建五丈旗。周驰为阁道，自殿下直抵南山。表南山之巅以为阙。为复道，自阿房渡渭，属之咸阳，以象天极阁道绝汉抵营室也。阿房宫未成；成，欲更择令名名之。作宫阿房，故天下谓之阿房宫。隐宫刑徒者七十余万人，乃分作阿房宫，或作丽山。发北山石椁，乃写蜀、荆地材皆至。……二世元年（公元前 209 年）……复作阿房宫。”

阿房宫设计蓝图气派，建筑宏伟。光坚实的地基工程就夯打了三年多，后因秦帝国的覆亡而夭折了。这是早已亡故了的秦始皇，永远也没有预料到的遗憾（图 7–3）。

图 7–3 阿房宫前殿夯土断面

（四）“立秦东门上朐界中”——雄视天下第一步

秦始皇统一中国之初，帝国的版图是“东至海暨朝鲜，西至临洮、羌中，南至北向户，北据河为塞，并阴山至辽东”（《史记·秦始皇本纪》）。

就在秦始皇营作朝宫于上林苑的这一年，还“立石东海上朐界中，以为秦东门”。

在国土西面是陆地，有着无限扩展的空间；在东面是渤海、东海，有着亟待探索的未知世界。从他五次出巡中，有四次都是去了东方，而且又是多沿海而行，足以反映出秦始皇具有海洋意识。派方士海上求仙药只是为长生不老，而探索未知的海洋恐怕是他的基本追求。

公元前 212 年在海州建朐县（治今江苏连云港市西南海州街道），立石作为“秦东门”，在世界上首创了国界的界标。那么，朐县也可以说是当时唯一对海外开放的门户。

八、离宫别馆遍天下

咸阳宫阙郁嵯峨，六国楼台艳绮罗。
自是当时天帝醉，不关秦地有山河。
——〔唐〕李商隐：《咸阳》

秦帝国的离宫别馆有多少？据《史记·秦始皇本纪》载："关中计宫三百，关外四百余。"

《汉书·贾山传》："秦起咸阳，西至雍，离宫三百。"《三辅黄图》："南临渭，北逾泾，至于离宫三百"……这应该说是包括了首都的正宫、离宫别馆，以及京师以外的行宫在内的宫殿总数。

《史记·正义》引《庙记》："北至九嵕，甘泉，南至长杨、五柞，东至河，西至汧渭之交，东西八百里，离宫别馆相望属也。木衣绨绣，土被朱紫，宫人不徙，穷年忘归，犹不能遍也。"（《三辅黄图》文字同此）显然这说的是在"内史"之地的关中宫殿建筑的分布范围。

（一）都中宫殿群

据《史记·秦始皇本纪》载："秦每破诸侯，写放其宫室，作之咸阳北阪上，南临渭，自雍门以东至泾、渭，殿屋复道周阁相属。所得诸侯美人、钟鼓，以充入之。"又载："乃令咸阳之旁二百里内，宫观二百七十复道甬道相连，帷帐钟鼓美人充之，各案署不移徙。"

在这里，首都咸阳渭北区的宫殿数目固然很具体，但以东西距离而论，显然差距有似霄壤；若换做南北度量，更是不合辙。那么，在这里起码有两处的所指使人生疑：

第一个问题是："自雍门以东至泾、渭"有"二百里"吗？雍门的所在，《集解》和《正义》的注释就不统一，或说"在高陵县"（今陕西高陵区），或说在"今岐州雍县（今陕西凤翔区）东"。实际上，"泾、渭之交"就在高陵区境内，就不存在起与至的问题；自雍都某门东到泾、渭之交的二百里的直线之内，从来没有“殿屋复道周阁相属”的任何文物遗存；

第二个问题是：雍门在哪里？怎么会有“自雍门以东至泾、渭”的“二百里内，宫观二百七十”？

经我研究，这个“雍门”实际是秦咸阳西郊的“雍门宫”，地在今咸阳市东郊的塔儿坡[①]。所言的“二百里”并非直线距离，而是个圈的概数。

西汉一里合今 417.52 米，则“咸阳之旁二百里”折合 83504 米，习惯的表示就是 83.5 公里。正如前面说的，按东西向则大于“雍门—泾渭之交”的距离；反之，以南北较量又不知其起讫。在此，我们姑且仍以前者的东西直线距离为计，南北以“北陵—阿房”为限，结果，测得这个范围的周长是 80 多公里。于此，文献记载同实测数字才两相接近。由此可见，这所谓“二百里内”实是指“宫观二百七十”的分布范围，而“咸阳之旁”是解开“二百里内”的奥秘所在。我们再套接这“二百里内”的范围，大致是从今咸阳市塔儿坡（“雍门宫”的所在）起，循咸阳原（北阪）东北行，至泾渭之交，折而向南，过渭河，斜穿西安市的东北郊（闫新宫殿遗址所在）和西北郊（兴乐、章台诸宫遗址），绕过三桥镇南的阿房宫遗址，再转往西北，北越渭河，返抵今咸阳市东郊。这一圈正好是 80 多公里，也就“咸阳之旁二百里”。那么，在这一范围内有宫观二百七十，“殿屋复道周阁相属”的密集程度确也令人惊叹！

咸阳宫殿分布在“北阪”、“渭北临水”和“渭南”这三个地区。简介如下：

1.“冀阙宫庭”

（1）以“冀阙”为代表的城内宫殿总称

都城建设本是一项浩大的综合性工程，需要设计人才和财力的支撑。因为秦孝公、商鞅认识到政治改革（变法）是当前压倒一切的中心任务，要使秦国改变积弱的状态，不能单一地去搞城建。

但是，商鞅在执行这一前期工程时，其设计思想一定是考虑到要体现新政人物改革的决心与气魄，用他的话说就是要“大筑冀阙，营如鲁卫”。显然，这既非旧阙式的抄袭，也不纯粹是象征性的一般设施。而是出自寓“标识”于实用的考虑，把“冀阙宫庭”当作一个整体建筑来设计。只有使一座巍峨峥嵘的大型高台建筑物屹立于咸阳北阪之前沿，面临滔滔东逝的渭水，更显得庄严博大，气势夺人，大有“岂容诸侯小我秦

① 王学理：《雍门宫室今安在　塔儿坡前寻踪迹》，《中国科学报》2011 年 12 月 15 日第 12 版。

国”的味道。

经过多年的考古发掘，对冀阙、宫城及城内八处宫殿建筑已很清楚。“冀阙宫庭”是对这组建筑的概括，在这里不再重复，可以参见本书二、三章。

（2）对荆轲刺秦地的误导

1974 年发掘西阙遗址时，正值“文化大革命”中“批林批孔”。咸阳地区文管会把西阙说成是荆轲刺秦的“咸阳宫”。这显然是不符合历史的，道理在于：

首先，室内容积狭小，不足以展开搏斗（图 8–1）。作为“主体殿堂”的 1 室，位于夯土台的顶部，平面方形，东西 13.4 米、南北 12 米。固然房子中央有一个“都柱”，可以使“秦王环柱而走”，荆轲在后面穷追不舍地“乃逐秦王”，若果二人真的要在这面积只有 160.8 平方米的范围之内“以手共搏之”（《史记 · 刺客列传》），岂能不胜负立见？在这狭小的空间里，若加上侍医夏无且和荆轲的副手秦舞阳两人，那不但难有回转的机会，恐怕连秦王所设的“九宾”和陈列殿下执兵的“诸郎中”更没有了容身之地了！那“荆轲刺秦王”又是如何地展现呢？由此可见，从文献记载的那“非常时刻”与“非常地方”都同这西阙遗址挂不上号。

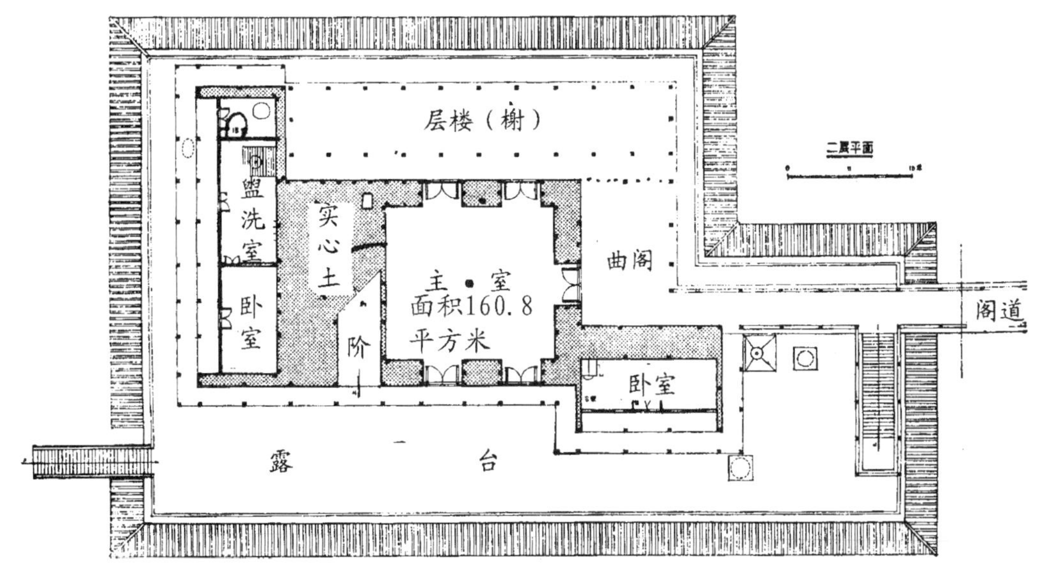

图 8–1 西阙顶部平面图

其次，同记载秦王接见荆轲的环境条件不符。据载，燕使进入咸阳宫，“荆轲奉樊於期头函，而秦舞阳奉地图柙，以次进。至陛……”但西阙遗址是个高台建筑，分上下三层，围绕夯土台子筑屋，并没有“次进”的纵深，也不存在符合礼仪的“陛”，更谈不上给依次传呼的傧相留下空间。但如果把秦王硬要安排在这个狭小的高台上接见荆轲的话，显然那只能是个人的一厢情愿。

再次，此高台建筑不是宫殿建筑形式。按《史记》记载：燕使奉献叛将之头和督亢的地图，对秦王说来更关心的是后者。正因为燕国“愿举国为内臣，比诸侯之列，给贡职如郡县，而得奉守先王之宗庙”，属于归顺的一种表示。所以秦王才“乃朝服，设九宾，见燕使者咸阳宫”。以这种高规格接见来使，当然具有其政治用意。由于秦始皇很清楚，统一之战的残酷性显而易见，如果其后的魏、楚、齐能仿效燕国纳地称臣，未必不是一桩“免战”的好事！那么，以大朝之地的咸阳宫先接见燕使，便是顺理成章的选择。

咸阳宫建造于秦昭王时，是历代秦王处理政务、宴会群臣、接见来使的重要场所。但今天我们看到的西阙遗址是个东西只有 31.1 米、南北最宽 13.3 米的夯土台子。主室居高，虽然视野开阔，但各房间分散又形式各异，既不见主体宫殿建筑那横大的“面阔”，冲着夯土实心也形成不了纵的“进深”。由此可见，西阙是“咸阳宫”的说法不能成立。

2. 咸阳宫

先有秦孝公筑“冀阙宫庭”，随之惠文王“取岐雍巨材，新作宫室”(《三辅黄图》)，作了较大规模的扩建。大约在秦昭王时才有了咸阳宫之名称，它是一个多座宫殿组成的筑群。昭王鉴于咸阳宫的政治地位重要，国事活动频繁、渭南诸宫殿建筑的兴起，于是就在渭河上架起我国古代第一座多跨式长桥——横桥。《三辅故事》：“咸阳宫在渭北，兴乐宫在渭南。秦昭王通二宫之间，作渭桥，长三百八十步”（《史记·孝文本纪·索隐》引）。

秦始皇对咸阳宫的建设是全方位的。《三辅黄图》载：“始皇穷极奢侈，筑咸阳宫，因北陵营殿，端门四达，以则紫宫，象帝居。”首先，在设计思想上“法天”，仿照天帝居住的“紫宫”，洞开四门；其次，凭借咸阳原高亢平坦的地形，扩大规模，使原来的宫殿建筑又有了新的外延。那么，我们先得找出咸阳宫的位置，再验证其吻合的程度，并给以考古学说明。

《太平寰宇记》：“长安，盖古乡聚名，在渭水南。隔渭水北对秦咸阳宫，汉于其地筑未央宫。”长安原本乡聚，此间已作汉都泛用。今未央宫遗址隔渭河，北同今咸阳市窑店镇牛羊村北原上的“冀阙宫庭”建筑遗址一线对直。而横桥的位置也处在南北两宫遗址连线的渭水之上，较之连接兴乐宫与咸阳宫的描述更直接一些。“冀阙宫庭”

确实处在咸阳原上这“北陵”之地，始皇既“筑咸阳宫，因北陵营殿”必是对原来“冀阙宫庭”建筑群的增修、改造与扩大。这里原本有方正的宫城，所谓“端门四达”，实际也是经过大规模改造使宫门同城门直通畅达，也包括了南正门的“棘门”。出棘门南下，经横桥，进入秦咸阳的渭南新区，南抵极庙，再到兴乐、甘泉二宫和上林苑的阿房宫，走的是一条南北向的主干道。

根据文献记载，我们作以上复原推测，也是得到了考古勘查资料验证的。今牛羊村的秦宫城，坐北朝南，地跨原之上下，符合“北陵”地望。其后部处于原上，有着密集的又多连属的宫殿基址。（见彩版一）考古工作者已对二号和三号宫殿基址作过发掘。都是高台建筑，上有主体宫室，下有曲折的廊道或回廊。各自是独立的宫殿，彼此又有甬道或复道同冀阙相连，其中出土的彩色壁画尤为珍贵[①]。这些建筑遗址中，既有战国秦的文化遗存，也有以后多年修葺和新建的宫殿遗存。杂陈错落，可见“冀阙宫庭”本身就是一个群体建筑的总称。在发掘冀阙的西阙之后，依次发掘了三号和二号。其中的二号建筑位于西阙的西北，地当宫城的后部，焚毁得相当严重，从残迹显示看是为一处庭院式建筑，当是皇后宫殿的所在[②]。（图 8–2）

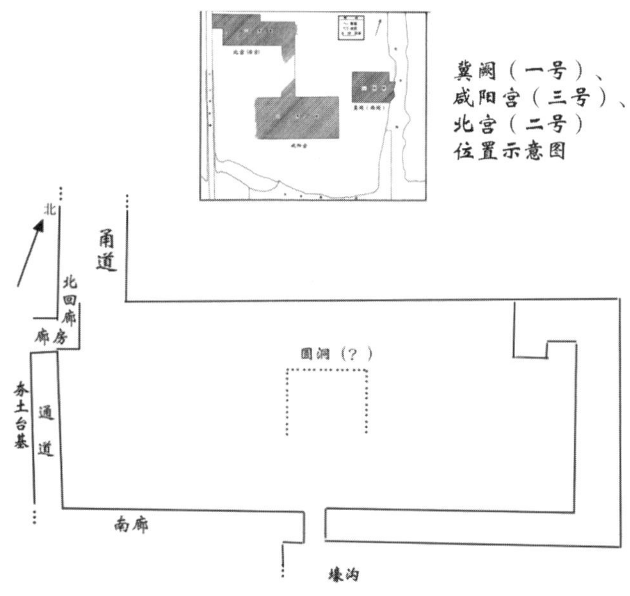

图 8–2　咸阳宫（三号建筑）平面示意图

① 秦都咸阳考古工作站：《秦咸阳宫第二号建筑遗址发掘简报》，《考古与文物》1986 年第 4 期；咸阳市文管会等：《秦都咸阳第三号宫殿建筑遗址发掘简报》，《考古与文物》1980 年第 2 期。

② 陕西省考古研究所：《秦都咸阳考古报告》，科学出版社，2004 年。

三号宫殿基址在西阙基址西南，相距 10 米，破坏严重，1979 年和 1980 年两次仅发掘了基址的东部。残存地貌高 1.5 米，基面标高＋ 1.5 ~ 2.01 米，东西长 123 米、南北宽 60 米。中央的主体建筑全毁，四隅仅存房址有东三室、北三室、南五室，西侧是一条南北向的“画廊”。殿基周围有回廊。房前有台阶，台基夯筑，台面铺花纹空心砖，保存最多的有七级。出土大量的建筑材料砖、瓦、空心砖，另有少量的工匠工具、车马器，更多的是壁画残块，计 242 块。从廊道建筑残存壁面和倒塌的堆积中，清理的壁画内容包括了人物车骑、车马出行、台榭建筑、动物、植物、神灵怪异、图案装饰等。色彩除壁带图案多作黑色的二方连续外，其他的画面为彩绘（图 8–3）。

图 8–3　咸阳宫遗址壁画残块

三号宫殿建筑取门槽木炭采样，经碳 –14 测定，距今 2290 ± 80（即公元前 340 ± 80 年）。再从此建筑平台看，系规正的长方形，位当冀阙之侧，有主殿，有廊有阶，装饰华贵。在宫城南的东隆村，有宽达 50 米的路土，当是“棘门大道”，过渭河正同横门外大道连接。这种地理与文献的吻合，正是咸阳宫的所在。

三号宫殿建筑建于战国中期，时跨秦孝公到秦始皇140余年时间，同历代秦王处理政务、宴会群臣、接待来使的时段相吻合。可见这就是秦咸阳宫的所在。

《论衡·语增篇》作“置酒咸阳台”而不作“咸阳宫”。想来，台在宫中，上有宫殿，当然可以设宴置酒的。三十五年（公元前212年），秦始皇在渭河南岸上林苑中营造阿房前殿的同时，因为工程远远没有完成，仍然“听事，群臣受决事，悉于咸阳宫”（《史记·秦始皇本纪》）。

咸阳宫文物存世的，见有“咸阳宫铜鼎”① 和三十三年银盘②。

3. 曲台宫

图8-4　曲台宫遗址（6号建筑）

① 咸阳宫铜鼎，是欧洲保护中华艺术协会主席高美斯先生出巨资从巴黎的一个家族手中买下来，并无偿捐赠给陕西文物机构。2006年4月10日，捐赠仪式在秦始皇兵马俑博物馆举行。当晚，副省长赵德全在西安会见并宴请了青铜鼎捐赠人。

该鼎原属战国时期的韩国，秦始皇灭六国统一中国后，“掳”进咸阳宫。清末在陕西咸阳出土，随后流到国外。咸阳宫铜鼎为圆形素面盖鼎，通高17.5厘米、两耳间宽24.5厘米、口径17.7厘米。有刻铭50余字，在口沿处刻有“宜阳”“咸”“临晋厨鼎”等铭文，其中的“咸”“宜阳”等字，显然为秦朝时首刻，还有“一斗四升”等汉初记录重量和容积文字。这刻有战国、西汉不同时期、不同地域的铭文，不但说明咸阳宫在汉代仍有部分保留，而且也是中国秦朝统一和汉代繁荣的见证，具有重要的历史文化价值。

② 咸阳宫银盘的口沿背刻“卅三年”，据考为秦咸阳宫中之物，系1979年山东淄博市窝托村出土，后由淄博调归中国历史博物馆。

《汉书·邹阳传》有邹阳奏书谏吴王："臣闻秦倚曲台之宫，悬衡天下，画地而不犯，兵加胡越。"应劭解释说："始皇帝所治处也，若汉家未央宫。"

在冀阙的西阙遗址（一号建筑遗址）东去290米处，有一大型的夯土台遗址。编号为"六号宫殿遗址"的大夯土台，位于赛家沟与纪家道沟之间的断崖南端，像冀阙一样高耸于咸阳原边，俯视渭川，尽收眼底（图8-4）。1961年到1972年，我们多次调查，发现其底部呈方形，长宽140多米，顶部东西长49米、南北宽34米，高5.8米。南侧被村民打窑洞成了断崖。

陕西省考古研究院于2018年开始发掘至2020年。已知夯土基址东西长127米、南北残宽124米，平面近方形。由底到顶，截面由大到小，分为三个台阶。顶部建筑面积残存不足1/4。自秦代地面至现存台基顶部高度达11.3米，顶部结构完全揭露，发现曲尺形墙体与壁柱、台阶与斜坡通道、涂朱地面等，顶部复原面积约1000平方米。高台底部夯土台基近方形，面积达1.6万平方米。

6号高台建筑西北部发现附属建筑一组，为曲尺形高台建筑围合"四合院"式地面建筑的组合形式。此中心建筑外有围墙，周长不清，有待进一步探测；高台北部有西汉中期房址一座，南部、东部有大量的晚期灰坑。高台西北的建筑，揭露出房址4座，出土遗物的时代不早于西汉中期。①

发掘人在中央电视台以及新闻媒体上说这处"秦国政务大殿遗址，面积超1000平方米，比两个篮球场（标准为420平方米）面积还大。6号高台建筑遗址，其规模相当宏大，高台顶部面积约1000平方米"，还说"荆轲刺秦在此发生"②，显然欠妥。

由"曲台宫"的名称上也可说明，曲折变化的高台是这一宫殿建筑的最大特征。秦始皇既居此宫能够"悬衡天下"，表明其政治地位相当重要。"若汉家未央宫"，并不等于有些学者断定在汉长安故城内。秦始皇曾把咸阳宫作为改建的重点，仿照天帝居住的"紫宫"，使"端门四达"。这当然是皇帝独居办公的宫殿，便安排在"宫城"之内。对"三公九卿"这就得另置一处，为提高办事效率既不近，也不远。各部要集中，不得分散，就放在宫城之内。即以皇帝与中央机关而言，尽管秦始皇后来移居渭南办公，先在信宫，后在甘泉宫，但联系仍是很紧密的。"作甘泉前殿，筑甬道，自咸阳属之"（《史记·秦始皇本纪》）。在渭南新区秦遗址里出土的封泥，就有"丞相之印""御史之印""奉

① 陕西省考古研究院《2019年考古年报》。

② 《陕西发现秦始皇政务大殿遗址　荆轲刺秦在此发生》，"中国青年网"1月17日。

常之印”“宗正”“少府”等，可见帝臣在河隔两岸的情况下，近臣进献也须缄封。所以，从该遗址的位置、规模、结构等多方面考虑，6号建筑基址正是曲台宫的所在。

《畿辅通志》说位于永寿县留村，不明其根据[①]。曲台宫起造的时间当在战国末年，至迟在秦统一之初。

4. 北宫

在文献中，没有关于秦北宫的记载，但文物中多见有刻铭。上海博物馆藏有作田字界格的“北私库印”。1987年，陕西礼泉县出土有始皇与二世的两诏铜椭量，上刻“北私府”等字。可知二者系“北宫私库”“北宫私府”之省。特别是近年在汉长安故城中出土的秦封泥有“北宫”“北宫幹丞”“北宫宦丞”“北宫私丞”“北宫工丞”“北宫弋丞”[②]等印文，就是秦有“北宫”的最好说明（图8–5）。

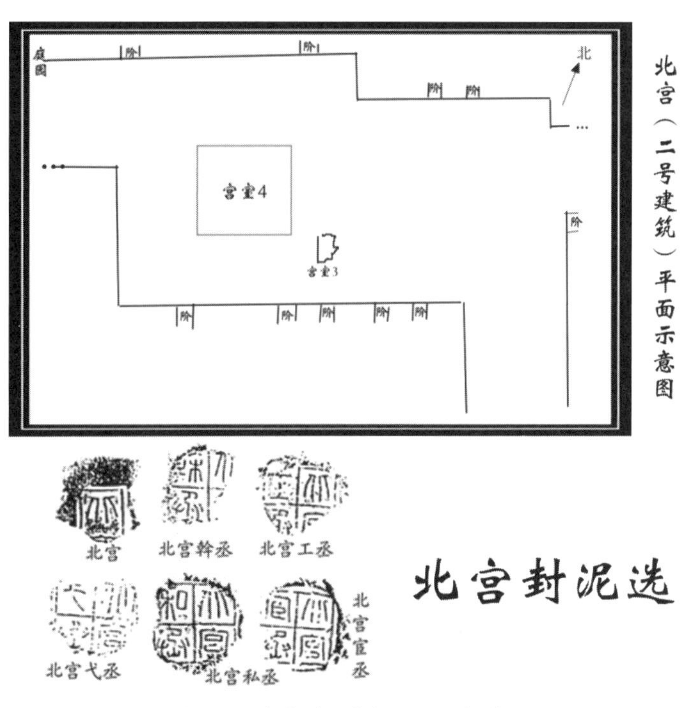

图8–5 北宫（2号）平面图与封泥

① 畿辅是清朝直隶省，即今京津两市和河北省一带。《畿辅通志》是李鸿章任直隶总督期间，由兵部尚书、直隶总督李卫等监修，延聘保定莲池书院主讲黄彭年纂修的。在同治十年（1871年）末开始，于光绪十二年（1886年）修成，历时16年，用银近12万两。该通志可说是一部河北省的省志。

② 《汉书·百官公卿表》载九卿之一的少府，其属官有“考工室”“左弋”等十六官令、丞。秦封泥“北宫工丞”可能是考工之省。据《史记·秦始皇本纪》有佐弋竭、《秦汉瓦当文字》有佐弋瓦知，“北宫弋丞”可能是北宫佐弋丞之省。佐弋是佐助弋射之事的。颜师古释佐弋为地名，显然是错误的。

《周礼·天官·内宰》郑玄注："北宫，后之六宫。"因北宫系皇后之宫，才有"宦者""私府""私库"及其"丞"的设立[①]。

秦之北宫处在渭北区，因其专为后宫而设，同帝宫同样重要，应当距咸阳宫也不会太远。秦"冀阙宫庭"后部有第二号宫殿建筑遗址，虽然破坏严重，但仍显示原来是以夯土台为核心、围绕土台分层筑屋的。整个建筑平面呈东西长条状，约 127 米，东段宽 32.8 米，西段向北突出宽可 45.5 米。其顶部三室中有一主要殿堂，平面基本方形（19.8 米 ×19.5 米），底层只有两室。外周环以回廊，多有壁画的残留[②]。从其所处位置与规模看，应当就是秦后妃的"北宫"遗址。

秦都咸阳在渭北有"北宫"，在渭南有"南宫"，二者并存，名称相对。

5. 六国宫室

这是仿建六国宫室的一组群体建筑。《史记·秦始皇本纪》：秦始皇"每破诸侯，写放其宫室，作之咸阳北阪上。南临渭，自雍门以东至泾、渭，殿屋复道周阁相属。所得诸侯美人、钟鼓以充入之"。由我等考古调查知，在西起毛王沟、东到杨家湾的咸阳原二级阶地上多有秦建筑遗址的分布，尤以聂家沟往东到三义村的一段最为稠密，近达 30 处。由我操持大平板测绘仪，把钻探结果绘在图纸上。平面形式各别，无一相同，大概也因为是"周阁相属"的关系，虽有建筑体量上主次之别，却也难以分开各自的坐落。这些就应是秦仿造之六国宫室。

6. 乐器储库建筑遗址

秦咸阳府库建筑遗址位于今咸阳市渭城区窑店镇胡家沟，地当牛羊村宫城区西侧。2016 ~ 2018 年，由陕西省考古研究院进行发掘。该组建筑本体平面呈长方形，东西长 105.8 米，南北宽 20.3 米，四面有垣墙。内部有三条南北向土隔墙将主体建筑分隔为 4 个房间（F1 ~ F4），密闭性甚强。在不同房间内存放有纺织品、铜钟、石磬、悬架、小型乐器和敲击的配件。另外，外围东南角小面积的附属建筑廊房（F7），内放置有质地细腻、擦磨痕迹光亮可辨的大型磨石（校音用）1 件。

---

① 《汉书·百官公卿表》："詹事，秦官。掌皇后太子家，有丞。属官有……中长秋、私府、永巷、仓、厩、祠祀、食官令、长、丞。诸宦官皆属焉。"吴式芬、陈介祺《封泥考略》卷一第 47 页有"长信私丞"，即长信宫私府丞或长信宫私官丞的省文。"私府"在西汉也名"中宫藏府"，或作"私官"，主宫中衣服。第 48 页有"长信宦丞"，即长信宫宦者丞的省文。宦者即阉人，春秋时谓之"寺人"（《诗·秦风》）。后宫内由宦者做杂役，设丞管理，有署。《续封泥考略》有"北宫宦者"封泥，所以，秦"北宫私丞""北宫宦丞"就是北宫私府和宦者之丞。

② 秦都咸阳考古工作站：《秦咸阳宫第二号建筑遗址发掘简报》，《考古与文物》1986 年第 4 期。

主体建筑可确定的门道只有东南一处，宽 2.8 米，不设门槛、础石。房间地面除了因火烧呈红色或青灰色之外，局部坑洼不平，扰动迹象明显。附属建筑

主体建筑北墙外有水池、水管道、灰坑、废料坑、石料堆等附属遗迹。

填埋坑以板瓦、筒瓦残片为主，形体较大，石料与房间内的柱石属类材质，这些遗迹体现了建筑完成后对废料的处置。

在府库遗址东南部采集到大量包括建筑材料如板瓦、筒瓦、龙纹空心砖、柱石等，还有与包括石磬制作在内的一些生产遗物[①]。

F2 内有封泥一枚，印文为“大府缯官”，小篆字体，印面无界格。F3 内有大量石磬残块 20 余件，残字有“乐府”“北宫乐府”“左宫”“右四”“八”“左徵”“矢右商子”“左终”等[②]（图 8–6）。

图 8–6 库藏“北宫乐府”石磬残段

通过不同的金石乐器与器乐设备分析，此建筑遗址并非秦的“北宫”，不是北宫中的乐府，也不是秦宫的“乐府”，而是制作石磬并储藏各种乐器的库房遗址。

---

① 微信公众号“考古陕西”2019 年 3 月 13 日。

② 陕西省考古研究院《2017 年考古年报》。

7. 六英宫

董说《七国考》引《广记》：“主父入秦，直至昭王所居六英之宫而人不觉。”主父就是在中原地区“变服骑射”、组建第一支骑兵部队的赵武灵王。据《史记 · 赵世家》记载，他在公元前 299 年传位于赵惠文王，自号“主父”。曾身着胡服，诈称使者来到秦都咸阳刺探情况。当秦昭王发觉时，“主父驰已脱关矣。”若在渭南，有大河阻隔，一旦发觉，岂可“脱关”！显然六英宫位于渭北的咸阳北阪之上。因为这里地势开阔，同陕北山塬相接，其间泾水易渡，单骑便于驰驱。

8. 章台宫

章台宫曾是秦王在渭河南新区设立的一处朝宫，宫中因有章台而得名，在秦惠文王时期就具备有相当大的规模。曾出土有“章台”封泥，可证其存在。

战国以来涉及秦的国事活动，莫不与之有关。苏秦曾警告楚威王：“今乃欲西面而事秦，则诸侯莫不西面而朝于章台之下”（《史记 · 苏秦列传》）。公元前 299 年，秦昭王诈骗楚怀王至武关，遂裹挟“西至咸阳，朝章台，如藩臣，不与亢礼”（《史记 · 楚世家》《史记 · 六国年表》）。赵国使臣蔺相如带了“和氏璧西入秦，秦王坐章台，见相如”（《史记 · 廉颇蔺相如列传》），演出了一场舌战秦昭王的闹剧，留下了“完璧归赵”的历史典故。

《演繁露》说：“汉章台即秦章台也”。汉章台实是汉未央宫的前殿遗址，位于今汉长安故城内西南部马家寨村西北、大刘寨村西南（图 8–7）。

秦章台宫封泥

图 8–7　汉未央宫前殿遗址东侧（秦章台宫封泥）

9. 兴乐宫

《三辅旧事》："咸阳宫在渭北，兴乐宫在渭南。秦昭王欲通两宫之间，作渭桥。"说明兴乐宫至迟在秦昭王时代即已建成，也许它的创建年代还可早到惠文王"新作宫室"之时。至于《三辅旧事》和《三辅黄图》均作"秦始皇造，汉修饰之，周回二十余里"的记述，只能反映出一是规模后比前大，二是沿用时间长久。

汉在秦兴乐宫基础上加以改扩建，名为长乐宫。据考古探测，宫城位于汉长安故城的东南隅，当今北到雷寨，南至阁老门，西迄讲武殿，东及霸城门遗址之西。平面略呈长方形，东西长 2950 米，南北宽 2400 米，周长 10600 米，面积 6 平方公里，约占汉长安城总面积的 1/6 强，比秦兴乐宫"周回二十余里"的文献记载扩大了近 1/3。（图 8–8）

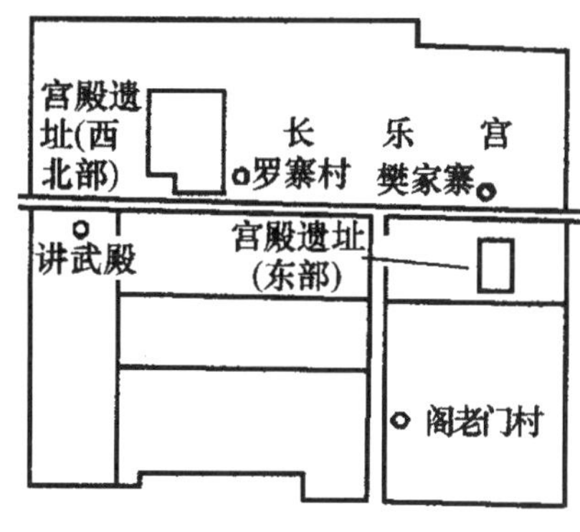

图 8–8　长乐宫遗址平面图

10. 南宫——甘泉宫

秦在渭河南岸建有两个甘泉宫，一个在今乾县东北的南孔头村，可能是原来祭天的"好畤"；另一个在咸阳的渭南新区。

好畤甘泉宫，就是昭王三十五年（公元前 272 年），"宣太后诱杀义渠王于甘泉宫"（《后汉书·西羌传》）的地方。

渭南甘泉宫，秦王政九年（公元前238年），假阴人嫪毐和太后私通的丑行败露后，秦王车裂嫪毐、灭其三族、囊捕两个私生子，并把太后迁到雍都的棫阳宫去。次年，在吕不韦免相后，嬴政接受了齐人茅焦的劝说，才把太后迎回咸阳，使之"复居甘泉宫"（《史记·秦始皇本纪》《吕不韦列传》）。秦始皇二十七年（公元前 220 年）起造"甘泉前殿，筑甬道，自咸阳属之"。甘泉前殿是甘泉宫的正殿，筑有甬道把甘泉前殿和渭北诸宫连接起来，可见规模很大。秦二世"在甘泉，方作觳抵优俳之观"，成了他享乐之处。

《太平寰宇记》引《三秦记》及《初学记》引《关中记》，都说汉武帝造的桂宫"一名甘泉宫"。从中似可看出汉桂宫就是在秦甘泉宫的旧址上建造的，故而在时人眼里认为桂宫实际是甘泉宫，在相当长的时间里还习惯于旧称呼。不过汉桂宫成了后妃之宫，位于长安城内，未央宫之北，北宫之西，地当今夹城堡、民娄村、黄家庄一带。

因为早在秦昭王时就于渭南建造起甘泉宫，开始也未必取名，便相对于渭北诸宫而称之曰“南宫”。正因为秦的甘泉宫并不尽毁于秦火，所以就成了汉武帝太初四年（公元前 101 年）改建桂宫的基础。考古发掘汉桂宫遗址时，在北部发现汉地层之下压有秦建筑堆积，相家巷秦遗址出土“南宫郎丞”封泥，说明这座太后所居的“南宫”不但设郎官负责宿卫，其长为丞，必定受郎中令的节制。（图 8–9）太后先“居甘泉宫”，后为秦始皇所居。封检的内容极其广泛庞杂，既有三公九卿的，也有郡县的；既有官方的，也有个人的。秦始皇批阅这些公文奏疏非常辛苦，“以衡石量书，日夜有呈，不中呈不得休息”（《史记·秦始皇本纪》）。

图 8–9　“南宫郎丞”封泥

那么，从秦始皇在渭南新区建信宫开始，再西向甘泉宫处理朝政，足以表明信宫是建生祠，甘泉前殿只是皇帝大朝的过渡，而以后正建的阿房宫前殿才是帝国朝宫的终极目标。

11. 长安宫

长安宫系秦惠文王造，在渭河之南，而范围又极其广阔。作为秦都咸阳早期的一处离宫，其范围大概包括了今汉长安在内、远及终南的广大地域。主要宫殿则集中在以后的汉长安城内，地当秦的长安乡。但随渭南宫殿的增多、政治活动频繁，其宫区被分割、其名声也由显而隐。《庙记》载：“长安宫中有鱼池、酒池。池上有肉炙树。”文同于兴乐宫的记载，说明长安宫与兴乐宫有着直接的关系。

12. 华阳宫

《七国考》：“孝太子妃曰‘华阳夫人’。华阳，秦太子宫名，在陕西西安府旧长安城内。”汉长安城故址内，曾出土有“华阳丞印”封泥。秦孝太子，即后来的孝文王嬴柱，系昭襄王之子，初封为“安国君”，后立为太子。其爱姬是楚国人，称作“华阳夫人”。华阳宫以嬴柱的爱姬命名，可见这是一处太子宫，后成为华阳太后的专有宫殿。“华阳丞”就是华阳夫人的家丞（图 8–10）。

图 8–10　华阳丞印

13. 阿房宫——拟建中的帝国朝宫

（1）总设计意图与前期工程的进展

阿房宫在渭南秦上林苑中，《三辅黄图》说阿房宫“规恢三百余里，离宫别馆，弥山跨谷，辇道相属，阁道通骊山八十余里，表南山之巅以为阙，络樊川以为池”。我们只能认为这是包括原先上林苑建筑和新建朝宫的构想，实际上并未完全付诸实现。“离宫别馆，弥山跨谷”当有预设的成分在内。

阿房宫遗址范围北起今西安市三桥镇西北之新军寨、后围寨，南至王寺村—和平村北缘一线，纵长 5 公里；东以皂河为界，西接沣水，迄于长安区小苏村—纪阳村，横宽 3 公里，占地约 15 平方公里。南有周都丰镐故址。坐落在龙首原往西南延伸的台地上，海拔高度 394.2 ~ 401.4 米。建筑遗址密集区主要分布在三桥镇以南。在这一区间内。建筑用的筒瓦、板瓦、瓦当、铺地砖、圆形和五角形陶质水道、漏斗、原石柱础等遗物随处可见。各类金属的、玉质的文物，历年来多有出土（图 8-11）。

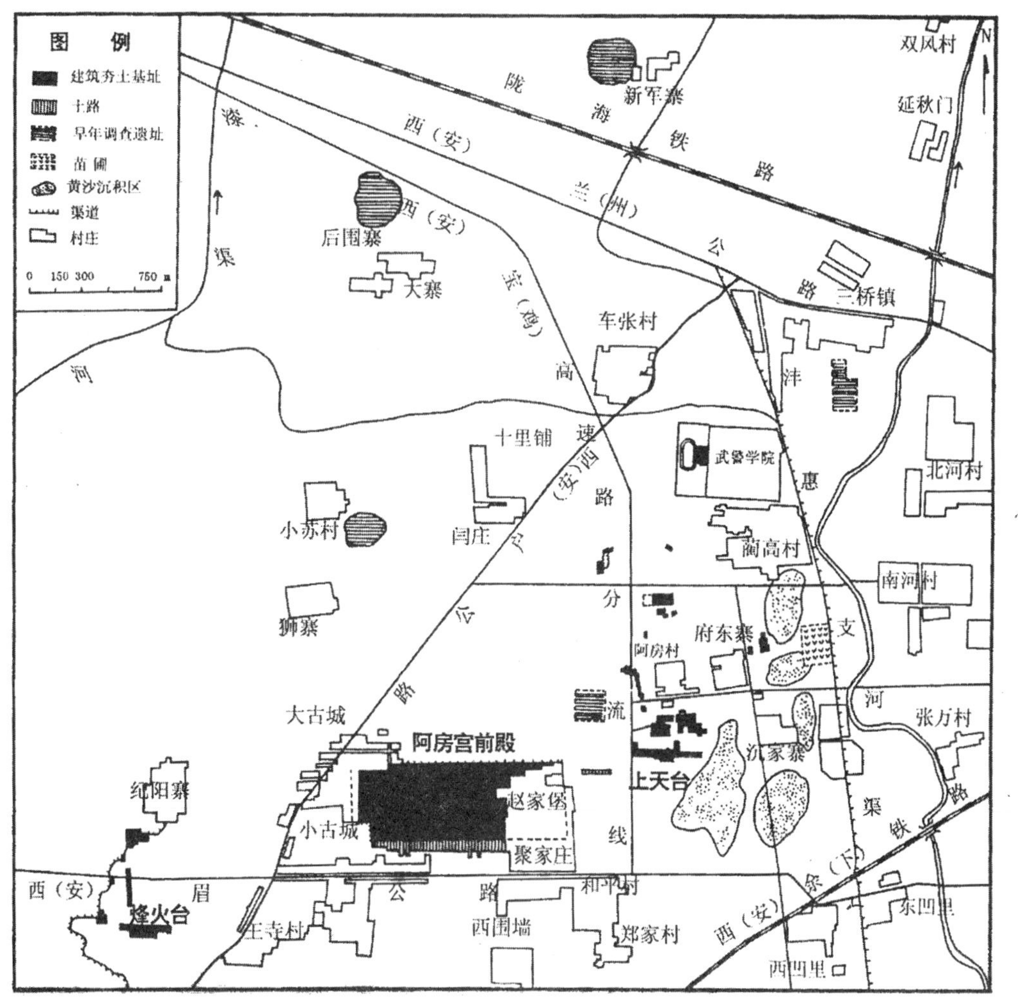

图 8-11 阿房宫遗址平面图

阿房宫位当秦咸阳渭南诸宫殿的西南隅，是代信宫而起、新为皇帝大朝所设计的一座巍峨宏大的朝宫，将成为秦始皇设朝施令的中心。

秦上林苑里原有多处离宫别馆，秦始皇三十五年（公元前 212 年）修建阿房宫时把这些宫观台阁、园囿、池沼、林木统统纳入其中。可见阿房宫是一处大型的群体建筑，那么，要进行这一浩大的改建、扩建、添建工程，在维持上林苑中原有建筑的基础上就得先从建阿房宫前殿开始。（图 8–12）

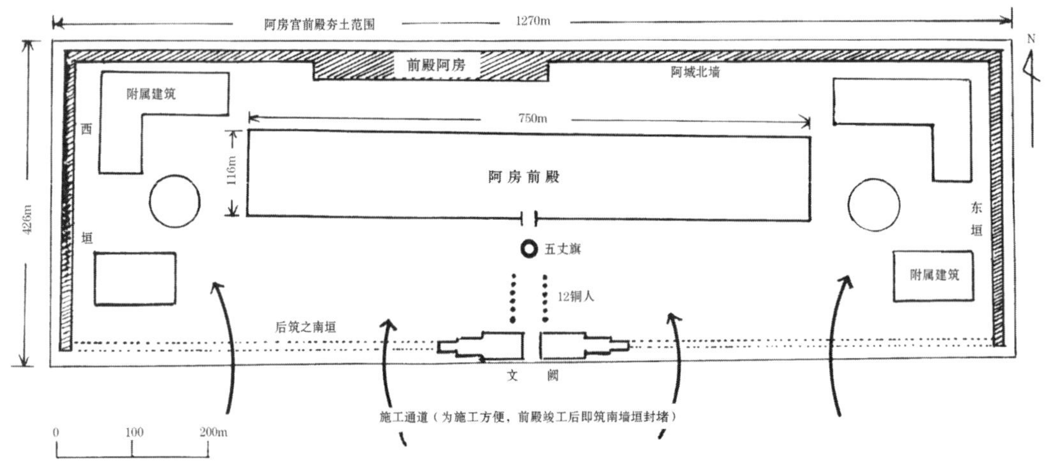

图 8–12　“阿房宫前殿”施工示意图（王学理设计）

（2）夯土台基

建阿房前殿，基础工程是夯打地基。经过三年，在东起赵家堡、聚驾庄，西至大古城和小古城之间，高出地面形成了一座庞大的夯土台，东西横长约 1320 米（因夯台两端被村舍建筑破坏，考古钻探成 1270 米），南北宽约 426 米，总面积近 55.44 万平方米。这长方形的巨型夯土台基，南低北高，一般高 3 米，最厚处至今仍高出地面 7 ~ 12 米以上。夯层厚 7 ~ 8 厘米，清晰整齐、密实。从夯土台的庞大、厚实足以想见阿房宫前殿“上可坐万人，下可以建五丈旗，周驰为阁道”壮观的雄姿。

（3）台基三面有夯土墙

在大夯土台的东西和北面三边筑起了夯土围墙，这就是历史上有名的“阿城”。据宋代人宋敏求看到并写入他的《长安志》一书，说“周五里一百四十步，崇八尺，上阔四尺五寸，下阔一丈五尺，今悉为民田”。可惜的是东、西两面的墙垣被现代村庄破坏，就很难知道各自的南北长度与宽狭了。

（4）北墙上的“前殿阿房”

北垣墙在中段，墙基显得比西段和东段宽了很多。其范围是东西长 323 米、南北宽 15 米，现存高度 2 ~ 3 米。在这段墙上原来有建筑，倒塌后的堆积物在其南侧竟宽达 7 米！早年在这一带取土时，也发现有云纹瓦当、板瓦、残砖、石柱础及红烧土、灰土、陶水管道等。这段有建筑的墙体，西端距前殿西边 286 米，东端距前殿东边 661 米。这就是说，前殿北围墙中段的建筑面阔 323 米、进深 15 米。我以为它就是《史记》上说的“前殿阿房”，实际上它只是“阿房前殿”的附属工程（图 8–13）。

图 8–13　前殿阿房发掘

（5）台基中心主殿与附属建筑

在这大夯土台基的三面有围墙，北墙的中部有“前殿阿房”，那中部大面积的空间，必然是拟建中的阿房主殿及其附属建筑。至今未发现秦代建筑遗留，说明正是秦亡中断的结果。

（6）南墙与门阙

在“阿房前殿”的大夯土台基南面没有围墙，那是施工中预留的出入口，以便众多劳工和输入材料的方便。一旦前殿主体工程完成，最后必筑南墙与门阙。但这都因秦的速亡而永远留下历史的空白！

（7）上林苑中的其他建筑遗存

在上林苑中原有很多战国时期的秦建筑，其体量大，坐落分散，足以反映出离宫别馆的性质。经探测，保留在地面上的大夯土台基，形式各不相同。

前殿东侧原有 10 多个，其中的“始皇上天台”（编号 4）最引人注目，高可 15.2 米（图 8–14）；

图 8–14 “始皇上天台”遗址

前殿遗址北侧有“秧歌台遗址”（8 号）、“后围寨遗址”（3 号）、胡家村遗址、“好汉庙遗址”（7 号），火烧寨北有一处面积达 8000 平方米的遗址，其文化层厚达 1.5 米，又有“北司”建筑遗址；

前殿遗址西侧有“纪阳寨遗址”（1 号），其中“烽火台”遗址（2 号）最大，平面呈向南的“凸”字形，东西长 265 米、南北最宽处 40 米，总面积 6354 平方米，夯土台基残高 4 米，又有一三层台式建筑遗址，夯土厚 10 米以上，面积达 4019 平方米，另有一长廊式建筑遗址（图 8–15）。

图 8-15 “烽火台”遗址（局部夯土现状）

（8）考古专家的荒腔走板

秦阿房宫考古队对前殿遗址做了一些钻探和试掘工作之后，2003 年借助新闻媒体在社会上掀起了一阵子不小的旋风[①]。一些新闻媒体说什么“杜牧撒了个弥天大谎，传世名篇《阿房宫赋》——骗了国人千年”，“委屈了司马迁——火三月不灭”，声言要“给项羽平反——没烧阿房宫”……

因为考古队领队说“阿房宫没有建成”、“阿房宫原来是个半拉子工程土台子”、项羽“火烧的是咸阳宫，并不是阿房宫”、阿房宫地区的那些“宫殿建筑是上林苑的建筑”……不一而足。这是没有认真细读或读未甚解《史记》的原文[②]。

① 中国社会科学院考古研究所、西安市文物考古研究所：《阿房宫前殿遗址的考古勘探与发掘（2002 年 10 月—2004 年 12 月）》，《考古学报》2005 年第 2 期。

② 王学理：《“阿房前殿”与“前殿阿房”》，《文博》2017 年第 1 期；又《拨开“阿房宫”遗址上的雾障》，《咸阳师范学院学报》2019 年第 5 期。

司马迁说：“营作朝宫上林苑中，先作前殿阿房”。既是“朝宫”就不光是“前殿”，一直把“阿房宫前殿”当作“阿房宫”，把“全体”与“部分”并未弄明白，显然是概念不清（图 8–16）。

司马迁说：“阿房宫未成；成，欲更择令名名之。”未成，既然包括前殿工程在内，也应包括在上林苑中拟添建的各类建筑设施。这不能说是新发现了“阿房宫没有建成”“阿房宫原来是个半拉子工程”？正因为“未成”，连阿房宫的名字都是临时的，如果建成将改成正式的宫名。

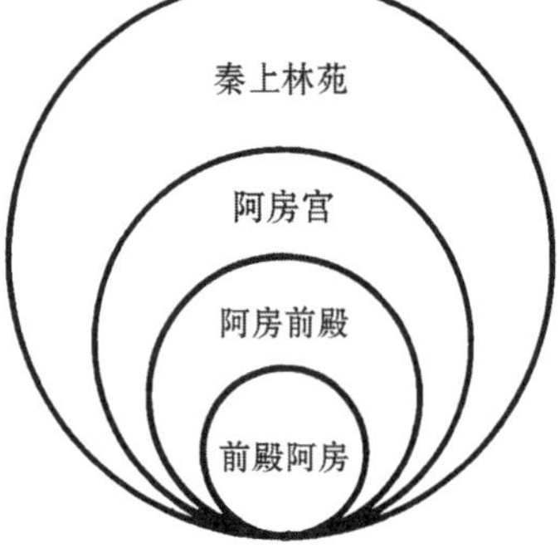

图 8–16　“阿房宫”概念示意图

发掘者声称上林苑的战国时期宫殿建筑“部分毁于秦末大火，汉代一度修葺沿用”，那怎么一直声称“项羽没有火烧阿房宫”？既然认定有的“沿用到汉代”，那为什么把还存在 15 年的建筑一下子跳过了秦帝国时期？那火又是谁放的？

《阿房宫赋》是讽谏性文学作品，不是史料。但杜牧出之有据，何谈“骗了国人千年”？

秦始皇建阿房宫想“周驰为阁道，自殿下直抵南山。表南山之巅以为阙”，此宏图大计远远没有实现，先作的阿房宫前殿光打地基用了三年时间，秦帝国就土崩瓦解了。两千年来，只有那硕大的夯土台基在无言地诉说往日的施工盛景。今天人们在前殿遗址上建造广场，力图追溯阿房宫气吞山河的风光，那只能算作唤醒人们对那段历史的追忆吧。

14. 安台

是一处失载的秦台名。秦封泥中有“安台丞印”多枚，再结合过去〔清〕吴式芬、陈介祺著录的“安台丞印”和“安台左塈”封泥（《封泥考略》），就纠正了把“安台”当作县名的认识。

实际上，“安台”是台，有如秦咸阳之章台（在章台宫）、鸿台（在兴乐宫）、咸阳台（在咸阳宫）等。台作为一种建筑形式在东周时期的各诸侯国已较为普遍，秦的宫廷建筑已把高台建筑技术发展到登峰造极的地步。

“左塈”是主管筑土为台工程的官署。安台又设丞，可知同宫廷一样具有朝会、设宴的功能。

秦安台当距章台宫较近，因北、西、南三方没有太大的空间，很可能处于东南。因此，汉长安城南出三门中的中门取名“安门”，其北对直的就是城内的南北主干道“安门大街”。

（二）近郊宫殿

1. 兰池宫与兰池

兰池，又叫“长池”，是人工形成的“陂池”。《三秦记》载：“始皇作长池，引渭水东西二百里，南北二十里。筑土为蓬莱，刻石为鲸鱼。长二百丈，亦曰‘兰池陂’”。

在兰池陂岸边建造兰池宫，兼融山水，风光秀丽，从而构成秦都东郊一处游览休闲的名胜区。《史记·秦始皇本纪》：三十一年（公元前 216 年）“始皇为微行咸阳，与武士四人俱，夜出。逢盗兰池，见窘，武士击杀盗，关中大索二十日”。也许兰池并非禁苑，吏民可以出入，可资日夜悠游。

据调查，柏家嘴上有大片夯土区六处，在这一带仍散布有筒瓦、板瓦、瓦当、空心砖、铺地砖、水道及生活用品残片等遗物，其纹饰、质地、风格同秦都宫殿遗址的出土物无别（图 8–17）。很明显，位于兰池西岸的这一处秦代建筑群，当是皇家赏景、游乐的兰池宫遗址。

图 8–17 “兰池宫当”瓦当拓片

2. 望夷宫

望夷宫“临泾水作之，以望北夷（匈奴）”（《史记·秦始皇本纪·集解》），大概是由于这里处于咸阳北阪上最北又临泾水屏障的一线，确实起着首都外围哨所的作用。

望夷宫在泾阳县东南蒋刘乡同咸阳市东北韩家湾乡交界的咸阳原边上。这里有多处秦建筑遗址，呈东西向展开，长达 6.6 公里。西起泾阳的福隆庄、余家堡，到咸阳的东史村北、徐家寨等四处，都有大片夯土和建筑遗物的存在。

秦二世面对关东农民起义军的怒涛，又有赵高“指鹿为马”弄权惑主的发生，他神经错乱，先斋戒上林，以“日游弋猎”享乐，后又“斋于望夷宫”求泾水之神护佑。结果还是被贼势坐大的赵高及其弟郎中令赵成、女婿咸阳令闫乐，带吏卒千余人，里应外合，斩卫令而入，逼迫他自杀于“望夷宫殿门”（《史记·秦始皇本纪》）。以矫诏杀兄夺权得势始，最后自己也成为帮凶者的刀下之鬼！

3. 雍门宫

这是秦咸阳北区西郊一处很重要的宫殿，同兰池宫一样，夹辅秦咸阳，一西一东地相对。

帝太后与嫪毐私通，生二子，赏赐厚。秦始皇九年（公元前238年）事发，秦王“验左右”“下吏治，具得情实”（《史记·吕不韦传》），又把母后“闭之于雍门宫”（《战国策·秦策四》）。九月，夷嫪毐三族，迁太后于雍。二年，才迎太后回咸阳，复居甘泉宫。由此可见，雍门宫确实是咸阳通往雍都大道上的一处行宫，所以秦始皇为部署铲除后党而一度作为软禁太后的处所。

雍门宫在今咸阳市东北塔儿坡一带，尽管此间没有宫殿的遗存，但曾有铜器窖藏的露出，像战国时期的安邑下官钟、修武府温杯、錞于等铜器即是出土物中最有名者。我判断这里当是秦雍门宫遗址，绝对不会是猜想的墓葬[①]。

4. 宜春宫

宜春宫是秦设立在宜春苑附近的一座离宫。《三辅黄图》：“宜春宫，本秦之离宫，在长安城东南杜县东，近下杜。”《汉书·司马相如列传》颜注：“宜春，宫名，在杜县东，即今曲江池，是其处也。”因此，要确定秦宜春宫的位置，就需要在杜县、下杜和曲江等方位上思辨文献记载并结合考古资料作出判断。

秦杜县故城在今西安市西南雁塔区电子城街道办杜城村，即汉的下杜。《汉书·宣帝纪》颜师古明确指出：“下杜即今之杜城。”《长安志》：“汉宣帝时修杜之东原为陵，曰杜陵县，更名此为下杜城。”《庙记》曰：“下杜城杜伯所筑，东有杜原，城在底下，故曰下杜。”正因为杜县辖境较大，东到灞河，同芷阳、蓝田二县相接，所以《三辅黄图》说宜春宫“在长安城东南杜县东，近下杜”的话是对的。只有解作“在杜县的东部，距下杜城不远”，才可理会。杜城东南有黄土台塬，古名“杜县”，今作“凤栖原”。杜县之东的原称“杜东”或“杜东原”，原上有汉宣帝杜陵。从地望知，汉杜陵之西北确是宜春苑中的曲江故址。再由“近下杜”判断，宜春宫位当曲江之南。今调查出西安市雁塔区曲江南湖东南的春临村西南有秦汉建筑遗址，曾采集有“十二二月令”刻字的瓦（陈直：《秦汉瓦当概述》）和“富贵毋央”瓦当（《关中秦汉陶录提要》），也许这里就是宜春宫旧址。

宜春宫东有宜春苑，汉时称宜春下苑，后世称曲江池。

---

① 王学理：《雍门宫室今安在 塔儿坡前寻踪迹》，《中国社会科学报》2011年12月15日第12版。

5. 霸宫——芷阳宫

这是一座历史悠久的秦离宫。春秋时期，秦穆公为了纪念他“益国十二，开地千里，遂霸西戎”（《史记·秦本纪》）的所谓“霸功”，就把发源于蓝田谷中的滋水（又名“谷水”）改名“霸水”，并在水旁营造了宫室，称之曰“霸宫”，宫城也名“霸城”（《三秦记》）。战国晚期，秦昭王在芷阳地为自己建造“芷陵”的同时，还修葺扩建了霸宫，因其地在芷阳县境，故改名“芷阳宫”。汉文帝筑“霸陵”于灞水西岸，遂将秦芷阳县改称霸陵县，王莽新朝又改作水章县。

《水经·渭水注》：“（庄）襄王芷阳宫在霸上。”从军事地理学考虑，此言“霸上”即位于今西安市灞桥区西北的桥梓口附近。西安东北 30 里当今临潼区斜口街道办事处韩峪、油王村一带，地属秦的芷阳邑，其东侧 1.5 公里已是确认了的秦芷阳陵区（东陵）。此间居霸河东岸的原区，文化层堆积厚达 2 米，包括了战国晚期、秦、汉、新莽时期的文化遗物，陶器上多印有“芷”字的戳记，村南还有残存的建筑与水池遗址，这同秦芷阳、汉霸陵到新莽水章演变的历史是相符的。那么，芷阳宫也当在秦芷阳遗址的范围之内。

6. 闫家寺秦宫殿遗址

渭河南岸西安市草滩镇东南的闫家寺村，东临灞河，处在地势平坦的平原上。遗址范围较大，是一处多座的高台建筑群。在正轴线的北部，是一座大型的夯土台基，方圆数百米，构成主体建筑。可惜遗址范围、形制、结构等还未查清，大台基即被工厂的专用铁路截断，1956 年曾作过部分清理①。现高不及 3 米。由原来考察知，其构筑方法和渭北已发掘的“冀阙宫庭”建筑完全相同，时代属秦。这里后来成了汉长安城外东北部的一片旷野。②

这一宫殿遗址至今没有正式公布清理资料，它同南面 4 座台基是何关系还不得而

① 刘致平：《西安西北郊古代建筑遗址勘查初记》，《文物参考资料》，1957 年第 3 期。

② 在长安北郊的建筑，见载的是“渭阳五庙”。据《汉书·郊祀志》知，汉文帝十五年（公元前 165 年）听了赵人新垣平“望气”的胡诌，“作渭阳五帝庙，同宇，帝一殿，面五门，各如其帝色，祠所用及仪如雍五畤。明年夏四月，文帝亲拜霸、渭之会，以郊见渭阳五帝。五帝庙临渭，其北穿蒲池沟水。”《庙记》：“五帝庙在长安东北。”既名“渭阳五庙”，当在渭北。而汉文帝郊祀五帝时却亲拜“霸、渭之会”，显然又在渭南。《括地志》明确地回答“渭阳五帝庙在雍州咸阳县东三十里”（《史记·封禅书》、《通鉴·汉文帝纪》注引）、“渭阳五庙在渭城”（《史记·孝文本纪》）。由此可见，汉文帝的“渭阳五庙”在霸、渭汇流的渭河之北，地当汉景帝阳陵之东南原下。如果以闫家寺高台建筑遗址为基点，向南作一轴线，在 500 多米的轴线两侧，有 4 座小土台基左右分开，两两对称。附近有村名“北辰”。1956 年清理闫家寺土台，“并曾发现东汉的平民墓葬”“在大土台南里许的小土台有五铢钱范甚多”。这说明此建筑废毁于秦末，自西汉中期之后这里成为一处冶铸作坊，东汉时有平民埋葬，唐代则划入禁苑。

知。所以，造成对定性、定名上的争议。它同后来汉文帝建“渭阳五帝庙”、隔河祭祀的活动有无联系？却一下子难下结论。

7. 曲梁宫

秦曲梁宫所在的黄白城，在《水经注疏》《读史方舆纪要》和《太平寰宇记》都记载在今陕西省三原县城西南。只有复旦大学历史地理研究所编的《中国历史地名词典》说在三原县东北15里，即今西阳镇武官坊北。

（三）远郊的离宫、别馆、行宫与斋宫

1. 栎阳宫

《括地志》：“秦栎阳宫，在雍州栎阳县（东）北三（二）十五里，秦献公造。”这里所说的栎阳县是唐武德元年（618年）复置的县，实际上是名称相同而地非一处。

由于项羽封秦降将司马欣为塞王，都栎阳，才使得栎阳宫免遭战火。汉高帝因“长安未有宫室，居栎阳宫”（《括地志》），于二年（公元前205年）才“都栎阳”的（《汉书·高帝纪》）。七年（公元前200年）二月，又“自栎阳徙都长安”（《汉书·高帝纪》）。随着政治重心的转移，栎阳地位下降，成了太公休闲养老之地。十年（公元前197年）“太上皇崩栎阳宫”（《史记·高祖本纪》）。汉末，栎阳宫室就完全荒废了。

秦汉栎阳遗址范围较大，位于今临潼区渭河北武屯街道办的任家村到耿西村一线，北至石川河，东西长2500米，南北宽1600米，面积合计36.51平方公里。发现有建筑及手工业作坊遗址15处。古城发现有三座，其中三号古城当为献公建设的秦栎阳城。因遗址遭严重破坏，已不能确知栎阳宫的所在。

2. 步高宫

传世文物见有著录的“步高宫行镫”（《小校经阁金文》卷11）。《三辅黄图》：“步高宫在新丰县（亦名市丘城）。”汉新丰县，即秦丽邑，治设在今临潼区新丰镇西南的刘家寨、沙河村一带①。但新丰县辖境西邻芷阳，东隔赤水河与郑县（今华州区）相接，北迄渭河，南至终南山，包括了今渭河南的临潼与渭南两区市。

秦步高宫遗址位于今陕西省临渭区阳郭镇张胡村东南，其范围为1000米×400米，中心区有大型夯土台基（100米×80米），当系高台殿址。宫城一段夯土残墙长约30米，厚约5米，高可4米。所见筒瓦、大板瓦、葵纹和云纹的瓦当及陶水道，都是典型的秦物。

秦步高宫居山前阶地上，背依终南，面对渭川，右带酉水，风景优美，是一处佳丽

① 王学理：《秦始皇陵研究》，上海人民出版社，1994年。

的离宫。（图 8–18）

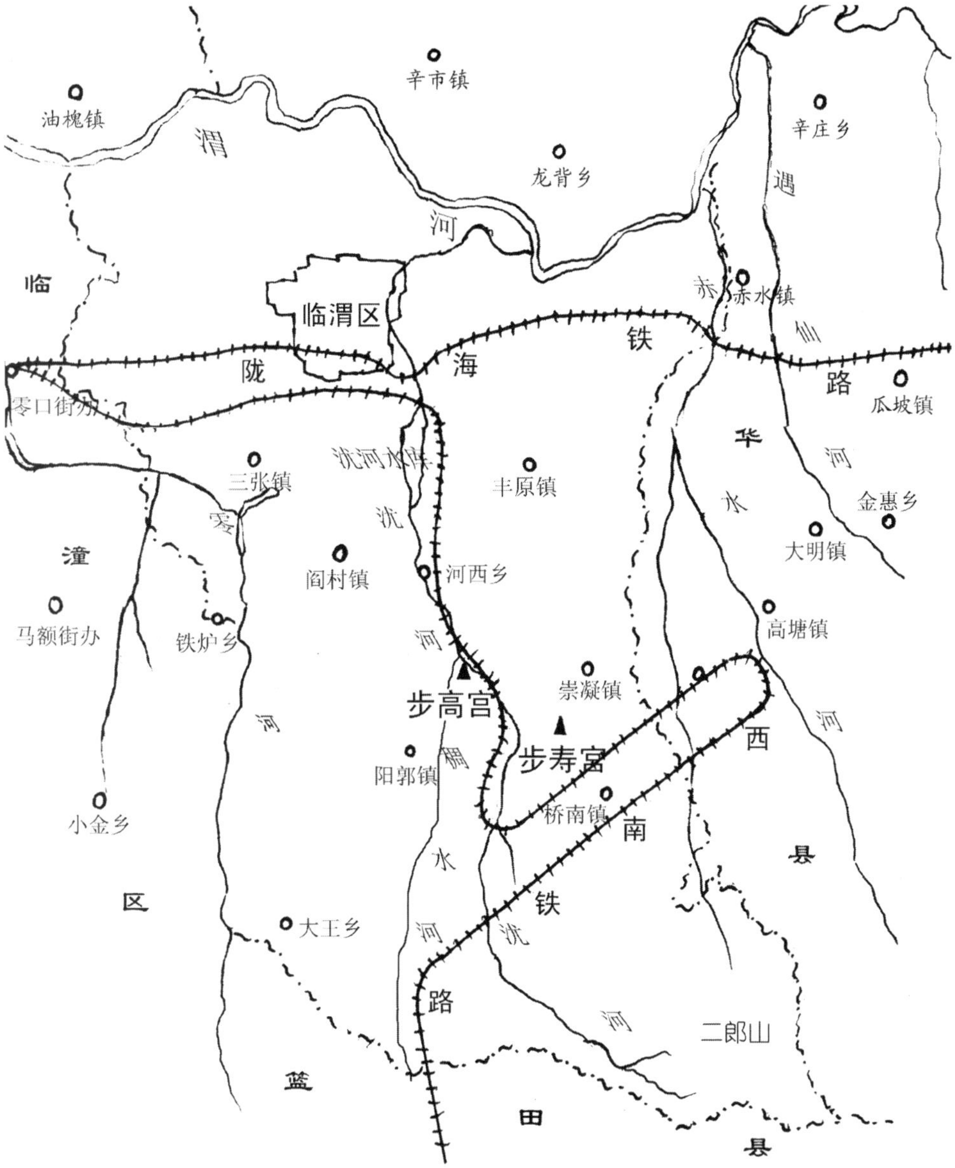

图 8–18　步高宫、步寿宫位置图

3. 步寿宫

《三辅黄图》："步寿宫，在新丰县步高宫西。"《水经·渭水注》：首水（一作酋水）"迳秦步高宫东，历新丰原东而北，迳步寿宫西而入渭。"可见《黄图》误"东"为"西"。首水，即今渭南市南的沋河水。秦步高宫遗址在沋河西岸的阳郭镇北之张胡村，其东岸当是步寿宫。

1988年，考古工作者在今渭南市南崇凝镇靳尚村发现了一处大型的宫殿建筑遗址。在东西长600多米、南北宽300多米的范围内，中心是两座东西并列的夯土台基址（东：28米 ×36米；西：40米 ×35米）。作为主体宫殿建筑，其南侧及西侧环以深沟。附近存留有大量的建筑材料，其中的龙凤纹空心砖、几何纹与云纹方砖，都是秦宫建筑中的常见之物①。它同秦步高宫遗址仅一河之隔，从而为我们判定秦步寿宫提供了依据。

崇凝镇靳尚村秦宫遗址同阳郭张胡村步高宫遗址，分别位于沈河（古酋水）的东西两岸，呈“东南—西北”向。这同《水经注》中水先“径步高宫东”，再“径步寿宫西”，后入渭的位置、次序完全相同，因此说它属于秦步寿宫遗址。

4. 萯阳宫

《三辅黄图》：“萯阳宫，秦文王所起，在今鄠县西南二十三里。”《汉书·地理志》《水经注》《雍录》同此。但秦无“文王”，只有惠文王与孝文王。因秦孝文王已是“生五十三而立”的垂暮老人，在位只有三天，而且他有着与其他秦王不同的“褒厚亲戚，弛苑囿”（《史记·秦本纪》）的善举，所以是不可能建造离宫别馆的。但对变法后雄心勃勃的秦惠文王说来，曾“取岐、雍巨材，新作宫室。南临渭，北逾泾，至于离宫三百”（《三辅黄图》序），在渭南起造萯阳宫绝对是可能的。所以，《大清统一志》也就认定了秦文王在此实是“秦惠文王”。过去有“萯阳宫印”封泥的著录。

由于萯阳宫远离咸阳，未遭秦火厄运，至汉犹存。武帝游猎，常宿“长杨、五柞、倍阳”诸宫（《汉书·东方朔传》）。宣帝“甘露二年（公元前52年）冬十二月，行幸萯阳宫属玉观”（《汉书·宣帝纪》）。成帝元延二年（公元前11年）冬，“行幸长杨宫……宿萯阳宫，赐从官”（《汉书·成帝纪》）。可见萯阳宫的存在，自秦惠文王始，终西汉一朝，前后长达300余年时间。

《水经·渭水注》：“渭水又东合甘水。水出南山甘谷，北迳秦（惠）文王萯阳宫西，又北迳五柞宫东。又北迳甘亭西，在水东鄠县。”今陕西鄠邑区西有甘河（“甘水”），南出自秦岭北麓甘峪沟（即“甘谷”）。从甘水由南向北的流经次序（先萯阳宫，后五柞宫）和二宫的相对地理位置（宫在水东 / 宫在水西），结合已知五柞宫遗址（今周至县东南集贤镇集贤村），再据萯阳宫“在今鄠县西南二十三里”度量，推知秦

① 王兆麟：《渭南发现秦皇行宫遗址》，《西安晚报》1988年11月18日。

萯阳宫的主宫位于今鄠邑区西南甘河出秦岭的富村窑一带。今富村窑原名“富阳窑”，显然是“萯阳”的音转。在今曹村的鸡子山上已有秦汉宫殿建筑文物的发现[①]，有可能是“属玉观”遗址。

5. 长杨宫

长阳宫是秦昭襄王建于秦岭北、渭河南的一座离宫。《三辅黄图》：“长杨宫，在今周至县东三十里，本秦旧宫，至汉修饰之以备行幸。宫中有垂杨数亩，因为宫名，门曰射熊观，秦汉游猎之所。”《汉书·地理志》周至县注：“有长杨宫，有射熊馆，秦昭王起。”《史记·秦始皇本纪》二十六年说到内史之地宫室殿屋分布范围时，《正义》引《庙记》作“南至长杨、五柞”。

经多位学者调查，今赤峪河正流在长杨宫遗址所在地竹园头村西一公里，这与《水经注》所言“东北流迳长杨宫东”的记载严重不符，因而就怀疑它的非是。事实上，在竹园头村东已知有一条古河道。所以考虑到因暴雨、洪水冲击迫使秦岭北麓的河流经常改道这一事实，就会明白：竹园头村东的古河道就是潦水的故道，那就是郦道元所述的赤峪河主流。同样，上述那种小范围的“不符”也是完全可以理解的。另外，《三辅黄图》和《元和郡县图志》两书均说“秦长杨宫在县东南三十三里”的记载，那所言的“县”均指的是今周至县的所在地[②]。那么，由今县城到竹园头村的距离正好是 15 公里，可见推定秦长杨宫遗址位于今周至县终南镇东南竹园头村西是可信的（图 8-19）。

① 清康熙二十一年（1682 年）康如琏撰修的《户县志》载：“秦萯阳宫在县西三里，秦文王所造也。……父老相传今陂头东岳宫即其旧址。旧志西南二十三里误矣。”此后，乾隆四十二年（1777 年）的《户县新志》、民国二十二年（1933 年）的《重修户县志》，均从康说，而且广为流传，以为户县西 1.5 公里的陂头村渼陂旁的东岳宫就是秦萯阳宫旧址。今又设陈列室、塑绘秦始皇迎太后入萯阳宫事。传说无证，考之无据，实不可信。

那么，秦萯阳宫遗址究竟是在“县西三里”还是在“县西南二十三里”？因为自唐至宋，户县、周至间曾两度设立过终南县，因而对确切位置的理解就出现了偏差。1982 年，为编修《户县志》，曾于县西南白庙乡曹村的东门外发现元仁宗延祐六年（1319 年）的《创建崇真碑》一通。碑文载有“秦之萯阳宫故址在焉，信夫天壤间自昔为佳处也”。户县县志办的李养民于 2002 年 10 终于在鸡子山上找到秦汉时期的云纹瓦当两件、文字残瓦当 1 件，还有各类绳纹板瓦、筒瓦、回纹和雷纹铺地砖、青绿釉陶鼎残片及建筑饰件等（《华商报》2005 年 10 月 25 日）。看来，秦萯阳宫在今鄠邑区西南 23 里的鸡子山的可能性很大。

② 《史记·司马相如传·正义》引《括地志》：“长杨宫在雍州周至县东南三里，上起以宫内有长杨树，以为名。”《括地志辑校》据《三辅黄图》及《元和郡县志》补改，因引脱“十三”字，补为“三十三里”；而“上起以”三字衍，故删。

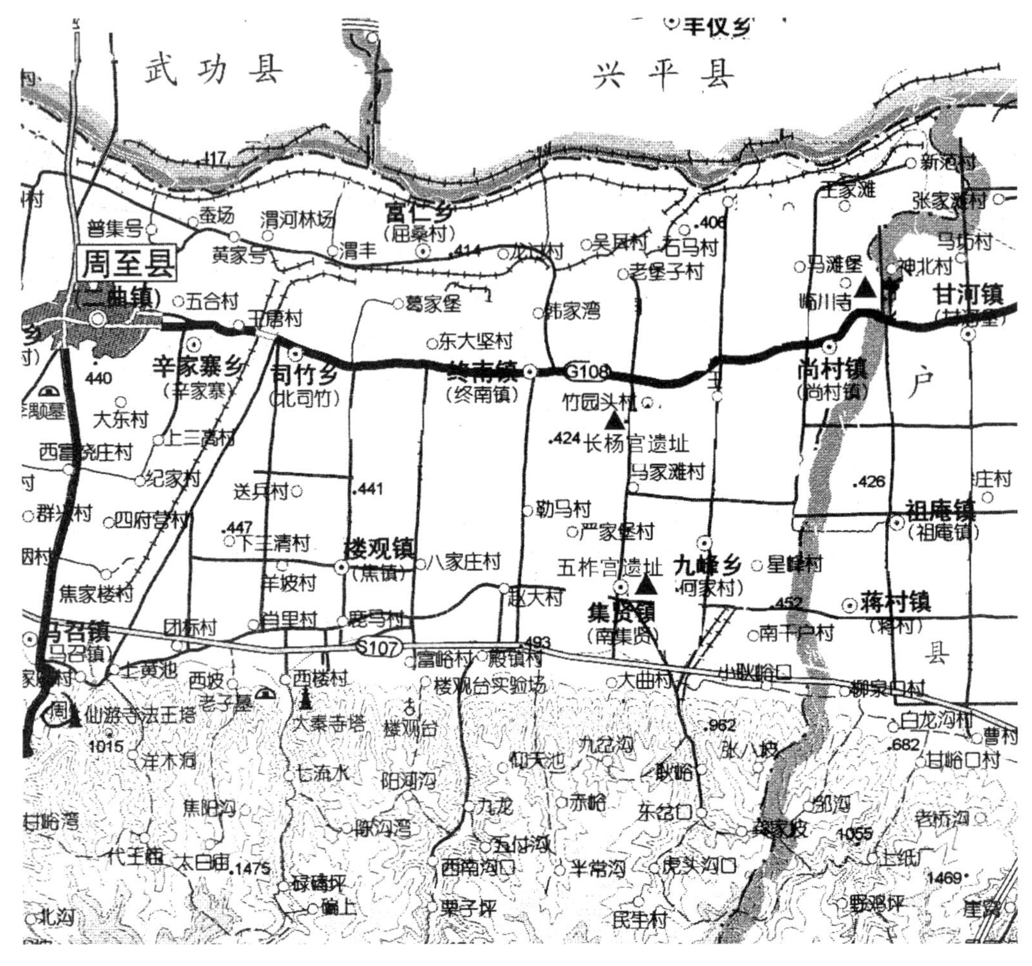

图 8-19　长杨宫与五柞宫位置图

据调查，今终南镇东南 3 公里有竹园头村，村西南有地名圪挞顶，原有高达 3 米多的大型夯土台基，10 年前平整土地时用挖土机铲平，当时周至县文化馆进行抢救性清理，得到大量秦汉建筑材料。另外，周至县东 48 里处的尚村镇临川寺，出土有云纹瓦当、临川寺与西凤头村附近发现“长生无极”和“长乐赤央”瓦当；西安市鄠邑区神策庄（位于临川寺村东）发现“延年益寿”瓦当与云纹瓦当。临川寺也曾一度改名“射熊铺”，所以一般人认为这里是长杨宫的“射熊馆”遗址。

据最新的考古调查认为，汉五柞宫在秦长杨宫之南偏东。在集贤镇村东屠宰场一带，原有两个土岗，高可十多米，因多年取土竟成了一处洼地。在洼地的断层中，仍能见到夯土，并夹杂有陶水管道、云纹瓦当、回纹铺地砖、板瓦等。这里北距竹园头村也正好八里。所以说，汉五柞宫遗址在今周至县东南集贤镇的集贤村附近。

长杨宫、五柞宫和萯阳宫以终南为屏，地处秦岭北之上林苑中，连峰错列，溪谷相杂、林木葱郁，禽兽繁多，可说是风景优美、气候宜人，是秦汉时期帝王游幸的离宫，也是皇家通过围猎进行搜、苗、狝、狩一类军事演习的野外场地。

6. 林光宫

《雍胜略》："林光宫，秦时宫也。故址在甘泉山上。"《关中记》："林光宫亦曰甘泉宫，秦起。在今池阳县西北故甘泉县甘泉山上。"

秦始皇三十五年（公元前212年）修"直道"的起讫点是"道九原，抵云阳"（《史记·秦始皇本纪》）、"道九原，通甘泉"（《六国年表》）、"自九原抵甘泉"（《蒙恬列传》），还移民"徙五万家云阳"（《史记·秦始皇本纪》）。这说明云阳的甘泉之地本来就有大型的宫殿群落，其主体就是秦始皇造的林光宫，绝无秦甘泉宫之说。有作"甘泉林光宫"者，在于强调林光宫所在地之有名；"林光宫亦曰甘泉宫"的说法，是后世的借称，或说是表达不确切的误称。正因云阳、甘泉齐名，竟可互为代称。既是直道的起点，向北至九原郡，南去首都咸阳就早有驰道直通首都咸阳；

秦"林光宫"至汉犹存，汉武帝建元中（公元前140年～前135年）在其旁再筑"甘泉宫"（因在秦汉的云阳县，宫又名"云阳宫"），竟使林光、甘泉并存①。《元和郡县志》称"甘泉上林宫"，遗址中常出土"甘林"文字瓦当，即是"甘泉上林"之省。据《长安志》引《关中记》说汉甘泉宫"周回十九里一百二十步，有宫十二，台十一。武帝常以五月避暑于此，八月乃还"。还把沿山谷"西入扶风，凡周回五百四十里"都划入"甘泉苑"（即"甘泉上林苑"）之中②。

---

① 《小校经阁金文》卷11第91页收有"林光宫行镫，建昭元年造""甘泉内者镫"。"建昭"系汉元帝年号。

② 《三辅黄图》："甘泉有高光宫，又有林光宫，有长定宫，竹宫，通天台，通灵台。武帝作迎风馆于甘泉山，后加露寒、储胥二馆，皆在云阳。甘泉中西厢起彷徨观，筑甘泉苑。建元中作石关、封峦、鳷鹊观于苑垣内。宫南有昆明池，苑南有棠梨宫。"《汉书·扬雄传》："甘泉本因秦离宫，既奢泰，而武帝复增通天、高光、迎风。宫外近则洪崖、旁皇、储胥、弩陆，远则石关、封峦、鳷鹊、露寒、棠梨、师得，游观屈奇瑰玮。"

甘泉宫范围很大，现在淳化县除过林光宫、甘泉宫遗址外，还有洪崖宫遗址（铁王乡程家堡、红崖村，当甘泉宫南）、桑树嘴遗址（安子哇乡桑树嘴村西，当甘泉宫东）、庙沟梁遗址（秦庄乡林庄村西，当淳化县东南）、富家河遗址（马家乡富家河村东南，当甘泉宫西南）、长武山遗址（卜家乡长武山村东，当甘泉宫西南）、下常社遗址（固贤乡下常社村西，在淳化县东南）、好花圪塔山遗址（在甘泉山主峰上）、鬼门口南峰遗址、十七号电杆遗址、庙趟遗址（在主峰南）、孟家湾北峰遗址（主峰西）、箭杆梁遗址（主峰东北）等宫观台十多处。彬州的梁家遗址（在龙高乡，当甘泉山西偏南），旬邑县的沟老头村遗址（排厦乡）、新庄子村遗址（土桥乡）、姚家村遗址（清原乡，以上均在甘泉山的西侧）、石门山东峰遗址（石门乡石门山上、在甘泉山之北，以七里河为界）。

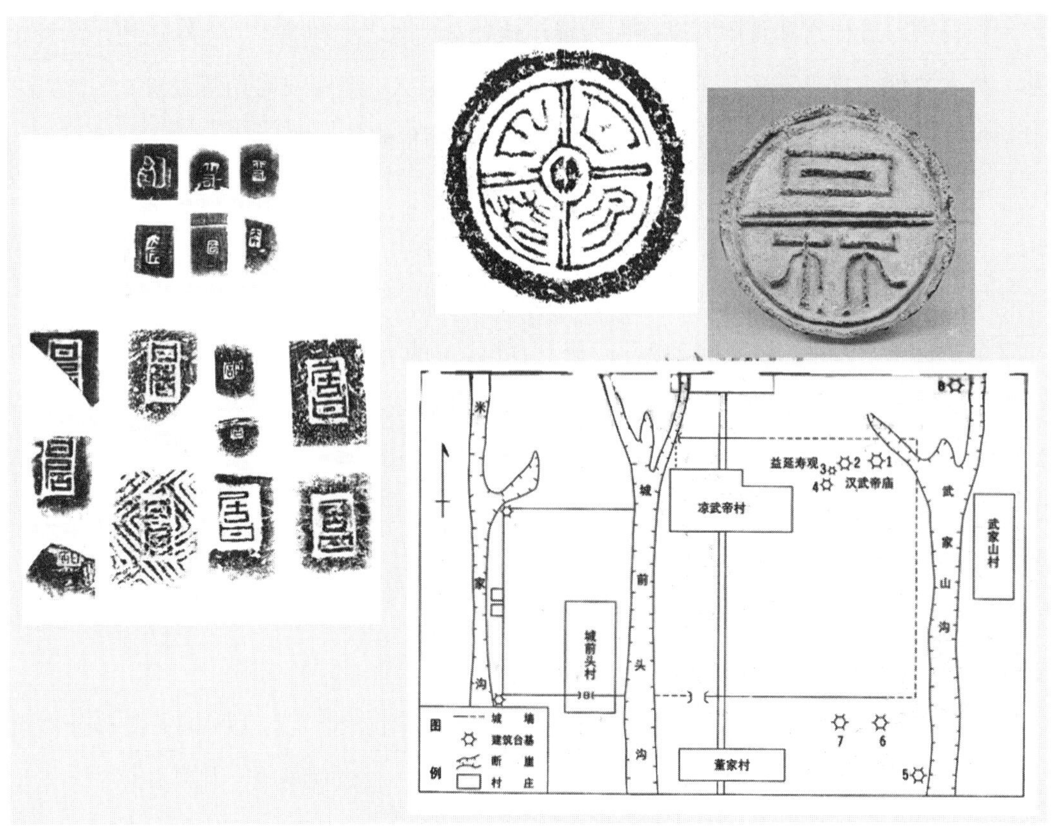

图 8-20　林光宫遗址与文字拓片

在今淳化县北 25 公里的凉武帝（地）村、董家村和城前头村之间有故城遗迹，东西长 1948 米、南北宽 890 米，周长 5668 米（合 5.7 公里）。城墙残高 5 米、宽 7 ~ 8 米。《括地志》有“云阳故城在雍州云阳县北八十里，秦始皇甘泉宫在焉”的记载，说明林光宫、甘泉宫就在云阳县城之内。城外东侧有两个夯土台基，东西相距 70 余米，高约 16 米，底围 202 米，多有秦汉时期砖瓦，当是“通天台”（东）和“通灵台”（西）遗址。在云阳城遗址内外文物相当丰富，除过夯土台西南地面上现存有石鼓、石熊之外，建筑材料有铺地砖、空心砖、条砖、子母砖、画像砖、板瓦、筒瓦。董家村附近出土动物纹瓦当有蟾蜍玉兔纹及龟、蛇、雁、鹿等纹，是典型的秦代图像瓦当。云纹瓦当的装饰性也很强，图案变化多，计达 40 余种；凉武帝村一带出土的文字瓦当有“甘林”“上林”“长生未央”“千秋万岁”“长毋相忘”“富贵□□”“卫”等。另外，淳化县收藏瓦当 400 余件，鲜见的文字瓦当有“益延寿”“宜富贵当千金”等，采集的瓦片上也多刻有“北司”“甘”“甘居”“居甘”等字①。很明显，这些都是秦汉云阳县吏民生活的直接证据。作为离宫别馆的林光宫、甘泉宫建筑富丽堂皇，融山景为一体，同首都宫殿那种庄严静穆的气氛也俨然有别（图 8–20）。

秦林光宫所在的甘泉山，登者必自入淳化县境的“车箱阪”萦纡曲折而上②。阪上平原宏敞，宫殿楼观相属。借山造景又富丽堂皇，休闲幽静的功能更为突出。此地受到秦汉统治者的重视，不仅因为是一处距都城不算太远的避暑胜地，更重要的还在于它具有战略意义。这里是防御匈奴、保卫咸阳、长安的前哨阵地。其南有驰道通咸阳，其北筑直道达九原，可使内地同当时的北部防地连为一体。出自首都与秦汉宫殿安全的考虑，北部诸峰都有设防，所以除过甘泉山前的主体宫室建筑之外，在主峰及邻近的山顶如箭杆梁、鬼门口南峰、孟家湾北峰、庙趟、十七号电杆及石门东峰都发现了秦汉建筑遗址，并有卫尉官署的“卫”字瓦当的出土。

7. 谷口宫

范雎对秦昭王分析秦国的地理形势时，说：“北有甘泉、谷口，南带泾、渭，右陇蜀，左关阪”（《战国策·秦策三》）。这里尽管是从秦国首府所在地的防线说的，但表明谷口确实是北侧一处军事要地，作为一处离宫本身就带上了防卫的性质，这同秦始皇向北推移防地、建立的林光宫一样，具有双重功能。

图 8–21 谷口宫铜鼎铭文拓片（淳化庄头村出土）

秦汉时的谷口县辖今礼泉县东北和泾阳县的西北，北邻云阳县（今淳化县润镇城前头村），东南接池阳县（今泾阳县西北二里），即《长安志》说的“地在九嵕山东、仲山西，当泾水出山之处”。县治设今礼泉县东北 50 里的北屯镇北泾河口西岸，城址至今犹存（图 8–21）。

① 姚生民：《汉甘泉宫遗址勘察记》，《考古与文物》，1980 年第 2 期；又《淳化县文物志》，陕西人民教育出版社，1991 年；《淳化县古甘泉山发现秦汉建筑遗址群》，《考古与文物》1990 年第 2 期；《关于汉甘泉宫主体建筑位置问题》，《考古与文物》1992 年第 2 期。

② 《元和郡县志》载，车箱阪“在县西北三十八里”。这里是从唐云阳县（治在水冲城，即云阳镇东）计方位及里程的，可见车箱阪实际指的就是淳化县境的黄土原。又名长岭坂。1988 年 12 月，在泾阳县口镇东三里的县水泥厂出土唐墓志有“葬于谷口之原”句。口镇西北即是台塬地带，迎面有东西横亘的长岭阪，其狭窄的峪口就是南北向的车箱阪。

谷口在谷口县境内，泾阳县口镇就是战国时的谷口地（古寒门）。在口镇街西南、冶峪河东岸的二级台地上，就有谷口宫遗址。经我调查，其范围南北长约900米，东西宽700米，总面积63万平方米，文化层堆积厚达两米。北部一段夯墙残长120米，基宽2.4米，残高3.3米。地下埋有排水的陶管道，地面多有板瓦、筒瓦、云纹瓦当“宫”字瓦当、几何纹铺地方砖、陶水道等建筑遗物。

西汉时，谷口仍是防卫京城长安的军事重镇。汉文帝六年（公元前174年），淮南王刘长遣其党羽等70人，以辇车40乘载兵器在谷口造反，并妄图勾结匈奴、闽越内侵，遭到汉政府的镇压。东汉建武二年（公元26年），赤眉军转战关中，也曾在谷口同汉中王刘嘉发生激战。

8. 甘泉宫

秦汉时代命名“甘泉宫”的有三处，一在秦都咸阳的渭南新区（又名“南宫”），一在渭北的今乾县，另一处是汉甘泉宫，在淳化县北。

今乾县的甘泉宫是设在秦都咸阳渭河北岸远郊的一处离宫，《史记·秦始皇本纪·正义》引《括地志》：“云阳县西八十里，秦始皇甘泉宫在焉。”[①]《史记·外戚世家·正义》引《括地志》：“秦始皇作甘泉宫，去长安三百里，黄帝以来祭天圜丘处。”经考古调查，此宫遗址位于今乾县东北注泔乡的南孔头村[②]。

秦始皇甘泉宫遗址西临泔河的支流——注入泔河，处在五凤山南麓一个缓坡的塬地。南北长400米，东西宽250米，总面积10万平方米。其北部中央是座夯土高台建筑，主体宫室东西残长100米、南北宽80米，高约4米。在台基东西两侧各有一座残高11米的“阙式台基”，形为两观。南部有东西相对的两座建筑基址。在遗址范围内采集到的文物有陶井圈、筒形下水道及其拐头、交龙抱璧空心砖、方形绳纹铺地薄砖、云纹瓦当、瓦片等，均是典型的秦建筑材料（图8-22）。

甘泉宫取名得之于“甘泉”，有泉流而名“甘泉水”，进而演作“泔河”。西魏大统四年（538年）析宁夷县（今礼泉县东北）在此置甘泉县。连这“孔头村”名都是因为沿袭有“甘泉宫”称“宫城村”而音变为“空城村”—“空头村”—“孔头村”。

---

① 《括志志》以唐云阳县为基点，对秦林光宫、汉甘泉宫和秦甘泉宫的方位表述是有区别的，如林光宫是在“云阳县北八十里”（一作“九十里”），说甘泉宫是在“云阳县西八十里”。但长期来人们受云阳汉甘泉宫“至此一处”认识的影响，以致将秦汉两处甘泉宫混在一起了。

② 秦始皇甘泉宫遗址是1988年4月陕西省文物普查时，由咸阳市文物局发现的。5月开了一次论证会，我也有幸被邀请参加，作了实地考察，随后听取汇报，并就考证结论发表了意见。这次论证成果见曹发展：《秦甘泉宫地望考》，《泾渭稽古》1993年第2期。

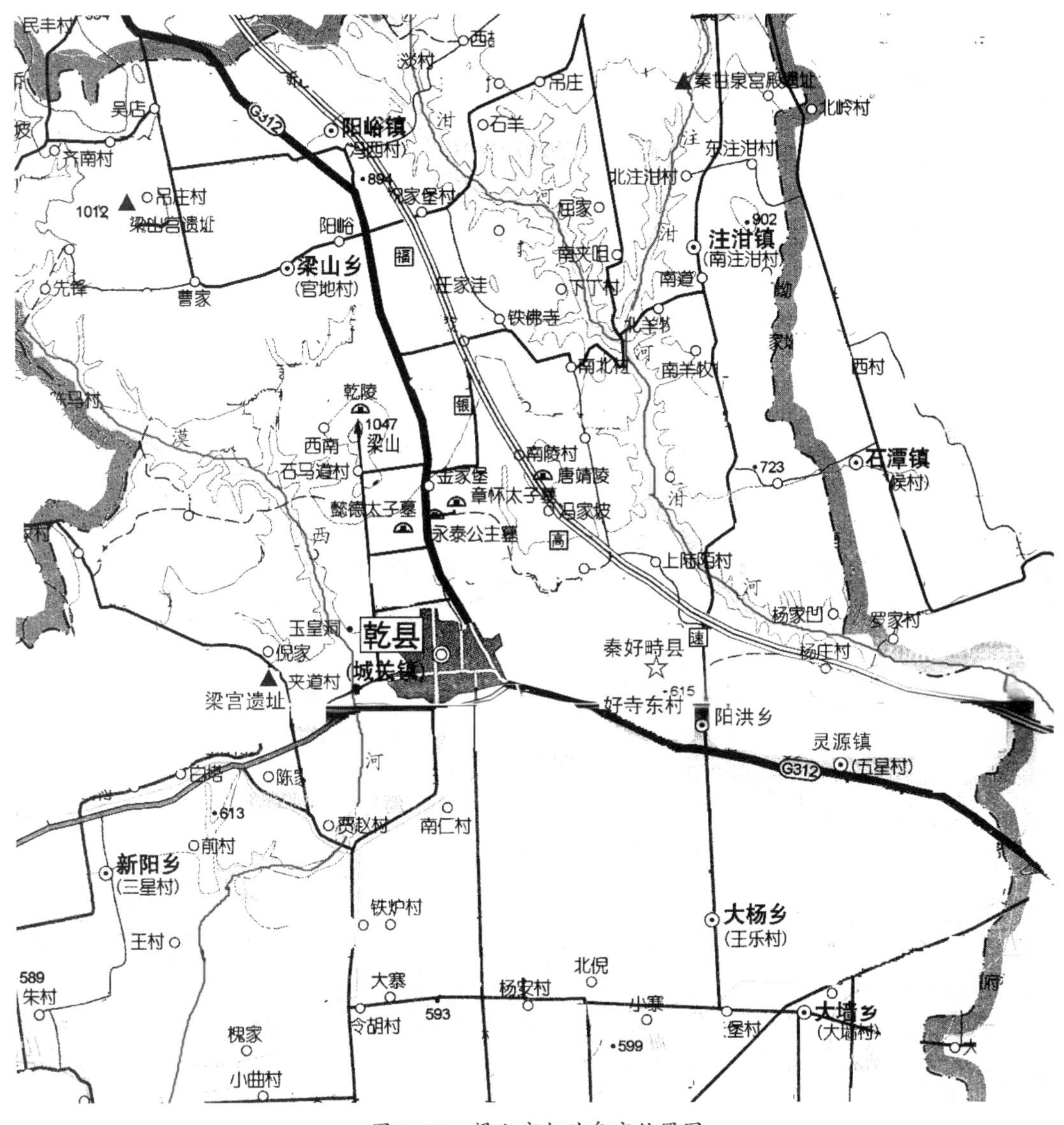

图 8-22　梁山宫与甘泉宫位置图

9. 梁山宫

好畤县本来是秦人一处祠天的中心，既有行宫又有离宫，其中的梁山宫就是秦始皇建造的又一处规模宏大的行宫，梁山宫因梁山而得名。梁山[①]主峰在陕西乾县西北2.5公里处，其山脉迤逦向西，经永寿县到扶风县北境。梁山宫在梁山之南的缓坡台地上，俗名“望宫山”，即今县城西关一公里人称“鳖盖”的地方。这里宽阔平坦，地势较高，

① 我国古代的梁山有好几处，如山东有，陕西汉中有。仅关中就有两处，一在韩城市西北，经黄龙佛爷岭到合阳西北的磨镰石，主峰大梁在韩城，海拔1783米。《诗·大雅·韩奕》有“奕奕梁山，惟禹甸之”之句，即指此；另一处在乾县西北。

中心隆起，有一片古代建筑遗址。东西长约1000米，南北宽约600米，总面积达60万平方米，中部有一晚期的夯土台基，约20平方米，高5米，内夹杂着大量秦代遗物。在遗址范围内散布着半瓦当、云纹瓦当、外绳纹内网点纹筒瓦、板瓦、回形纹铺地砖、散水卵石和纹石等建筑材料。1992年，当地群众栽树挖坑时，起出的秦汉瓦片，多达万数。在一些筒瓦和板瓦上盖有篆体“梁宫”二字戳记，显然是“梁山宫”的简化，这就为确认梁山宫的存在与地望提供了重要线索。因为当时的宫城用“文石”（有斑斓花纹的石材）砌筑，又名“织锦城”（《长安志》卷三引《三秦记》）。（图8-23）

图8-23　秦甘泉宫祭天坛残迹（赵旭阳摄）

有意思的是在今乾县城西郊至漠谷河一带“梁山宫”遗址发现之前，在乾陵西北5公里的“瓦子岗”上还发现了一处秦宫殿遗址。该遗址是1988年春由咸阳市文物普查队调查时所见，位于吴店、梁山两乡交界处的台地上，南北长600米，东西宽400米，总面积达24万平方米。其中部有一大的夯土台基，底边东西长37.4米、南北宽25米，高出地表5米。台基周围的地面之下仍是大面积的夯土层，足见其规模宏大、等级较高。遗址内含极为丰富，既有大量的散水卵石、砺石、文石等砌筑类材料，又有秦代的筒瓦、板瓦和各式云纹、葵纹的圆瓦当、素面半瓦当。最具秦意识形态的文化遗物，要数一些龙纹空心砖，其图案有交龙绕璧、腾龙玉璧和龙凤和鸣等，线条流畅生动，甚富艺术情趣和深刻的思想内涵[①]。

入主关中的秦先公祭天地五帝，先后在几个地方设立“畤”。“雍旁故有吴阳武畤，雍东有好畤”，但后来“皆废无祠”。秦始皇统一六国之后，大兴封禅的活动，凡名山大川、日月星辰，无神不祠，无鬼不祭，“令祠官所奉常天地、名山、大川、鬼神，可得而序也”，从而确立了一些法定的对象[②]（《史记·封禅书》）。那么，好畤本来就有立畤祭天的传统，加上“阴祠之必于高山之下、小山之上”的要求，对照瓦子岗建筑遗址的地理特征，两相吻合。那么，能否说梁山上瓦子岗就是秦始皇恢复了祠天的“好畤”遗址?

10. 高泉宫

《汉书·地理志》：“美阳有高泉宫，秦宣太后起。”《小校经阁金文》《陕西金石志》著录有“高泉宫共厨铜鼎”盖。

美阳县秦孝公时设，因在美山之南故名，治在今扶风县北法门镇美阳村。高泉宫肯定也在附近，因距咸阳较远，秦末大火未曾波及，汉代曾在这一带祭祀炎帝，它当同秦的“吴阳下畤”可能存在承续关系。

11. 平阳封宫——平阳宫

秦宪公二年（公元前 714 年）把都城从今宝鸡市东卧龙寺西北的“汧渭之会”向东迁徙到了原宝鸡县东太公庙附近，建立平阳城。历经出子、武公，计 37 年时间。在平阳筑“封宫”，史书称为“平阳封宫”，也称“平阳宫”。其所言的“封”，很可能同建高台以便筑宫的做法有关，即所谓“聚土为封”（《周礼·地官·封人》）；或是为了祭祀而设坛。即：“封，坛也”（《礼记·祭法》）。

平阳封宫历经战国、秦、汉，存在时间很长。即：秦世一个时期的朝宫而演变成秦、汉两朝相继的行宫。

---

① 乾县北瓦子岗宫殿遗址是咸阳市文物局发现的，1985 年 5 月 16 日我应邀参加了注泔乡秦甘泉宫及瓦子岗秦宫殿遗址复查与论证会。新闻报道见郭兴文：《乾陵附近发现的两处秦宫遗址》，《西安晚报》1988 年 5 月 18 日第 1 版。

② 以太祝“岁时奉祠”的，诸如殽以东有名山五（太室、恒山、泰山、会稽、湘山）、大川有二（济、淮），华以西名山有七（华、薄、岳、岐、吴岳、鸿冢、渎山）、名川有四（河、沔、湫渊、江）。另外，像陈宝因“近天子之都”，灞、浐、长水、沣、涝、泾、渭等“皆非大川，以近咸阳”，汧、洛二渊、鸣泽、蒲山、岳山，虽“为小山川”，同样也都列在祭祀之中。仅以雍州所在的关中而言，设庙祭祀的就有“日、月、参、辰、南北斗、荧惑、太白、岁星、填星［辰星］、二十八宿、风伯、雨师、四海、九臣、十四臣、诸布、诸严、诸逑之属，百有余庙”（《史记·封禅书》）。

秦平阳故城在今陕西宝鸡市陈仓区虢镇东5公里太公庙村到阳平镇一带。由于地当今凤翔、宝鸡、岐山、眉县交界，归属多变，历代文献记载不同，实则一地数说[①]。此处北倚凤翔南原，在南临渭水的台地上，作为高台建筑的封宫位于平阳城内，在美丽的环境中更衬托出一种庄严的气势。20世纪60年代，在秦家沟发掘过秦墓，也有不少灰坑的发现。1978年1月，在太公庙村又出土秦武公钟、镈等公室重器，也可能同封宫的祭祀有关[②]。

12. 虢宫

《汉书・地理志》虢县注："虢宫，宣太后起。"《三辅黄图》："虢宫，秦宣太后起，在今岐州虢县界。"虢宫当在今虢镇附近。

岐州，北魏置，治设雍县。隋改扶风郡，唐武德元年（618年）复岐州。虢县，春秋时秦武公十一年（公元前687年）灭西虢置，西汉因之，东汉废，北周改洛邑县，隋复虢县，唐废而又复。辖今凤翔东南及陕西陈仓区千河以东，治设今宝鸡市陈仓区虢镇。

宣太后系秦昭襄王之母，楚人，在昭王即位初期，曾同相邦魏冉掌握大权，故能于秦国西部的美阳建造高泉宫，在虢县的渭水之滨兴建又一座离宫。

13. 羽阳宫

羽阳宫是秦武王起造的一座行宫。《汉书・地理志》就明确记在陈仓县下。

陈仓县，秦置，辖今宝鸡市金台区、陈仓区及太白县西部，治设宝鸡市东卧龙寺车站西北。陈仓县于唐至德二载（757年）改名宝鸡县。在宝鸡市陈仓区，自宋代以来多次出土过汉羽阳宫的文字瓦当，如北宋王辟之在其《渑水燕谈录》卷八中说"元祐六年（1091年）正月，直县门之东百步，居民权氏浚地得古筒瓦五，皆破，独一瓦完。面径四寸四分，瓦面上隐起四字曰'羽阳千岁'，篆字随势为之，不取方正……"宋宝鸡县"直县门之东百步"约当今凤翔县长青镇南马道口附近。《陕西金石志》收道光中宝鸡出五六枚"羽阳千岁"瓦和藏于长安谢氏家的"羽阳万岁"瓦。特别是1940年在宝鸡东关修铁路时，竟掘出包括"羽阳千岁""羽阳千秋""羽阳万岁"和"羽阳临渭"四种瓦当"约有万余

① 《史记・秦始皇本纪》：武公卒，"葬雍平阳"。《水经・渭水注》："汧水东南历慈山东南，经郁夷县，迳平阳故城南。"《史记・集解》引徐广作"眉之平阳亭"。《括地志》："平阳故城在岐州岐山县西四十六里。"清雍正《陕西通志》："平阳封宫在眉县故平阳城内。"由于以上诸县区划的变化，所记平阳的归属也跟着变。实际上，作为平阳故城所在地秦时属雍县，西汉属郁夷县，东汉属眉县，唐属岐山县，清初复眉县，今属宝鸡市陈仓区。

② 卢连成，杨满仓：《陕西宝鸡县太公庙村发现秦公钟、秦公镈》，《文物》1978年第11期。

片”[①]（图 8–24）。“羽阳临渭”瓦当最清楚地标志出羽阳宫处于渭水之滨，而“羽阳”瓦当的出土地则有宝鸡市东关、卧龙寺和凤翔马道巷几地的不同，东西跨越十多公里。而《汉书·地理志》的记述，也只是笼统的一句话：陈仓“有羽阳宫，秦武王起也”。由此看来，秦汉羽阳宫位于今宝鸡市东卧龙寺车站西北的陈仓县故城内大致是可靠的。此间也是秦文公“汧渭之会”旧都的所在地，建羽阳宫是可以理解的。

图 8–24　羽阳宫瓦当拓片

1973 年，凤翔县长青乡马道口出土的“雝（雍）羽阳宫鼎”一件，附耳，三蹄足，腹有棱，通高 17.1 厘米，口径下刻有铭文。尽管铜器铭文有“雝（雍）”字，但还不能依据出土地就断定秦汉羽阳宫就在此地，因为“雍”是包括陈仓在内的大地名，即使雍县与陈仓县已经分置，作为大地域的这一名称仍然沿用。根据鼎上三次分刻的铭文知，它先后用在“郡邸”、“雍羽阳宫”和汉“高唐”县，当然这同汉武帝幸雍祀五畤、宣帝在羽阳宫祀陈宝、元帝幸雍祀吴阳上畤有关[②]。

羽阳宫所在的陈仓一带，北负三畤原，南临渭水，群峰叠翠，是秦人去西垂故地必经之道，建立行宫，地理条件优越。而“雍五畤”是秦汉以来祭祀上帝的地方，羽阳宫也就成了帝王西行必然驻足之处。

14. 大郑宫及雍都内的其他朝寝

秦自“德公元年，初居雍城”至献公二年“城栎阳”，历时 294 年（公元前 677

① 陈直：《秦汉瓦当概述》，《文物》1963 年第 11 期。

② 王光永：《凤翔县发现羽阳宫铜鼎》，《考古与文物》1981 年第 1 期；李仲操：《羽阳宫鼎铭考辨》，《文博》1986 年第 6 期。

年～前383年）。城内外建有很多宫殿，截至2012年已发现的大型建筑基址就有32处。有名的宫殿如大郑宫（姚家岗遗址）、阳宫（宣公）、“高寝”（康公、共公、景公等）、“太寝”（桓公）、“受寝”（躁公）。秦公居有寝，葬有地。其所谓“寝”，实则君王的宫室（图8-25）。这些宫寝在定都咸阳后，都成为秦王追念先祖之地。

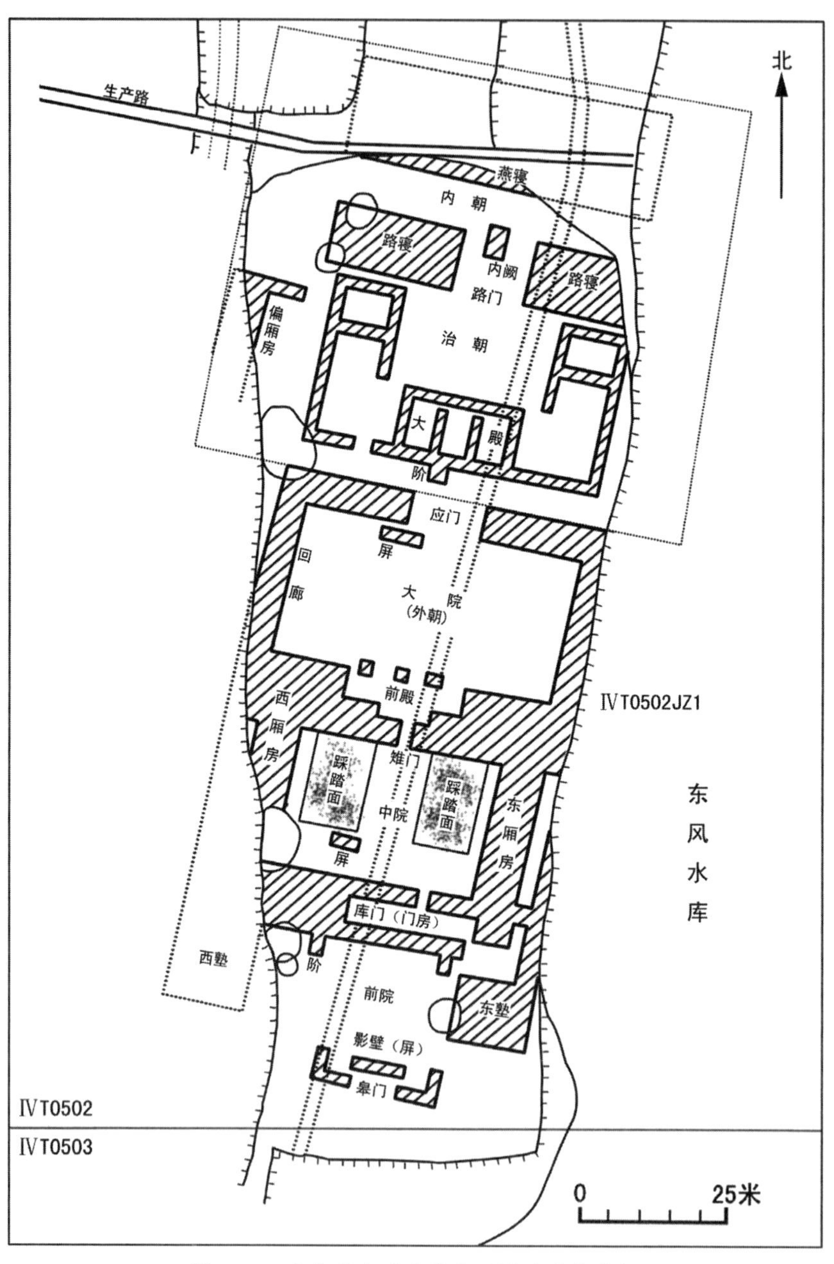

图8-25　大郑宫之雍太寝平面图（瓦窑头）

15. 棫阳宫

棫阳宫也是秦汉时的重要宫殿，对于它的始建年代及地理位置亦有不同说法。凡是道及棫阳宫，典籍均说建于秦昭王，唯独程大昌的《雍录》以为秦穆公造。

今凤翔境内北部山岭，俗称之为“北山”。但在远古时期，则称“榆次山”“俞山”。因为山上多生长棫檀，故叫“棫山”。榆、俞与棫同音，可以通假。1962 年和 1982 年考古工作者曾两次在秦都雍城发现棫阳宫瓦当。1962 年发现于南古城的瓦当有残失，当面仅有一“棫”字。1982 年，采集于东社遗址的瓦当“棫阳”二字十分完整。根据两枚瓦当的出土地点分析，棫阳宫建在汉代的雍县当可无疑，而其具体位置很可能就在雍城南郊的东社、南古城及史家河这一范围内。

棫阳宫的规模无明文记载，《汉书·郊祀志》云：“是岁，雍县无云，如雷者三，或如虹气，苍黄若飞鸟，集棫阳宫西。”看来是极其高大宏伟的。陈直先生在《三辅黄图校注》中说：“《小校经阁金文》卷十一五十页，有‘雍棫阳共厨鼎’，正是汉代棫阳宫配置的专用铜器。”

16. 橐泉宫、蕲年宫

据载，汉橐泉宫器物多有传世（图 8-26）。另外，还有个“蕲年宫”（蕲、祈古字通，或作“祈年宫”）经常出现，并同“橐泉宫”相混。关于这二者的关系、位置和建筑时间，在史籍记载中颇多分歧。或说前者为宫，后者为观，前大后小；或说是两个不同的宫室；又说是同一宫室在同一时期有着不同的称呼。对其始建时间也有不同，虽然橐泉宫仅秦孝公造一说，而蕲年宫竟有德公造、惠公造二说。具体位置橐泉宫仅有雍州城内一说，而蕲年宫则有雍、雍州城内、雍城郊外的三说。

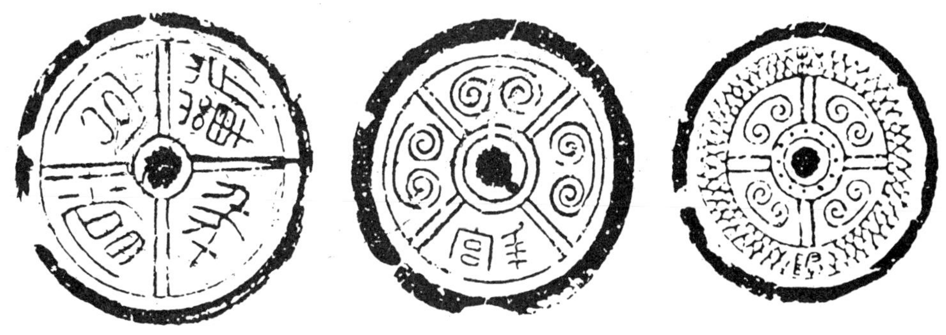

图 8-26 从左到右依次为蕲年宫当、年宫瓦当、棫阳瓦当（雍都遗址）

1982年夏，考古工作者在凤翔县长青乡孙家南头堡子壕的秦汉建筑遗址内采集到一枚“蕲年宫当”瓦当，1985年冬又于此地采集“橐泉宫当”一个[①]。可见这里就是秦汉时期蕲年宫与橐泉宫的所在地。

从地层叠压关系和堆积层中所含瓦片、云纹瓦当残块分析，这是一处战国中期至西汉时期的建筑遗址，堆积中绝无战国以前的遗物。因此，该遗址的始建年代绝对不会早到秦德公时期，应以“惠公”说较为可信。再根据两宫瓦当共出的情况结合历史看，先秦时期，惠公建造蕲年宫在前，随后才有孝公扩大其规模，并建立新宫名之曰橐泉宫。于是，原蕲年宫就成了新建橐泉宫的一部分，甚至于把它称之为“蕲年观”。所以《皇览》就有“秦缪公墓在橐泉宫蕲年观下”的说法。

综上所述，可得出如下认识：即蕲年宫建于秦惠公时期，橐泉宫建于孝公时期。后起的橐泉宫与蕲年宫建在一起，并使蕲年宫成为它的一部分。而这两座宫殿的位置，正处在雍城西南15公里的汧河左岸孙家南头堡子壕村的台地上。而汉代的蕲年、橐泉二宫，实际是在先秦两宫的原址之上建造的。由此可见，橐泉宫、蕲年宫从战国中期一直沿用到西汉后期，历时数百年之久。

17. 年宫

1962年在发现“棫”字瓦当的同时还采集到一方“年宫”瓦当。瓦当的采集者认为“年宫”就是史籍中的蕲年宫，“蕲”字被省略。《秦汉瓦当概述》及《三辅黄图校注》中均指出：“‘年宫’应即‘蕲年宫’之省文。”

对于这一说法，有研究者持不同意见：“一个行政区域或宫殿名称的省略简写，按照一般约定俗成的汉语语法习惯，应先省去其表示行政区划的单位或宫殿等众所周知的建筑通称，例如：今人将凤翔县简称为凤翔，古人将棫阳宫省文为棫阳。同理，‘蕲年宫’不可能省文为‘年宫’。堡子壕遗址的发现及‘蕲年宫当’的出土，更充分说明‘蕲年宫’和‘年宫’并不是一个宫殿，‘年宫’应当是史籍失载的为数众多的秦汉宫殿中的一个”[②]。（彩版一）。

年宫瓦当发现的南古城，以及附近的史家河、东社一带都有战国秦汉时期的建筑遗址，虽然农民在平整土地中已将其中绝大部分毁掉，但仍有零星遗迹可寻。年宫当建筑在这一范围之内。它与蕲年宫、橐泉宫、棫阳宫相同，都为秦宫汉葺者。年宫瓦当的发

① 刘亮、王周应：《秦都雍城遗址新出土的秦汉瓦当》，《文博》1994年第3期。

② 马振智等：《蕲年、棫阳、年宫考》，《陕西省考古学会第一届年会论文集》，1983年。

现可补史籍之阙如。

18. 成山宫

成山宫遗址位于眉县城西南 7.5 公里的第五村，是一处建于战国秦、沿用至汉代的离宫遗址。

成山宫处于巍巍太白山与滔滔渭水之间，西临斜水同岐山五丈原隔河相对，东依台原地势舒缓，北有西（安）宝（鸡）公路的南线东西穿过，南端台原横扼着斜谷。遗址南高北低，中心区面积 30 多万平方米，文化层堆积厚达两米[①]。发现多处夯土台基、鹅卵石铺成的散水、排水管道、灰坑、水井。建筑遗物主要有外绳纹内抹光的弧形板瓦、绳纹和布纹的筒瓦、素面和简化的饕餮纹半瓦当、各式云纹瓦当。夔凤纹大瓦当、空心砖、条形砖、铺地砖、陶水管道与拐头等。而“长乐未央”文字圆瓦当与当心竖书“成山”二字的云纹圆瓦当，以及大量的回纹空心砖、铺地砖则表明此宫殿建筑在汉代仍是处于繁荣时期（图 8–27）。

图 8–27　成山宫文字瓦当

各式瓦当中的大型夔凤纹半圆瓦当，面径 78.3 厘米、高 53 厘米、边轮宽 1.9 厘米，尽管纹饰简化，但体量之大，在秦始皇陵园、兴平市田阜乡侯村黄山宫遗址、河北秦皇岛金山嘴与辽宁绥中石碑地秦行宫遗址中都有同类的出土。这种用于大型秦代建筑的“櫄当”，表明成山宫兴盛于秦代，始于战国时期的秦国。

成山宫的传世文物，多有发现。过去以为成山宫在今山东荣成市的成山头，根据是《三辅黄图》记“东莱不夜县”有“成山观”，在成山上“筑宫阙以为观”，从而断定“成山观不在三辅”。那么，陕西眉县秦汉成山宫遗址与成山宫文物的发现，可纠正“不在三辅”之错。

① 宝鸡市考古队眉县文化馆：《陕西眉县成山宫遗址试掘简报》，《文博》2001 年第 6 期。

九、法制化的咸阳城市管理

（一）人口数量的估计

在都城咸阳的常住人口中，成分也较为复杂。起码包括了皇室宗族、政府员吏及其眷属宾客、宫廷侍女及杂役、京师的禁卫军、手工业劳动者、中小地主和农民、奴隶、商人、服徭役者等10类人群，大约有50万之众①。

城市居民以家庭为单位按“什”“伍”编制户口，分别由“伍老”和“什长”管理，一统于法。商鞅变法时，推行“连坐法”，使彼此监督，以防“奸邪”的滋生，以后实际成了固定不变的基层政治单位，做到兵、民合一，有利于统一战争的进行。

有市籍的商人，实际是受着双重管理的约束，一面按家庭编制什伍，受“列伍长”的直接领导；另一面从事商业活动，按行业要接受市府“长”或“丞”的管理，至于是否还建立有“商会”性质的组织，因为没有文献凭借，就不好推断。

（二）行政建制

秦的地方政权组织，其垂直关系由上而下是：郡—县—乡—里。咸阳，作为首都及其所在的内史之地，在编制上则省去了郡、县，仅有乡和里。

今日关中平原和商洛的一部分，在秦代属于“内史”之地，不再设郡。有直辖县26个，内史治所设在咸阳。

首都咸阳所在的京畿范围较大，周边是由池阳、弋阳、高陵、芷阳、杜、鄠、废丘七县构成的密闭圈。圈内的京畿，也不再设县。

京畿的渭北区，只见有“里”一级的基层单位。而在渭南区，里之上还有“乡”一级的建制。

---

① 王学理：《咸阳帝都记》，1999年，三秦出版社。

经我对亭里陶文的研究，理出渭北的里[①]有：屈里、完里（郧屈）、右里、泾里、当柳里、芮柳里、阳安里、沙寿里、东里、直里、燚阳里、咸里、市阳里、闾里、闇里、阑里、旨里、少原里、蒲里、故仓里、成阳里、如邑里、壮邑里、巨阳里、陈里、广里、形（彤）里、高里、高止里、当里、利里、反里、平沃（泆）里、臣西里、卜里、白里、桓里、于里、中里、牛里、贪里、戎里、重里、得市里、重成里、武都里、安处里、下处里、平阳里、下阳里、新安里、鳌里等，计55个里名（图9–1）。

渭南区，据文献记载可考者，由东而西分为三乡，即长安乡、阴乡与建章乡。在阴乡仅见一个樗里之名。

---

① 秦都咸阳发现的亭里戳印陶文，多系阳文印章捺压而成，故呈凹下的白文，且有陶质印戳的出土。阳文印记少见。陶章最多六字，以四字为常，也有两字和一字的。前者模印，后者有模有刻。

4	1
5	2
6	3

过去因为对冠“亭”“里”印记的读法有误，致使里名隐没，解义也嫌勉强。如“咸亭□里□器”六字章，文作两行，行三字，本用自右向左的竖读法，如图所示，义作“咸阳市亭管辖下□里□（工名）所作之器（器具）”。章中的“咸亭”，很明确，是咸阳的市亭。“□里”是制器工人籍贯所属的里名。“□器”，是指工人所作之器物，前者□是工人名字。这样做，正是“物勒工名，以考其诚”监管制度的体现。

2	1
4	3

但对同是“□里”的四字章，过去有如图示的那样用横读法。例如把“咸屈里□”读成了“咸里屈□”。如此一来，就在“屈里”之外又生化出一个“咸里”来。同样，“咸亭屈里蔡器”就被读成了“咸里亭蔡屈器”。这不仅在读法上自相矛盾，其义也难以通晓。

过去，我在咸阳遗址考古曾思索过印戳陶文如何读法的这一问题。恰巧在“咸亭（完）里丹器”六字章之后，见到了陕西省历史博物馆藏的一方“咸完里夫”印记。从对读中破解了读法规律，再加之“咸完里□”四字章的陆续发现，更为我的见解提供了实物依据。

就目前掌握的资料可知，秦都咸阳的陶文凡是两行章者，六字全属、四字多属于自右而左的竖读，即：次序就是先由右侧自上而下，再左侧向下的接读。仅个别的四字章既有右起竖读的，也有左起竖读的，如“咸完里□”“咸完里牝”“咸巨阳戏”章，但除左起顺时针旋读的之外，绝无右起横读的。始皇陵区陶文，湖北的云梦第十四号秦墓三件陶瓮的“安陆市亭”印文，无不右起竖读。如果见到“咸”“阳”“邑”“原”诸字同处一章的，硬要使“咸阳”“咸邑”“咸原”相连，就势必引起对角线读法的混乱，产生了无章可循的随意性。至于两字章者多取上下排列，如“左禹”“左登”“平市”。横向排列者，有右起的读法（如“左李”），也有左起的（如：左如”）。

在此，我归结一下有关研究秦都咸阳亭里陶文的体会：

第一，书例是：“咸亭→□里→名→器”。六字章有时省略“里”（如“咸亭当柳恚器”）；四字章省“亭”“器”二字（如“咸东里傲”）；有时因里名为二字者，就省“里”字（如“咸市阳于”“咸新安盼”等）；工名多以一字为常，若为二字者，必省前边的“里”字。

第二，陶文章读法三种：右起竖读（绝大多数），左起竖读（仅限于四字）和左起顺时针读（极少）。

图 9-1　里名举例（部分）

咸阳是秦的京师之地，虽无县的设置，却有一个不完全的，又非一般县所不能比的县级官僚机构。由于咸阳超过万户，其行政长官称作“令”。“咸阳令”一职也就成了贵戚和野心家所攫取控制的显官，如奸臣赵高的女婿闫乐任咸阳令，后来就成了参与宫廷政变的主要

图 9-2　“咸阳”“咸阳丞印”封泥

帮凶。咸阳也设“丞”，作为咸阳令的佐官，为长吏。梦斋藏有秦“咸阳”“咸阳丞印”封泥（图 9–2）。

秦都的各乡、里等基层单位和亭，都设有官吏分管民政、应付差遣和治安。咸阳的陶器上盖有“咸阳亭”印记，也有“咸阳亭印”封泥的出土。前者属市亭，后者即是都亭（图 9–3）。

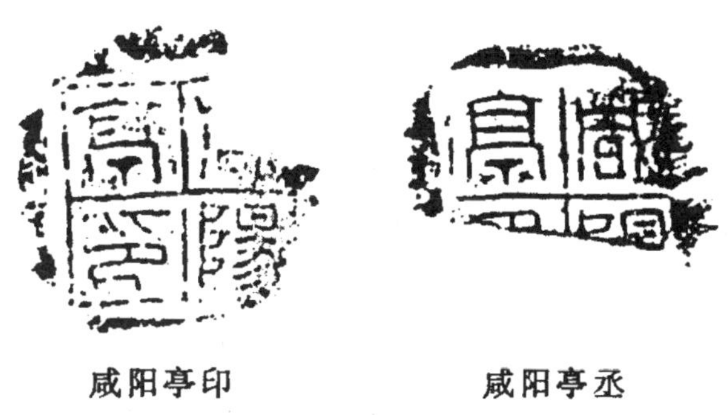

图 9–3 “咸阳亭印”封泥

秦代的“内史”是职、地同名。换句话说，作为首都，不再设郡，直辖附近属县，是京畿所在的郡级行政地域；作为官职，实属中央辖区的最高行政长官，也当然地兼职京都的首席官，“掌治京师”（《汉书·百官公卿表》）。梦斋有“内史之印”封泥（图 9–4）。内史掌握各县邑都官年终的“上计”，即接受其对全年人口、钱粮、盗贼、狱讼等问题的报告。特别是在秦简《仓律》中，反映出内史对粮食储备、保管、发放的高度重视，目的在于保障国家的度用和京师的供给。战时，内史又往往是军事指挥官，像腾在秦始皇十六年（公元前 231 年）因“发卒受地韩南阳”为假守有功而得任内史，次年又“攻韩，得韩王安，尽纳其地，以其地为郡，命曰颍川”，二十年（公元前 227 年）还同王翦攻燕（《史记·秦始皇本纪》）[①]。还有大将蒙恬也因为家世为秦将，攻齐有功拜为内史，后将兵三十万“北逐戎狄，居上郡”（《史记·蒙恬列传》）。

图 9–4 “内史之印”封泥

① 马非百先生考定“内史腾即南阳假守腾，亦即与王翦攻燕之辛腾”（《秦集史》）。

（三）市政设施

1. 城市供水

为解决城市用水，聪明的城市设计者沿渭河上溯二百多里，从眉县西北引流，终于找到了解决秦都咸阳用水的唯一途径。现代渭惠渠的开通，很可能就是对这一古渠的借鉴。至今在若干地段，还有这一古渠道遗址的残存①。由此看来，把这条东西长二百里，又在市内分支铺陈二十里的“长池”（即兰池）作为蓄水池，当是我国引水入城的创举！

北阪宫殿区坐落于窑店镇东北牛羊村的二道原上，其涉及高程引水问题。胡家沟一带灰地表以下 1.1 米处，即是一条人工引水渠口。如同三号宫殿遗址附近的多处水池遗迹联系起来看，很可能同宫廷的供水有关②，当是秦引渭入兰池的又一个分支。

咸阳供水主要是通过两个途径解决的，一是开源引水，有如前述；二是凿井汲水。在滩毛、长陵车站一带制陶作坊区，发现为数众多又分布密集的古井，就是很好的说明。

2. 城市绿化

对咸阳城市的绿化工作是从三个环节上着手的，一是植树造林；二是抓教育，树立管护意识；三是严惩违法者。

时序到了夏之二月，农事兴作。《吕氏春秋》作者教民“无竭川泽，无漉陂池，无焚山林”（《仲春纪》）。还把“治唐圃，疾灌浸，务种树”（《尊师》）作为“尊师”的实际行动。把“无焚山林”“务种树”看作是一种美德，以此育人，并形成为中国人的好传统。

商鞅曾制定一条“弃灰于道者”要处以刑罚的法律（《史记·李斯列传》）。把垃圾倾撒在道路上，不唯是妨碍交通，更要紧的是影响了市容卫生。过去人们把这一条当作秦“滥用刑罚”加以责难，殊不知这是当时“城市管理法”中一个重要的条文。

---

① 参见本书第三章关于兰池的一节。

② 成国渠开凿于西汉武帝时，自眉县东北的渭水北岸引渭水东流，经扶风、武功、兴平，到咸阳东北，至灞、渭汇合处复入渭。其上源可能同秦始皇引渭水入兰池的渠道相重，所以在《史记·河渠书》中并没有提及，而《汉书·沟洫志》只说了一句笼统的话，就是“关中灵轵、成国、漳渠引诸川”，如淳注作“成国，渠名，在陈仓”。《汉书·地理志》在眉县下有“成国渠首受渭，东北至上林，入蒙笼渠”。成国渠是对始皇引渭之渠的整修沿用，只是在“用事者争言水利”的情况下，把它的应用范围扩大到了农田灌溉。曹魏时为征蜀，引水东流，与成国渠相接。唐时，又有扩大。《长安志》说，除原引汧、渭水之外，又“集韦川、莫谷、香谷、武安四水，灌武功、兴平、咸阳、高陵等县田二万余顷，俗号曰“渭白渠”。宋以后，成国渠堙涸。

由于感情的关系，对秦始皇滥用民力就有反感。加之时间有先后，人们对当时得益的事称道极多，就容易淡忘过去。以至于“成国渠”“渭白渠”的盛名掩盖了过去秦始皇开渠引渭的那段历史。

3. 管理机构：少府

秦都咸阳的城市绿化、道路管护、苑囿池沼及公共设施等等，统统归中央九卿之一的“少府”管。其下属的职能部门的级别也很高，像上林苑规模大、地位重要，就专门设有“上林丞”。到汉武帝元鼎二年（公元前 115 年），初置“水衡都尉”，专“掌上林苑，有五丞”，充分发挥其管理职能。

（四）府库

1. 粮仓

粮食，这在以农为本、以民立国的中国，是维系国家安危的物质基础，当然地被古代的思想家认作是“天下之大命”。储食丰沛，其意义就在于贾谊说的“苟粟多而财有余，何为而不成？以攻则取，以守则固，以战则胜。怀敌附远，何招而不至？”秦之所以能够“倾邻国而雄诸侯”，就是缘于“务本之故”（《汉书・食货志》）。

仓库储粮的用途在于支付庞大的官吏俸禄，巨额的军队粮草、刑徒的口粮、驿站传食和农业再生产的籽种。

泰仓　　泰仓丞印

图 9-5　“太仓”封泥

储粮设有都仓和民仓，太仓——属朝廷直接掌管的收储粮食的机构，专设大型的粮仓。梦斋有秦咸阳渭南区出土之“泰仓”封泥，泰仓即太仓（图 9-5）。由于咸阳是国都，聚集的粮食数量多，仓库规模也大，所以明令“咸阳十万石一积”（云梦秦简《仓律》《效律》）。同样，征收到咸阳的刍藁（喂马匹的干草）也是“二万（石）一积”，比其他地方大一倍（《仓律》）。官仓有霸上仓、栎阳仓等，而民间储藏粮食多用囷或地窖。

2. 诸多仓库

图 9-6　“武库丞印”封泥

“武库”作为储藏武器的仓库，在于收藏、保管、发放，有着一套严格的制度（图 9-6）。

“大内”是设立在京都的国家物资总库。

“少内”是国家主管财政的机构，大抵如金库。

“御府”是供皇帝享用而设立的专用仓库。

“酒府”是专门制造和储藏醇酒佳酿的机构，以供皇帝祭祀及宴饮之用。

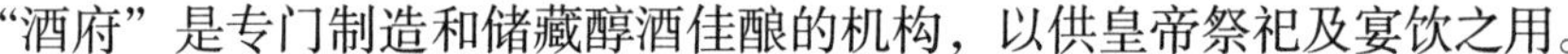

另外，还有“外府”、“内府”和“中府”的设立。

3. 管理机构

少府是主管全国水产税收的皇家领导机构，《汉书·百官公卿表》：“少府，秦官，掌山海池泽之税，以给供养。”颜师古注：“大司农供军国之用，少府以养天子也。”少府不纯是钱库，还设官制造皇室用品，属官有考工室、左右司空、东织、西织、东园匠等。

无论何种仓库，在库管上都有明确的法制性规定。如秦简《秦律十八种·仓律》中关于粮仓管理的具体法令就有 25 条。

府库都有一套管理机构，设立寺府，任官职能。其中属于全国性的，一定是从中央到地方形成垂直关系，以上统下。咸阳作为首都，当然是最高管理机构的集中地。而直接为皇室服务的仓储，设在中央。

（五）治安

1. 由“亭”组成的社会治安网

古文献中提到秦咸阳，就会出现很多“亭”。特别是《汉书·百官公卿表》说“大率十里一亭，亭有长。十亭一乡，乡有三老、有秩、啬夫、游徼。三老掌教化，啬夫职听讼，收赋税；游徼徼循禁盗贼。县大率方百里，其民稠则减，稀则旷（扩大百里的限制）；乡、亭亦如之。皆秦制也”。长期以来这段文献资料给人形成固定的印象是：秦的地方行政层次是郡、县、乡、亭、里。即亭上承乡，下辖里。而且秦咸阳有“杜邮亭”“长平亭”“轵道亭”“白亭”等记载，在咸阳故址上也常见带“亭”字的陶文，如“咸阳亭”“咸亭”“□里”等等。

实际上，亭有很多种，职能、任务各别，但性质相同。如“乡亭”，就属于地方治安组织，“大率十里一亭，亭有长”就是。它有如今日之派出所，属于行政之外另一编制的公安系统。它在所管辖范围的划分上，是沿驿道两侧、水路津要、通都大邑，以地域方便为根据的。以十里为单位，尽可能做到乡、亭同级配合。不过，这种亭是可以跨乡的。因农村地域广阔，设立数目必多，也叫“野亭”。其总的工作方针是治安防盗，确保政令施行的社会秩序。因此，揖盗办案是最为突出的工作内容。实际上，它已渗入到民事诉讼、诏狱判断、遣送役徒、保障邮传、管理道路、检查逆旅各个部门与系统的治安中去。

此外，还有一些专业性质的亭，如在通都大邑、郡国治所附近设立有“都亭”①，在城市内设立有“街亭”②，在城市商贸区设立有“市亭”③（图 9–7），在邮路上设立有“邮亭”④等。这些特殊的亭，既同某项专业有关，但不是对职能部门的取代，服从于执行治安司盗仍为其第一要务。

图 9–7　市亭举例：“咸亭芮柳婴器”陶文

秦咸阳几处乡亭的位置，如“杜邮亭”在今咸阳市东郊任家嘴附近；

“长平亭”在今泾阳县城东南泾河右岸的咸阳原边余家堡附近；

“白亭”在今西安市西郊劳动公园之北；

“轵道亭”是咸阳南区东部一处重要的乡亭，位于今西安东北的辛家庙一带；

“长安亭”管辖范围可东及灞水一带；

“曲邮亭”是原来秦驰道上的邮亭，在今新丰西，俗谓之邮头。

2. 由禁卫军组成宫廷与城防部队

保卫首都和皇帝安全的禁卫军，包括三部分兵力：

侍从警卫部队——侍卫最贴近皇帝，由九卿之一的“郎中令”掌管，有丞。这支由“郎”充任的亲兵，职责是充任殿中侍卫，把守宫门和掖门；

宫门防守部队——这是一支守卫城阙、宫门的屯卫部队，相当于今之门卫岗哨。卫卒由九卿之一的“卫尉”主管。在“诸门部各陈屯夹道其旁，当兵以示威武，交戟以遮妄出入者”。白天夹道交戟，审查印信，晚上巡逻宫中，捕捉不轨；

城防特警部队——是一支由九卿之一的“中尉”领导的特种部队，在汉武帝时才更名“执金吾”。其任务是担当宫殿之外、京城之内的警卫，即所谓“徼循京师”“禁备

① 《史记·司马相如列传》：“相如往舍都亭。”此都亭即临邛之亭。

② 云梦秦简《盗马》爰书说“市南街亭求盗才（在）某里曰：甲缚诣男子丙……告曰：‘丙盗此马、衣，今日见亭傍，而捕来诣’。”这里的“街亭”位于市场之南，可见它不同于《群盗》中说捕村落之盗的那种“乡亭”，也同“市亭”有区别。其在市内也不止设立一处，性质同今日城市之派出所。

③ 市亭管市，专有亭吏巡察，纠拿商品质量、价格、货币中的欺诈行为，商人中逃役漏税和混杂奸细的活动，以确保商品流通领域中的治安防范。秦简《金布律》规定：“贾市居列者及官府之吏，毋敢择行钱、布者、列伍长弗告，吏循之不谨，皆有罪。”对通用的铜钱与货币这两种货币，不允许选择取舍的贪嫌，要求“百姓市用钱，美恶杂之，勿敢异。”又规定“有关及买（卖）殹（也），各婴其价”，即在货物上系有标明价格的标签。湖北睡虎地秦墓陶器上有“安陆市亭”、咸阳故址出土“咸亭”陶文，说明管理制陶作坊、验收产品合格后加盖印戳，无疑是发给生产与销售的合格证。

④ 《汉官仪》：“五里一邮，邮间相去二里半，司奸盗。”《汉旧仪》：“五里一邮，邮人居间，相去二里半。按邮乃今之候也”。

盗贼”。

总之，咸阳的治安保卫形成一个多层面的网状结构，表现为以下三方配合的关系：

其一，城乡的诸亭（都亭、街亭、市亭、乡亭、邮亭等）既是点与面，又是表与里的关系；

其二，亭与禁卫军分工，形成内外关系；

其三，亭同什、伍组织配合，发挥着“警”与“民政”的作用。

十、以咸阳为中心的全国交通网络

商周时期车马通行，促进了道路的发展，“周道如砥，其直如矢”（《诗·大雅·大东》）表明了关中的大道确实平得如砥（磨刀石），端直得像箭杆。商鞅变法时，“并诸小乡聚，集为大县”“为田开阡陌封疆”，对道路交通也作了一次整理。不用说，井田间原有径、畛、涂、道、路这五种小规模的“野涂”，也随之发生了一次彻底的改变。

首都咸阳作为秦国和秦帝国的心脏，以此为起点的陆路大道有似血管命脉一样流布全身。这里向西，经旧都雍，越陇阪直达秦人的发祥地。向东过漫漫的河西地，渡黄河，经三晋，直达燕、齐；渭河之南，东向函谷，本来就有一条千里的“周道”；南越秦岭，分下巴蜀与荆楚，可直驱江汉流域。

当公元前221年秦始皇统一六国之后，“决通川防，夷去险阻”，拆除长城，不仅消除了诸侯割据中“壅防百川、各自为利”和“以邻为壑”的局面，解除了由此而造成水旱灾害的威胁，而且修筑道路、大力发展水陆交通的结果，在广阔的领域内更多地促进了各地的交流。

（一）首都道路

周王国中那“九经九纬，经涂九轨”（《周礼·考工记》）及京城外周的“环涂”之制虽已不复存在，而秦都咸阳市中及郊区除过重新形成干道支线之外，则出现了三种特殊形式的专用道路，也就是专供帝王车马行驶的御道。

1. 御道

（1）“阁道”

阁道建于地面，是在道路上架设顶棚，两侧或立护栏，中间形成廊道，以便行人。每隔一定距离，还建有一座可四望止息的亭阁。《史记》中提到的阁道有两处，即阿房宫“周驰为阁道”、北阪上仿作诸侯宫殿间的“周阁相属”（图10–1）。

图 10-1　阁道（在褒斜谷中）

（2）“复道”

复道是一种架设在空中的道路，因为“上下有道”才取了这个名称。秦始皇在关内外大治宫室，二十六年（公元前 221 年）“自雍门以东至泾渭，殿屋复道，周阁相属，所得诸侯美人、钟鼓以充入之”。三十五年（公元前 212 年）“为复道，自阿房渡渭，属之咸阳。以象天极阁道，绝汉抵营室也。……令咸阳之旁二百里内，宫观二百七十，复道、甬道相连。帷帐钟鼓美人充之，各案署不移徙”（《史记·秦始皇本纪》）。复道在以后的发展岁月里，还出现了两道分离的情况，如两座高层建筑间以平直的或拱形的空中廊道连接，甚至在上面建有亭阁，称之为“飞阁”“飞梁”“天桥”等（图 10-2）。

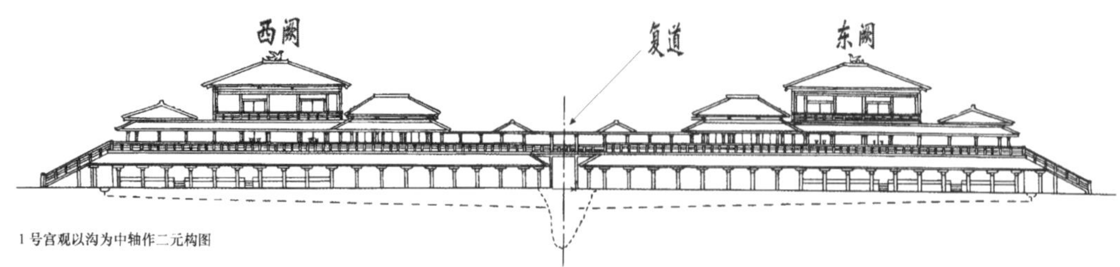

图 10-2　复道（冀阙南立面）

（3）“甬道”

甬道是一种两侧筑有屏障的地面道路。据《史记》裴骃《集解》引应劭的说法是“筑垣墙如街巷”，使遮护之外的人不能窥视内中的行动。秦始皇二十七年（公元前220年）“作甘泉前殿，筑甬道，自咸阳属之”，三十五年（公元前212年）“乃令咸阳之旁二百里内宫观二百七十，复道、甬道相连”（《史记·秦始皇本纪》）（图10–3）。在秦始皇陵园小城之西，有一条甬道，北通内城的北门。

三种形式的御道，各有特色。“阁道”设在地面，围绕各宫殿群落，供皇帝车马“周驰”，虽有护栏，犹如曲廊，人行道中，可小憩阁中，里外通明；“复道”则升空，只可上视下，里视外，属于半隐蔽的状态；而“甬道”却里外隔断，同前二者带有悠游性质的俨然有别，纯属急驱的秘密通道。也正因为出自“外人不见”的考虑，才往往有“复道、甬道相连”的情况。

图10–3　甬道（组图）

2. 南北大道

秦在渭河南建有兴乐宫，为便利与渭河北的政治中心交通，昭襄王在渭河上架设了

“渭水桥”。随后，河南宫殿建筑增多，政治中心有了向南转移的趋向，那么，桥两端原有的多条道路凝聚归一，自然就形成了一条秦咸阳的南北大道，也即是贯穿首都的纵向轴线。

南北大道有遗迹的存在。经过我等在 20 世纪 70 年代调查，渭河北岸当今窑店镇南东龙村东 150 米处，有一条深埋地下 1.4 米的南北向大道，路土厚 30 厘米，宽 50 米；同样，在渭河南岸，汉长安城横门外向北，有一条长 1250 米的古道路。很显然，渭河南北两条古道对直的中心段正是渭河桥。而这南北大道，就构成了跨越渭河的秦都咸阳大动脉。

（二）通天下的大道

秦始皇修筑驰道，“东穷燕齐，南尽吴楚，江湖之上，濒海之观毕至”。这只是从大的方面概括而言，实际上以首都为中心的大道通向四面八方（图 10–4）。

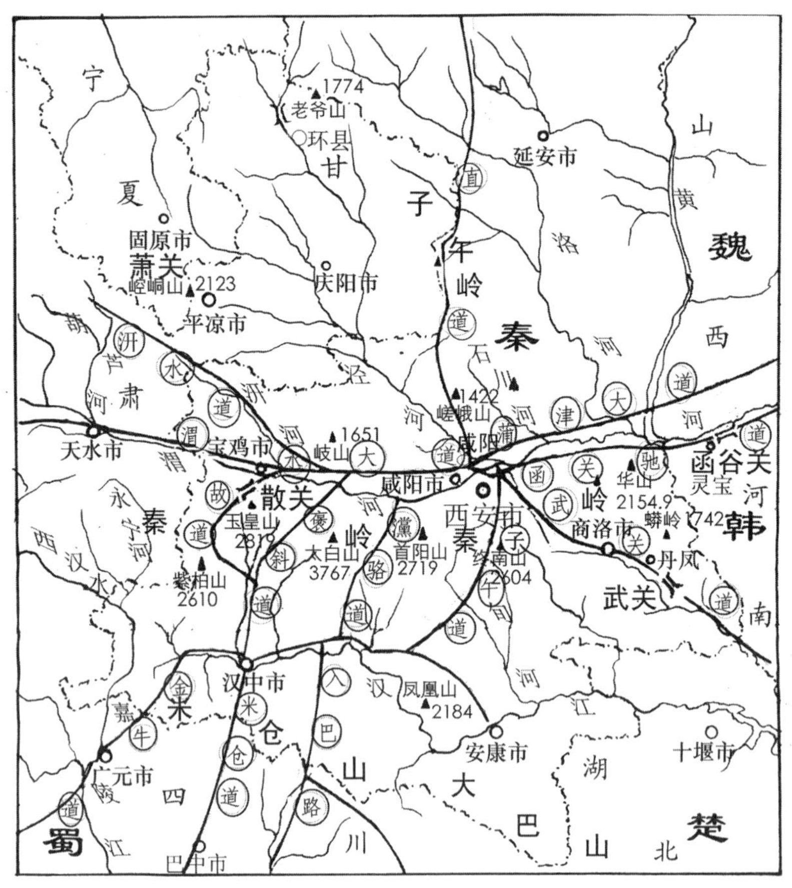

图 10–4　秦内史诸道示意图

1. 向西：有“渭水道”——由咸阳出发，经陈仓，沿渭水北岸西行，过“燔史关”（今陕西宝鸡市西凤阁岭），越陇山，抵达邽县治所（今甘肃天水市北道区）。进入狭长的河谷平地后，沿渭河西行可达陇西郡治狄道（甘肃临洮县）。

2. 向西北：有“泾水道”和“汧水道”——由首都咸阳西去北地、陇西两郡，主要是两条通路，一条是溯泾水而上至北地郡治义渠（今甘肃宁县西北）的“泾水道”；另一条是沿渭水北岸经旧都雍，再溯汧水抵达秦人的陇东故地的“汧水道”。

3. 向南：过秦岭有翻越秦岭的主要道路有“子午道”、“傥骆道”、“褒斜道”和“陈仓道（故道）”等四条。

子午道是一条由咸阳出发，正南入子午谷，翻越秦岭，到达汉水流域，分别往东通安康、西去汉中直至四川的道路。全程千余里（图 10–5）。

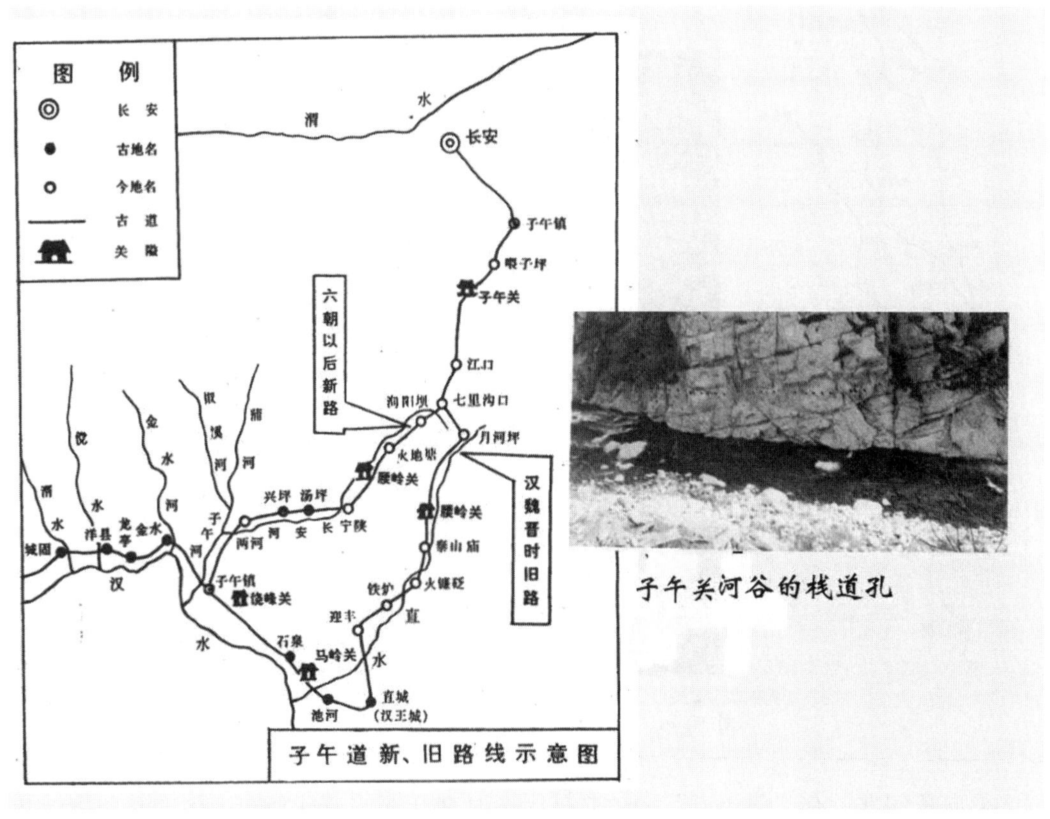

图 10–5　子午道路线

傥（灙）骆道由周至南过秦岭，直驱汉中，是关中去汉水最近的一条路。傥骆段长约 240 公里。

褒斜道北口在眉县西南，当斜水（今石头河）出山处的斜峪关。出山的南口在汉中市北褒城石门。全长约 250 公里。

陈仓道（故道）自陈仓故城（今宝鸡市东）西南行，渡渭河，溯清江河出散关（宋以后习称“大散关”，位于今宝鸡市西南秦岭正脊北坡），越秦岭，沿故道水（今嘉陵江上游）河谷西南行至今凤县，折向东南，过柴关岭，经留坝县，入褒河谷，与褒斜道南段重，抵达汉中。

由汉中盆地通往成都平原，翻越大巴山的有“金牛道（石牛道）”、“米仓道”（图 10–6）和“白水道”三条。

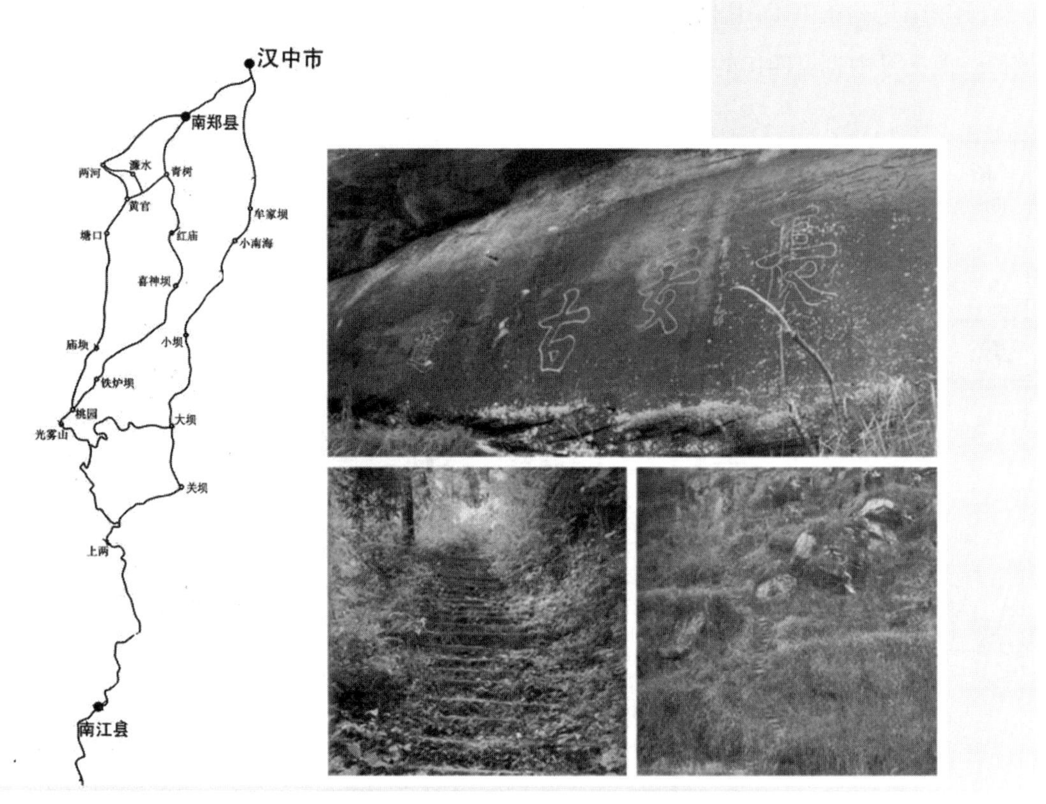

图 10–6　米仓道（多单位 2012 年考察）

4. 向东偏北：有“蒲津道”——这是周秦时期开辟的通往河东地区的一条交通干道。以首都咸阳为起点，东过泾河。东北走向，经高陵，抵栎阳故都。再向东过沮水，经下邽。越洛水，经临晋，东抵黄河，渡蒲津，达蒲坂，到达秦的河东郡、上党郡。这条道路对秦统一六国、汉征伐匈奴、隋唐抗御突厥，在促进经济、文化交流等方面，都起过重要的历史作用。

5. 向东：有“驰道”（即“函谷关大道）——这是从咸阳渭南新区通向东方的高速大道。秦始皇统一六国之后的第二年，就在丞相李斯的主持下，把原有的这条线路修成高标准、高速度的“驰道”。“道广五十步，三丈而树，厚筑其外，隐以金椎，树以青松”（《汉书·贾山传》），即路宽 69.3 米、路中心宽三丈（6.93 米）的一道名曰“中道”，专供皇帝车马驰驱的“驰道”。驰道修通，大大地加强了首都咸阳同东方各大经济都会及江湖滨海地区的联系，对促进中国文化的统一具有极大的积极作用。

6. 向东南：有“武关道”（“兰关道”“商於道”）——这条连接关中和东南地区的大道。从咸阳出发，向东过灞水，经蓝田县，登上素有“七盘十二綒”之称的七盘岭，过峣关，再上秦岭，过牧护关（又作“牧虎关”“模糊关”），顺丹江支流的七盘河、丹江，过秦武关（今商南县东南湘河附近[①]），进入今河南淅川县。经荆紫关、老城，到达韩之重镇宛城（今河南南阳市）和楚之荆襄地区。

（三）直道

秦始皇三十三年（公元前 214 年），派大将蒙恬“将三十万众，北逐戎狄（匈奴）收河南。筑长城，因地形，用制险塞，起临洮（今甘肃岷县），至辽东，延袤万余里”（《史记·蒙恬列传》）。

三十五年（公元前 212 年），又派蒙恬自九原抵甘泉，堑山堙谷，修建了一条长达一千八百里的国防大道。这条秦直道南段，是首都咸阳通今陕西淳化县北的秦林光宫、长 150 公里的驰道。而直道起点自秦林光宫向北，经旬邑、黄陵、富县、甘泉、志丹、安塞、靖边、横山、榆林、东胜、达拉特旗到达包头市的九原郡治，计经过 13 个县、市，全程直线距离约 700 公里。已发现路面遗迹宽 30 ~ 40 米，最宽处达 58 米（图 10–7）。

---

① 春秋时，秦为了向江汉流域扩展，曾联合晋国攻打丹、淅水之间的鄀国，而楚国认识到秦打通东南通道的企图，就立即出动申、胥之兵对抗。公元前 622 年，秦穆公终于消灭了鄀国，就使秦、楚两国疆域直接毗连。于是，战国时，秦针对征战夺地的形势，就在边界上设立了武关，其地当今陕西商南县南的湘河一带。六朝时，迁关到丹凤县稍偏东南 40 余公里的竹林关附近，这里扼丹江及其支流银花河的交汇处，是入汉江、下襄樊的水路，系交通要津。唐贞元七年（791 年），将武关又改移到今丹凤县东南 35 公里的武关街。

武关道在今丹凤县城以下一段，秦汉时与后来的线路稍有不同。这就是：陆路如前述，水路则一直沿丹江，过竹林关，向东，同武关河入丹江处陆路相接。唐时，路从武关街向东南，改经今商南县的试马寨、县城、富水镇，进入河南西峡县，经内乡、镇平两县，到达南阳市，同今 312 国道走向一致。

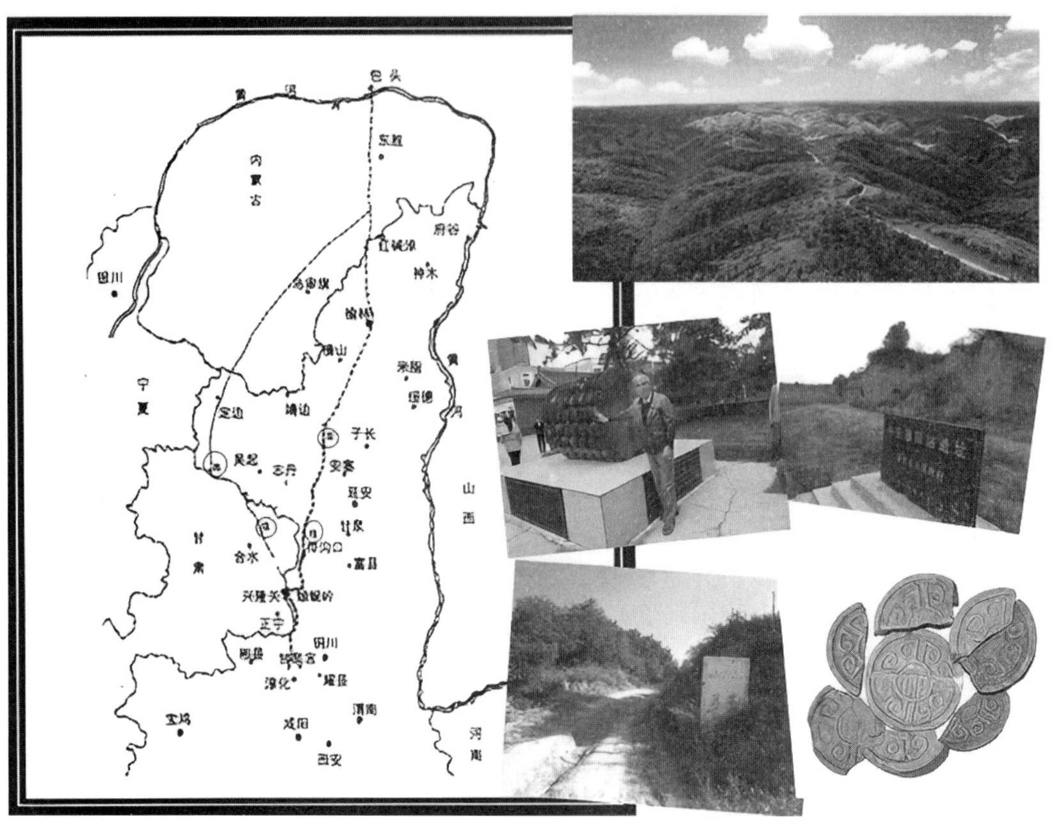

图 10-7　秦直道东西两条线路图

（四）首都的桥梁

1. 渭水桥：是“大咸阳”内最近、最直接又最神奇的一座多跨木梁柱桥。文献中有如下的记载：

“咸阳宫在渭北，兴乐宫在渭南，秦昭王通两宫之间，作渭桥，长三百八十步。”（《史记·孝文本纪》索隐引《三辅故事》）。

“秦造横桥，汉承秦制，广六丈三百八十步，置都水令以掌之，号为石柱桥”（《三辅黄图》）。

看来，在咸阳这段渭水河道上建桥始于秦昭王（公元前 306 年 ~ 前 251 年），秦始皇时（包括秦王时，公元前 246 年 ~ 前 210 年）只是作了增修与扩建。其规模之大，气势之雄伟，虽然时间经过了一千多年，唐诗人杜牧仍能发出“长桥卧波，未云何龙？复道行空，不霁何虹？高低冥迷，不知西东”的赞叹（《阿房宫赋》）。

鉴于横桥在本书第六篇有详细介绍，故于此从略（参见图 6-3）。

2012年以来，在汉长安城遗址北侧、渭河南岸发现有3组7座秦汉时期的木梁柱多跨的平桥。西席村北有5座桥，东西并列。向南1200米，正对汉长安城厨城门，故称之为“厨城门桥”（图10-8）。“一号桥”居中，东去220米是“三号桥”；一号桥西200米，是“二号桥”，再向西80米左右为“厨城门四号桥”；在二号和四号之间为“五号桥”。位于高庙村北对着汉长安城北墙的洛城门，称为“洛城门桥”。在草滩镇王家堡，还发现了一座古桥。

图10-8 厨城门外渭河桥在发掘中

2. 泾水桥（长夷泾桥）：由首都咸阳北去林光宫，须下长平阪，过泾水。修筑秦始皇陵墓所用的大石，采自北山，传有“运石甘泉口”之谣。北通九原的“直道”是首都通往北边的国防大道。这种频繁的往还，涉泾当自津要。除过船渡之外，必有桥梁。

图10-9 “长夷泾桥”印

《官印征存》收有“长夷泾桥”秦印一方，白文小篆，作

“田”字界格（图 10–9）。《说文解字》：“夷，平也。”那么，“长夷”当是“长平”，恰有地名“长平坂”。在秦都咸阳的原上北行，到望夷宫，临近泾水的南岸坡地，即是长平坂。经考古调查可知，望夷宫址在今泾阳县蒋刘乡余家堡。由此北下“泾水之南原”，大概就是泾水桥。

在泾水上架设桥梁，并置管理机构，正如渭水上横桥“有令丞各领徒一千五百人”（《三辅旧事》）一样。“长夷泾桥”印即专用于泾桥，同所有津渡、桥梁、关隘相似，都用专印，是秦“查验制度”的表现。

长平坂、眭城坂、临泾之地确是古今一条大道必经的津渡。今有地名仍叫“修石渡”，或说同修始皇陵采北山之石有关。

3. 灞桥

秦汉时期灞桥的位置，当在浐、灞两水交汇后的下端。据考，约在今西安市未央辖区东部的袁洛村东南与灞桥区段家庄西北之间的灞河上，即“浐灞生态区”的北部。在河东今有地名曰“桥梓口”或“桥子口”，我以为都是“桥之口”之误，这表明它是秦汉灞桥东口不远处的一处古老地名。

桥东 5 公里是魏晋的“霸城县”，向东南当是秦“霸宫”——“芷阳宫”、汉霸陵邑的所在；桥西则有秦子婴奉玺符降汉的“轵道亭”。正西“十三里”对的就是汉长安城的清明门（《史记·秦始皇本纪·集解》裴骃、《汉书·高帝纪》均引苏林语）。2002 年，在段家村西北的灞河东岸河床上，发现汉代的水上建筑遗存，除过木构件之外，还出土有汉代砖瓦、陶井圈、陶片、汉五铢钱、铜箭头、铁器等文物，在粗绳纹砖上有“亭”字陶文。

4. 沉河桥

沉河在汉长安城西南角，形成一段东西流向的弯道。有两座古桥位于西安市西北、建章路东、陇海铁路南、新皂河西岸。地处西安市未央区三桥街办弯子村东北约 200 米的地方，东距汉长安城西南角约 400 米。原来是架在东西流的沉河之上，相距 90 米。西安市文物保护考古研究所在 2005 年 8 月派员清理[①]（图 10–10）。

一号古桥遗址：清理面积 200 平方米，揭露出木桩 5 排，排距 4.2 ~ 5.7 米，木桩直径 0.3 ~ 0.56 米、高 0.3 ~ 2.5 米。出土陶器、铁器、石器、铜器及鹿角等 972 件，建筑构件有筒瓦、板瓦、脊瓦、瓦当、砖、排水管等 796 件。还有大量的“五铢”钱、

① 西安市文物保护考古研究院：《汉长安沉水古桥遗址发掘报告》，《考古学报》2012 年第 3 期。

铁工具等。由于不见“半两”钱，最晚为新莽时的“大泉五十”，因此判断此桥建于西汉武帝时，新莽以后废弃。

二号古桥遗址：在深约 7 米、宽 20 米的辅道沟槽内发现东西排列的木桩计 5 排 32 根。桩距 0.8 ～ 1.0 米，形状有圆形、三角形、三棱形。据分析，二号桥建造时间比一号桥更早，可能二号桥废毁后，在其东侧才开始建造一号桥。二号桥被火烧过，说明二号桥在不能使用的情况下才建一号桥。那么，二号桥的建造年代可能早到汉初或秦代。

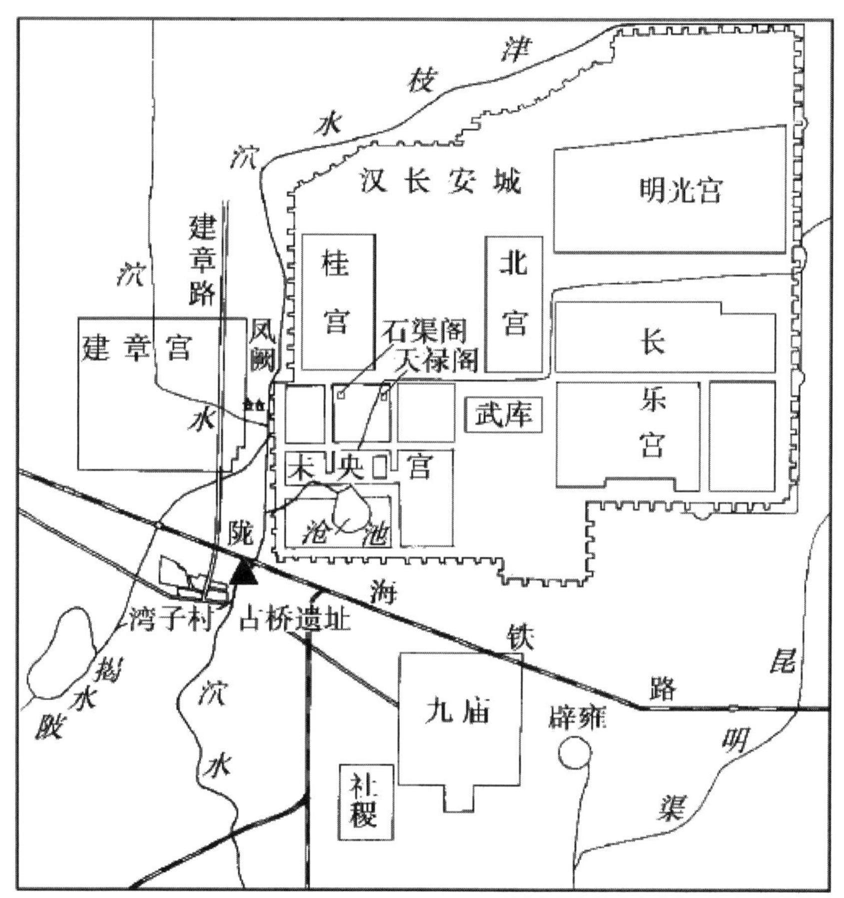

图 10-10　泬河桥位置示意图（王自力文）

这一段古河床宽度约 70 米，加上引桥，推测古桥的长度在百米以上。推算桥宽约 48 米以上，从大量的瓦片、瓦当看，一号桥上必定有建筑，有似于风雨桥。

两座木桥是跨越泬水的南北向大桥，位于汉长安城西南角城垣以西约 400 米，应是从秦都咸阳渭南新区、为进入上林苑而建。

5. 沣河桥

1986 年元月，咸阳秦都区钓台镇王道村农民淘沙时，先后发现两座大型的木桥建筑遗存。经考古发掘清理知，桥址西距渭河 3 公里、北距渭河 6.5 公里，地当资村西南、西屯正北的沙河古道上。一号桥在西，二号桥在东，间距 300 米[①]。

一号桥北偏西 5 度，残长 70 米，宽 16 米，存有木桥桩 16 排，每排间距 6 ~ 6.7 米，计 143 根。桥桩高 2 米左右，直径为 40 厘米。桥桩上端残缺不全，有火烧痕迹，桥面已不复存在。在桥南端最末一排桥桩内外，还发现了 8 块巨型铁板，最大的约 700 厘米 ×110 厘米 ×7 厘米，重约 4 吨。（图 10–11）

叶状铜饰件

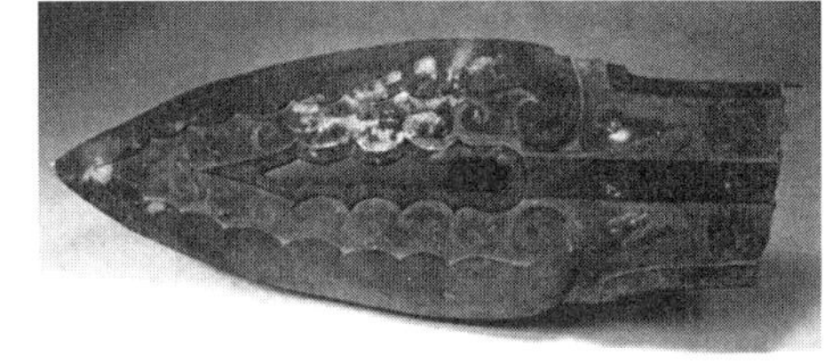

图 10–11　沣河桥遗址与构件

二号桥北偏东 30 度，残长 40 米，宽 20 米，发现木桥桩 5 排，排间距 8.4 米左右，计 41 根，高约 2 ~ 3 米，直径 30 ~ 40 厘米。还发现方形大桥梁一根，长 6.54 米，榫卯俱在。

① 段清波:《咸阳沙河汉唐木桥》,《中国考古学年鉴·1990》, 文物出版社, 1991 年; 陕西省考古研究院:《西渭桥遗址》,《考古与文物》1992 年第 2 期。

发掘清理中，在桥址附近还出土有秦汉时期的铜器、铁器、砖瓦等文物100件。出土文物中砖瓦数量最多，地面上随处可见。其中时代最早的是变形夔纹瓦当、五角水道、素面半瓦当、绳纹筒瓦、板瓦等，特别是在一号桥南30米处发现一件大型铜饰件，外形呈叶状，长116厘米、宽43厘米、厚3.3厘米，重32.5公斤，两面都铸有精美的花纹。一面为简化夔纹，另一面由细线、连珠构成连弧纹、三角形几何纹、云龙纹图案，是一件典型的战国末期秦建筑构件。

根据碳–14测定一号桥距今约为2140±70年，结合桥桩周围伴出的秦汉筒瓦、板瓦、云纹瓦当及建筑构件，可以断定其建造于战国末期，使用在秦汉时代，可能毁于西汉末年；二号桥的时代当在西汉时期。

沣河桥是秦汉时期首都咸阳和长安跨渡沣水南去上林苑，西向长杨宫、五柞宫、黄山宫及巴蜀等地的古沣河桥遗址。

十一、帝王陵寝正式列入城市规划中

古代都城附近都有聚族而葬的墓地。从早商开始，君主墓葬改变了“葬之中野，不封不树”（《易·系辞下》）的“散葬”状态，一般建造在都城的范围之内，甚或就在宫殿附近。这种状态，我称之为“王陵居都”。它一直也被春秋战国时期的诸侯国所仿效。不论是把陵墓安排在城内或是在城外，或是二者兼有，但都表明了墓地作为城市的主要组成部分，是被纳入到城建的总体规划之中的。因此，在谈论城市布局时就不能把墓葬区排挤在外。

秦人也不例外，但所不同的是他们把陵墓无一例外地都安排在了近郊，并不放入城内。君主陵墓同宫殿区、手工业作坊区、商业区、居民区严格分离，绝不混杂。我称之为“王陵邻都”。它应是秦都城在布局上的一个显著特点[①]。

秦自襄公“始国”以来，经历560余年，随着都城的迁移、秦君称号由“公”而“王”再到“帝”的变迁，先后建造了“平阳墓区”“雍都墓区”“栎阳二陵”“毕陌陵区”“东陵（芷阳）陵区”“秦始皇陵园”等六大茔域，从而形成一个相当完备而又“自成序列的陵墓发展体系”。

秦都咸阳在秦陵园葬制史上，具有极为重要的地位。在此之前，秦处在一个自强扩展的时期，尽管襄公、文公父子已在关中建功立业，但死后却要埋到秦人发源地又有先祖宗庙的西犬丘，葬入“西垂墓地”（今甘肃礼县一带）去。只有武公、德公、宣公和成公四位君主，把自己的尸骨葬在了平阳都城附近。雍城立都294年，主政的秦君自德公开始只有19位，这是秦人在事业与制度上奠基的一个重要时期。在今陕西凤翔县尹家务至宝鸡县阳平的雍岭塬上，探知的14座分墓园内，实际上埋葬着自穆公至出公（出子）等17位秦君[②]。秦孝公迁都咸阳以后，秦国处在一个向外开拓的时期，先后在都城

---

① 王学理：《从“陵墓近都”到“自成茔域”——国君陵墓同都城关系探索之一》，载《王学理秦汉考古文选》，三秦出版社，2008年。

② 王学理：《秦君葬地蠡测——君王陵墓同都城关系探索之二》，载《王学理秦汉考古文选》，三秦出版社，2008年。

范围出现了“毕陌”“东陵（芷阳）”和“丽山”三个陵墓区，显然是与国都发展同步发生的，故而形成一个新的格局。

（一）咸阳最早规划的秦王茔域：毕陌陵区

1. 公陵（Ⅱ号[①]）：墓主是秦惠文王和王后魏夫人

《秦纪》：“惠文王享国二十七年，葬公陵。”《正义》引《括地志》时说：“秦惠文王陵在雍州咸阳县西北一十四里”，“秦悼武王陵在雍州咸阳县西十里”。这是以唐咸阳县治（今咸阳市东五里）为基点，从方向和距离上，揭示出“公陵”远、“永陵”近的事实。（图 11-1）

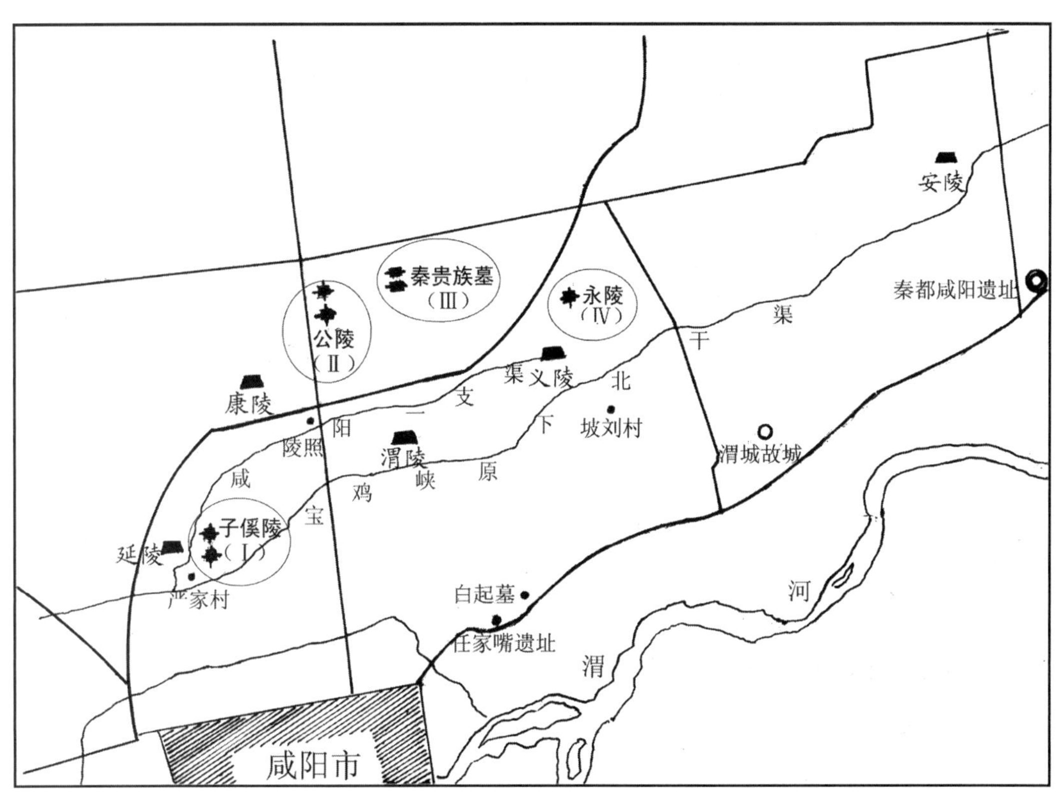

图 11-1　公陵在毕陌的位置示意图

秦惠文王的公陵陵园，位于今咸阳市周陵镇北。陵园有内外两道围墙，外城有兆沟环绕，内城内有南北并列的两个陵冢。镇政府即压在南兆沟上，周陵中学占据陵园南端，其北墙即压在南陵的南墓道之上。

陵园平面呈长方形，有内外两重墙垣，外设围沟。外陵园夯墙南北长 833 米、东西

① 根据钻探者的编号，见刘卫鹏、岳起：《咸阳塬上“秦陵”的发现与确认》，《文物》2008 年第 4 期。

宽 528 米。外围墙四面辟门，正对南陵；陵园内城南北长 422 米、东西宽 236.5 米。有 6 门，其中东西各 2 门，分别对着南北二陵；南北二门的连线使得两陵、外城门、兆沟都处在陵园的中轴线上。（图 11–2）

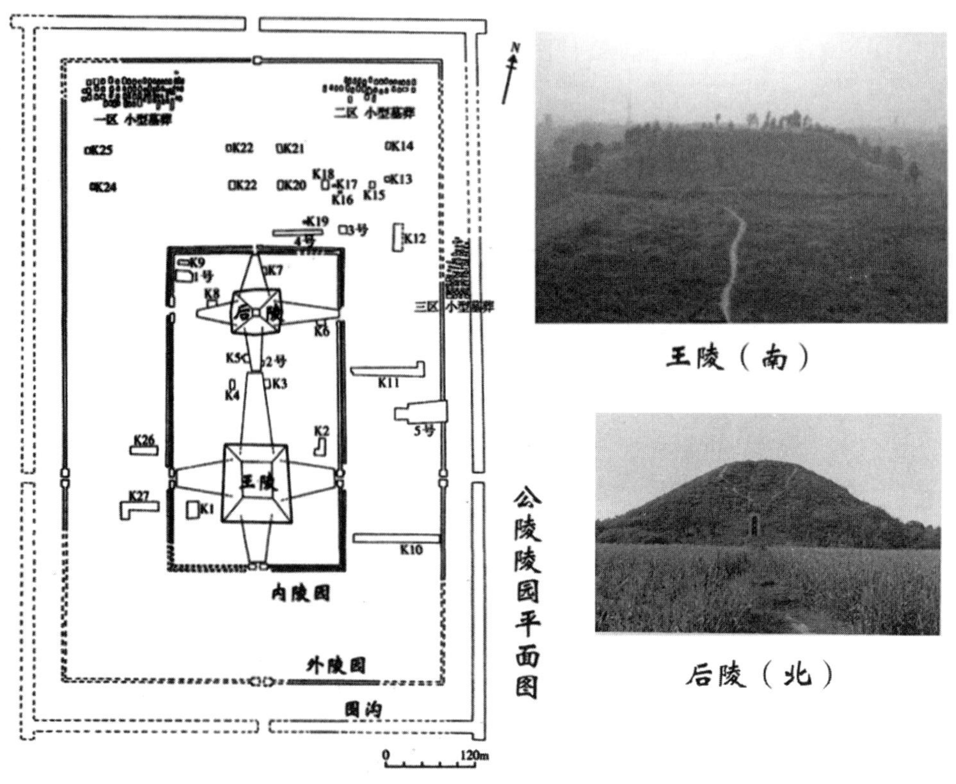

图 11–2　秦惠文王公陵陵园

内城有南北并列的两座封土堆，间距 146 米。

南陵是惠文王陵，呈四棱台体（考古俗称“覆斗形”），底边长是 90 米 ×103.7 米、顶部边长是：43 米 ×48.1 米。陵冢现存高度 14 米。墓圹呈“亚”字形，其中北墓道最长，南北 97 米、南端最深 18.4 米。

北陵是后陵，但封土不太规则，据测绘仍是四棱台体。底边长是：55.5 米 ×65.4 米；顶部边长是：9.5 米 ×10 米。陵冢现存高度 17.5 米。墓圹呈“亚”字形，其中东墓道最长，东西 79 米、西端最深 18.5 米。

陵园内的地面原来有 5 处建筑，其中分布在内城的 2 处、外城与内城之间的 3 处。地下的丛藏坑，已探测出 27 座，其中在内城的有 9 座，多分布在北陵周围；18 座分布在外城和内城之间，集中在内城外的北部和两侧。

陪葬墓有 168 座。

2. 永陵（Ⅳ号）：《秦纪》："悼武王享国四年，葬永陵"。

《皇览》："秦武王冢在扶风安陵县西北毕陌中"（《史记·秦本纪》集解引）。《后汉书·郡国志》注：安陵"县西北毕陌，秦武王冢"。而且《括地志》说"秦惠文王陵在雍州咸阳县西北一十四里"，"秦悼武王陵在雍州咸阳县西十里"，很具体。这说明秦悼武王陵在秦惠文王陵之东，相距唐四里（合今 1663.2 米），同在"毕陌"中。《汉书·哀帝纪》：建平二年（公元前 5 年）七月，"以渭城西北原上永陵亭部为初陵"。汉之"永陵亭部"系沿用秦悼武王永陵名而设，汉渭城县治在今咸阳市东北 17 里的渭城湾。据知，西汉哀帝义陵位于今咸阳北塬上底张湾乡南贺村东南，显然这里即是汉"永陵亭部"之地，义陵就建在此亭部管辖的地区。

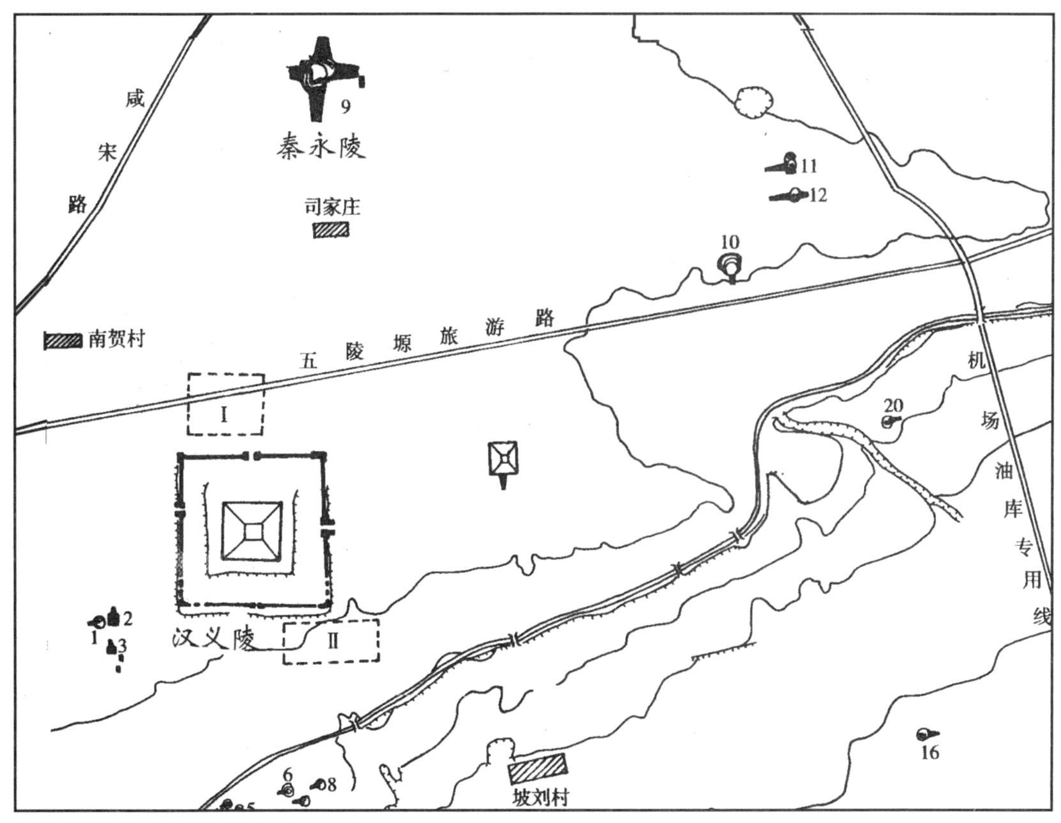

图 11-3　秦永陵与汉义陵平面位置图

经钻探，永陵在今咸阳北塬上底张湾乡司家庄之北，封土作覆斗形，底边东西长 80

米，南北宽 63 米，高 13.4 米。探出有四条墓道，东、南、北三条墓道各长 60 米。东墓道小段南侧有一长 11 米、宽 5 米的丛葬坑[①]。（图 11–3）

秦悼武王“取魏女为后，无子”，他死后发生“诸弟争立”的内乱。王后并没有参与，但却带有一定的倾向性。所以，昭王当政后没有严惩，而是令“逐武王后出之魏”（《史记·穰侯列传》），让她回归娘家——魏国去。所以，在永陵没有武王后的合葬，正同探测的情况吻合。

3. 废太子子傒陵（Ⅰ号陵园）

子傒陵位于咸阳市渭城区周陵镇严家沟村北，当西汉成帝延陵东北。陵园外有围沟，陵园南半部中心有南北并列的两座“亚”字形大墓，间距 160 米。在东北部另有“中”字形陪葬墓一座（图 11–4）。

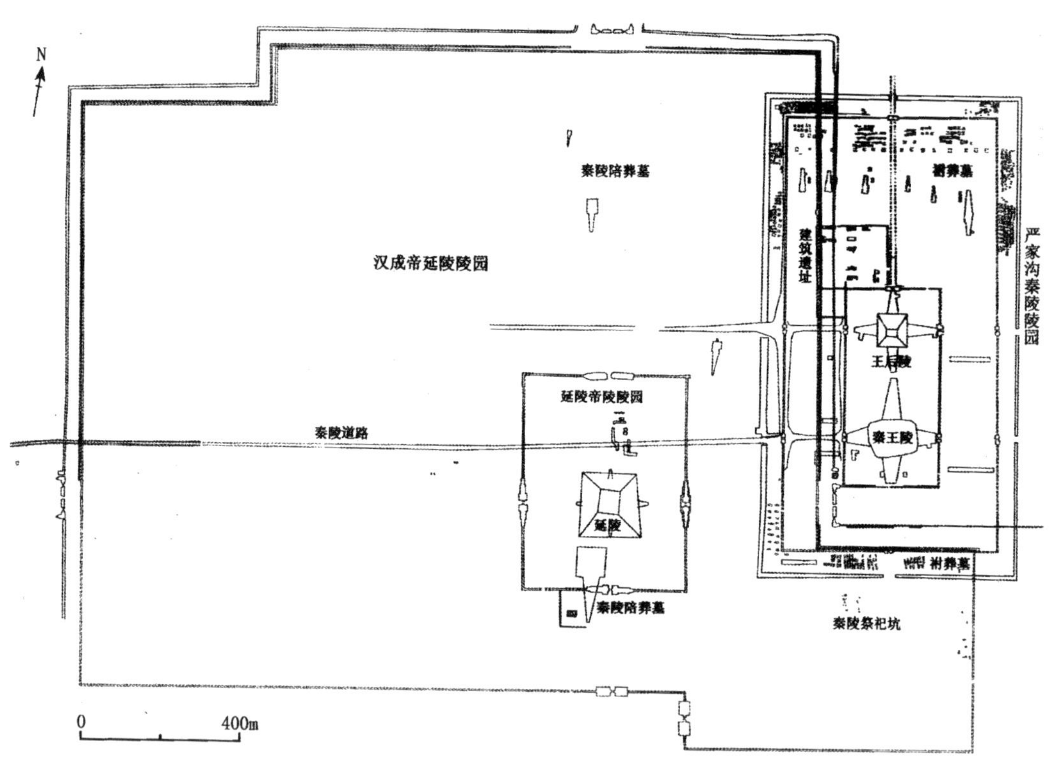

图 11–4　秦子傒陵园位置图（《考古与文物》2021 年 1 月）

子傒是孝文王的长子，曾被立为太子。但是，吕不韦同华阳夫人串通，使孝文王废子傒而改立了他的异母弟子楚（异人）为太子（《战国策·秦策五》）。死后葬在预修

① 咸阳市文物考古研究所：《西汉帝陵钻探调查报告》，文物出版社，2010 年。

的陵墓里[①]。

（二）新辟的秦王葬地：芷阳陵区

随秦国力增强、都城地域向渭河南岸扩展，昭王重新调整咸阳城建规划，于是放弃了“毕陌陵区”，重新开辟了一处秦王宗室的茔域。这个新的王陵区设在秦的芷阳县地，故名“芷阳陵区”（也称“东陵陵区”）（图 11–5）。

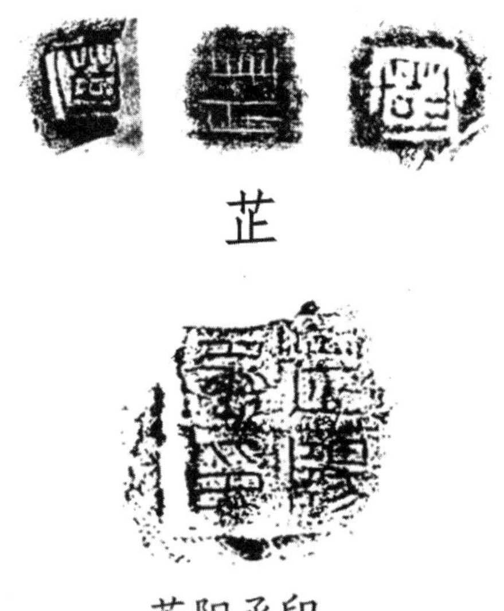

图 11–5　芷字与芷阳丞印

在临潼区斜口街道办韩峪一带的骊山西麓发现一处较为集中的墓地，西近韩峪，东到三家坡，北及武家堡北 100 米，南至马斜村南，总面积约在 150 万平方米（合 2250 亩），这就是秦的东陵。在该墓区探出了 4 座独立的陵园，以较大的一号陵园为中心，二号在东北，三号在西北，四号在西南。有些陵冢至今犹存。4 座陵园内共探测出“亚”字形大墓 3 座、“中”字形大墓 3 座、“甲”字形大墓 8 座、陪葬墓区 4 处、从葬坑 35 个。每座陵园原来都有人工兆沟围护，并有陵园建筑及其设施[②]（图 11–6）。

---

① 元老重臣杜仓看到 53 岁登基的孝文王已到了垂暮之年，王后无子。在 20 多个子嗣中，只有长子子傒才有可继承王位的资格。大概也因为秦国有“诸弟争立”的教训，这使他意识到必须主动争取合法权。于是，按照秦国生前营造寿陵的习惯，就给太子在先王陵地——“毕陌陵区”规划陵园，也是“辅之”的一个主要内容。把杜仓和子傒作为异人的对手，商人吕不韦看得很清楚。当他劝说阳泉君时，就明确地表示了“争位固宠”的认识。至于庄襄王登上秦王的宝座之后，承认营陵的既成事实，失意的子傒归葬咸阳原也就顺理成章。

② 陕西省考古研究所、临潼县文管会：《秦东陵第一号陵园勘查记》，《考古与文物》1987 年第 4 期。第二号陵园材料刊 1990 年第 4 期，第四号刊 1993 年第 3 期，又《秦东陵考察述略》（内刊）。

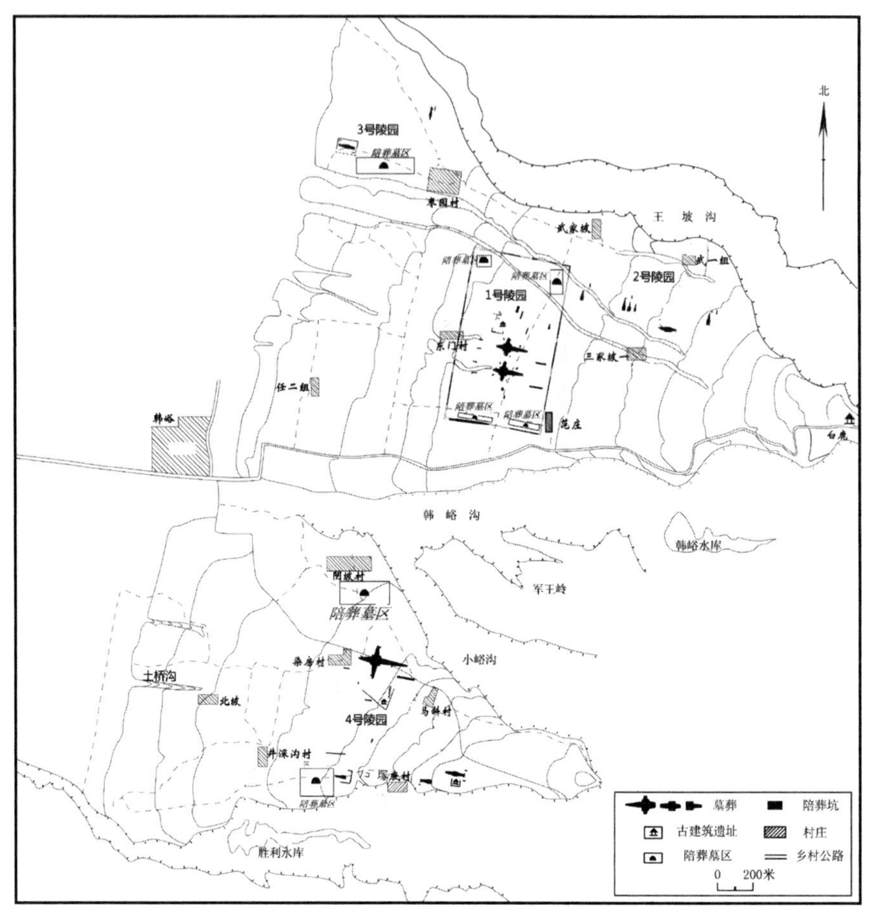

图 11-6 秦东陵探测平面图

一号陵园：南北长 1180 米，东西宽 695 米，总面积 82.423 万平方米。陵园中部偏南有结构相似、规格略同的“亚”字形主墓两座（ZM1、ZM2），南北并列。南北两侧及东部有地面建筑遗址 11 处、小型陪葬墓 161 座、丛葬坑 14 座[①]。（图 11–7）

① 2010 年 10 月 20 日，秦东陵一号陵园南侧“亚”字形大墓被盗。11 月，经西安市公安局刑侦二处立案侦查，追回了部分被盗文物，即：“八年造”漆木高足豆 1 件、“大官”铭漆木高足豆座 3 件、长 48 厘米的螭龙纹竹筒（造型同竹筒）7 件。根据勘查，该墓墓室为方木砌筑的黄肠题凑结构，保存状况较佳，这些保存程度完好的漆木器在我国北方地区实属罕见。追缴回来的 3 件漆器中，一件漆器上有“八年相邦、八年丞相”及“太官”字样，可以确定一号陵园当为秦昭襄王陵园所在。
从漆豆铭文可以看出，在战国晚期的秦国，“相邦”与“丞相”为两个官职；同时这些漆文不但证明“战国四公子”之一的孟尝君到秦国任相，还订正了《史记·秦本纪》中关于孟尝君（薛君）相秦的时间记载。《史记·秦本纪》中记载孟尝君于昭王九年相秦，但在同书的《六国年表》及《孟尝君列传》中均记为昭王八年。那么，漆豆铭文可证《秦本纪》记载有误，“九年，孟尝君薛文来相秦”应为（昭襄王）八年。
高柄漆豆髹黑漆，红彩云纹图案，盘直径 16.7 厘米，座径 14.6 厘米，通高 28.6 厘米。盘底内凹，两侧针刻极细的铭文，分别是“八年相邦薛君造，雍工币（师）效，工大人申”“八年丞相殳造，雍工师效，工大人申”。同出的残豆上还有“大官”的烙印文字。

图 11-7　东陵 1 号陵园测绘平面图（王改绘）

二号陵园：位于一号陵园东北 1500 米的范家村北。共发现与陵园相关的“中”字形墓葬1座、“甲”字形墓葬5座、丛葬坑9座、小型墓葬17座、壕沟1段。其中的“中”字形大墓（ZM1），东西通长 77.4 米，地面封土残高 7 米。

三号陵园：东南距一号陵园 1500 米。发现“中”字形墓葬 2 座，丛葬坑 6 座，围绕其中一座“中”字形 ZM1 的壕沟 1 处，小型墓葬 106 座。在陵园的西南部，有一东西通长103米的“中”字形大墓一座（ZM1），封土残高3.8米，西墓道北侧有2座从葬坑，东墓道南侧有1座从葬坑；围绕ZM1有东西长方形的围沟，经复原，围沟东西长117米、南北宽85米，深0.3~2.5米。东北部一座“中”字形墓葬为南北向（ZM2），通长79.6米。陪葬墓区则分布在陵园的西南部和东北部，已发现墓葬106座。

四号陵园：此陵园位于小峪河南岸，地处又一山前冲积扇上，陵园四周仍是人工沟和天然沟结合的兆沟，陵园内有“亚”字形大墓一座（ZM1）、中字形大墓一座（M130）、“甲”字形大墓三座（M9、M125、M128），地面建筑遗存3处。主墓（ZM1）坐西朝东，处陵园内北部，墓室宏大（55米×55米），具有带耳室的四出斜坡墓道。其南侧的两座“甲”字形墓坐东朝西成行，前后相间约500米，地面仍有封土残留。

秦东陵墓主表

陵　名	夫妻合葬者	陵园编号	墓号与墓主	园内方位与现址
芷陵	昭襄王与唐太后	Ⅰ号陵园	ZM1（“亚”）：王	北：范庄西北
			ZM2（“亚”）：后	南：范庄西
寿陵	孝文王与华阳太后	Ⅴ号陵园	M11：后	北：向阳公司家属院
			M12：王	南：庆华厂内
阳陵	庄襄王与帝太后	Ⅳ号陵园	“亚”墓：王	北：马斜村西
			M130：后妃	南：井深沟、冢底村
宣太后墓	宣太后	Ⅲ号陵园	ZM6（“中”字形）	西：武家沟北
悼太子墓	悼太子	Ⅱ号陵园	ZM3（“中”字形）	东：武家坡东

（三）特辟的帝陵陵区：丽山园

秦始皇帝的陵园，位于今陕西西安市临潼区东5公里的骊山北麓。这里处在山地与渭河南岸三级阶地之间的台原上，突兀于苍穹间的高大陵冢有如一座孤峰，坐落于带状的山前冲积扇群之中，雄伟奇谲中又有几分袅娜的秀姿。渭川流过关中盆地的平畴沃野，如带似练的一条驰道横枕渭河南岸，西去省会西安不过35公里，东出潼关连接着中原大地。山水形胜、交通方便，居高临下，“千古一帝”的至尊地位在这陵墓地望上也同样得到了充分的展现。

《史记·秦始皇本纪》载：“始皇初即位，穿治郦山，及并天下，天下徙送诣七十万人，穿三泉，下铜而致椁。”《汉旧仪》说秦始皇“使丞相李斯将天下刑人徒隶七十二万人作陵。凿以章程，三十七岁……”这两段经典性的文献材料告示给我们的是，始皇陵墓工程经过了前后两大阶段，即：秦始皇13岁初即秦王位不久，就开始了陵墓工程；削平割据一方的诸侯之后，倾全国之力扩大规模修建陵墓。前后动用72万人，经过37年多时间，终于建成中国历史上第一座罕有其匹的皇帝陵墓。

1. 丽山园——秦始皇陵园

陵园有内外两重城墙，形成一个南北长的“回”字形。外城墙的西墙南北长 2188.378 米、南墙长 976.186 米，周长 6321.59 米，占地 203.51 万平方米；内墙南北长 1355 米，东西宽 580 米，周长 3870 米，占地 78.59 平方米，占大城面积的 38.62%。另外，在内城的东北角，借其一段东、北两墙，别筑一个南北长 670 米、东西宽 330 米、周长 2000 米的小城，占地 22.935 万平方米，又占内城面积的 29.18%。城四角原来筑有角楼。

外城墙基部厚 7.2 米，内城墙基厚 8.3 米，说明内城高于外城。我据《九章算术》有关墙的一道命题推算出外城顶宽 3.6 米，高 9 米；内城顶宽 4.15 米，高 10.375 米。

陵园三城，计开 10 门。门上原来建有门楼，定时启闭，定是一派庄严非凡的气势。

在陵园四门外，原来有着宽阔笔直的司马道的。在遗迹残断的情况下，可见北门大道为最好，南北笔直，长达 2200 多米，其中塬坡上的一段路基宽可 60 ~ 80 米。两侧多有板瓦、筒瓦、瓦当、条砖、空心砖、陶水道等建筑遗物。《史记·秦始皇本纪》有“自极庙道通郦山”的记载，唐诗人杜牧也留下“骊山北构而西折，直走咸阳”的佳句（《阿房宫赋》），足以说明北门大道不只是首都咸阳通往骊山陵墓最便捷的主干道——神道，而且还预示着陵墓坐南面北的可能性（图 11–8）。

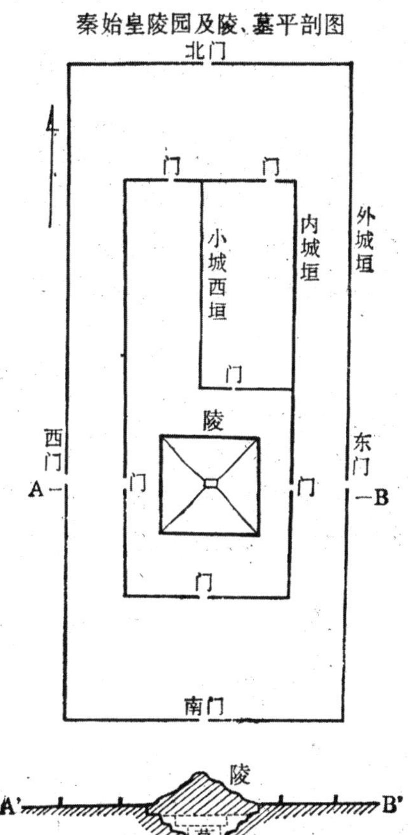

图 11–8　从秦始皇陵园城制图

2. 陵墓

秦始皇陵墓位于陵园内外两重城间的南半部中心，处于东、西、南六门正方向的交叉点上。方中距外城北垣 1380 米，距南垣 720 米。

（1）陵冢：《汉书·楚元王传》载有刘向的话：“秦始皇葬于骊山之阿，下锢三泉，上崇三坟，其高五十余丈，周回五里有余。”如按他给的这个数据折算，坟高就是 116 米，底边周长为 2087.65 米。实际上，现存封土实高只有 51.668 米，底边南北长 350 米、东西宽 345 米，周长合 1390 米。（图 11–9）

图 11–9　秦始皇陵

陵貌有变化，古今显不同。时经两千二百年，由于风雨剥蚀、水土流失，加之樵牧不禁，致使丘垄残毁，高度有所降低，在所难免。但绝不可能一半多土不翼而飞，我以为古代辗转传抄中把坟高“三十丈”误为“五十丈”。那么，原来高 69.6 米在 2000 年间只降低了将近 18 米[①]！陵冢降低、封土周长也因人为的和自然的“剥蚀”，以致使陵

① 笔者在写《秦始皇陵研究》一书时，对始皇陵的高度列了一张统计表，第一次把历史给予的尺码作了换算（《汉书·楚元王传》为 116 米；《史记·秦始皇本纪集解》引《皇览》、《太平御览》引《皇览》为 120.5 米；《水经注》为 14.5 米；《两京道里记》为 347.2 米；《太平御览》为 154.5 米），并辑录出近人测量的数据（足立喜六《长安史迹考》为 76 米；维克多·萨加伦为 45.72 米；省文管会 1962 年测为 43 米；《文物》1975 年，用足立善六数据；北京大学《战国秦汉考古》为 71 米；秦陵保管所 1982 年测为 55.05 米），指出古人之误与今人测点的不同。
笔者以为既是说“陵高”，必然是从原地面上的基部起算。因此，笔者据航测的海拔高程给出的数据是 51.668 米。之所以出现陵冢现高与记载原高的差距，很可能是“坟高三十丈”在传抄中把“三”因形似而误成“五”。如果原来是“三十丈”，则折合为 69.6 米。那么，经过两千多年，实际上只降低了 18 米！
有意思的是，在我引申出这一题目之后，随后的研究者就陵高问题竟出现几种说法。一种是沿着我的“抄误法”思路，却把坟高“五十丈”换成“十五丈”。看来，这种误法古人是少有发生的，只能是想“自成一家”的猜谜；
另一种说“五十丈”的测点在外城的北门附近，所测出的才符合 116 米。竟然还冒出来多种高度的表示法，即在不同地点就拿不同的高度说“高”。可见这种说法也不成立。
还有学者提出“《汉书》所记‘五十余丈’很可能是陵墓封土的设计高度”（陕西省考古研究院等《秦始皇帝陵园考古报告（2000）》显示），这也很难使人信服。因为第一，陵墓的设计者大概不会做这不科学又无力办到的设计；第二，刘向举例在于说明始皇之奢导致败亡的教训，如果用前朝的“设想”那还有什么说服力呢？因而此论仍不能成立。

基向内缩进了 3.70 ~ 82.5 米！

（2）地宫：秦始皇陵的封土覆盖着地下的墓室，因其恢宏富丽有如地下的宫殿，人们就称之为“地宫”。

有关始皇陵墓内的设施，在古文献记载中往往有着绘声绘色而引人入胜的描述。《史记·秦始皇本纪》作如是记载：

始皇初即位，穿治郦山。及并天下，天下徒送诣七十余万人。穿三泉，下铜而致椁，宫观百官奇器珍怪，徙臧满之。令匠作机弩矢，有所穿近者，辄射之。以水银为百川、江河、大海，机相灌输。上具天文，下具地理。以人鱼膏为烛，度不灭者久之。

汉人刘向、贾山都有近似的说法。《三辅故事》《三秦记》则带有趣味化的倾向。到了王嘉的《拾遗记》就演变得具有神奇的色彩，说什么：“昔始皇为冢，敛天下瑰异。生殉工人，倾远方奇宝于冢中，为江海川渎及列山岳之形。以沙棠沉檀为舟楫，金银为凫雁，以琉璃杂宝为龟鱼。又于海中作玉象鲸鱼，衔火珠为星，以代膏烛，光出墓中，精灵之伟也。”

始皇陵地宫结构的主体实际是一座超大型、很深的、由多级台阶组成口大底小的竖穴方坑。施工程序是：先在平地起坑，作为墓圹的外口（即《汉书》中一再提到的“方中”）。在下掘一定深度，再内缩一段距离，就砌筑一道宫城（即“方城”）。在方城之内，再缩一段距离，便向下深挖椁室（即“明中”，也称“玄宫”）。测知的方中南北长 515 米、东西宽 485 米；方城南北长 460 米，东西宽 392 米；明中的上口未知，但“强汞区”显示的底部是东西长 160 米、南北宽 120 米。但因为有“汞晕”的关系，上口与下底同这数据一定有出入；方城是由绳纹砖坯砌垒的，墙体宽 3.5 ~ 4 米，现存高度 3 ~ 4 米，上距地表 4 ~ 8 米。宫城北墙有两处缺口，一在西北隅向东 75 米处、宽 8 米，上有棚木盖顶，是由地面通地宫的斜坡道；一在前一缺口之东 95 米处，宽 18 米，与北侧御府坑相通。放置棺椁的明中，从口到底估计是由 6 个或 9 个回廊式的台阶组成。换言之，椁室由这几层从大到小的斗状空间叠次深入地下，在环周的收分平台上，另有建筑，可能是宫观与百官座次。[①]

从当时地面进入地宫，是在陵墓的四个方向由斜坡墓道穿过方城下行的。墓道穿过方城的四门，原来安装有道道墓门。据文献记载，起码包括了“中羡门”“外羡门”。探测的东墓道有 5 条，中间的一条长达 60 米，近墓端宽 20 米、远端 13 米。北墓道总出口即是方城北墙两端的缺口。（图 11-10）

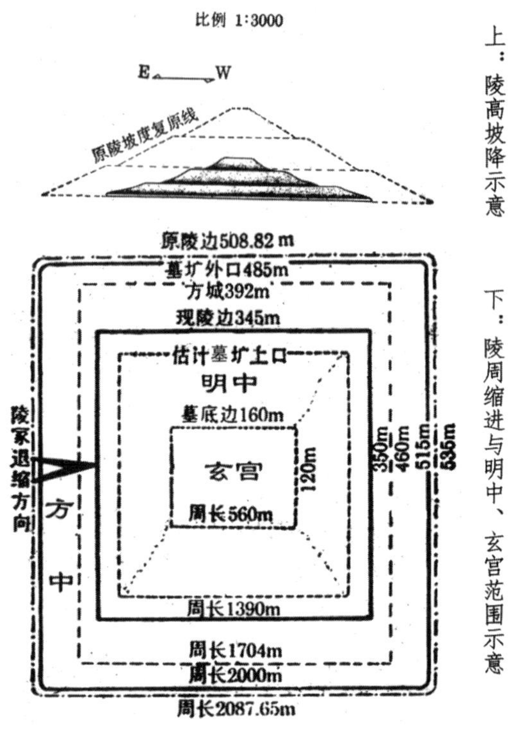

图 11-10　秦始皇陵墓范围及其变化示意图（王学理绘）

除过主椁室，还有多个侧室与之相通。《汉旧仪》载：丞相李斯将郦山徒作陵，“深极不可入。奏之曰：‘丞相斯昧死言：臣所将隶徒七十二万人治郦山者，已深已极，凿之不入，烧之不然。叩之空空，如下天状’。制曰：‘凿之不入，烧之不然，其旁行三百丈乃至’。”这“深极不可入”和“旁行三百丈”绝不会发生在张口向天的墓圹（“方中”和“明中”），必然是在平行、斜行或曲行的隧道中。那么，指的一定是侧室。而这只有在山前洪积扇的地质地带才可能发生大石挡路的情况。由此可以断定，始皇陵墓中的侧室，一定在陵南的方向。民间传说秦始皇埋在陵南的骊山之下，似乎也折射出侧室方向的影子。“三百丈”合今 693 米，结构应作成拱顶的，弯弯曲曲，从而营造出一个“中成观游”的地下环境。

秦始皇墓内（主要是“明中”）规模宏大、结构复杂、设置奇特、随葬多样，是难

① 关于地宫情况，《秦始皇陵园考古报告（2001 ~ 2003）》中提到用物理探测取得的数据是：开挖范围主体约东西长 170 米、南北宽 145 米；封土堆下有一周细夯土墙，东西长约（外沿）145 米、南北宽约（外沿）125 米、高 30 余米；在细夯土墙之下，是一周石质宫墙，东西长 145 米、南北宽 125 米。细夯土墙与石质宫墙位置、范围基本一致，高 30 余米；墓室东西长约 80 米、南北宽 50 米，高 15 米左右。上述测定与前秦俑考古队在 1979 ~ 1981 年钻探的数据，大相径庭，而且其复原的结构令人疑窦丛生。封土大、墓室小之间的矛盾未作解释；细夯土墙与石质宫墙叠加，高约 60 米，墙内壁立陡峭，有何作用？即以探知的东西墓道而言，穿过围墙，使围墙变成［］形，那墙外是什么形态？如果按“细夯土墙的外侧均为渐次收缩的台阶状，各为九级……台阶上发现了筒瓦、板瓦遗物”，可见“细夯土墙”并不是“墙”，“石质宫墙”也不是“墙”……鉴于什么重力异常、弹性波法反异常、磁异常、高电阻异常等地球物理方法，还没有取得考古验证的情况下，目前结论还缺乏合理的解释，因此本书对其成果还不能轻易采信。

以想象的。我同省地矿研究所合作物探，测知的墓深是 33.18 米，空间居高 10 多米。结合文献记载，参稽考古资料，可以推知：地宫周壁用石垒砌，回环的高下数层台阶上筑有百官寺署，四向的墓道连接着多个幽深的侧室。整体结构是以石、砖、木作成多级、多种桁架式建筑，拱卫着中心的穹窿顶主室，构成一个特有的地下群体建筑。

《史记·秦始皇本纪》说始皇陵墓内“以水银为百川、江河、大海，机相灌输”。地矿部物化探研究所于 1981 年年底，对秦始皇陵封土采样，用汞量测量方法发现有一个面积达 12000 平方米的汞异常区，汞含量变化为 70 ~ 1500PPb，平均值为 205PPb，比背景平均值 35PPb 竟高出 5.9 倍[①]。足见司马迁论始皇陵内存储有水银的记载不虚，也是我们推断陵墓未盗毁的有力根据。据估计，藏有水银百吨左右，如果靠机械的力量推之流动，我们无妨把这看作中国人最早发明“永动机”的一种尝试[②]！

3. 陵园的地面建筑（图 11-11）

（1）礼制建筑

寝殿：陵管人员每天要四次到寝殿祭祀，主要是献饭。始皇寝殿遗址在陵北 53 米偏西的地方。现存的台基南北长 62 米，东西宽 57 米，占地 3534 平方米。形状近方，环以回廊，门在东南角的东墙上，外有散水。大量堆积物中有砖块、筒瓦、板瓦及壁面碎块杂有木烬，显系寝殿毁于火焚后的塌落物（参见彩版二）。经复原，它是作单檐四阿顶的方形建筑。应该说这座建筑遗址是始皇陵园最早出现的“陵寝”，属于殷周之制[③]。

---

① 常勇、李同：《秦始皇陵中埋葬汞的初步研究》，《考古》1983 年第 7 期。

② 王学理：《秦代科技珍闻》《文博》1986 年第 2、3 期。再见《秦始皇陵研究》第 2 章。

③ 考古所见殷商到先秦时期的墓上建筑多是近方形的。像安阳殷墟妇好墓的建筑同墓口基本同大，南北残长 5.5 米，东西宽 5 米。河南辉县固围村 3 座战国中期大墓，并列于平台之上，墓上各有瓦顶的“享堂”，其中 M2 的最大；居中，为七开间，“享堂”基址是 25 ~ 26 平方米；两侧的都是五开间，像 M3 基址是 19 平方米，M1 是 18 平方米。那么，这种由周围的墙体和立柱直接承托着的房顶，其顶也只能作四坡流水的单檐四阿式屋面。东汉蔡邕《独断》说：“古不墓祭。至秦始皇始出寝，起之于墓侧，故陵上称寝殿，有起居衣冠象生之备，皆古寝之意也。”秦始皇陵正面的这处建筑同周围的建筑不发生任何关联，是单体建筑，又位于陵墓中轴线的左侧（“墓侧”），正是“古寝”的形式。

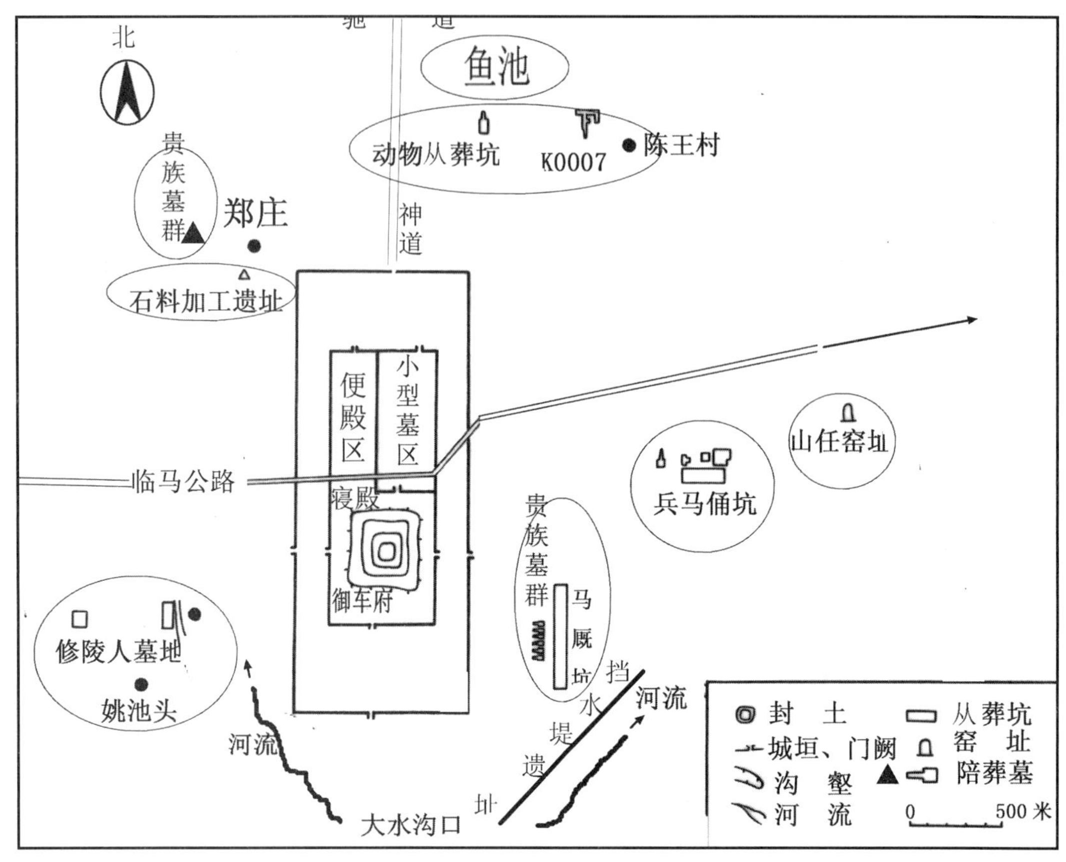

图 11-11　秦始皇陵区分布示意图

陵庙：《汉书·韦玄成传》："自高祖下至宣帝，与太上皇、悼皇考，各自居陵旁立庙。……又园中各有寝、便殿。日祭于寝，月祭于庙，时祭于便殿。寝，日四上食；庙，岁二十五祠；便殿，岁四祠。又月一游衣冠。"

随着始皇陵园内礼制建筑布局规划的调整，对陵寝建设必然也成为重中之重。那么，在初寝的基础上作了扩大与增修，从而形成多样的群体建筑。

在始皇陵冢北 130 米处，地当初寝遗址北侧 10 米，有寝殿的扩展区遗址。1995 年 3 月，陕西省考古研究所配合公路拓宽对该遗址作了随工清理。

此区东西长 240 米，南北宽 20 米，总面积 4800 平方米。属于一处由 6 座建筑构成的建筑群，由东到西一字排开，东西长 28 米、南北宽 14 米。既有四合院建筑，四周又设有廊房，显示出此建筑的气魄。

1976 年，临潼县博物馆在陵冢之北 150 米处，对寝殿扩展区的又一遗址作了发掘。它包括了由西到东排列的 4 座建筑基址，各自独立又彼此以承重墙相隔（夯土墙的厚度不一，在 1.5 米～ 6.55 米）。3 号、4 号建筑已遭严重破坏。第 2 号建筑遗址保存较好，轮廓、格局较完整清晰。基址平面呈南北向的长方形，长 19 米，宽 3.4 米，面积 64.6 平方米。门开在西侧，与南北向的主体建筑呈“T”式相接，门内往北，登四级石阶，进入室内。门内南侧竖以曲尺形“石屏”，将室内分隔成南北两部分。南部在距墙壁 50 厘米左右的地面上铺以环形片石路面，路宽 50 厘米。北部则在地面中线铺一条南北向的片石通道，直通室外的渗井，路宽亦为 50 厘米，全长 25 米。在第 3 号建筑中出土青石板材 18 块，用以铺地砌墙。另外，还见有各种瓦、铁工具、陶井圈、灶门。堆积物中多见有瓦当、陶屋脊。内有一种夔纹瓦当，瓦当面虽只有多半个圆，但直径有 61 厘米，高 48 厘米，筒残长 32 厘米。这是一种超乎寻常的特大瓦当，显然不施于椽前，而是用来遮挡檩头的，由此可见，这组建筑也是相当宏伟高大的。板瓦、筒瓦上的陶文，见有“右司空”“左司”“左司高瓦”“右司空婴”“左水”“大水”等[①]。

在方形初寝之北的以上两处建筑遗址，是独立的，体量又是宏大的，可看作是陵寝的扩展，是否可作为陵庙考虑，有待进一步研究。

便殿：《汉书·韦玄成传》：“自高祖下至宣帝，与太上皇、悼皇考，各自居陵旁立庙。……又园中各有寝、便殿。日祭于寝，月祭于庙，时祭于便殿。寝，日四上食；庙，岁二十五祠；便殿，岁四祠。又月一游衣冠”。始皇陵园内的便殿建筑遗址占地范围广阔。

在寝殿之北 150 米到小城间的东西狭长地带，其中段和东段东西长约 270 米；在小城西墙和内城西墙之间，南北长 610 米、东西宽 250 米，面积约 15 万平方米，其间布满了建筑，其南北界限与小城等长。在这一范围之内，中部是一南北向的“甬道”，两侧对称地有 9 排计 18 座院落建筑。9 排之间，在甬道中以门垣相隔。从南端的门进去，就同陵北原先发现的便殿建筑连成一片，因而这一群体建筑从北到南就形成十进院落的格局。

（2）丽山食官

“食官”是指掌管宫廷饮食的机构和官员，也就是“饲官”。“饲”字在秦汉器物铭刻中多写作“飤”。所谓“丽山食官”就是掌管始皇陵园膳食之事的单位和官员。

“丽山食官”遗址在始皇陵西北 126.4 米处，面积达 33900 平方米。在东西 77.5 米、南北 29 米的范围之内，包括 6 座巨型的单元建筑，由东向西排列，整体像两座相连的“山”字形平面布局。有主体、有东厢。其中的Ⅴ号占地 1073 平方米，南侧东西排开 6

---

① 赵康民：《秦始皇陵北二、三、四号建筑遗迹》，《文物》1979 年第 12 期。

个础石，室内有巨型地槽（东西长28米，南北宽5米，深0.4米），下铺石块隔以肋木，上设铺板。其北侧是倾水池，南同地槽、北同渗井相连。在食官遗址里，除存留有大量的板瓦、筒瓦、瓦当、脊瓦、方砖、条砖、石柱础、管道及陶井圈等建筑遗物外，出土的器物有错金银的“乐府”铜编钟、秦始皇与二世的两诏斤权、铜镦、铜镞、铁剑、铜鼎足、雁足灯及多种器物构件。容器见有瓷罐、大陶瓮、茧形壶、陶罐、盆、碗之类。刻在陶器上的文字见有“丽山飤官”“丽山飤官左”“丽山飤官右”“丽邑五升”“丽邑九升”“丽邑二斗半，八橱”“六橱”“丽山橱”等。由刻文判断，丽山寝园的食官不但分“左”“右”，而且供橱也是编号的。（图11–12）

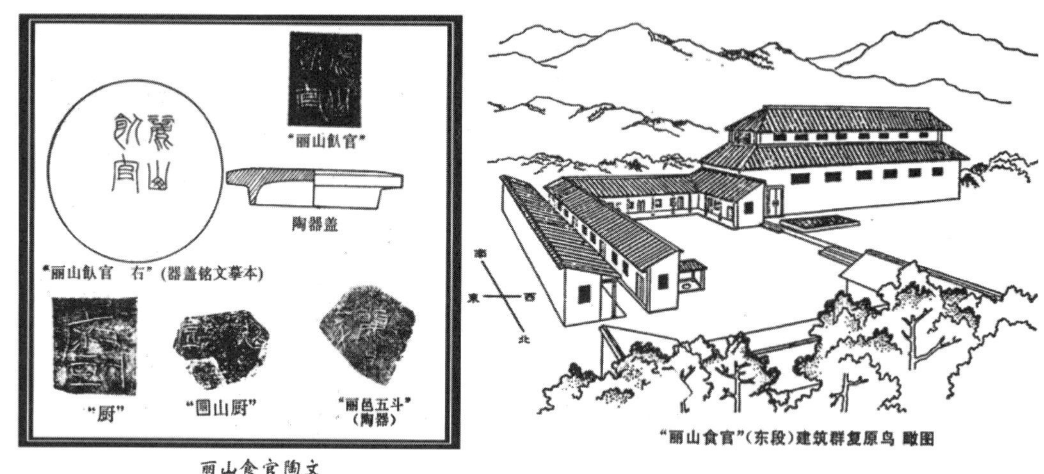

图11–12　“丽山食官”陶文与东段建筑群复原

（3）园寺吏舍

“丽山园”作为秦始皇的寝园，有着一套完整的管理机构。园寺吏舍遗址实际原是陵守人员的生活区，也住有侍奉陵寝的宫女、陵园守护及勤杂人员。

秦始皇陵园的园寺吏舍在陵西北的内外陵城之间。在丽山食官遗址之北有两处大型建筑群落遗址，一处在陕缝机架厂以北至晏寨村南，南北长约200米，东西宽180米，散见有大量的瓦类、红烧土、河光石。陕缝机架厂基建时曾发现两座房基，坐东面西，在各自的前檐及两侧有散水，房之间有陶水道。似乎此处建筑呈“四合院”式布局；另一处压在晏寨村之下，情况不明，村东曾见有夯土、房基、瓦砾、杂土、河光石散水等。

垣墙外的几处地面建筑：一处在始皇陵东北五里的鱼池村、鱼池堡和吴家寨子东部，有城址和宫殿建筑。吴西村附近的鱼池水两侧，各有一处高岗，东西对峙。遗物也很有特色，除各式花纹砖和瓦当外，还有铜刀、戈、矛、盂、“半两”钱，铁斧、铧、铲、锸、锄、刀等[①]。从陶文看，建筑工匠来自栎阳、杜县、频阳、蓝田、美阳、好畤、临晋，也有来自韩国的新城（今河南伊川县北）、宜阳（今河南宜阳县）。显然是一处官邸、军防建筑遗址。另一处在始皇陵园外东北七里安沟，遗址西接鱼池遗址，东达代王镇之西，建筑遗物遍地皆是。曾出土“丽山园”铜钟一件，高 44 厘米，重 19.25 公斤，腹部錾刻铭文两行：“丽山园，容十二斗三升，重二钧十三斤八两。”

4. 丛葬坑

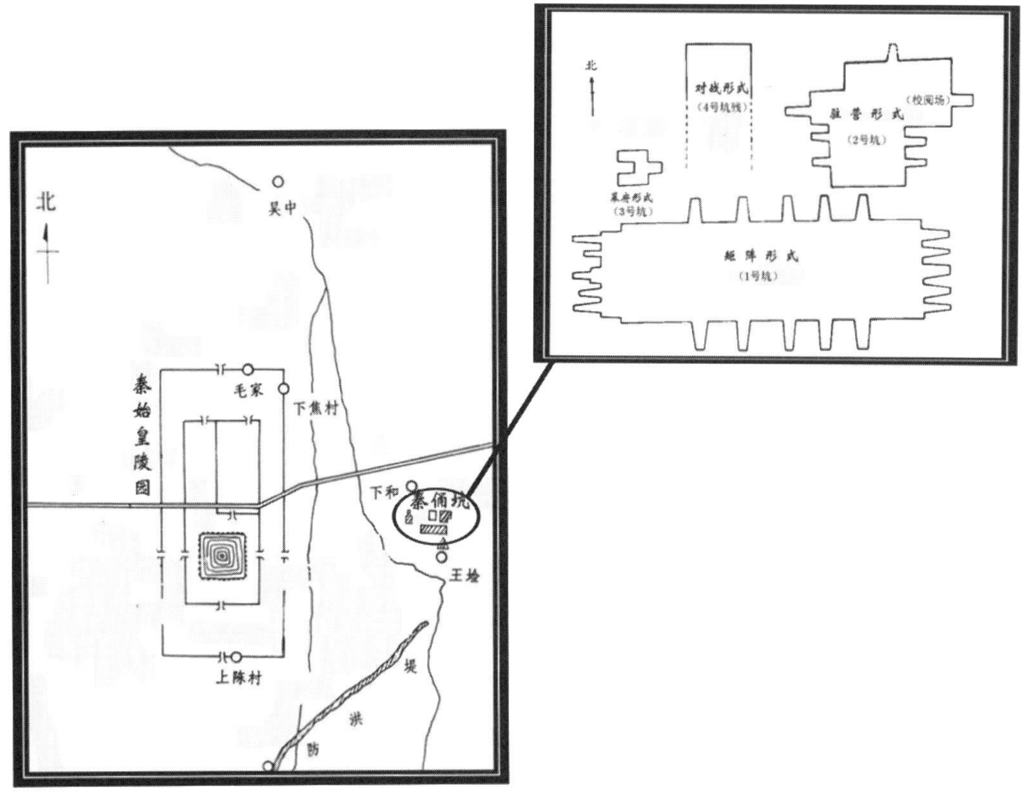

图 11-13 秦俑丛葬坑同始皇陵的关系图

在始皇陵园内外的地面之下，设置有很多埋藏各类文物的丛葬坑。截至目前，已发现大大小小的“椁坑”（丛葬坑内的四壁和上下均用木构架）400 余座。在封土四周有模拟“御府”、食府、天子“六驾”车府的诸坑，还有模拟武库、园囿、禁苑、百戏、动物等坑。所反映的应该说是秦代社会、秦文化的缩影。其中以兵马俑、铜车马坑最为

① 始皇陵秦俑坑考古发掘队：《陕西临潼鱼池遗址调查简报》，《考古与文物》1983 年第 5 期。

有名，在此稍作介绍：

（1）陵园东侧的兵马俑阵营坑

秦兵马俑丛葬坑位于始皇陵园之东 1225 米的地方。共计有 4 个超巨型的椁坑，一号坑在南，其北侧 20 ~ 25 米，由东向西依次排列着二、四、三号 3 个坑。（图 11–13）

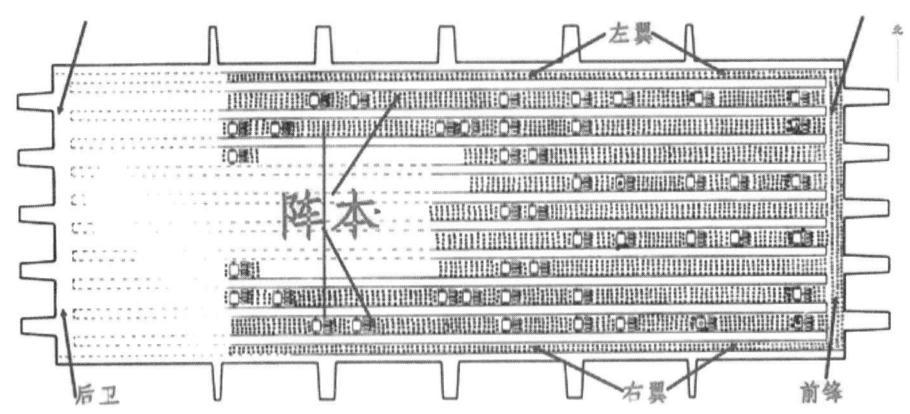

图 11–14　一号坑兵马俑布置示意图

一号坑是个东西向的大坑，坑体东西长 210 米，南北宽 62 米，下深 4.7 ~ 6.5 米，面积 13020 平方米。坑内由 6000 多尊手执各类实战兵器的武士陶俑和军吏俑及 40 多乘驷马战车按“矩阵”的要求，布置成雄壮的阵体。前三列是“锋”，后三列是“卫”，南北两侧各有一行为“翼”。那么，由锋、翼、卫三者就构成阵之“表”，而表内安排

9 行武士俑与战车相间构成阵之“本”（体、中）。（图 11–14）

二号坑位于一号坑东端北侧，间距 20 米。平面呈东北角突出的曲尺形，面积约 6000 平方米。兵马俑分为弩、车、步、骑 4 个兵种，计俑 939 尊、陶马 472 匹、战车 89 乘，采用单独或混合编队、练射的方式，分别组织成 4 个兵力单位——弩兵习射场、车兵小营、车骑小营和车步骑混宿小营。（图 11–15）

图 11–15　二号坑现场与兵马俑布置示意图

三号坑位于一号坑西端北侧 25 米的地方。东西通长 17.6 米，南北通宽 21.4 米，总面积约 520 平方米。平面呈向西的“凹”字形。正面的前庭放一乘驷马华盖车，后随铠甲武士俑 4 尊，其余 64 尊手执长殳的侍卫甲俑分处在两厢。三号坑是秦俑诸坑中最小的一个，其布置和内容表明是军事指挥部的形制。（图 11–16）

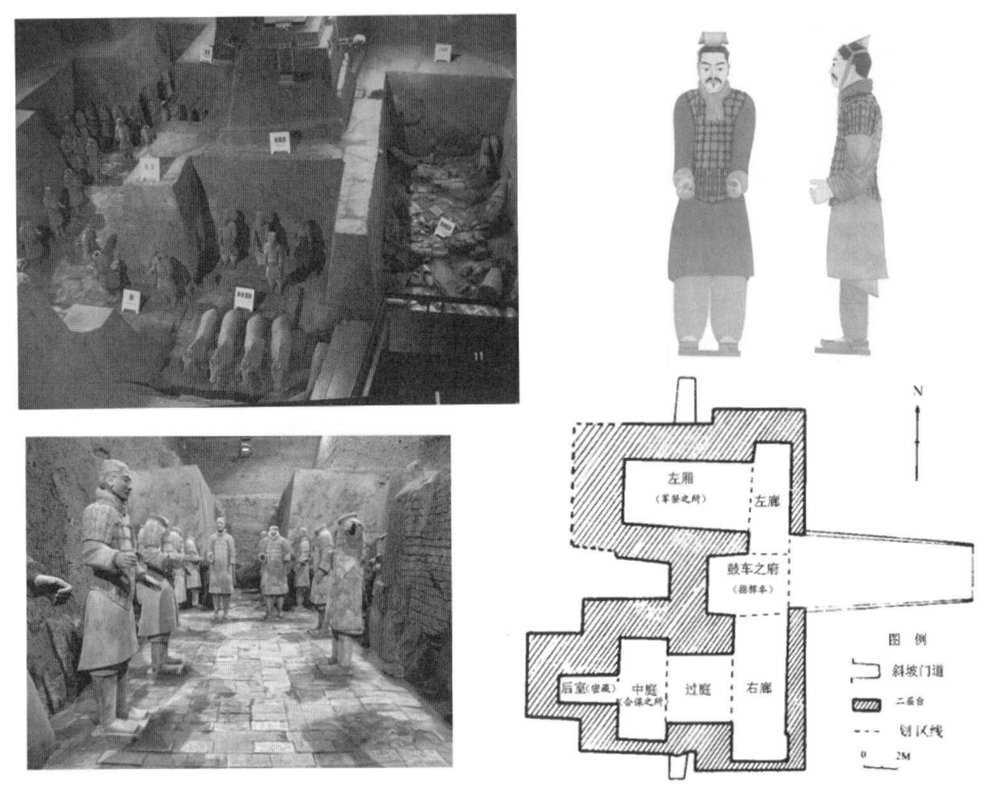

图 11-16　三号坑现场与兵马俑布置示意图

四号坑在二、三号坑之间，作南北向的长方形，是座未建成的空坑。因遭破坏，南北残长 96 米、东西宽 48 米，面积约 4600 平方米，深 4.8 米。估计原来是模拟对战场面的。

秦兵马俑体大如真，高可 1.98 米，一般高在 1.8 米左右。塑造细腻，施彩鲜明，是一批写实主义的佳作，在中国乃至世界美术史上都占有重要的地位。

（2）铜车马

陵西侧紧贴封土有一组大型的丛葬坑，在“巾”形坑内出土有两乘彩绘铜车马，其他四耳室中埋有铜的或木质车马，共计有 10 乘。（图 11-17）

1980 年 11 月，发掘的两乘彩绘铜车马前后相随，马东车西，直指墓室，成组地放在深 8.6 米的坑中。车作单辕、双轮、方舆，驾四白马。车马通体彩绘，形体大小为真人真马的 1/2。御俑戴切云冠，着袍，腰系绦带，饰流苏，佩剑，双手揽辔，目视前方，全神贯注，装束同秦俑坑的将军俑基本相同（但未擐铠甲）。铜马通体白色，络头衔镳、鞢辔、项圈齐全，均作伫立服驾的姿态。前后两车最大的区别在于篷盖，即：前车竖一柄圆盖伞，车体较小，名曰“立车”（又名“高车”“轺车”，或“驷马立车”），通长 2.25 米，高 1.68 米（至盖顶），全重 1061 公斤，由 3064 个零部件组成。四马各高 66 厘米，体长 1.1 米。御俑站立车箱前部，通高 92 厘米。车上的武器装备，除御俑佩剑外，还有架在轼上的弩、插在箙中的箭，另有盾牌。

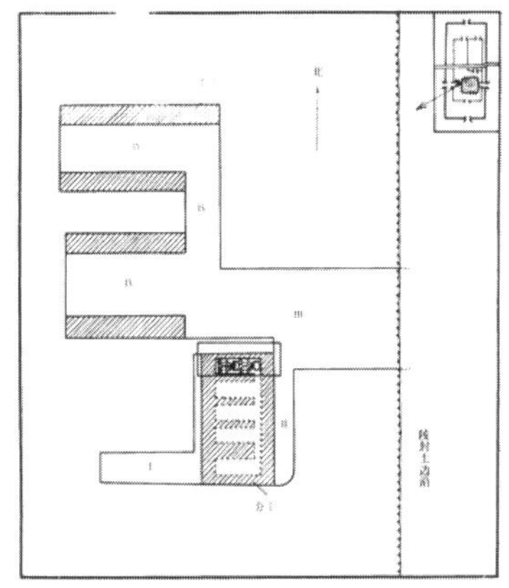

左：彩绘铜车马位置示意图

右：两乘铜车马出土现状

下：修复后铜车马的主从关系

图 11-17　秦始皇陵彩绘铜车马

后车较前车为大，通长 3.17 米，高 1.06 米，总重 1241 公斤，由 462 个零部件组成。四马通高 90.2 ~ 93.2 厘米。跽坐御俑高 51 厘米。车形是方舆上以箱板围成车蕃，蕃上覆以穹窿顶的椭圆形篷盖。车蕃前面及两侧有可启闭的窗户，后部辟门。车箱内三边围以台阶，前为轼，两侧为輢较。车箱前另设御者的“育”座。这种车型名曰“安车”（又名“辒辌车”）。

秦陵的立、安两车表面，以白为地，彩绘着变体龙纹和几何图案。连同白马看，显然是“白马素车”的基调。其性质应是“随五时之色”（《通典》）的“五时副车”，作用在于充作皇帝“卤簿”中的随行车乘。两车编组，前为导，后为主，同陵侧其他坑的车马联系起来看，当是秦代銮驾制度的反映[1]。

（3）“天子六驾”之车府坑

在始皇陵封土西南角50米处，地当岳家沟东侧的台地上，有一东西向的近似“中”字形坑。东西长47米、南北宽2.7 ~ 11.8米。该坑未经火焚，保存状况良好。从西端斜坡道下去，通过封门进入前室，停木车4乘，在南壁站立陶俑12尊，通高184 ~ 193厘米。其中8尊戴双版长冠，穿袍束带，袖手胸前，右腰间塑有削和砺石。另外4尊为御俑，穿戴同前，双手作揽辔状。南侧的厢房地板上有铜钺4柄、陶罐1件；后室马骨凌乱，估计有24匹。

由坑中的文物内容看，这些“刀笔吏”属于文官，钺是权力的象征物，又有马群、有车，这种组合的排列次序是车、文吏、钺、马匹。如果把“权力”“纪录”这几个概念串连起来，特别是结合4车、4钺同24匹马看，正好形成“天子驾六”之制。文献中常提到秦始皇乘坐的“金根车，驾六马”，而五时副车才驾四马，那么，这有四乘驾六马之车，就可以断定它属于“天子御驾的车府”（图11–18）。

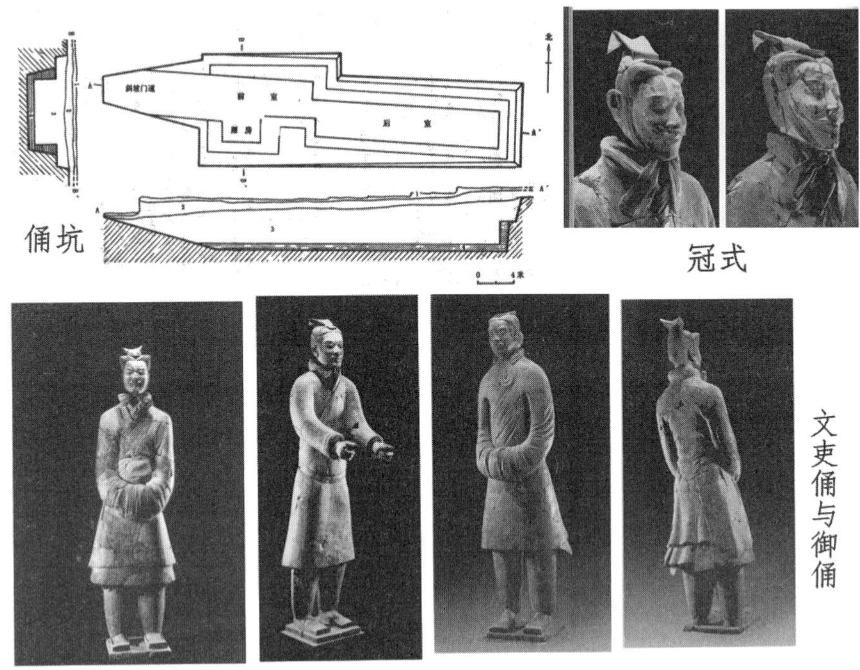

图11–18　御府文吏俑

① 王学理：《五时副车铜偶所反映的秦代銮驾制度》，载陕西秦俑考古队等编《秦陵二号铜车马》，《考古与文物丛刊第一号》（1983年）。

5. 陵园墓葬

（1）陪葬墓群

在始皇陵东垣墙外350米的上焦村西，考古发现17座秦墓，南北一字排开，但地面无封土（图11–19），多呈斜坡道朝西的“甲”字形墓。1976年发掘了8座墓葬，形制分两种：一是带斜坡道的方室土圹墓，一是带斜坡道的竖穴土洞墓，均为一椁一棺。除过第18号是空墓外，其他7墓中埋有5男2女。经骨骼鉴定，M17的墓主是一位年仅20岁的女子，其他死者的年龄均在30岁左右。只有第11号墓的女性肢体完全外，而其余都是身首异处、尸骨狼藉、死相惨酷，显然为非正常死亡，必同当时的政治形势有关。

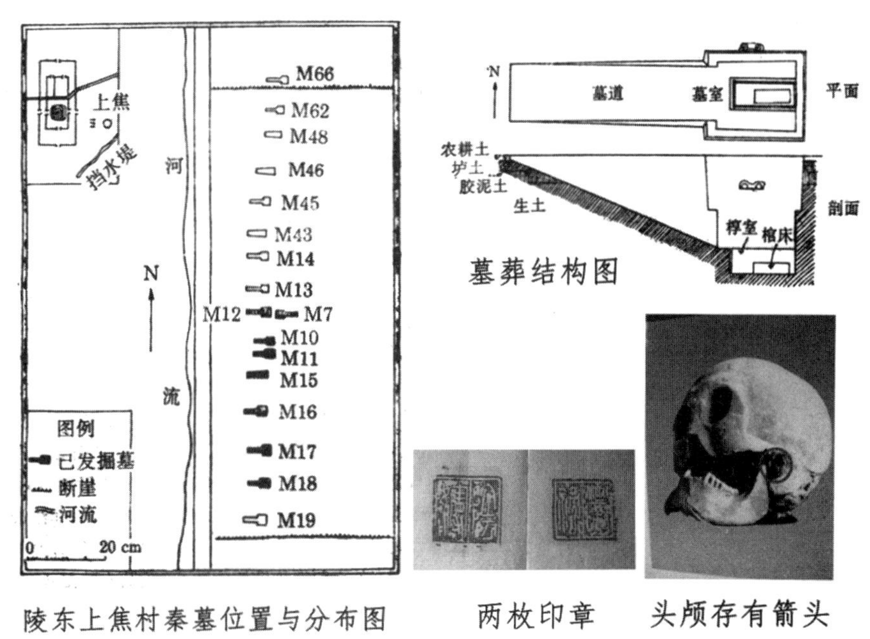

图11–19 陵东秦陪葬墓群

秦二世是赵高串通丞相李斯被扶上台的，其逼杀公子扶苏、囚杀蒙氏兄弟等罪恶行径败露之后，常常是“战战栗栗，惟恐不终”。于是，赵高建议秦二世要“灭大臣而远骨肉”（《史记·李斯列传》）。他就真的举起了屠刀，“乃行诛大臣及诸公子，以罪过连逮，少近官三郎”。把“六公子戮死于杜”、逼杀公子将闾弟兄三人于内宫（《史记·秦始皇本纪》），还把“公子十二人僇死咸阳市，十公主矺死于杜。财物入于县官，相连坐者不可胜数”（《史记·李斯列传》）。他诛杀的手段极其残酷，其所用“戮”刑，除了砍头，还得陈尸，更用腰斩。“矺”同磔，属于车裂之刑。今发掘陵东的这些秦墓，所见尸骨不全，同记载是吻合的。而在墓道发现有灰烬的遗迹，当为筑墓人因天冷烤火所为。这也和胡亥、赵高集团杀害始皇亲生骨肉于寒春的季节相符。另外，在随葬品的银蟾蜍上刻有“少府”二字。可见这里就是秦王室宗族成员被残害后的葬身之地，而按礼制陪葬始皇则体现着这些历史丑类们虚伪的德行。

据《史记・李斯列传》记载，始皇有子 20 余人。实际上，其中未包括女儿。有名者，史载仅有扶苏、胡亥、将闾、公子高、子婴几位而已。但陵东 M16 出土“荣禄”私印一方、M11 出土“阴嫚”私印一方。前者墓主是男性，后者是女性，当属于始皇的公子与公主。

陵园内小城有 99 座小墓，未经发掘，情况不明。但能在陵区内辟地而葬，身份应该不一般。秦始皇下葬时，二世曾说：“先帝后宫非有子者，出焉不宜。皆令从死，死者甚众。”（《史记・秦始皇本纪》）这里是否为宫女们的葬区，有待日后发掘验证。

西内外城之间还有 61 空墓，可见陵园设计有着长远的安排。

（2）陪葬墓

在秦始皇陵冢西墓道北侧，有一坐东面西的墓葬，正当西内城和封土之间。墓作“甲”字带二层台的竖穴土圹。斜坡道在西，通长 30 余米，其中墓室东西长 15.5 米，南北宽 14.5 米，深 6.2 米。从探出的朱红色漆皮与板灰看，此墓规模大而随葬品丰富，墓主必定有较高的社会地位。或说这是公子高的墓，依据是他面对二世、赵高集团借故杀害先帝近臣和皇室宗族时，唯恐“收族”连坐，上书“臣请从死，愿葬郦山之足”而得到“恩准”，并“赐钱十万以葬”的（《史记・李斯列传》）。

在秦俑三号坑正西 90 米处，当今下和村小学南墙两侧，有一座坐南面北的“甲”字形带二层台的竖穴土圹墓。墓室平面近方形，南北长约 18.2 米，东西宽约 16.5 米，深 12 米。在墓室探出有板灰。关于墓主，有可能为公子将闾。因为二世曾指责他弟兄三人“不臣，罪当死”。况且在被囚禁时，他怨气冲天，呼喊什么“天乎！吾无罪”，最后不得不拔剑自裁（《史记・秦始皇本纪》）。因为公子将闾和公子高一样，身份、地位和影响力都较为突出，必然引起当权者注意，自然有故事流传下来，其埋葬地就不一定放在上焦村的陪葬墓群里。

（3）砖头房墓群

据《秦始皇帝陵园考古报告（2001 ～ 2003）》载，为配合秦始皇陵遗址公园建设，陕西省考古研究院对陵园西北的砖头房村移民点进行勘探时发现。随后再作复探，又有新的发现。

2011 年，秦始皇帝陵博物院对秦陵外城西侧的陵区展开详细的考古调查与勘探工作，勘探和复探面积 50 余万平方米，发现古代墓葬 20 多座，大墓丛葬坑 14 座。其中有 9 座大型墓葬，东侧 4 座为中字形，靠近秦始皇帝陵（最东侧的一座中字形墓葬东距秦陵外城仅 100 多米）；西侧 5 座为甲字形，距秦陵稍远。[①]（图 11-20）2013 年 4 月，秦陵博物院对带有两条斜坡墓道的“中”字形墓葬 QLCM1（即一号墓）进行发掘[②]。

图 11-20　陵西大墓与部分文物

一号墓葬（QLCM1）位于秦始皇帝陵园外城西侧约 440 米处，平面呈“中”字形，坐南面北，由南、北墓道与墓室三部分组成。经发掘，通长 109 米，宽 7.5 ~ 26 米，总面积约 1900 平方米。北墓道长于南墓道，北墓道长 48.7 米，宽 9.5 ~ 18.9 米；南墓

① 秦始皇帝陵博物院：《秦始皇帝陵考古的新进展——秦始皇帝陵陵西墓葬勘探与发掘取得重要收获》，《文博中国》2020 年 6 月 19 日。

② 蒋文孝：《秦始皇陵陵西墓葬的发掘》，《秦陵秦俑研究动态》2020 年第 3 期。

道长 32.6 米，宽 7.5 ~ 18.4 米。墓室口 29 米 ×26.4 米、深 15.5 米，室内的东、西、南三面为生土二层台。棺椁位于墓室正中偏南，四周环绕回廊，外侧为边箱。东侧边箱，放置大量陶器与铜器。陶器破损严重，可见器形有茧形壶等。铜器有鼎、钫、豆、匙、盘、甑、釜等；西侧边箱被盗，余少量铜器及少量漆器残迹。器形有铜鉴、铜洗、铜灯。此外，西侧回廊北端分布玉器，数量较多，有玉圭、玉璧等。出土的金银骆驼、舞俑尤为珍贵。[①]

此墓从形制、构成、内容等方面均不同于秦墓。由秦统一之战中，军事统帅与秦廷的关系上，作历史性考察，本文作者认定此墓地当是蒙骜一系的家族墓地[②]。

（4）郦山徒墓地

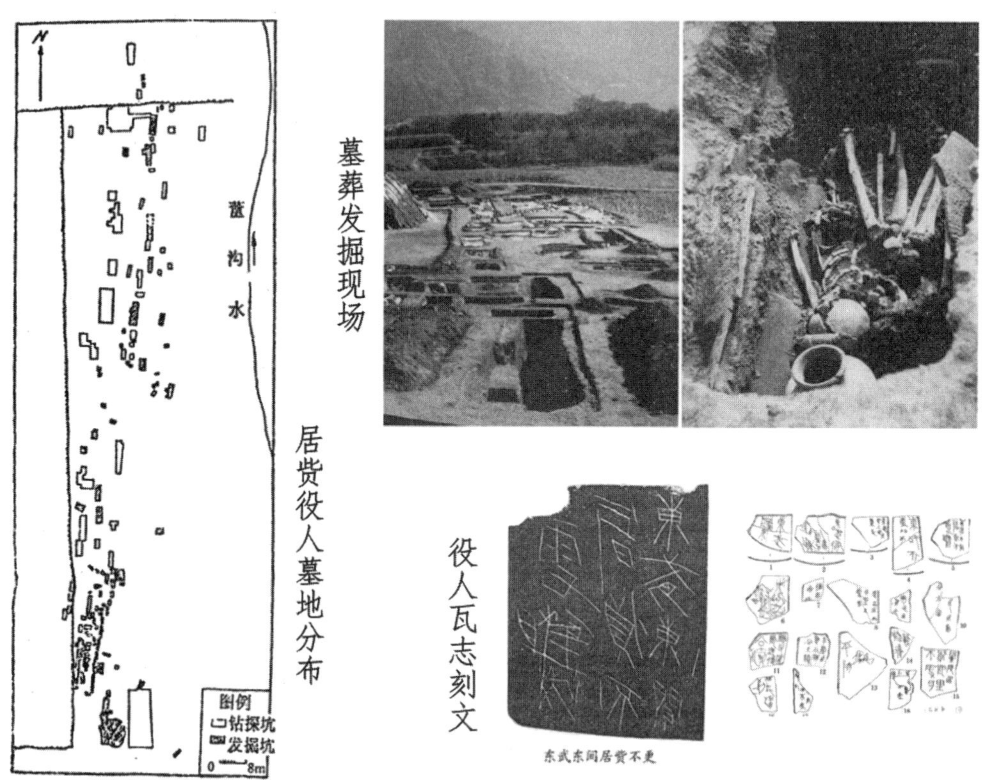

图 11-21　陵西居赀役人墓群

① 秦始皇帝陵博物院：《秦始皇帝陵考古的新进展——秦始皇帝陵陵西墓葬勘探与发掘取得重要收获》，《文博中国》2020 年 6 月 19 日。

② 王学理：《蒙氏家族墓地探寻——秦始皇陵园外西北角墓群试析》，为秦始皇陵兵马俑发掘五十周年国际学术研讨会提交的论文。

郦山徒在繁重的劳役中致死，他们的墓不能算作陪葬，也列入不到始皇陵区的总体规划之中。但因修陵时间长、人数多、死者众，也就只有在陵园以外择地而葬。

郦山徒墓地有四处，都在始皇陵园外，处于西南方向。

a. 赵背户—姚池头的“居赀”役人墓地：

这处墓地位于赵背户村西边的台地上，形成南北狭长千米的大面积墓地。仅 1979 年 12 月至次年 6 月，秦始皇陵考古队在赵背户到姚池头一带选地钻探，在南北长 180 米、东西宽 45 米的范围内先后探出墓葬 160 余座。墓作三行排列，墓向不尽一致，分布十分密集。（图 11-21）

经过清理的 32 座墓中清理出 103 具骨架。在竖穴土圹墓中，多无葬具，坑中一般葬两三人，甚至有 14 人共坑的，尸骨平放、叠压者均有。葬式混杂不一，其中有女性 3 具，年龄在 25 ~ 30 岁；儿童 2 具，年龄只有 6 ~ 12 岁；余为青壮年，年龄都在 20 ~ 30 岁。多系被杀戮之后掩埋的，有的骨架上刀痕犹在、俯身作挣扎状（M33 之一），有的身首异处、四肢与躯干分离，堆置叠压，显系肢解（M34 之三）。

墓中的随葬品主要是铁生产工具，如锸、锛、錾、凿、镰、锄、刀等。日常生活用品的陶器是罐、瓮、钵。出土有铜半两钱 43 枚。

往往在死者身边放置着一块刻有文字的瓦片。在这些瓦片上的文字，除过戳印“宫昳”“寺水”“左水”“延陵工□”“左司空□”“王”等陶文之外，有 18 件明确地显示了死者的身份属于“居赀役人”。这些刻文瓦片，我们也暂以“瓦志”称之[①]。这些阴刻着小篆间隶意书体的瓦文，见有“东武罗”“东武□（遂）”“赣榆距”“东武居赀上造庆忌”“东武不更所次月（上下结构）”“东武东间居赀不更瞗”“东武□契”“博昌去疾”“博昌居此（赀）用里不更余”“杨民居赀大（教）”“杨民居赀公士富”“杨民居赀武德公士契必”“平阴居赀北游公士滕”“平阴驿”“赣榆得”“阑（兰）陵居赀便里不更牙”“女刍上造姜”……“居赀□□不更□必”“觜（訾）□……（不）更滕”“□”等。从中可以看到：有地名、人名者，死者定是平民；有地名、爵名、人名者，死者属有低级爵的自由民；有地名、刑名、人名和地、刑、爵、人名俱全者，死者都是“居赀役人”。《睡虎地秦墓竹简·金布律》：“官啬夫免，复为啬夫，而坐其故官以赀赏（偿）及有它债，贫窭毋（无）以（偿）者，稍（减）其秩，月食以（偿）之，弗得居；其免（也），令以律居之。”同书《司空》也载：“居赀赎责（债）

① 始皇陵秦兵马俑坑考古队：《秦始皇陵西侧赵背户村秦刑徒墓》，《文物》1982 年第 3 期。

者归田农，种时、治苗时各二旬。”瓦志中的刑名所谓“居赀”，就是以服劳役抵偿借债，或因有罪而罚交财物的犯人，这显然同文献中所谓“徒刑者”的身份是相符的。（图11–22）

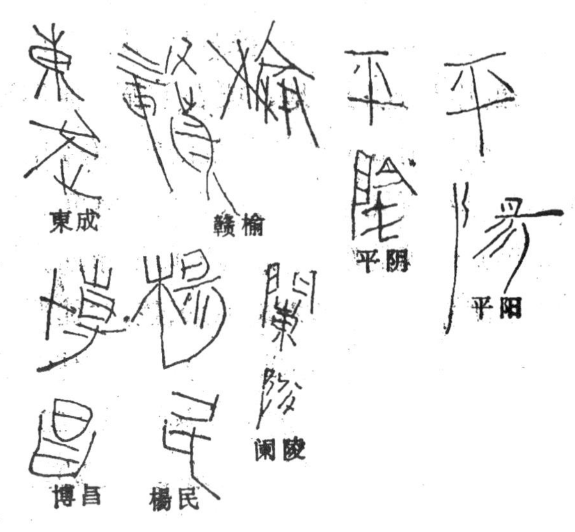

图 11–22　赀赎役人瓦志地名摹本

瓦志中提到死者的籍贯，见有东武（今山东武城县西北）、博昌（今山东博兴县南）、杨民（今河北宁晋县附近）、平阳（今河北临漳县西）、平阴（今河南孟津县东）、赣榆（今江苏赣榆区东北）、兰陵（今山东苍山县西南兰陵镇）、邹（今山东邹城市东南）、武德（今河南武陟县东）、訾（今河南巩县西南）等10个秦县，涉及今山东、河北、江苏、河南四省。这同《史记·秦始皇本纪》说“及并天下，天下徒送诣七十余万人，穿治郦山”的记载也相符。但是，我们必须看到：此间出土的瓦志只是郦山徒死者中极少的一部分，如果再引证应劭说“秦始皇葬于骊山，故郡国送徒往作”的话（《汉书·高帝纪》），足见修建始皇陵的大批郦山徒都是从原山东六国征调而来的。

b. 姚池村南刑徒乱葬坟场

在姚池头村南，有一片极不规则的墓地，面积约1020平方米。由于历年平整农田，使原来的地貌发生极大的变化。在今农耕土下，距地表只有50 ~ 70厘米，就埋着凌乱的尸骨，其肢体不全，横七竖八。在这块残长60米的地段上，骨骼堆积层就厚达5 ~ 8厘米，叠压的骨骼2 ~ 5层。出土的器物是秦代的铁锛、锸一类工具及陶罐、茧形壶等日常生活用品，还有铁钳等刑具[①]。

无异于“万人坑”的这处乱葬坟场，死者的身份应是修筑始皇陵墓的刑徒和奴隶。

c. 第五砂轮厂“郦山徒”墓地

在临潼区骊山街道办之东，当第五砂轮厂东墙外侧的南北向台塬上，1990 年发现 23 座秦墓，1997 年又勘探出墓葬 220 座。在这些长方形竖穴土圹墓里，有砖棺、瓦棺和木棺等几种。只是在个别墓中用陶器随葬[②]。

d. 山任窑场乱葬坑

秦俑博物馆东 1000 米的山任村北有一处窑场遗址，总面积有 76 平方米。2003 年，在两座窑地西侧清理出 121 具人骨架。骨架摆放凌乱又层层叠压，足有 4.85 米厚。葬式复杂，俯身、仰身、屈肢均有。伴出有锛、锸、铲、镰、錾、凿、钎、刀、削、斧、锤、钩等铁制生产工具和铁钳、环等刑具。对人骨鉴定，年龄在 15 到 45 岁之间，其中以 20 到 25 岁年龄的成年人占绝大多数。这里是为陵园建筑烧制用瓦和生活用陶器的窑场，当两座陶窑废弃之后，低洼的地势变成了埋葬郦山徒的坟场。

山任窑场人骨乱葬显然是短时间内埋葬的，病理鉴定为“死者多属正常死亡”。因此，“背后可能有更复杂的事件发生”[③]。

（四）亡国之君秦二世墓

秦二世在公元前 207 年，被赵高逼死于咸阳望夷宫，“以黔首葬二世杜南（东）宜春苑中”（《史记·秦始皇本纪》）。《括地志》：“秦胡亥陵在雍州万年县南三十四里。”今大雁塔东南的曲江池村有一土堆，地当曲江池遗址（秦隑州）之畔。当地人称作“红孩冢”，实是“胡亥冢”的音转。清毕沅立有“秦二世皇帝陵”石碑一通。冢高约 5 米，底边周长 70 米。1984 年，村人修筑陵园，泥塑“指鹿为马”群像。2010 年，西安市曲江管委会改建成“曲江秦二世陵遗址公园”，内设“秦殇展室”，对外开放（图 11–23）。

子婴是在赵高逼杀二世之后上台的，改帝为王。但只过了 40 天，子婴就向入关的沛公刘邦交出了“天子玺符”。再过一个多月，他和秦诸公子宗族又死在项羽的屠刀之

---

① 王学理：《秦始皇陵工程与兵马俑从葬坑浅探》，《人文杂志》1980 年第 1 期。

② 临潼县博物馆等：《临潼县城东侧第一号秦墓清理简报》，《考古与文物》1993 年第 1 期；林泊：《临潼发现秦人砖室墓》，《中国文物报》1990 年 5 月 10 日；又《临潼新发现建陵匠师墓》，《中国文物报》1999 年 11 月 20 日。

③ 陕西省考古研究院等：《秦始皇陵园考古报告（2001 ～ 2003）》，文物出版社，2007 年。

下，弃尸郊野或死葬何处，当时已无人顾及，史无载。有人断定秦始皇陵园砖头房村“中”字形大墓埋葬着子婴，实不靠谱。

文物展室

指鹿为马雕塑

图 11–23　秦二世墓组图

（五）庄襄王之母夏太后墓

夏太后是秦孝文王为“安国君”时的“夏姬”。因为不受宠爱，其所生之男“异人”（子楚）在安国君 20 余子中也成了赵国的人质。悼太子客死于魏、被安国君立为太子后，异人受到华阳后的钟爱并改名“子楚”。当子楚继孝文王而立为秦庄襄王时，才尊封亲母夏姬为“夏太后”。夏太后死于秦王政七年（公元前 240 年），隔了 10 年之后华阳太后才死。由于夏太后有自知之明，“独别葬杜东（南）”，使华阳太后与孝文王会葬寿陵，从而留下了“东望吾子，西望吾夫”的遗言。

夏太后陵园位于西安市长安区神禾原上，外设兆沟、内筑夯土垣墙[①]（图 11–24），为“亚”字形大墓，位于园内北区偏南处，13 个长条形丛葬椁坑分布在大墓四条墓道的

① 陕西省考古研究院:《陕西长安神禾塬战国秦陵园遗址田野考古新收获》,《考古与文物》2008年第5期。

周边；南区有大型礼制建筑和灰坑。

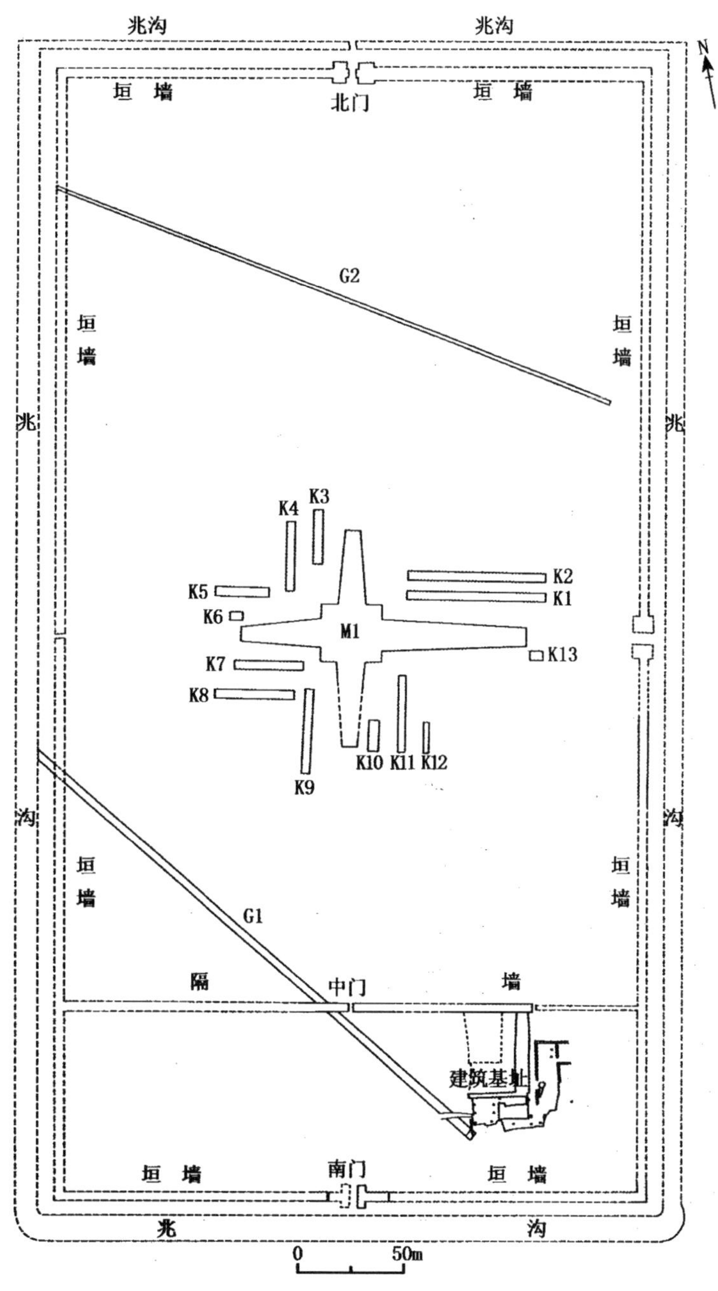

图 11-24　夏太后陵园（《考古与文物》2021 年第 5 期）

“亚”字形大墓东西长约 135 米、南北宽约 110 米。墓室近似方形，东西长 12.1 米、南北宽 10.5 米，深 15 米。椁室位于墓室中间，四周用枋木堆筑成椁壁。从盗焚遗迹看，似有棺椁三重（内外棺及椁）（图 11-25）。

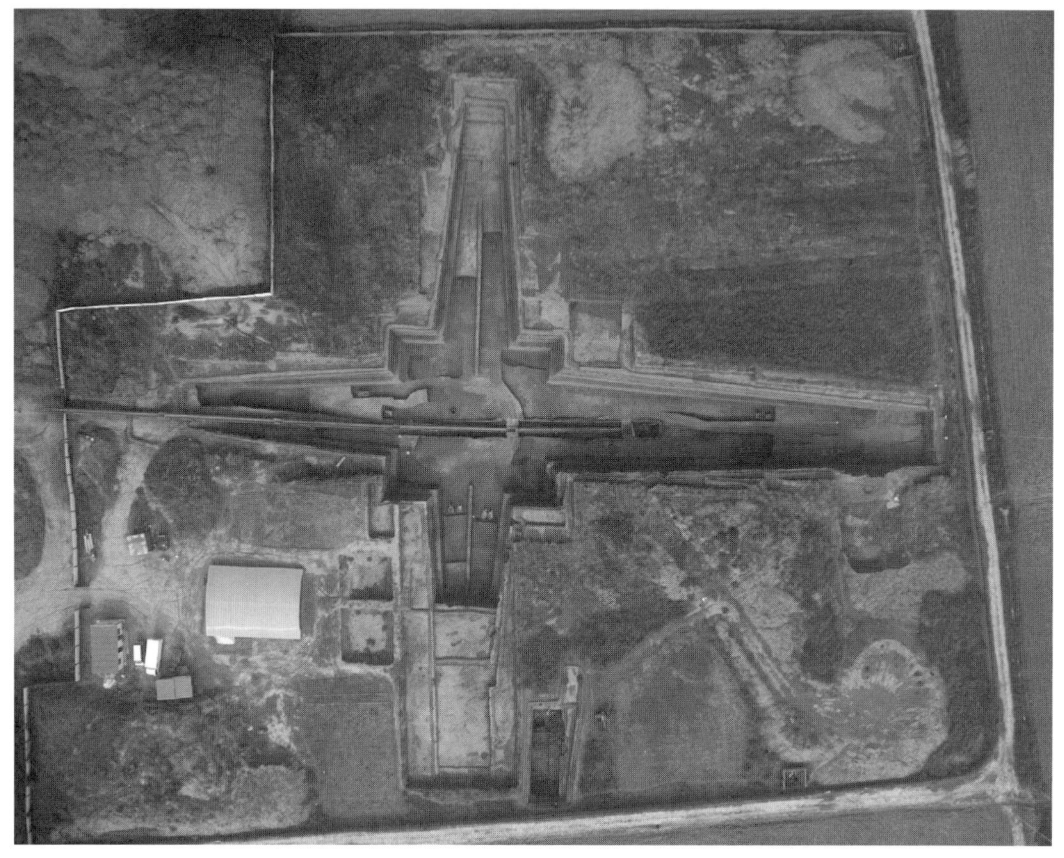

图 11-25　夏太后大墓

从葬坑中出土 4 辆“天子驾六”的车乘，其中一车侧有大量玉瑗、玉环等玉器，似属于“天子玉路，以玉为饰”的性质。在 K12 椁坑中，发现了许多珍禽异兽的骨骸，共有 16 个个体，有豹、熊、长臂猿、羊、鹤等动物。其中一豹被圈在铁条箱中，另一只熊颈戴铁链。

出土物中带有文字的材料较多，如“今，宜春，厨”（陶罐，盗洞中）、“北宫乐府”（石磬）、“私官”陶文 10 组、“五十九年”（K8 车马器）等。“北宫”“私官”文字，结合独立墓园与“亚”字形大墓、“天子驾六”的车马，表明墓主身份极其高贵。刻铭“五十九年”（当公元前256年），确与东周末代天子周赧王在位年号及入秦的史实相符。同样，茧形壶、釜、折腹盆等陶器也具有战国晚期的时代特征，当同庄襄王为生母筑陵的历史吻合。

十二、分散状态下的咸阳平民墓地

（一）渭北区的秦墓

为使人了解平民墓葬同秦都咸阳布局的关系，就以“冀阙宫庭”所在的宫城为中心，向外展开对秦人墓的介绍。在此，就暂不论其埋葬、延续时间及方位了。

1. 宫城附近的平民墓地

（1）牛羊村墓群

在窑店镇牛羊村北约100米处，1980年曾发掘墓葬16座，其中15座属于竖井式或有斜坡道的洞室墓，另一座是瓦棺葬。在墓区出土文物中，陶器有罐、瓮、壶、鼎、甑、盆、豆等150件，其中有少量的釉陶；铜器有带钩、铺首、花饰、戈、弩机等50余件；铁器有铲、环、钩等；货币有“半两”“货泉”“货布”等1500枚。

（2）路家坡墓群

位于渭城区窑店镇路家坡村北1公里的一处台地东侧，在“冀阙宫庭”城西北角外2100米处，西距黄家沟墓地1公里。1972年，发现楚国钤“陈爰”金版，在东、南两面各向外扩1米左右又见秦半两铜钱、大口小底陶瓮、小口折肩小底罐、战国素面铜镜、东周的银空首布（网传）等。这里有土坑墓及瓮棺葬多座，在周围地面和断崖上还能看到人骨。有小孩骨骸装在两个椭圆形粗绳纹小瓮棺内。因未经勘探，墓地面积不详[1]。

（3）黄家沟墓地

秦都咸阳早期的平民墓地近都者，主要分布在西北隅的塬上。东邻宫城，西去毕陌陵区，三者一线，处于交通大道上。其范围西自今咸阳市渭城区石桥镇摆旗寨，中经沙家沟、黄家沟、东达窑店镇毛王沟之西，长达4000多米。再由此东西一线往北推进3000米，就是墓地南北的宽度。整个墓地占地面积约达120万平方米。这里南下北坂，即是范围广大、平民集中的制陶手工业作坊区。从嫣王、黄家沟墓地分布着中小型墓葬

① 咸阳市博物馆：《咸阳附近发现的一批秦汉文物》，《考古》1973年第3期。

看，也许这里就是城建规划中给都城平民的葬身之地。（图 12–1）

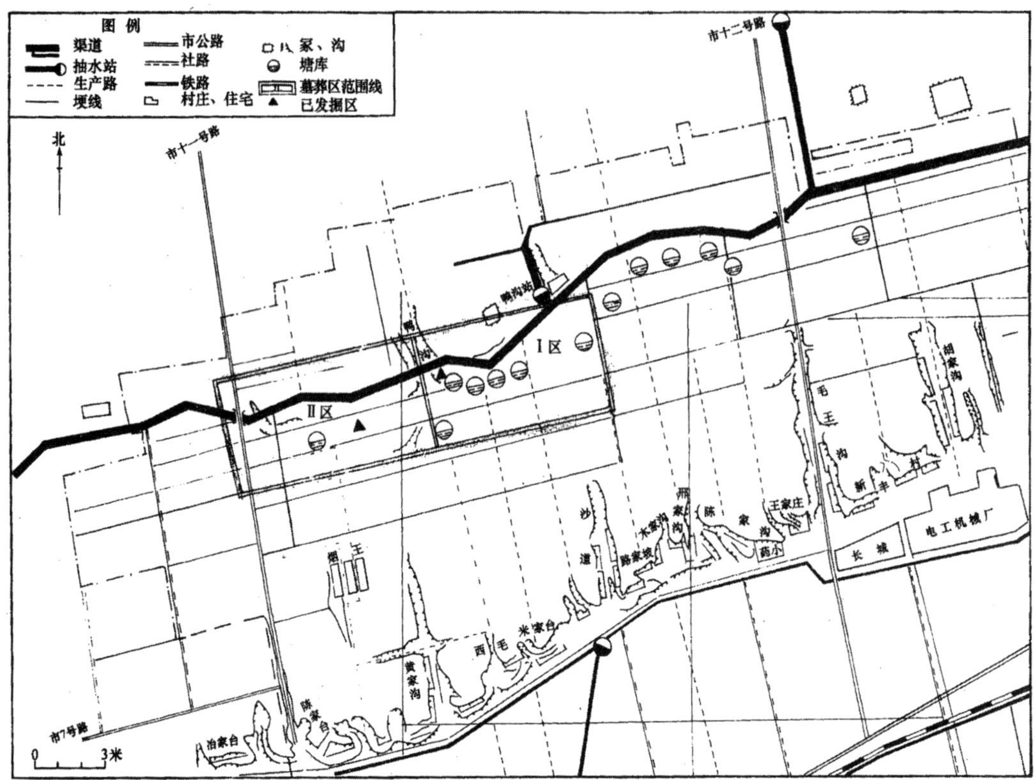

图 12–1 黄家沟墓葬区位置图

黄家沟墓地位于窑店镇鸭沟村和烟王之间，战国秦墓分布密集。在 1975、1977、1983 和 1984 年，前后进行过 4 次发掘，计清理墓葬 136 座，出土随葬器物 623 件[①]。表现出很有特色的秦人风气与时代烙印。墓葬形制有竖穴与洞式两类。头向以西首葬者居多。在随葬器物的种类和数量上，竖穴墓中的较洞室墓为多（图 12–2）。

早期墓葬形制以宽敞式竖穴墓为主，也有偏洞室墓出现。死者作仰身屈肢葬式。随葬品有陶罐、壶、釜、铜镜、带钩、削、印、铁带钩，玛瑙珠、玉环、鼻塞等。时代约当战国中期。

中期墓葬形制以宽敞式洞室墓为主，间有狭长式竖穴墓。在凤翔雍都的秦墓中，有一种是洞室横向挖在墓道的顶端成为“垂直式”，而咸阳黄家沟秦墓中则有一种两洞室分开在墓道的两侧，构成“一穴二墓”的（M24）。中期墓的随葬品主要是陶鼎、壶、

① 秦都咸阳考古队：《咸阳市黄家沟战国墓发掘简报》，《考古与文物》1982 年第 6 期。又：《中国考古学年鉴》1985 年。

盆、釜、罐、铜镜。时代约当战国晚期。

晚期墓葬形制主要是盛行狭长式洞室墓，还有宽敞式洞室墓与狭长式竖穴墓的存在。葬具多为木棺，葬式以直肢为主，屈肢极少。随葬品主要是陶茧形壶、“蒜头壶”、盒、罐与圆唇小罐，也有铜镜、半两钱、带钩、玉环、漆盒等。时代约当战国末期。

黄家沟墓群地处国都咸阳西北近郊，与同期凤翔的小型墓比较，墓葬形制变化滞后而墓向多方、随葬品简单而组合关系不够严格，具有其特殊性，当与入葬此墓地死者的成分、来源、习俗、社会地位有关。看来这里是咸阳下层劳动者的墓地，成分复杂，有秦人也有关东之人。

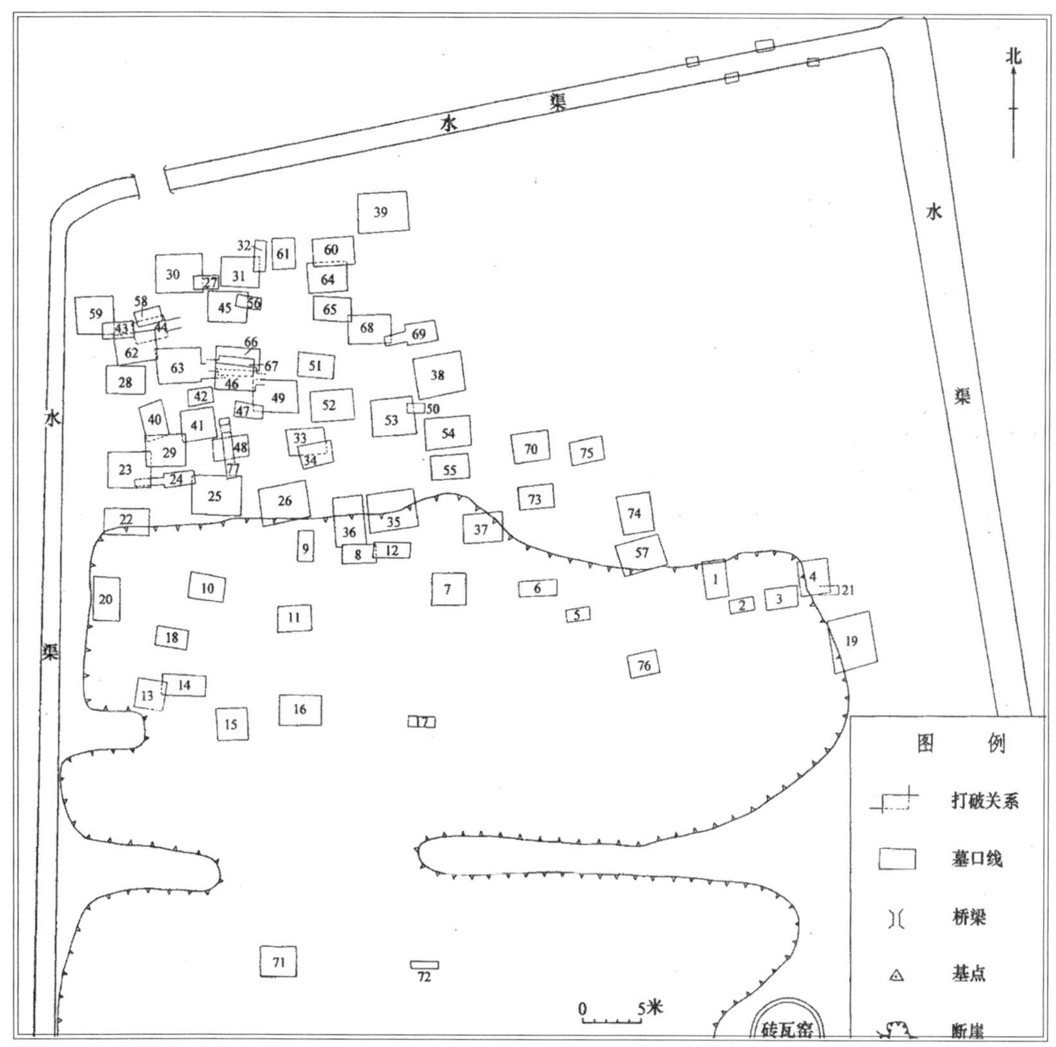

图 12-2 黄家沟Ⅱ区墓葬分布图

2. 西郊的平民墓

（1）冶家台墓群

该墓群当海拔线420米以北一带，位于渭城街道办冶家台以北、高干渠之南。2014年曾发现无封土的古墓1774座，其中有秦墓1100余座，均分布在一条古道路北侧。墓葬结构多样，以竖穴土圹为主，多为单墓道，个别是双墓道。墓向多呈东、西、南几面。是秦都咸阳西区一处规模很大的战国至秦时期的平民墓群。

（2）白庙墓地

白庙墓地是近都的一处葬地，位于正阳街道办，东南距秦“冀阙宫庭遗址”仅有2200多米，南距路家坡墓地约1000米。20世纪90年代，因盗墓和取土暴露出秦墓多座，未作探查，范围、内涵不清[①]。

（3）坡刘村贵族墓地

咸阳市渭城区渭城镇坡刘村东，有一处叫“鳖盖”的地方，地势高隆，实属咸阳原的阳坡地带。

经过两次发掘，收获丰富。第一次是2011年，由咸阳市文物考古研究所进行科学考古发掘[②]。探明墓地范围，东西200余米，南北宽60多米，有中小型墓108座，极少有打破关系。按组分布，内部排列整齐。形制有竖穴土坑墓和竖穴洞室墓，其中以洞室墓为多。共出土文物741件（组），其中陶器444件、铜器136件、铁器45件和玉器45件，以及部分骨器、瓷器、银器、泥器、铅器等。随葬品中，陶器以鼎、盒、壶、缶、盆、灯最为常见，在少数墓中出土有仓、釜甑等。铜器中有鼎、壶、盆、带钩、镜、印章等。铁器有环首刀、锸、凿、釜等。玉器则有璧、环、璜、龙形佩、剑饰、玉人、玉塞等。泥器常见的有泥球、泥仓等。6月15日，在一座墓葬中出土有铜鼎、铜带钩、铜印章、环首铁刀、柱形石器、陶饼各1件，墓室口南侧随葬有兽骨，在墓室口北侧发现两个漆盒痕迹。棺内葬一具人骨，因盗扰严重，但略知死者为男性，年龄约40至50岁，葬姿仰身直肢，头向西，面朝北。腰间有一枚小篆字体的印章，印文“赵旗”二字。在墓室有一绿色铜蒜头壶，摇动可听见液体之声，疑似“美酒”，已送往相关研究单位鉴定。

2017年冬，同陕西省考古研究院联合进行第二次发掘。其中M2、M3未经盗扰，属

① 王学理：《咸阳帝都记》，三秦出版社，1999年。

② 坡刘墓地正在发掘中，承蒙咸阳市文物考古研究所岳起、谢高文二位所长陪同，于2011年6月8日参观工地现场。报道见《发现陕西之一·揭开周秦谜团》，《三秦都市报》2012年1月11日。

于并穴合葬形式的竖穴土圹墓。墓葬中出土铜、玉、铁、漆木器、玻璃等遗物共155件（组）[①]。铜器有6鼎、1鉴、4钫、2壶、7盘、1提梁盉、1匜、1鋬、4灯、2勺、5镜、3带钩、车器2套4件、铺首3组6件、2玉具铜剑、1戈。出土的铁器主要是锸、刀、斧、凿、镰等生产工具。银器中以带钩最华丽。漆器仅存痕迹，数量甚多，可惜无存。玉器中的礼玉（璧）、佩饰也很精致。而陶器只有14件，均为泥质灰陶，有缶、灯、带盖罐等，是战国秦的日用生活器形（图12–3）。

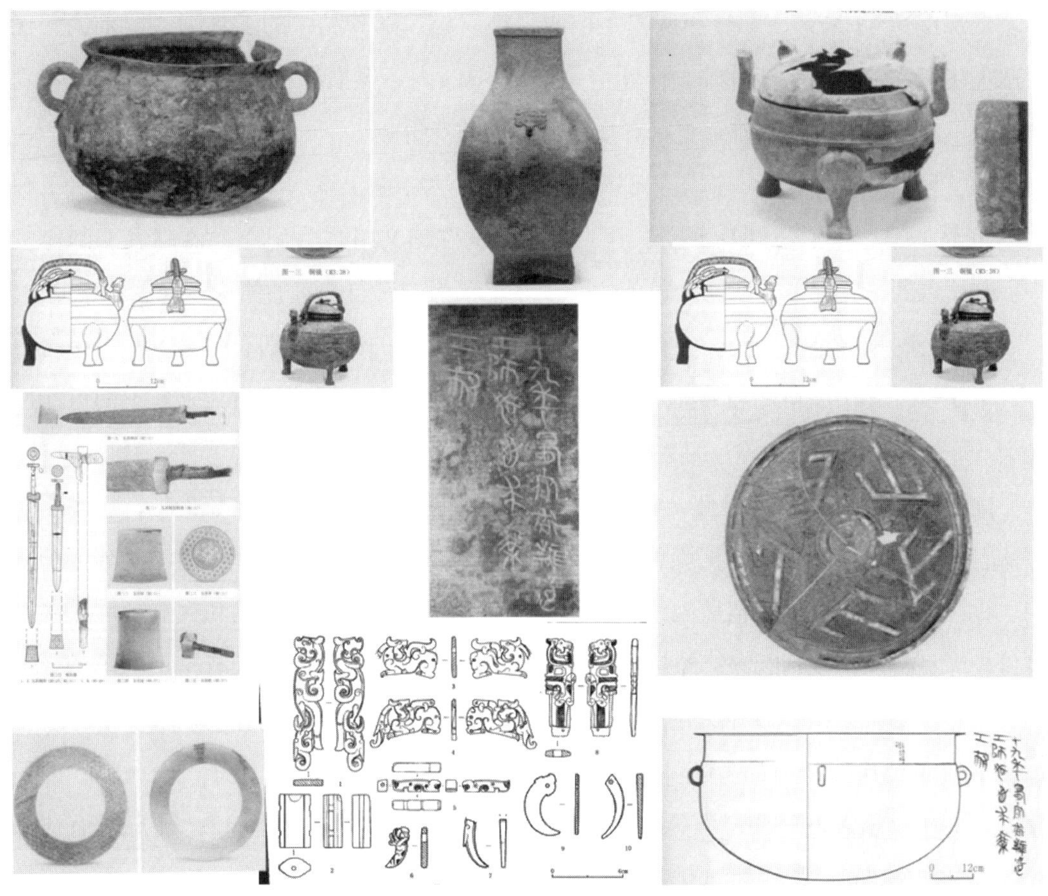

图12–3　坡刘墓地出土文物（部分）

坡刘墓地值得关注的是：

第一，出土疑似秦美酒的墓主是“赵旗”。特别是铜鉴腹部“十九年蜀守斯离造工师狢丞求乘工耐”的刻铭，不仅是铸器三级管理制明确反映，更主要的是“蜀守斯离”几字揭示其身份并为郡造兵器增添了新资料。玉具剑不仅是身份的表示物，联系到伴出

① 陕西省考古研究院：《陕西西咸新区坡刘村秦墓发掘简报》，《考古与文物》2020年第4期。

的长兵器戈，可知墓主也是靠武功而享受贵族待遇的。这正符合商鞅变法确立“宗室非有军功论，不得为属籍。……有功者显荣，无功者虽富无所芬华”的原则（《史记·商君列传》）。

第二，陶缶标本 M2：1，下腹部有“咸完里马”几个戳印文字，说明是秦都咸阳西南区民营制陶作坊的产品[①]。

第三，随葬品级别高、品类多、数量大。有不少规模较大的墓葬，长宽均在 10 米左右，深度达 11 米多，葬具用两椁一棺或一椁一棺。随葬品中的玉具剑、银带钩、铜扣贴玉漆卮、铜扣镶玉漆卮等，件件精美华贵，M3 内漆器推测总数不少于 42 件。特别是龙形玉佩、玉带钩显示着墓主具有皇族或贵族的身份。

第三号墓上漆器扣边、铜鉴腹部刻文有：二十六年左工章、十九年蜀守斯离造工师狢丞求乘工耐、王、公以及十三、升、十等。铜鉴铭文格式为纪年、监制者、制作机构、制作者的格式，“升”为计量单位，“左工”为少府左工室的简称，均属于秦制。

秦孝公时期迁都咸阳后，在位时间与铭文纪年相合的秦君分别有昭襄王和秦始皇两位。依照铜鉴文字风格和随葬品不见秦代典型器的情况看，器铭所指为昭襄王的可能性最大。

M2 和 M3 的墓主均为男性，同性并穴合葬形式在以往的发掘中比较少见，二者之间应该存在血缘或依附关系。据周礼记载，大夫一棺二椁，士一棺一椁。两座墓葬分别使用二椁一棺和一棺一椁，覆盖编织席和织物的荒帷，又陪葬有玉具剑和兵器，可见墓主身份较为显赫。初步判断 M3 属大夫级，M2 属士级，生前为武士且拥有一定的军功。

两座墓葬中杂糅了多种文化因素。填土层中所见多处动物牲肉和陶器说明下葬过程中曾举行了数次祭祀活动。随葬品除秦器外，还有“外来型青铜礼器”、铜鍪、山字纹镜、玻璃棋子和玻璃珠，均具有巴蜀、楚等多种文化特色。结合 M2：21 鼎耳有“张氏”以及 M3：46 铜鉴腹部“蜀守斯离”铭文，初步推测或许墓主和《史记》所载昭襄王时期参与乐毅伐齐之战的秦将斯离、蜀地的主要管理者张若有关[②]。

结合两座典型墓例，可以明确坡刘秦墓地在战国晚期至秦统一期间，是秦都咸阳城市规划中为秦贵族专设的墓地。

---

① 王学理：《秦都咸阳》，陕西人民出版社，1985 年；又《咸阳帝都记》，三秦出版社，1999 年；陕西省考古研究所：《秦都咸阳考古报告》，科学出版社，2004 年。

② 对坡刘两座贵族墓时代的判断，我以为可以成立，引文照录，稍作调整。参见陕西省考古研究院：《陕西西咸新区坡刘村秦墓发掘简报》，《考古与文物》2020 年第 4 期。

（4）店上村墓群

该墓群在靠近秦都咸阳西南的店上村西 80 米处，西距制陶手工业作坊区的滩毛村约 300 米，南邻生产路，北距陇海铁路咸铜支线 500 米，墓群面积约 3000 平方米。1961 ~ 1962 年，陕西省考古研究所清理了一批土坑墓与洞室墓葬，其中大部分是秦墓，少部分为汉墓。

秦墓葬具有木棺、陶棺（瓦棺、瓦槽、瓦鬲、陶釜）。土坑木棺墓形制是宽敞式竖穴墓，随葬品很少，主要是带钩和玉石小件，少有陶壶、釜、盆、罐；洞室墓时代偏后，从宽敞式到狭长式均有，葬具用木棺。前段出土物有陶鼎、壶、盆、釜、罐和铜镜，后段随葬品主要是陶蒜头壶、茧形壶、盆、罐等陶器及陶鱼饰，这些与滩毛村窑址出土物相同。

店上村墓群很可能是陶工和管理者及家属的葬地。为战国晚期到秦统一后的葬俗及有关问题，提供了资料。

（5）童墓

秦人爱小儿，重视人丁兴旺，对死去的婴幼儿并不是弃之荒野，而是沿袭埋在父母居地附近的古老习俗。咸阳的童墓比较分散，因为未成年而夭折，是不能入葬族墓地的。

童墓多见于秦都西南隅的手工业作坊区域。1959 ~ 1961 年，在长陵车站一带以南至渭河北岸到店上村之间，清理过 9 座童墓。在冶家台等塬边，也有童墓的发现。这些墓葬都作长方形竖穴土圹或方形土圹，大小不一，看来是按死者的体高掘穴的。一般的长 1 米左右、宽 0.5 米。最小的长边只有 64 厘米，大的仅及 1.1 米还带有二层台的。墓向不定，多作东西。葬具采用大型的日用盛器，如陶瓮部覆盖陶盆，或两陶瓮相扣合，或两陶鬲相并，或瓦槽口部覆盖板瓦，或陶盆口部覆盖板瓦等等。葬式作侧身屈肢，或仰身直肢。随葬用小型的陶盆、盒、鬲、罐等明器。

1972 年，路家坡村在出土 8 枚陈爰金版的附近，又发现瓮棺两具，内有小孩骨骸。

3. 远郊的平民墓

（1）尹王村墓地是宫城远郊的一处平民墓地

时代在战国中晚期到秦代。该墓地位于咸阳市渭城区尹王村西。2006 ~ 2007 年由陕西省考古研究所发掘了战国秦墓 134 座。墓葬形制分竖穴土坑墓、洞式墓，其中以洞式墓居多，竖穴土坑墓仅有 7 座，瓮棺葬一座。头向西、西北者占 80.6%，屈肢占 84.9%。出土器物有铜器 34 件，有鼎、带钩、镜、铃、半两钱、“重珠四十两”铅币 1

枚，陶器有 153 件，其中有鼎、盒、壶、罐、缶、盆、豆、釜、鍪、鬲、瓮，骨器，料珠等[①]。

尹王村 M226 是一座有二层台的竖穴土坑墓，被战国晚期的 M221 打破，出土的单耳陶罐在关中少见，陇县店子竖穴秦墓仅有一件，时代为秦代。关中秦墓出土双耳罐者较多，同单耳罐一起被认为是义渠戎或乌氏戎之物。

（2）西耳村墓地是宫城远郊的一处平民墓地

西耳村位于咸阳市渭城区渭阳街道办，东北距尹王村 1 公里。该墓地在西耳村西北，陕西省考古研究所在 2005 年发掘了秦墓 52 座。其中竖穴土坑墓 14 座、偏洞室墓 6 座、直线洞室墓 32 座、瓮棺葬墓 2 座。直肢葬式 9 座占 23%，屈肢葬式 30 座占 76.9%。头向西、北者 31 座，占 79.4%。出土陶器 55 件，有鼎、盒、罐、缶、囷、茧形壶、三耳杯壶、瓮棺，铜器 46 件，有铜带钩、镜，半两钱、料珠等[②]。

西耳村秦墓 M33 是直线洞室墓，墓道口大于底，单棺，仰身屈肢，出土小口罐、大口罐、袋足鬲，不出仿铜陶礼器。可见在秦墓中含有西戎文化的因素，或许墓主就是融入秦人族群中的戎人。

西耳村秦墓地的时代当为战国晚期。

（3）任家嘴墓地

任家嘴地处于秦都咸阳的西郊，当今咸阳市东渭城区东郊，处于渭河北岸的二级台地上。在任家嘴的黄土台塬之下，东南起自缓坡地带，西北至塬边，横长 201 米，纵宽 103 米，是一处秦都咸阳宫城远郊的平民墓地（图 12–4）。

1984 年，在这里曾清理过一座战国中期秦墓，形制上虽还采用传统的竖穴土圹，留二层台，用棺椁，殉葬二人。出土铜鼎 3 件、甗 2 件、敦 1 件、钫 2 件、壶 3 件，陶囷 3 件，还有圭等。铜器中除一残甗为明器外，其余 10 件都是高在 20 ~ 40 厘米的实用礼器。数量多，不具有随葬的组合关系，器形风格都属三晋之物。特别是一件高柄钫上饰双凤、鸟纹和翼人起舞等图案，甚为生动奇特。

---

① 陕西省考古研究院：《咸阳东郊秦墓》，科学出版社，2018 年。

② 陕西省考古研究院：《咸阳东郊秦墓》，科学出版社，2018 年。

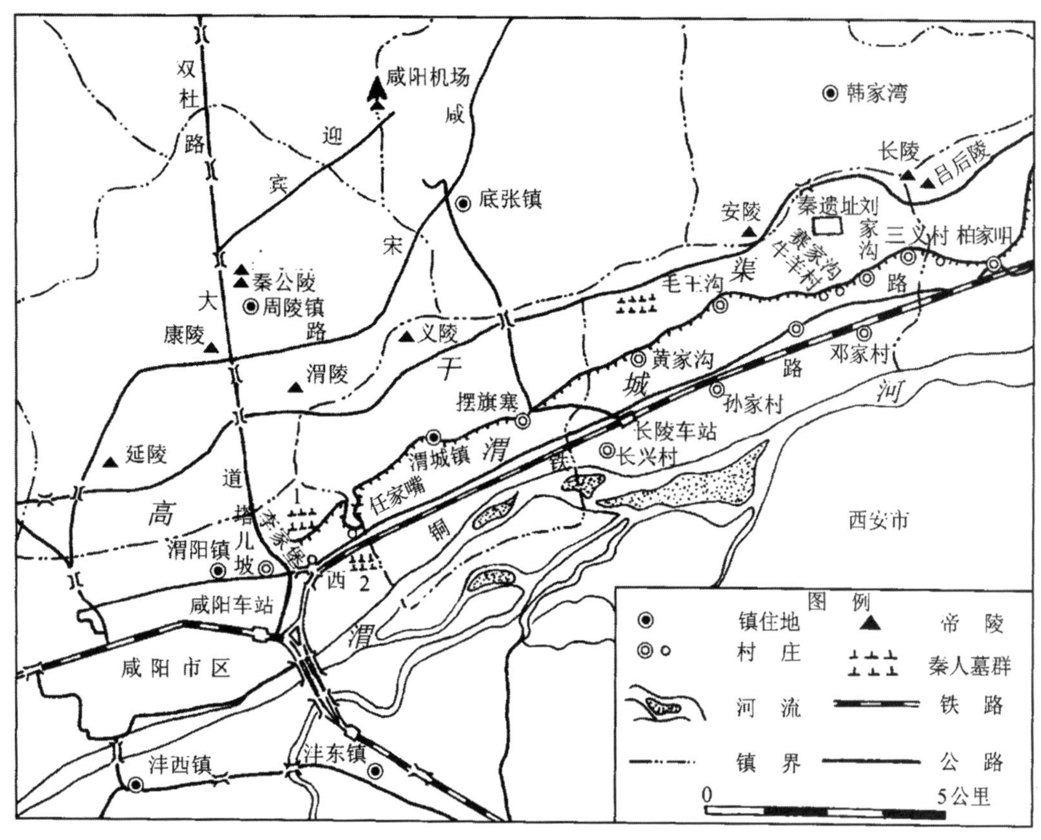

图 12-4 任家嘴、塔儿坡墓地位置示意图（1 为塔儿坡墓地，2 为任家嘴墓地）

1990 年 11 月，为配合长庆石油管理局在任家嘴建石油助剂厂清理地基的需要，咸阳市文物考古研究所对这一占地 20 万平方米的墓葬区作了清理，共发掘春秋至汉代墓葬 285 座，其中有春秋时期的墓葬 24 座、战国时期墓葬 142 座、秦代墓葬 45 座、无随葬器物的秦墓 32 座、汉代墓葬 42 座[①]。因为陇海铁路“咸—铜支线”从墓地北部由西南—东北穿过，应该说这里原有的一些墓葬在 20 世纪 30 年代即遭到破坏。此次发掘的秦墓是以中小型的竖穴土坑墓为主，出土陶鼎、簋、甗、壶、匜、盘、囷、盆、盂、鬲、豆、罐、茧形壶、蒜头壶、盒、仓及铜器、玉器计 1650 件（图 12-5）。

① 咸阳市文物考古研究所：《咸阳任家嘴春秋墓清理简报》，《考古与文物》1993 年第 3 期。

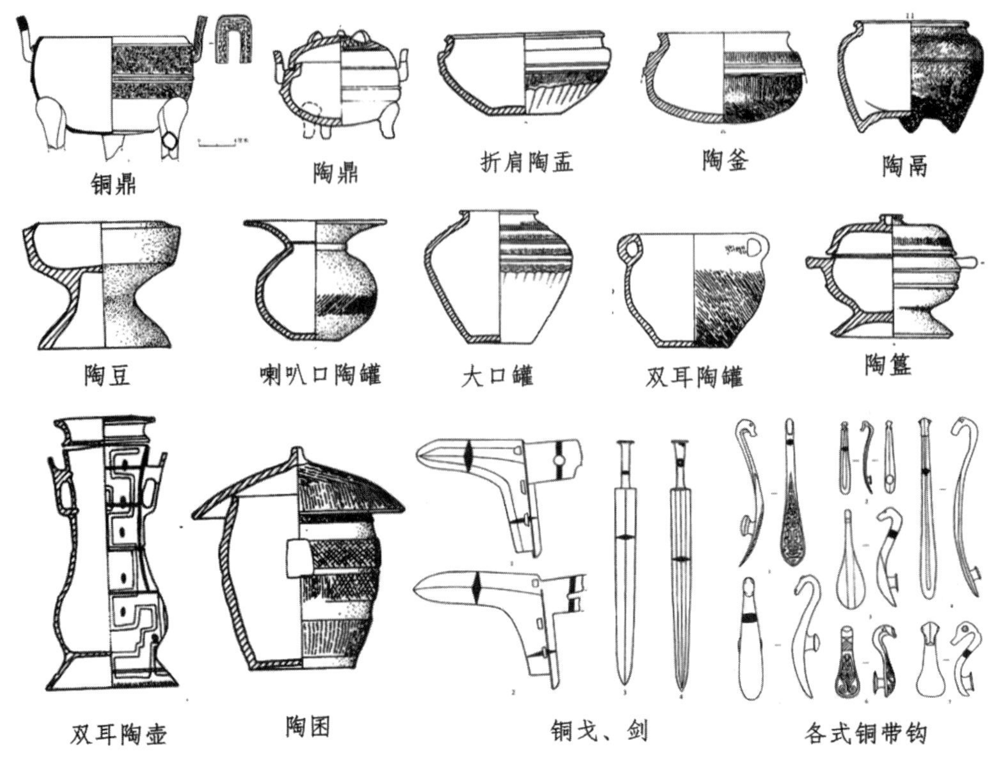

图 12-5　任家嘴墓地出土器物图例（部分）

任家嘴墓葬形制多为春秋时期口底同大的竖穴土圹，少数为战国晚期到秦代的口大底小墓。葬式多屈肢，头向以西为主。而墓地的墓葬分布集中、数量多、时代连续又跨度大，使秦人的葬俗在此得以充分的展现。结合墓间的打破关系与器物类型学，有的学者把任家嘴墓地春秋中期至秦的墓葬分为六期九个时间段①。研究秦咸阳都城布局时，从这里的秦人墓看，起码我们可以得到如下一些认识：

第一，墓葬形制稳定，变化滞缓。任家嘴的秦墓从春秋到战国一直沿用竖穴土圹的形式，在时间流程中的变化只表现在四壁的直与斜的程度上。如果把战国中期作为分水岭，其墓壁垂直，形成口与底同大的“箱式”，平面上有着宽敞、狭长和梯形的三种。在此之前，虽以口底同大为主，而口小底大作“覆斗”状的一种形式还占相当的比例。但在此之后，覆斗竖穴墓基本上消失，而口大底小的“仰斗”竖穴墓却成了上升的趋势（凤翔、宝鸡一带的秦墓是春秋时期出现仰斗墓的）。可见这里竖穴土圹墓是经过

① 曹发展：《咸阳任家嘴秦人墓地发掘的主要收获》，《泾渭稽古》1995 年第 2 期。

了“覆斗—箱式—仰斗”的变化历程，但平面大小一般都在 3 米 ×2 米左右。都有二层台，少见壁龛，更没有腰坑的存在。这里洞式墓的出现在秦代，这与黄家沟、塔儿坡及其他地方的战国中期秦墓已有洞式的情况不同。能否说它与驱逐关中戎人、最早生活在咸阳、一直沿用周人墓制的一支秦人有关？诚如是，任家嘴就是秦孝公建都咸阳之前秦居民固有的墓地了。那么，其墓主也就是咸阳最早的市民。

第二，接受周人丧葬制影响，但趋向生活世俗化。任家嘴的春秋秦墓普遍用棺椁，其中有 6 座使用一椁两棺，占墓总数的 1/4。特别是 M43 还是两椁一棺，按说级别较高，墓主当属大夫，却用大口罐和陶盆随葬，同身份不相符。用鼎的多寡，本是严格的等级制的反映，像天子九鼎，诸侯七鼎，大夫五鼎，元士三鼎，中士二鼎。而任家嘴春秋秦墓最高者虽用二鼎，但还是陶鼎，绝然不见铜礼器。虽然有鼎（或盘）、簋（或豆）、甗、壶、匜等基本的器物组合，但鼎、匜或有或无，而且在使用礼器的 10 座墓中也多不成套，像 M42、M82 无鼎，多数墓又缺少豆、盘、甗、匜，只有 M88 才使用两只陶壶。即以主要礼器的鼎、簋、壶而言，有的墓用 2 鼎、4 簋、5 壶，有的用 2 鼎、2 簋、3 壶，完全不符合簋、壶成双的礼器配备原则，甚至有的墓只随鼎、壶或鼎、簋，而无其他。此种不合礼的情况，在凤翔、宝鸡一带使用多重棺椁的春秋墓中是见不到的。或许这本身就是一种僭越意识的反映。可作佐证的是这里在春秋中期已经出现了陶囷，不但时间较其他地方要早[①]，而且数量大、形式多样。有意思的是陶囷与其他礼器同出一墓，甚至一墓中随葬两件陶囷，但绝不再有鼎。以贮粮设置的囷代鼎，是显示墓主社会地位与等级的新现象，用粮食的多寡代表着拥有财富的数量，正同自秦简公七年（公元前 408 年）“初租禾”，按土地亩数征收租税、封建地主制的被承认、农业生产发展的历史吻合。也正因为此，秦国人的思想观念自然发生新的变化，反映到墓葬中也就是“礼”的动摇。战国早期的秦人墓，其陶礼器本身就是明器。到战国中、晚期、秦人墓随葬器物组合已基本上同礼制脱离，变成了生活实用器，完全世俗化了。

第三，具有一定的社会地位，保持秦人固有传统。从任家嘴春秋秦墓随葬礼器的情况看，墓主的身份属于士一级，是具有四级以下的低爵。但是，他们一直沿用竖穴土圹墓，取西首葬墓向和屈肢葬姿（蜷曲特长，胫骨与股骨的夹角小于 30 度），保持着西周中期以后甘肃秦人的葬俗，属于秦文化中固有的主要内容之一。从甘肃甘谷毛家坪的

① 出现陶囷的最早材料见于春秋晚期，参见宝鸡市博物馆等：《陕西宝鸡市茹家庄东周墓葬》，《考古》1979 年第 5 期。

秦人墓地到陕西凤翔雍城的秦公墓地，可说是一脉相承的[①]。有意思的是任家嘴墓中出土一种双耳罐，同毛家坪春秋战国时期秦墓中那种双耳深腹平口罐相似，虽然都与口作马鞍形的辛店文化“安国式”陶罐存在很大的区别。但不可否认的是，它固然为东周时期生活在陇东戎人的文化遗留，毕竟被秦人所接受[②]。由此可以看出，埋在任家嘴墓地的秦人大概是秦宪公伐戎至汤社、秦武公伐彭戏氏至华山，随杜、郑的设县，先后迁到咸阳地（公元前7世纪初）的一支。作为纯粹的秦人族墓，其固有的传统也就比较稳定。但另一方面因为这一部分早到咸阳的秦人，远离当时的雍都，随社会生产力的发展，内部奴隶主势力相对较为薄弱，其文化面貌就呈现出一种多元状态。表现在丧葬方面是，既保留原来竖穴土圹、西首屈肢葬的习俗，表现等级身份的棺椁制、随葬礼器，又随封建制较早的萌芽，在经济生活、思想意识方面都发生了很大的变化。而这些也许就构成秦献公、孝公实行封建改革，选取栎阳、咸阳为都的社会基础。

（4）塔儿坡墓地

塔儿坡是秦都咸阳渭北区的第三处墓地。

该墓地位于秦都咸阳的西郊，距“北阪宫城”11公里许。中间经行“杜邮亭”，当秦咸阳西行的大道上。北去5公里，同秦惠文王的“公陵”相望，东南1公里许是任家嘴墓地。其地理位置属今咸阳市北郊渭河二级台地上渭城区塔儿坡村东北侧、李家堡北一带。

在这一区域里前后发掘过430座秦墓，其中有381座位于咸阳钢绳厂内，占地80余亩，是咸阳市文物考古研究所1995年一次性钻探发掘的[③]。尽管墓葬形制有着竖穴与

① 1983年，在甘肃甘谷毛家坪发掘了从西周至战国时期的秦人墓葬有31座及居住遗址200平方米。其葬俗与随葬陶器同周墓或甘青地区其他古文化有着严格的区别，当是我们追溯屈肢葬、死者头西脚东等秦文化因素的源头。材料见赵化成：《寻找秦文化渊源的新线索》，《文博》1987年第1期。

② 马鞍形口双耳陶罐是寺洼文化中很有特色的器物，广泛地分布在泾水上游及渭水上游。像甘肃临洮寺洼山最早发现这种陶罐，以后在洮河流域的岷县及漳河一带也有出土。1958年，在甘肃平凉安国镇一座墓中出土与马鞍形口双耳罐伴出的其他陶器群20多件，同寺洼山的俨然有别，就称之为“安国式陶器”。以后在泾河流域调查，发掘多处寺洼文化遗址，特别是1980年一次在庄浪县徐家碾寺洼文化墓地就清理了100多座墓葬。实际上，早在1955年，陕西凤县就曾出土过马鞍形口的双耳陶罐。1974年，在白龙江流域调查就发现寺洼和安国式遗址15处。1976年，又在宝鸡竹园沟的一座西周墓中发现这种罐，在附近的濛峪口也采集到几十件西周小墓出土的陶器，除过马鞍形口的，还有大口、侈沿、平底、双大耳的深腹陶罐（参见宝鸡市博物馆等：《宝鸡竹园沟等地西周墓》，《考古》1978年第5期。

寺洼文化在地层上晚于甘肃的齐家文化而早于西周文化。其下限据宝鸡竹园沟中马鞍形口双耳陶罐与西周早期铜器共存的情况看，可以晚到西周早期。无论“安国式”陶罐或是双耳深腹平口罐，都不是周文化，也不是秦文化的东西，系古代甘青地区少数民族之物。但文化的交流、融合一直在进行着。所以，在咸阳任家嘴秦墓中出土的双耳罐也就可以理解。其罐口作平沿，耳也不大，正是秦人改制的结果。

③ 咸阳市文物考古研究所：《塔儿坡秦墓》，三秦出版社，1998年。

洞式的区别，但长方形的竖穴土圹在外观上毕竟相同，在平面布局上极少有打破关系。再结合西首葬、屈肢为主的葬式及随葬器物具有共同的特点，就可以判定这是一处秦人的“邦族墓地”。其排列整齐、分布密集的情况正是墓大夫按照邦墓兆域图，“令国民族葬，而掌其禁令；正其位，掌其度数”(《周礼 · 春官宗伯 · 墓大夫》）规划的结果（图12–6）。

钢管钢绳厂内的381座墓葬，其中竖穴土圹墓100座，占墓总数的26.25%；洞室墓281座，占73.35%。除两座墓外，均有葬具，但多数仅有一棺，有一棺一椁者只占11.34%。极个别的用瓮棺（计9座）。葬式两种，屈肢葬268座，占墓数的73.04%；直肢只有45座，占11.81%；葬式不清者68座，占17.85%。有仿铜礼器的39座墓，墓葬形制及规模也没有更为特殊之处，椁制也严重弱化。墓间随葬品差别不大，数量以3 ~ 5件为常，最多不过27件。这种葬制及随葬品的一致性，说明墓主身份及其财富占有情况没有太大的区别。再结合时代考察，可见塔儿坡是一处战国晚期到秦代居住在国都咸阳的秦人平民墓地。

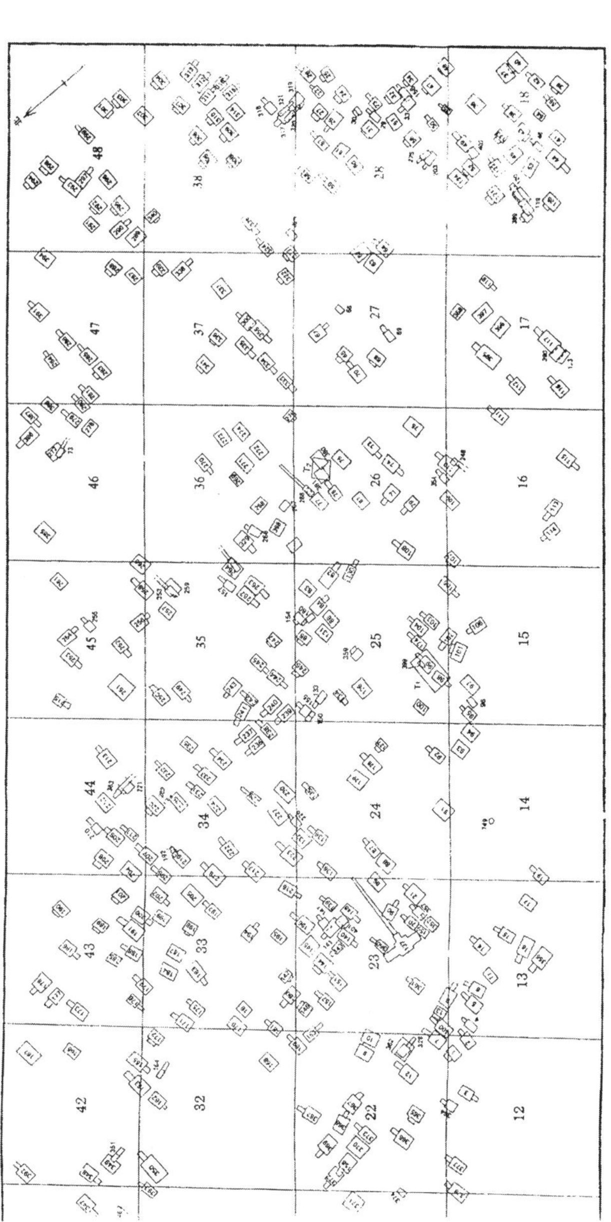

图 12–6　塔儿坡秦墓平面图（部分）

在钢管钢绳厂秦墓群中，发掘出各类随葬器物1374件，其中的十九年商鞅殳镦和骑马俑尤值得重视。镦铭作“十九年大良造庶长鞅之造殳犛郑”，这不但反映出塔儿坡墓地时间上限不会超过秦孝公十九年（公元前 343 年），也为存世较少的商鞅器（过去仅见商鞅量及戟）增添了新资料（图 12-7）。两件骑马俑高仅 22.6 厘米，虽系捏制的泥质灰陶，绘彩唯用朱绘勾勒马的络头、辔绳及人的冠、衣缘，造型也显得简单、拙朴，但它毕竟提供了秦人早期乘骑的形象，再次证实了秦人最先乘马并用于军事的见解[①]。

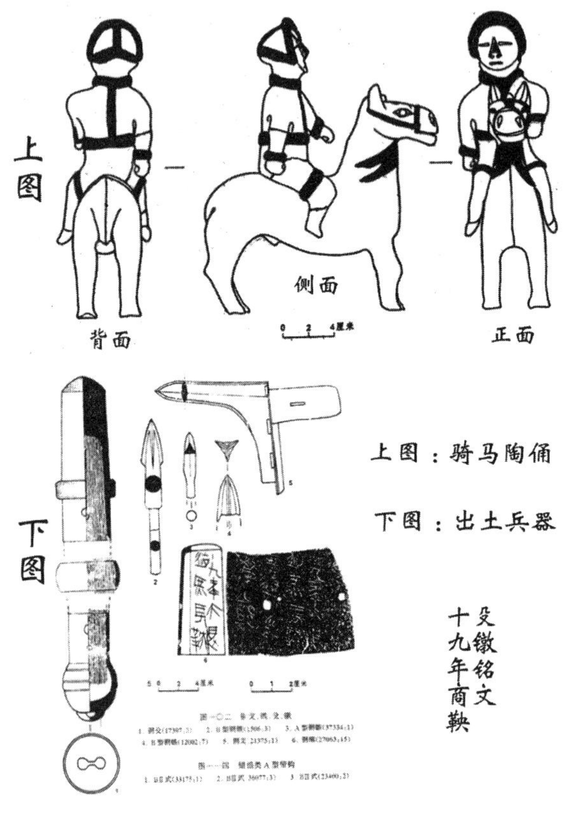

图 12-7　塔儿坡秦墓出土文物（部分）

塔儿坡墓地的时代属战国时期，其科学发掘所提供有学术价值的资料是多方面的。

（二）渭南新区的秦墓

1. 尤家庄秦人墓地

这是一处秦都咸阳渭南宫殿区东侧的墓地，西距汉都长安城遗址 2 ~ 3 公里，当今西安市北郊张家堡以南。以尤家庄为中心，扩及翁家庄、南里村一带，西及北康村，向东可到西十里铺。从 1994 年到 1998 年，西安市文物考古研究所等单位为配合省交通学

① 王学理：《秦俑专题研究·云骑凌厉中原 蹑影追风胡域》，三秦出版社，1994 年。

校，西安电信第二长途局、西北管道局、长庆油田等单位基建，清理古墓葬两千座左右，其中有战国墓葬八九百座。陕西省考古研究院于1998年5月至2001年10月，在尤家庄、北康村、翁家庄清理战国中期至秦晚期的墓葬123座，其中除4座墓形较大之外，其余119座都是小型墓①；1998年7月至2001年5月，陕西省考古研究所在尤家庄南的12处发掘点共清理战国中期至统一秦晚期的小型秦墓197座②。村东的陕西移动通信大楼也有一批秦墓，再向东长庆油田征地千亩之内还有一批墓葬，但至今还没有公布发掘材料。不过，从上述材料中可以看出：在这一地区秦墓葬分布密集，数量巨大，是秦都咸阳渭南新区一处重要的平民墓区。到了西汉时代，此间仍是长安的东郊墓区。秦汉两代墓葬交叉分布，但并不重叠，很少有打破关系（图12-8）。

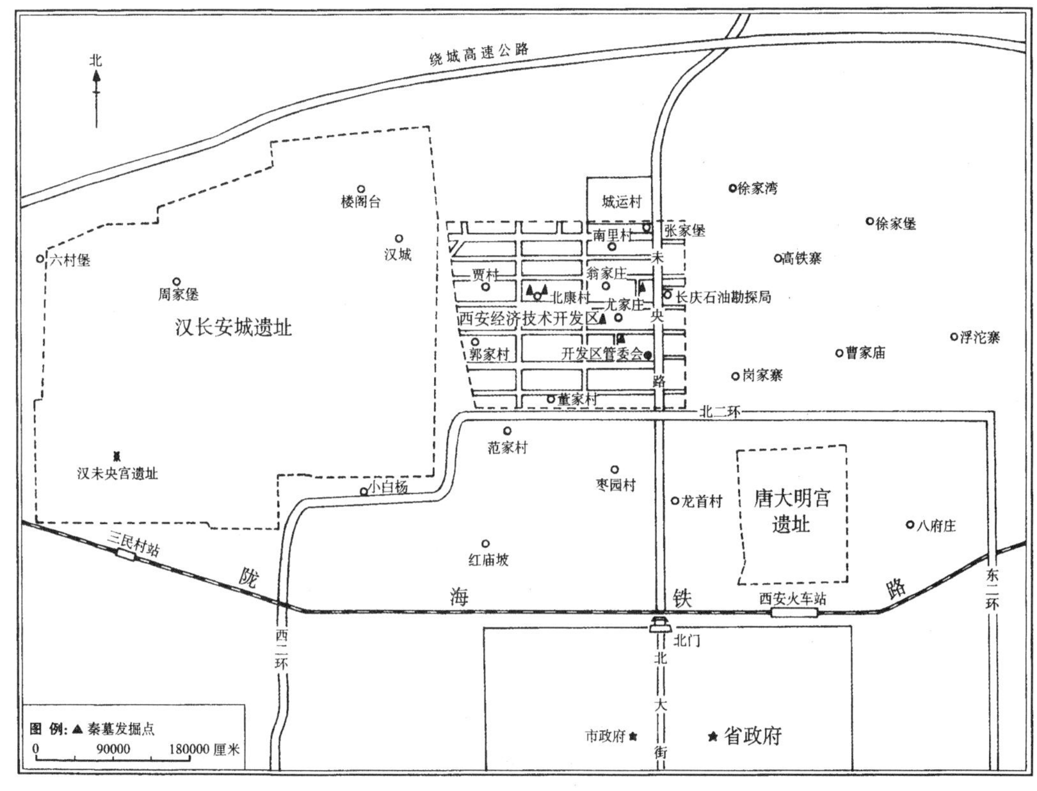

图12-8 西安北郊尤家庄秦墓地发掘点示意图

公布的尤家庄墓地材料分为两批。前一批墓葬中，共有竖穴土圹墓33座，占墓葬

① 陕西省考古研究所：《西安北郊秦墓》，三秦出版社，2006年。

② 陕西省考古研究院：《西安尤家庄秦墓》，陕西科学技术出版社，2008年。

总数的 26.8%；竖穴墓道土洞墓 87 座，占 70.7%；斜坡墓道土洞墓 1 座，占 0.8%；瓮棺葬 2 座，占 1.6%。其余形制不明。葬式有曲肢、直肢和瓮棺葬。头向朝四个方向的都有，以向西者居多。

具有随葬品的墓葬有 98 座，无任何器物的有 25 座。据随葬品的有无与品种，秦墓可分为五类，即：一是随葬铜礼器、日用铜器和陶器的（仅 1 座，即 98 交校Ⅱ区 M24）；二是随葬仿铜陶礼器，或伴有铜容器、日用陶器的（共 37 座墓）；三是随葬日用陶器，或伴出铜容器、陶明器的（共 47 座墓）；四是仅随葬小件器物，或出有漆器、铜钱币的（共 13 座墓）；五是无任何随葬品的墓（共 25 座墓）。

在器物组合上，分为两类，一类是仿铜陶礼器的组合，有 35 座墓，如鼎、盒、壶为基本组合，在此基础上加罐、盂、瓮、盆、釜、鬲、灯、灶等；鼎、盒、罐为基本，加盂、盆、瓮或盆、缶、瓮；鼎、罐、盂为基本组合，加缶、钵或瓮；鼎、壶（或蒜头壶）罐为组合；鼎、壶；鼎、缶；另一类是日用陶器组合，如罐、盆，加瓮、盂、甑、缶；罐、缶，加灯、灶或釜、灶；盒、壶，加盆、瓮；罐、缶，加盂；盒、罐、盆、缶、瓮，加明器壶、甗；罐、盂、鍪、瓮；瓮、缶；盒、缶；缶、灯；盒、灯；壶、罐；壶、钵。

墓葬中随葬品的品类与器物组合及其多寡，既反映了社会等级与贫富的差别，也是时代变化的反映。

乐百氏 M34，被认为是一位铸铜工匠的墓葬。从铜印章可知，这位叫“苍”的匠师在墓中除了随葬日用陶器外，还把他生前使用的铁镊子、铁凿、铁刻刀和砺石随葬在身边。特别是 25 件陶模具异常精美，其中人物纹饰牌模和动物纹饰牌模 5 件的图案具有浓郁的鄂尔多斯式青铜文化风格，在全国都是首次发现。其他的模件，还见有泡饰、车马器（軎、衡末、盖弓帽、轴等）、器物配件（环、弩机悬刀、鼎足、雁足灯等）等，造型与图案相当漂亮。

后一批墓葬的形制、葬具、器物等，同前一批材料没有太大的区别。最重要的发现是明珠花园 13 号出土有 19 座乱葬墓和 1 座殉人墓。乱葬墓中有单人乱葬，双人乱葬，还有多人乱葬。最多的乱葬墓中，竟有 8 具骨架！乱葬墓人骨凌乱放置，叠压、交错，以青少年女性较多。死者多无葬具与随葬品，即使有也不过一只陶罐而已。这种乱葬墓，在全国范围内还是首次发现。发掘者认为，这些青少年死者可能是遭连坐罪罚没而来，在繁重的劳役中染传染病而死亡。

2. 西安南郊秦人墓（图 12-9）

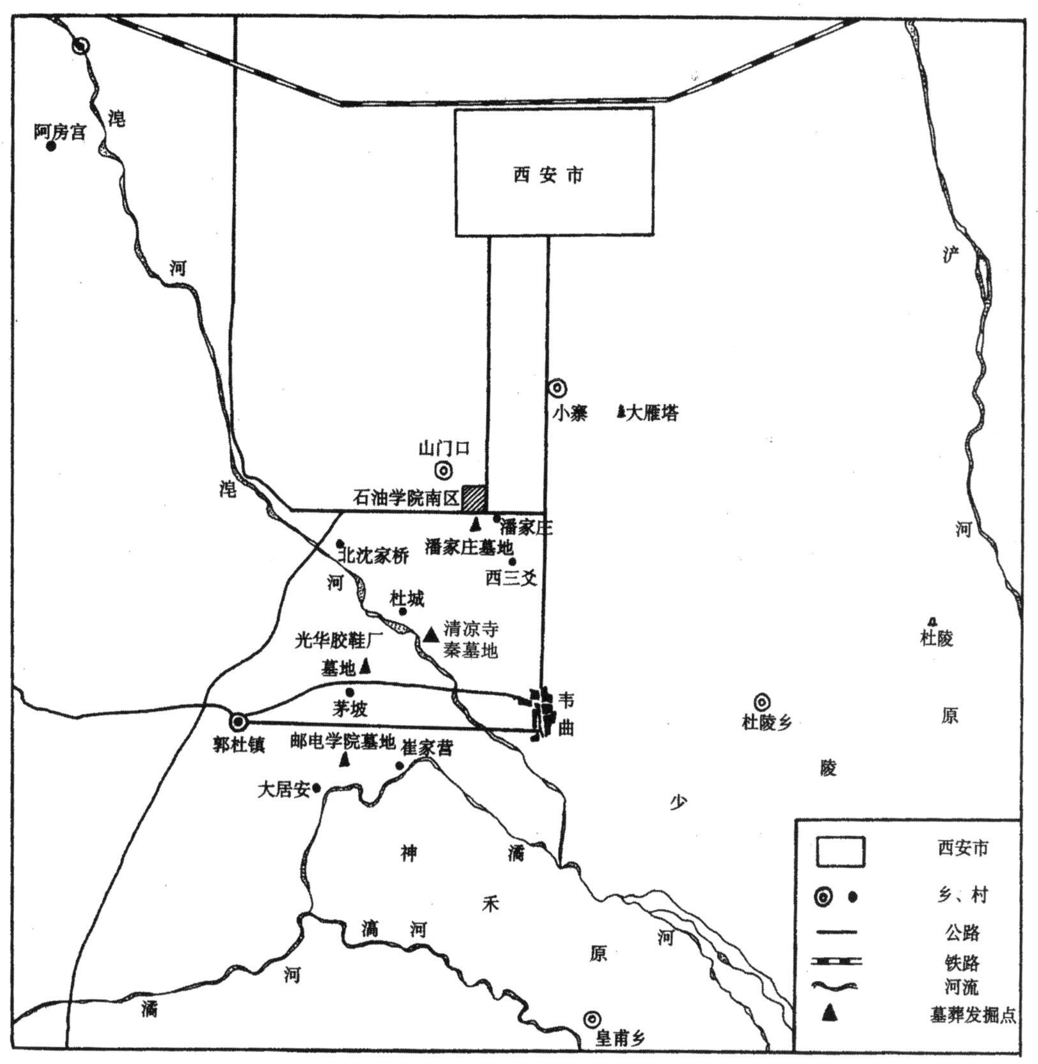

图 12-9　西安南郊秦墓地位置图

（1）山门口墓地

山门口秦人墓地位于西安市南郊山门口村，当在秦都咸阳渭南区与杜县交界处。1988 年秋天，西安市文物管理处在电子城 205 工地清理出战国时期的秦墓 11 座[①]。

这里的墓葬作长方形竖穴、侧有拱顶的平行式偏洞。墓圹中有二层土台，除洞室一侧外，多留在其他三面（M2、3、6、7、9 ~ 11），个别的留在两端（M1、8），或顶

① 王久刚：《西安市南郊山门口战国秦墓清理简报》，《考古与文物》1994 年第 1 期。

端一处（M4），也有不带台的（M5）。洞室的头端或带小龛，内置随葬品、动物骨骼。棺床下或有横向垫木，洞口以横木封堵留有沟槽。

头向有朝西的或是朝北的，多作屈肢，也有直肢的。据观察，东西向墓，洞室一定开在北侧，也是头向西的屈肢葬（个别的头向东，如 M8）；凡南北向墓，洞室开在东西两侧的都有，但东侧洞的死者作屈肢，西侧的死者作直肢。虽然随葬器物较少，但大部分墓中都有铜带钩一件，只有 M3 出土两件，出自头顶或腰侧。随葬器物多为陶器，还见有鬴、罐、盂、甑、壶、鸭蛋壶等，放在小龛内。个别墓有的小龛内有漆器（M3）。少数墓中死者口含或手握白石子、玉瑗、石璧断节。

山门口秦墓葬制较为简单。如 M10，圹口东西长 3.62 米、宽 2.18 米、深 3.2 米。三面留 2 层台，高 1.1 米。洞室开在北侧，东西长 2.24 米、宽 1.18 米、高 1.5 米。棺材原来髹漆，下垫横木二根。死者屈肢，头右侧有一形体略大的铜带钩。随葬品见有夹砂陶鬴和陶盂各一件，盂内有动物骨架一具；又在洞室内头端的小龛中放两只鸭蛋壶和动物骨架一具。与此墓相似的 M11，其随葬品也不过是陶罐、盂、鬴各 1 件，盛小动物骨架二具。其他有随葬陶器的墓，组合关系也不稳定，如 M7 为陶鬴、甑、鸭蛋壶，M9 为鬲、壶，M2 有玉瑗一件，M5 有铁削一把。其他墓无任何随葬品。

同黄家沟、任家嘴的平民墓比较，渭南的山门口墓葬有自己的特点。采用竖穴式土洞墓室，以屈肢葬式为主，有棺无椁。随葬简单，仅日用陶器而已，有的或无。这一墓地的时代当在战国晚期到秦代，属于秦都咸阳渭南新区一处平民墓地。

（2）杜城墓群

西安市文物保护考古所自 1989 年开始，至 2003 年，发掘了 1500 多座秦墓。涉及秦杜县的平民墓葬有 4 个墓地，计 864 座墓，其中茅坡村光华胶鞋厂墓地发掘了春秋战国墓 93 座、邮电学院南区墓地的战国墓葬 162 座、潘家庄墓地的战国至西汉的秦墓 62 座①、清凉山秦墓 549 座。

秦杜县在汉宣帝修建杜陵于东原之后改名下杜城，故址在今西安市南郊山门口南的杜城村附近。杜城之南过潏河，去光华胶鞋厂茅坡墓地 2000 米，再向南 500 米是邮电学院茅坡墓地。杜城东北 2500 米，是潘家庄墓地。这四处墓地南临神禾原、东为凤栖原和鸿固原、西为高阳原，均分布在潏河两岸的二级台地上，应属于杜县的地方性葬地。

① 西安市文物保护考古所：《西安南郊秦墓》，陕西人民出版社，2004 年。

a. 光华胶鞋厂墓地

距杜城最近，南过泬（潏）河在郭杜镇茅坡村东北200米处。规模小、规格低，但排列有序，有打破关系的仅是个别现象。墓葬形制中洞室墓63座，占总墓数的67.74%；竖穴墓30座，占30.26%。其余形制不明。屈肢、头向西是主要葬式。竖穴墓中的葬具多为一棺一椁，在洞室墓中多用一棺。所见陶文多为“杜亭”、“杜市”和“武南”三种印戳。刻划有“杜”“咸”“千”“之”等字，字数最多的是一缶肩上刻“西奂苏氏十斗”六字。据综合研究，茅坡光华胶鞋厂秦墓的埋葬时间，最早在春秋晚期，经过战国、秦统一，延续到西汉早期。时跨300年、墓序整齐，葬制、葬具简单，显然是统一规划的结果。而结合随葬日用陶器普遍的现象，属于秦杜县的一处平民墓区，具有“邦墓”的性质。

“杜”字陶文出现在20多件陶器上，既反映了杜县制陶业的产品投入市场须受市亭机构管理的实际，也为确认秦杜县的地望提供了有力的支持。《史记·秦本纪》载：秦武公十年（公元前688年）“初县杜、郑”。1973年在北沈家桥发现秦惠文王时的“杜虎符”，距此东南3公里有杜城村，仍有秦城址的遗存。那么，近距杜城2公里的茅坡墓地市亭陶器正是“杜”县的产品。

b. 邮电学院南区秦墓

茅坡南1里的一处秦墓地，在邮电学院的南区。墓葬东西成行、南北并列，非常整齐。除3座竖穴土坑墓外，均为竖穴洞室墓。而洞室墓中又以直线式占绝大多数。均属单人葬，死者头向西。放置器物的小龛，留在洞室左侧。竖穴土坑墓均为一棺一椁，而土洞墓均为一棺。从墓制简单，规模不大，出土器物风格一致看，同咸阳塔儿坡墓地有很多相同与相似之处，埋葬时间当在战国晚期后段至秦统一，死者为当地平民。

茅坡邮电学院秦墓的M123出土施彩的人俑6件，最高的圆髻女俑9.3厘米，乘马俑2件，造型准确，具有一定的写实作风。

c. 潘家庄秦墓地

潘家庄墓地的秦墓取直线式洞室的形制，墓道无生土二层台。除墓室带小龛之外，在墓道内带小龛的数量加大，而且有的体量大到与墓室相同，相应的是随葬数量也加多。多数墓葬中有随葬器物8～13件，最多的M185竟有57件之多！这批墓葬的葬式以仰身直肢为多，屈肢较少。出土的陶器近1/5有陶文，见戳印“杜亭”“杜市”“咸亭完里丹器”等20种。其中刻划姓氏与容量的如：“乐定王氏九斗”“母方母方杨”“南阳赵氏十斗”“杜氏十十”“易九斗三升”“李氏九斗二升”“赵”“王”“伯”“里”等。这批墓葬的时代定在秦统一，个别的可上到战国晚期。墓葬下限时间在西汉早期，但不晚于武帝时期。死者大约是定居于杜县的徙民，这里同样属于杜县的平民墓地。

d. 清凉山秦墓地

清凉山墓地位于西安市南郊韦曲镇北凤栖原上的上塔坡村西北，西北距出土杜虎符的北沈家桥村 3 公里。该墓地东西长 220 米、南北宽 150 米，外有抹角的长方形围沟。墓葬密集，主要分在北部，少有打破关系。排列整齐，东西成行，南北基本成列，显然是一处有规划的墓地（图 12–10）。

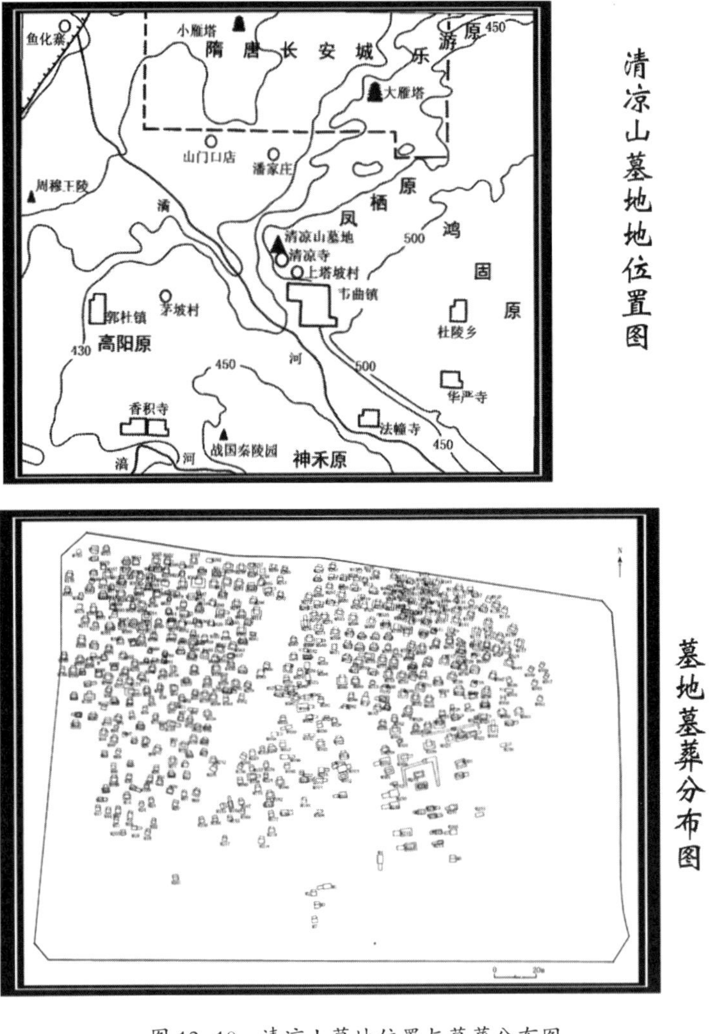

图 12–10　清凉山墓地位置与墓葬分布图

清凉山墓地有549座秦墓，排列整齐，没有打破关系。其中有方形竖穴土坑墓57座，约占总墓数的10%；洞室墓492座（其中直线洞式89座、偏洞式403座），约占90%。

出土器物有铜鼎、鍪、镜、匜、剑、带钩、钱、印，环首铁削、小刀、锛、凿，陶罐、釜、壶、盂、盒、鬲、卮、高柄豆、三足罐、蒜头壶、茧形壶、钵，玉印、玻璃珠等。

具有判断时代、文化属性的代表文物是秦"半两"铜钱、楚蚁鼻钱、私印"蒯玺"、"杜亭"印戳陶文、圈足茧形壶。不见长颈方壶，大喇叭口罐偶有发现，陶鬲仅见3件。再结合历史与地理，可以确认清凉山秦墓的时代在战国中期后段到秦统一。简报编写者据M215"蒯玺"半通印与铜剑并出，结合杜虎符，表明"这是杜地核心区域内一处由士大夫级贵族管理、经过统一规划的国人公共墓地"①。

3. 西安东郊的半坡墓地

半坡墓地位于大咸阳的东南隅，西距南区市中14公里多。地在浐河以东800米的河谷第二台地上，背倚白鹿原，当今西安东郊纺织城西北的半坡与堡子村之间。西临浐水，东近灞河，属于二水夹傍白鹿原又交汇的三角洲上源。背山（原）面水，前有驰道通过，地在京都与芷阳之间，东北即是灞上和东陵陵区。在人口稀少、城邑分明的古代，这里是理想的平民茔域，所以从战国以后至汉唐，古墓垒垒，历代不绝。只是由于近现代人类活动地域扩大，修铁路、拓公交、从墓地中心作了切割式的破坏，夷毁古墓不知凡几？当建国初考古队配合基建时，才把周围残留的几处地段作了最后的发掘。尽管只是拾余性的收获，也给了我们从零星资料的拼凑中想象它原来规模的机缘。

从半坡墓地的墓葬分布看，它原来相当稠密，时代延续长，占地范围也大。但因南北向的铁路支线和东西向公路从墓中心十字穿过，很自然地把剩余的墓葬分成了东、西、北三区。1954年至1957年，中国科学院考古研究所在三区计20000平方米的范围之内，清理发掘了古墓240余座。分布整齐、排列有序、保存完好，是这一墓地的一大特点。这里有战国秦墓112座，显然是秦咸阳城市规划的又一处平民墓地②（图12-11）。

残留三区的墓数中以北区为最多，计有53座。西区次之，46座。东区最少，只有13座。但西区分布的密度大，南北呈一带状，作东西向三行排列，个别虽有错位乱行情

① 西安市文物保护考研究院等：《陕西西安清凉山秦墓发掘简报》，《考古与文物》2022年第4期。

② 金学山：《西安半坡的战国墓葬》，《考古学报》1957年第3期。

况，但绝无相互打破关系。墓间距一般只有 5 ～ 7 米，最稠密处仅 1 米之隔。

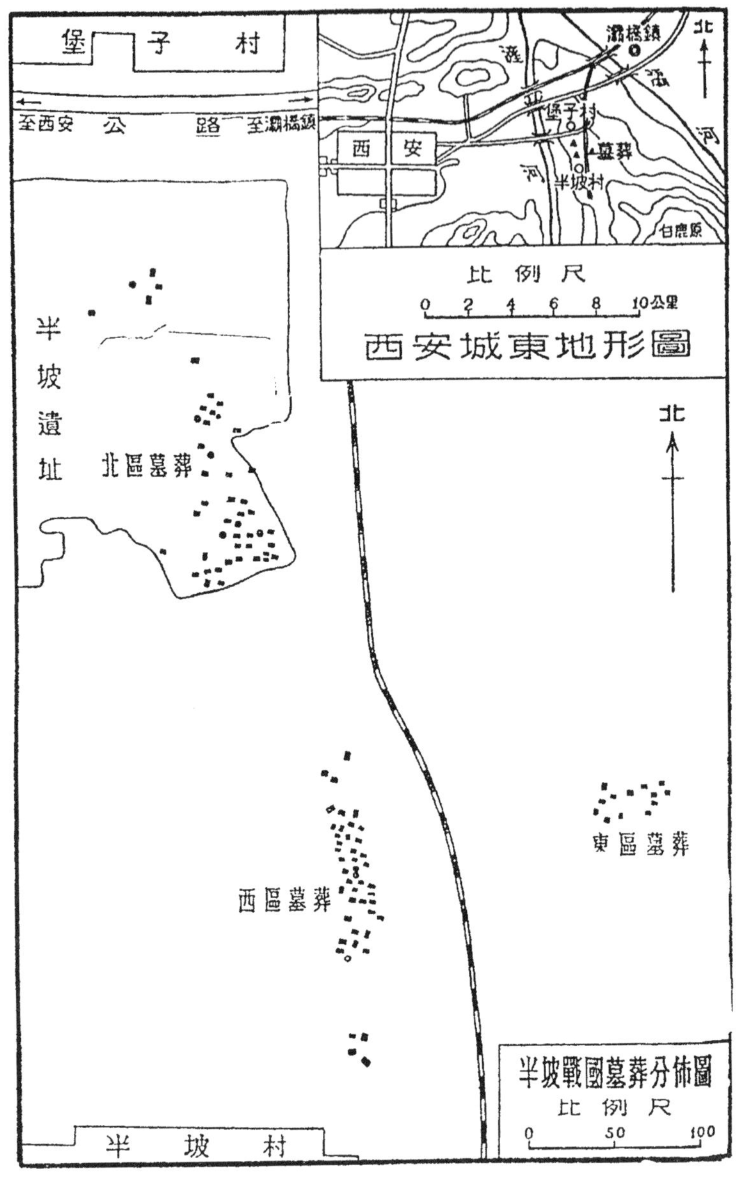

图 12-11 半坡秦墓地平面图

这处墓地的墓形结构以洞式墓为主，墓向仍是以“西首葬”为多数。在 112 座秦墓中：洞式墓有 101 座，占总数的 90.2%；竖穴墓只有 11 座，仅占 9.8%。墓向东西者 92 座，占 82.1%；南北向者 18 座，占 16%，另有两座洞式墓的方向不明。

竖穴墓 11 座都呈口大底小的长方形土圹，其下部四壁留有生土二层台，上架棚木以护椁室。洞室墓可分为三式：平行式（即Ⅰ式）、垂直式（Ⅱ式）、直线式（Ⅲ式）。

半坡墓地均属单人葬，用单棺，无椁。葬式分直肢和屈肢两类，有随葬器物的墓，少者1件（或陶罐、带钩、鬴、珠、陶壶、茧形壶中之一），最多的有9件（M53随葬品有陶鬴，罐、石璧各1件，铜铃、璜形饰、铁板属棺饰），一般为2件或3件（或陶鬴、盂，或陶盂、壶，或陶鬲、茧形壶，或铜印、铁带钩、玉饰，或陶罐、饼与铜镜，或陶盒、壶、铜镜与带钩）。铜质的镜、带钩、印章、环，铁质的带钩、凿、板片，玉饰、珠、石璧，环、角柱和料珠等随葬物，一般置于棺内。

半坡墓地的时代，个别墓可早至战国早期，大部分还属于战国中、晚期到秦代。商鞅变法实行按军功进爵，“名田宅、臣妾、衣服以家次。有功者显荣，无功者虽富无所芬华”（《史记·商君列传》）。半坡秦墓中有40.1%的墓葬没有随葬物。即使有，也为数不多，且无组合关系，唯有等差而已。这些足以反映出这一墓地的平民性质。M86的骨架左股和胸部有铜镞两枚，M110骨架的头部和左肩有铜镞三支，墓内无任何一件随葬品，他们如果是因犯罪被射杀是不应入墓地的，因此可以断定，他们很可能是在战场上被敌人射死，还没有建立战功的平民。半坡墓地同山门口墓地接近，同渭北的平民墓地有明显差异。

（三）远郊几处秦人墓

1. 丽山区的几处秦墓

（1）洪庆村秦墓

洪庆秦墓位于西安市灞桥区洪庆镇洪庆村，东临骊山，与华清宫相连。1955年发掘清理墓葬65座，其中秦墓2座。秦墓M118为竖穴墓道，长条形洞穴墓室，葬具葬式不详，出土夹砂棕色篮纹陶釜1件、环柄刀1件；M86为竖穴墓道洞室墓，墓室中部置一大瓮，以盆覆盖口部，内有腐朽骨架1副，出土夹砂篮纹陶釜1件、陶盆1件、瓮棺1件①。时代当在战国。

（2）向阳公司秦墓

向阳公司秦墓位于西安东郊洪庆原西坡。2001 ~ 2002年7月发掘秦汉墓葬300余座，其中包含多座围沟墓，出土器物900余件，有铜器、铁器、陶器、玉器、漆器等。秦墓形制有竖穴土坑和竖穴墓道洞室墓，葬具有一棺一椁和单棺两类，墓地时代为战国

---

① 陕西省文物管理委员会：《陕西长安洪庆村秦汉墓第二次发掘简记》，《考古》1959年12期。

晚期至汉初①。

（3）高坡墓群

高坡墓群位于西安市临潼区斜口镇杨家村、高坡村。面积约63万平方米，历年暴露土坑墓、土洞墓数十座，出土陶罐、瓮多件，数件陶罐上有“芷”字陶文。时代推测为战国②。

刘家底村秦墓，曾出土铜蒜头扁壶，当有秦墓；东岭墓群、井深沟墓群、街子墓群，资料不详，年代未知。

（4）临潼刘庄墓地

刘庄墓地位于临潼县西2公里，当秦东陵东北，处在骊山西北麓韩峪河与三里河间的山前冲积扇上。墓地范围东西长160米、南北宽65米，面积约10400平方米，有墓葬49座，惜早年被盗，20世纪80年代又遭取土烧砖而破坏殆尽③。

墓葬分布基本规整，排列有序，未见打破关系。墓基本呈东西向。1987年9月和次年3月对5座墓葬进行了抢救性清理。

从清理的刘庄5座墓可知，其形制为带长方形竖穴墓道的洞室墓。墓圹上口长4.2～4.6米、宽3.3～3.8米，深3.2～4米。洞室平顶，进深3.5～4.6米，高与宽度相近，为1.1～1.2米。M3和M19用木棺，砖椁、带耳室，是过去未见过的。其椁底用青色条砖平铺，周壁则平卧错缝叠砌，顶盖横木（圆木纵向对开，平面向下，曲面向上）。M19砖椁长2.75米、宽1.23米、高1.16米。棺具与尸骨无存。随葬品分别置于耳室、头箱与墓室外，在M3的上层填土中发现有带盖陶壶、罐、灶、熏、盆及散乱的兽骨。器物组合中，M1是陶鼎、壶、罐、盒；M2是陶瓮、罐盆；M18是陶瓮、罐、盆、壶。

刘庄秦墓作竖圹洞室，是战国以来常见的形制。未用斜坡墓道，不同于始皇陵的陪葬墓，却已用青砖砌筑椁具，技法高于秦俑坑墁地的对缝砌。陶器上多有标记市亭陶业的“芷”“丽市”“栎”等戳印，也有官署工名的“宫屯”“宫眏”“大水沈”等印文及一些刻划符号，这同始皇陵园出土的陶文又是一致的④。

① 《西安东郊惊现秦汉古墓群墓主为一屈肢葬女性（图）》，《三秦都市报》2002年1月31日。《西安市东郊发现罕见秦汉墓葬群出土文物近千件》，中国新闻网2002年3月16日。

② 国家文物局：《中国文物地图集陕西分册》（下），西安地图出版社，1998年。

③ 陕西省考古研究所秦陵工作站等：《陕西临潼刘庄战国墓地调查清理简报》，《考古与文物》1989年第5期。

④ 王学理：《秦始皇陵研究》，上海人民出版社，1994年。

刘庄墓地当是战国晚期，即秦统一前后，按规划开辟的一处平民墓地。地处芷阳，临近东陵，墓主很可能同秦王室有关。

（5）新丰屈家村秦墓地

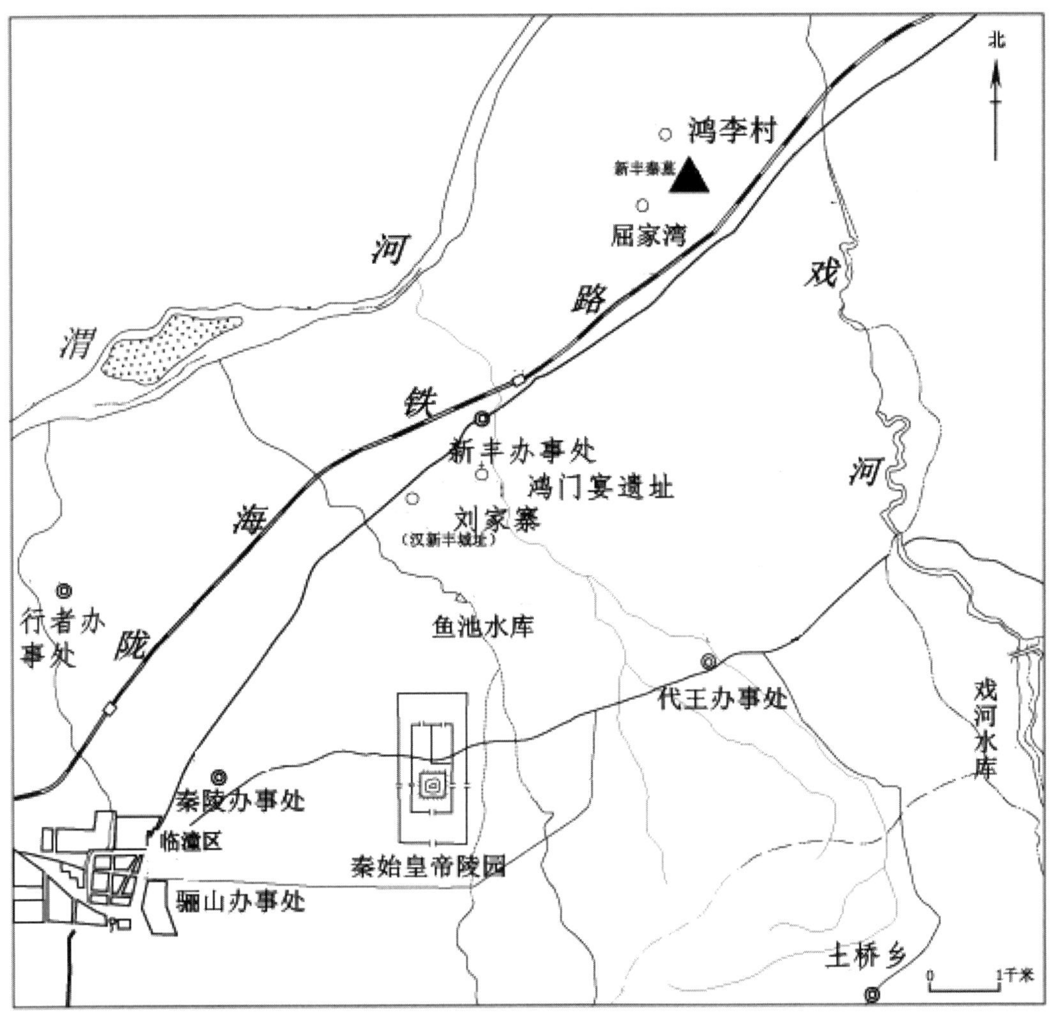

图 12-12 临潼新丰秦墓位置示意图

新丰战国秦墓位于西安市临潼区新丰街道办事处屈家村东南、渭河南岸的二级台地，西南距新丰街道办事处 3.6 公里、距秦始皇帝陵 6 公里。2007 年，陕西省考古研究院在这里发掘古墓 729 座，其中秦墓 597 座。秦墓排列整齐，分布规律，少见打破关系。形制分为竖穴土坑和洞式两种，后者又有直线和偏洞的区分。竖穴土坑墓 52 座，占墓葬总数的 8.8%；偏洞室墓 129 座，占墓葬总数的 21.7%；直线洞室墓 413 座，占墓葬总数的 69.5%；葬具不明 175 座，占墓葬总数的 29.5%，一棺一椁 21 座，占葬具清晰者 5.1%；单棺 389 座，占葬具清晰者 92.9%；葬式不明 165 座；M39 为双洞室双人合葬墓，M196 为单洞室双人合葬墓，其余为单人葬，均头向西。屈肢葬 397 座，占葬式清晰的 92.8%；直肢葬 32 座，占葬式清晰的 7.5%。596 座墓葬有随葬器物的墓葬 434 座。偏洞室墓分布在墓地的北部，随葬品少见，甚或没有。而部分竖穴土坑墓与直线洞式墓随葬铜鼎、铜壶等礼器，或仿制的陶礼器。随葬器物有陶器、青铜器、铁器、玉器、骨器等。新丰编组站的这一屈家村秦墓地出土陶器 1603 件，有鼎、盒、壶、细颈壶、茧形壶、蒜头壶、鬲、囷、敞口罐、双耳罐、小口罐、大口罐、缶、钵、釜、盆、豆、盂、甑等；铜器 70 件，有鼎、壶、钱等[①]（图 12–12）。

在 32 座墓葬的 78 件各类器物上，发现陶文与刻划符号文 110 个，其中陶文 90 个。戳印有“杜市”“栎市”“丽市”“丽亭”“戏市”“戏亭”“右司”“芷”“戏”等；刻文有“秦王己肖□”“霸阳广庄□”“德己德中□□”“午阳□李侈”“王平”“王”“宣”“德”“义”“山”“吉”等。

本次发掘的 596 座秦墓位于渭河南岸的二级阶地上，根据分布与历年调查墓数当不止千座。时代为战国晚期丽邑或戏亭内的居民墓葬区，其中个别墓主当为下级官吏。从时代上看，第一、二段属战国中期晚段至战国晚期，反映出秦文化的主导地位，第三、四段随葬陶器变化，显示出受三晋文化的影响[②]。

（6）苗家坡秦墓

苗家坡秦墓位于临潼区东北 2.5 公里处，东南 1 公里许即是秦始皇陵外城的西北角。1989 年，因柿园砖厂取土破坏，经过清理。仅存的墓室，东西长 3.1 米、宽 1.04 米、高 0.99 米。椁室为条砖对缝平垒而成，椁盖圆木，覆之以席。椁内棺木已朽，长约 2.1 米、宽 0.67 米、高 0.7 米。残留腿骨，也未见随葬器物，砖上戳印陶文，模糊不清，可辨者唯“丽市”“王”等字[③]。

（7）马额秦墓

2013 年 7—10 月，为配合关中环线天然气管线调峰工程，陕西省考古研究院在西安市临潼区马额街道办事处塬王村西南发掘 45 座战国晚期秦墓。

此次发掘的 45 座秦墓，形制为竖穴土坑墓和竖穴墓道洞室墓。其中竖穴土坑墓 3 座，竖穴墓道土洞室墓 42 座（其中围沟墓两座），均为一棺结构、单人屈肢葬。45 座

① 陕西省考古研究院：《临潼新丰——战国秦汉墓葬考古发掘报告》，科学出版社，2016 年。

② 孙伟刚：《临潼新丰秦墓研究》，西北大学 2010 年硕士学位论文。

③ 林泊：《临潼骊山北麓发现秦人砖室墓》，《文博》1991 年第 6 期。

秦墓中随葬器物中有鼎、壶等仿铜陶礼器的墓葬30座，多为鼎、壶、罐、盆、甑、釜组合；随葬日用陶器的墓葬10座，多为罐、盆、甑、釜组合；另有5座墓葬无随葬陶器或随葬器物。

根据墓葬形制及出土器物，这批秦墓时代较为集中，为战国晚期至秦；部分陶器上有“戏”字陶文，初步判断该墓地为从属于丽邑或戏的一处重要的小型秦墓地，与秦始皇帝陵建设密切相关。该墓地的发掘对于研究丽邑、戏的地望及秦始皇帝陵周边小型秦墓分布等意义重大。

2. 长安秦墓

（1）客省庄墓地

长安客省庄战国秦墓在客省庄村北和村西①，发掘东周墓71座，墓圹不清3座，竖穴墓68座，占墓葬总数的95.8%。有木棺痕迹的44座，占墓葬总数的62%；14座无木质葬具，占墓葬总数的19.7%。48座东西向，23座南北向。65座葬式清晰，屈肢葬60座，占葬式清晰的92.3%；直肢葬5座，占葬式清晰的7.6%。随葬器物有铜剑1件、铜鱼钩2件、磨石2件；青铜容器共11件，有方甗1件、鼎2件、簋2件、方壶2件、盘1件、匜1件、鉴2件；陶器56件，有鬲17件、鼎1件、盂1件、盆17件、豆3件、罐7件、壶7件、仓模型1件；服饰和装饰物有带钩4件、带饰3件、璜1件、玦16件、圭16件、石饰物17件、骨管1件，还有些小的玉件。

客省庄秦墓铜器组合是鼎、簋、方壶等；陶器组合当以鬲、盆、豆、罐、壶为主。时代为战国早期或可早到春秋晚年，由此可见在秦咸阳建都的公元前350年之前，已经有秦人在客省庄一带居住了。

K140号墓，形制为竖穴土坑墓，葬式为仰身直肢葬，葬具不详，随葬器物有鄂尔多斯式长方形透雕铜饰2件、圆形透雕铜饰2件、金丝圈1件、铜环1件、铁刀1把和圆形带纽铁器1件，时代为战国末期至西汉武帝以前。

（2）花园村北秦墓

花园村北秦墓位于长安区斗门镇花园村。1983年暴露竖穴土坑墓，发现屈肢葬骨架1具，死者口含贝，手、足腕部亦置贝，出土陶器不详。时代为战国②。

---

① 中国社会科学院考古研究所：《沣西发掘报告》，文物出版社，1963年。

② 国家文物局：《中国文物地图集陕西分册》（下），西安地图出版社，1998年。

3. 户县禹王庙秦墓

2013年，陕西省考古研究院在户县秦渡镇禹王庙村南，发掘15座战国晚期的屈肢葬秦墓。15座秦墓除4座为带生土二层台的竖穴土坑墓外，11座墓葬为偏洞式墓；葬式均为屈肢葬；绝大多数墓葬在墓室东北部带有一龛，随葬品多为陶罐、釜、茧形壶等。

从墓葬形制和出土器物初步判断，禹王庙秦墓时代为战国中期。该墓地西南距20世纪70年代发掘的宋村春秋秦墓约1.5公里，西距南关春秋秦墓约3公里，该地西周时为京畿之地，东周为秦的领辖区域，该墓地的发掘，对于研究关中地区战国秦墓的分布、文化特征、该地区战国秦墓的身份认定等提供了不可多得的新资料。

十三、秦始皇走出咸阳宣传秦文化，目视域外

据《史记·秦始皇本纪》记载，秦始皇统一中国之后，在他身为秦帝国皇帝的12年期间（公元前221年~前210年），曾5次离开了他在国都咸阳的宝座，乘坐着木轮车，长途奔驰在经过整修了的土路上。尽管前呼后拥，有大队车马的卤簿，浩浩荡荡，威风凛凛，但长途奔波毕竟承受着难以承受的劳累。

秦始皇的出巡并非在游山玩水抖威风，除过历数诸侯割据之祸、炫耀统一之功外，还引导移风易俗、建立新的社会秩序、巩固边防。嬴政作为有开拓精神的一代皇帝，望南海、上琅邪、临碣石，已经把目光投向浩瀚的海洋。派徐福等方士出海寻仙药，固然同所有帝王一样都在祈求长生不老，但能说不是对域外探路的实践?

咸阳是皇帝高高在上的国都，是巡行天下的出发点，也是每次返还的终点。出出进进，都牵扯到国事活动，蕴含着丰富的故事。

（一）五次出巡，在七处刻石

1.第一次出巡是秦始皇二十七年（公元前220年），“始皇巡陇西、北地，出鸡头山，过回中”。

秦始皇统一中国、作了政权制度安排之后的第二年，就踏上了西行之路。目的很明确：祭祖和巡边。

他沿“汧水道”上溯，抵陇西郡治狄道（今甘肃临洮），先到西犬丘，向祖宗茔地所在的今甘肃礼县大堡子山祭祀。告祖：自己完成了秦统一大业，实现了列祖列宗610年来为之奋战的愿望。当然，他驻跸西垂宫，有可能登鸾亭山去西畤祭祀远祖白帝。

秦始皇告祖之后，沿昭王秦长城西北行。在北地郡的长城沿线之外，就是戎人生活的区域。尽管当年秦穆公“益国十二，开地千里，遂霸西戎”（《史记·秦本纪》），但以后仍有戎乱的发生。所以，秦始皇巡边、安定后方是政治家远虑的一种表现。

在北地郡（治设今甘肃庆阳西南），秦始皇穿越崆峒山（今甘肃平凉市境内）、经过有名的鸡头山，过“回中宫”，走“泾水道”，返回咸阳。

2. 第二次出巡是始皇二十八年（公元前 219 年），“始皇东行郡县”。

这是秦始皇统一中国之后的第三个年头，他注意到这首次东方之行有着重大的意义。东出函谷关，走驰道，上今山东境内的邹峄山、泰山、梁父，均立石刻铭。后沿渤海北上、过黄（古黄县，今龙口市东）、腄（古腄县，今福山区），登上成山头（荣成市东北），再西上之罘山（烟台市北）。然后折而向南上琅邪山（胶南市西南，今属青岛市西海岸新区），修筑了琅邪台，还迁徙三万户百姓充实这荒芜海边之地。在这里，一高兴就住了 3 个月，日日歌舞欢乐，在琅邪台留下了有名的“琅邪刻石”，还派方士徐福入海求仙。在始皇东巡返回的路上，过彭城（今徐州市），派千人到泗水中打捞周鼎，但一无所获。再向西南行，过淮河，上衡山（今湖南衡阳和湘潭间），到达南郡（治置江陵县，即今湖北荆州市）。然后，渡过长江，到了湖南洞庭湖中的湘山祠。这时刮大风，几乎不得渡水上山。当他得知祠中敬的是湘君后，以为是湘君作祟，一气之下让三千名服役的罪犯把湘山上的树砍光，只剩下红赭色的秃山。最后，从南郡北上，入武关，走商於古道回到咸阳。

泰山刻石残字

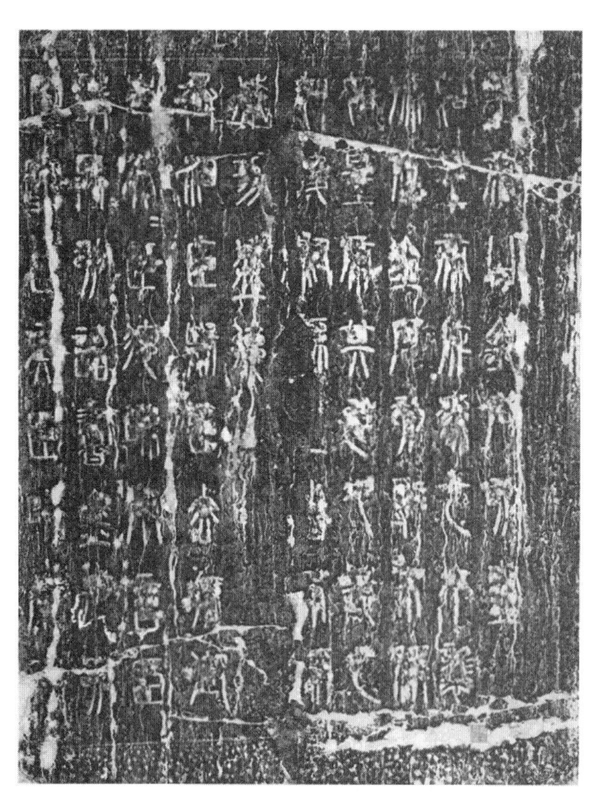

琅邪刻石文字

图 13-1　泰山、琅邪刻石文字选图

秦始皇首次“东行郡县”甚是风光。路程长、时间长、经地多、故事多。除过开始封禅外，沿途登山刻石，用行动向东方宣传秦文化应当说是最精彩的历史记忆。

除过“峄山刻石”无文字遗留外，刻石遗存见有“泰山刻石”“琅邪刻石”（图13–1）。刻文均用小篆书体，是“书同文”的普及活动。更主要的是强调秦的法治精神、等级制度和经济政策，如“诸产得宜，皆有法式”“贵贱分明，男女礼顺，慎遵职事”“上农除末，黔首是富……器械一量，同书文字”……

3. 第三次出巡是始皇二十九年（公元前218年），始皇再次“东游”，直奔之罘，二度到琅邪，然后西返咸阳。

这是秦始皇连年出巡的第三次。在经过阳武县（今河南原阳县东南14公里）博浪沙的时候，突然冒出一名刺客，拿着60公斤重的大铁锤，直接冲向车队。本想刺杀皇帝，不料想误砸了随行的副车。刺客在仓皇中利用漫漫黄沙与没胫荒草的掩护逃走了。有惊无险的秦始皇虽然逃过一劫，却没有抓到刺客，于是就令全国来了个10天时间的大搜捕。据知，这次行刺活动是五世相韩的公子张良策划的。他为报秦灭韩之仇，雇了一位大力士执行行刺活动。可惜没有成功，是否为天意?

秦始皇登上之罘山，在两处立石刻铭。

“之罘刻石”除颂功之外，仍在强调“建定法度，显著纲纪”。

“东观刻石”阐发“灾害绝息，永偃戎兵”的思想，实现了“黔首改化，远迩同度，临古绝尤”。这些颂词，当然同现实存在很大的差距。

这一次，秦始皇很快又到了琅邪，没有久留，西行经过今山西省东南部的上党（长治市上党区），遂入蒲关，走蒲关道，回到咸阳。

4. 第四次出巡是始皇三十二年（公元前215年），向东北去了碣石。然后巡视北边胡人（匈奴）的动向，由上郡（治设肤施，即今陕西榆林市东南的鱼河堡）一路向南，回到咸阳。

（1）秦始皇在碣石的作为

秦始皇在碣石一行，据《史记》简略记载有三件事：

一是派燕人方士卢生，去求羡门、高誓两位仙人。还使韩终、侯公和石生等三人，寻求“仙人不死之药”；

二是令拆毁旧时诸侯的城郭，疏通河道。铲除了过去以邻为壑、妨碍交通的堤防；

三是确立“碣石门”，并在碣石上留下“碣石刻辞”。其内容除肯定并灭诸侯是“诛戮无道，为逆灭息”的功绩外，特别指出“堕坏城郭，决通川防，夷去险阻”使“黎庶无遥，天下咸抚”的意义。还再次强调秦建立起来“男乐其畴，女修其业，事各有序”的社会秩序。

（2）考古人寻找始皇碣石的刻地

秦始皇去的碣石在什么地方？连它的取名都让人有些难以费解。按“碣”的字意是指高大耸立的岩石。许慎《说文解字》说“碣，特立之石也。东海有碣石山”。汉代经学家孔安国说得更肯定：“碣石，海畔山”（《尚书正义·禹贡》[1]）。由此可见，碣石是海畔上独立的大石头，而且在东海还有碣石山。中国东海岸线南北纵长，沿岸不乏有大的岩石。所以，古代文献中记载“碣石”“碣石山”的就有好多处。

那么，秦始皇郊巡的碣石究竟在什么地方？历来有几种说法，有说在今河北省昌黎县，有说在山东省无棣县，也有说在辽宁省兴城市。虽然这几处都在渤海之滨，但都不具备秦始皇性格所追求的条件[2]。只有在20世纪80年代发现秦始皇的两处行宫后，才向人们指向解开碣石之谜的路。一处是1984

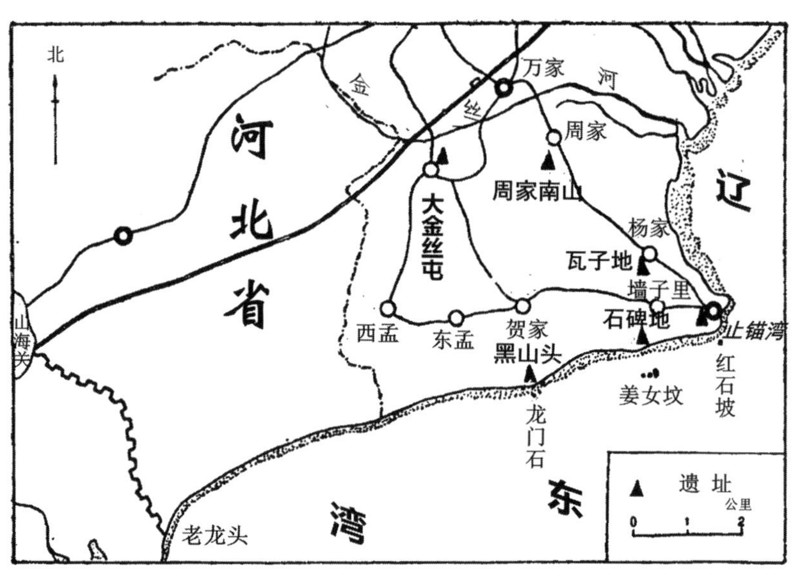

图13-2　辽宁绥中“姜女坟”秦汉建筑位置图（《文物》1986年第8期）

① 《十三经注疏》，中华书局影印本，1980年。

② 今河北省昌黎县西北的仙台山山顶有巨石特出，其形如柱，有似穹窿，这就是碣石山。曾发现“千秋万代”瓦当和大型板瓦等汉代皇家建筑遗迹。尚未发现秦代行宫建筑遗址，秦始皇来此暂住，因距海滨还有40公里，不是欣赏海陆奇景的地方，便去了碣石门；

2001年，山东无棣县委启动了“无棣县碣石山复名开发工程”，安排文史学者有组织地论证无棣境内马谷山为古碣石山，亦自称“秦皇、魏武东临之地”。实际上，《禹贡》说的是冀州碣石，而《禹贡》中今山东的无棣属于兖州。《禹贡》“导山”部分写“太行、恒山至于碣石，入于海”。这说明碣石作为华北平原末端地标之山，此山再往前面就是海。可见，无棣学者在承袭“以黄河找《禹贡》碣石”，已经误入歧途；

辽宁兴城在绥中之东，有山有礁。因绥中止锚湾多处宫殿遗址出土，故兴城之碣石山于此免谈。

年，在辽宁绥中县万家镇止锚湾海滨发现 6 处大型秦汉宫殿遗址；另一处是 1986 年，河北北戴河金山嘴的考古发现。

a. 石碑地宫殿群

辽宁绥中县万家镇墙子里石碑地宫城建筑遗址，是一座群体性的建筑，计发现有 6 处建筑遗址，均是以石碑地的宫城为中心（图 13–2），在沿海 14 平方公里的范围之内展开。经发掘可知，宫城所在的石碑地是一处地势高敞开阔的岗地，南北长 500 米，东西宽近 300 米，总面积达 15 万平方米，宫城留存的土墙宽度将近 3 米，在城内南部有两个大夯土台基，1 号台基边长 42 米，高 8 米，是有三级廊道的阶梯式建筑，是为“前殿”；2 号台基位于 1 号东北 150 米处，南北长 15 米，东西略宽，上有居室。建筑遗物有树纹、变形夔纹半瓦当，长筒瓦当，云纹和“千秋万岁”圆瓦当，回纹方砖，大空心砖。其中有高浮雕夔纹巨型瓦当 8 个，通长 68 厘米、当面直径 52 厘米、高 37 厘米、厚 2.5 厘米。（图 13–3）

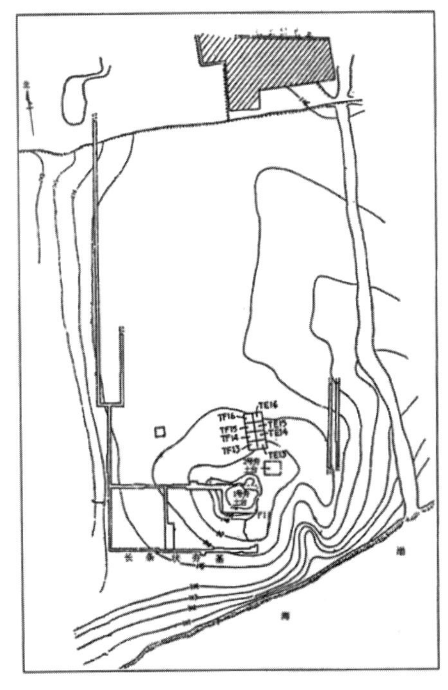

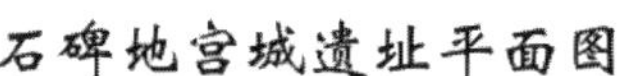
石碑地宫城遗址平面图

出土瓦当等建筑材料

图 13–3　石碑地宫城遗址与出土的瓦当等文物

宫城西侧 2 公里处的岬角是黑山头遗址，在南 100 余米的海面上，有东西对峙的礁石，间距 40 余米，称之为“龙门石”。黑山头顶部平坦，有结构复杂的多层高台建筑，被认为是秦的“西阙楼遗址”。

石碑地东侧 1 公里处，是止锚湾建筑遗址。海岸高地上有建筑遗址与遗物，南面 200 米处的海中，也有一块大礁石，俗称“红碰子”，被认为是遭到破坏的秦宫“东阙楼遗址”。

瓦子地遗址在宫城北 1 公里处的高岗上，面积 10 余万平方米。发现有绳纹瓦片堆积、红烧土、础石、陶井圈、陶罐等，这里很可能是禁军的住地。

瓦子地之北、西北，各距 2 公里、3.5 公里，分别是周家南山和大金丝屯遗址，都有秦汉建筑遗物。

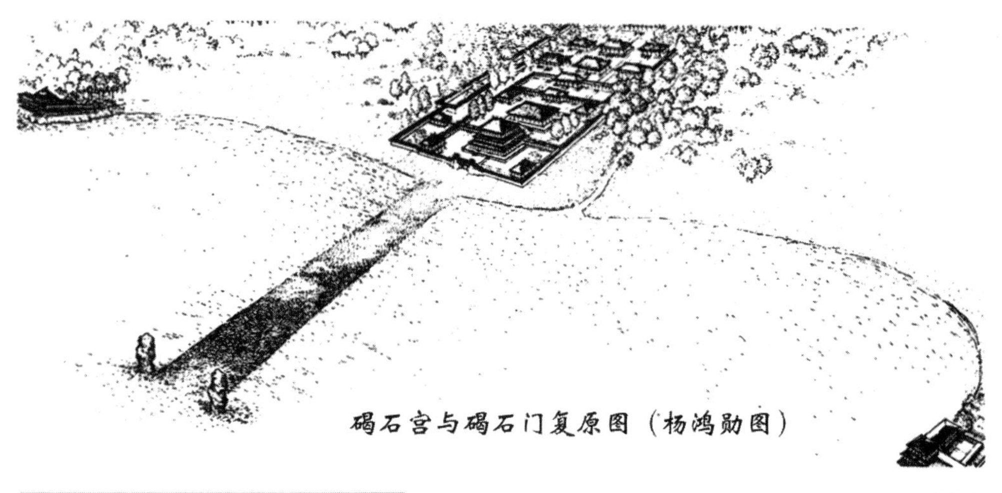

碣石宫与碣石门复原图（杨鸿勋图）

碣石门

姜女石

图 13-4　碣石宫城与碣石门

在以上 6 处秦汉建筑遗址中，以石碑地建筑群规模最大，时代最早。又以此为中心，东有止锚湾、西有黑山头两遗址，三者构成彼此呼应的整体。南对 24 米高的“姜女石”（又称“姜女坟”），中间有河光石铺就的甬道。显然，此海蚀石柱就是“碣石”，两大石相对中间空缺就是“碣石门”。北面相对的建筑遗址，那就是借名的“碣石宫”[①]（图 13–4）。

b. 北戴河金山嘴宫殿群

北戴河秦行宫遗址位于北戴河海滨乡单庄村东南约 1 公里处的金山嘴及其附近。金山嘴系一伸入渤海湾中的山岗岬角，其东、南、西三面环海，北面与陆地相连。

目前已知的古代建筑遗迹主要分布在以金山嘴为起点的南北轴线上，共三处地点：一处在金山嘴高地（整个遗址群的南部），面积约 6 万平方米；一处在横山高地（整个遗址群的中部），面积约 2 万平方米；另一处在横山北约 500 米的高地上（即今人大疗养院和专家疗养院所处的北部），面积约相当于横山遗址。这三处古代建筑遗址均处在濒海高地上，地势高敞，背山面海，选址极佳[②]。

北戴河金山嘴秦宫位置示意图

海岸礁石

金山嘴秦宫遗址展示

图 13–5　金山嘴秦宫遗址展示图

① 辽宁省文物考古研究所：《辽宁绥中县“姜女坟”秦汉建筑遗址掘简报》，《文物》1986 年第 8 期。

② a.《北戴河发掘出秦始皇父子行宫遗址》，《中国文物报》1986 年 10 月 31 日；b. 河北省文物研究所、秦皇岛市文物管理处北戴河区文物保管所:《金山咀秦代建筑遗址发掘报告》,《文物春秋》1992 年增刊; c. 邱河顺：《为碣石研究提供新贵料——秦皇岛发掘一处秦汉建筑遗址》，《中国文物报》1992 年 7 月 5 日。

金山嘴遗址，在海滨金山嘴路东横山上。经发掘，揭露出建筑遗址 4 组 16 个单元。各组建筑外围均环以院墙，成为独立的建筑。在夯土为基础的台式建筑上，多有排列齐的石柱础。个别建筑有以空心砖为踏步的台阶。宫殿遗址规模宏大，坐北朝南，其范围纵横各长 100 米。殿基东西长 57 米，南北宽 13 米，四壁厚 2.3 米。有一道厚 1 米的隔墙，将内部隔成东西两个大厅。殿外设有回廊。在遗址东面，是一组大型四合院建筑群，有一座面阔 6 间的东配房，长 31.5 米、宽 8.2 米，墙厚近 2 米（图 13–5）。

北戴河秦行宫遗址发现有水井、排水井、排水管道、灶、排烟道等遗迹。出土的巨型夔纹半瓦当、云纹大圆瓦当以及生活用具，都是典型的秦物。

鹰角石附近有大量的建筑遗存，出土有大瓦当和格纹空心砖。联峰山顶有建筑，两侧山坡有甬道和踏步，可能是临海祭祀之处。

横山建筑遗址的规模宏伟，但结构粗略。出土的建筑构件在秦都咸阳的宫殿建筑遗址上都有发现；出土后复原的茧形壶是秦人特有的生活用具；陶鉴上的刻文“建军阳”字体与秦简文字十分近似。

在金山嘴以北鸽子窝、以西莲蓬山也都发现有秦砖汉瓦。

在金山嘴一带还发现有秦汉古城和烽火台等历史遗址。

从空军疗养院东门到达金山嘴海滨，主要为基岩海岸。大致沿 55 度方向延入水中、距岸边约 50 米处，有一高出平均海平面 1.5 ~ 2 米的海蚀礁石，周边陡峭、平直，但顶部较为平坦。在金山嘴海滨沿节理形成了各种海蚀地貌，“石林”即是其中之一。那么，在经过选择的陡峭礁石上，就有镌刻文字的条件。

（3）本书作者对始皇碣石的确认

在渤海湾北岸具有海边“特立之石”的地貌不止一处，是否有“海岸山”也不尽然。但从辽宁绥中止锚湾和北戴河金山嘴两地都有秦始皇行宫群来看，显然从岸边诸碣石遗址中脱颖而出。况且两地宫群东西相距 30 多公里，都是渤海湾东北海岸上最大的两个岬角，都属于海蚀崖，也都有古老华岗崖露出。风光旖旎、海市蜃楼的奇景，对秦始皇有着极大的吸引力。对照秦始皇在碣石的作为，很清楚地表明两处行宫同源又同载。

在此，笔者以为有三大项内容可以给予落实：

a.“碣石门”所指

碣石门就是绥中两大姜女石相对所形成的空缺。24 米高的“姜女石”矗立海中，石侧又有大块稳定坚挺的礁石，二者之间形成宽敞的通道。这碣石之门整体雄奇健美，目标极其显著，再加之有河光石铺就的甬道直对北边的高台秦宫，气势不凡。当然，这“碣石门”既象征关外秦行宫之门，也可以说是秦帝国东北面海之门。这同后来三十五年（公元前212年）“立石东涤上朐界中，以为秦东门”一样（《史记·秦始皇本纪》），都是巩固帝国东界海防的边塞。

b. 碣石刻石的所在地

碣石刻石就在金山嘴。因为那里有陡峭的海蚀礁石，对表面稍作平整处理即可刻写，这就为碣石刻辞提供了有利的条件。至于碣石刻石未有存留，很可能同汉代一次大地震有关。据《汉书·天文志》记载，汉元帝初元二年（公元前47年）秋七月，“地再动，北海水溢，流杀人民。”大地震引起海啸，自然巨大的冲击力量改变了环境，也摧毁了始皇刻辞。

c.“碣石宫”名称的借用

“碣石宫”本是燕昭王款待著名的阴阳家驺衍而建的宫殿（《史记·孟子荀卿列传》）。《史记正义》的作者张守节认为，“在幽州蓟县西二十里，宁台之东”，即认为其在今北京市大兴县境。而今在辽宁绥中石碑地既有秦行宫的发现，又有碣石（姜女石）的存在，就命名秦行宫遗址为“碣石宫”，尽管不符合史实，却可理解。

石碑地、金山嘴的秦宫殿群体建筑，是秦始皇父子去碣石的驻跸之地。既与史籍吻合，又有近世多位学者的肯定①，应该说秦始皇东巡的“碣石”就在这里。

5. 第五次出巡是始皇三十七年十月。这是又一次也是最后一次长途奔波之旅。

这次让右丞相冯去疾留守咸阳，陪同皇帝出行的大臣仍是左丞相李斯。还带上中车府令赵高和小儿子胡亥，岂不知他们都成了毁灭秦社稷的掘墓人。

秦始皇一行应该是走商於大道，出武关，十一月到达云梦泽（今湖北江汉平上的古代湖群的总称，位于荆州地区），远望南方的九嶷山（又名苍梧山，位于今湖南省南部永州市宁远县境内），遥祭虞舜。然后乘船顺长江东下，观览“籍柯”（今安徽安庆市长江中的小孤山），渡过江渚，经丹阳（今安徽当涂县，在芜湖附近），抵达钱塘县。到浙江岸边看到波涛险恶，便向西绕行一百二十里，从狭窄的江面渡过。而后上了会稽山（今浙江绍兴市），祭祀大禹陵，再遥望南海之神而祭。最后立石刻辞。在折返途中经过吴县，又从江乘县（今江苏句容县北30公里，是长江下游重要的渡口）渡过长江，

① 谭其骧：《碣石考》，《学习与批判》1976年第2期；黄盛璋：《碣石考辨》，《文史哲》1979年第6期；华玉冰：《试论秦始皇东巡的碣石与碣石宫》，《考古》1997年第10期。

沿海边北上再到琅邪。遇见方士徐福等人，诈称海中大鲛鱼挡住求仙之路。始皇带了连弩，北上到荣成山（今山东荣成市海边），也没有碰上大鱼。西行到了之罘才射杀了一条巨鱼。接着沿海岸西行，到了平原津（今山东西北部平原县的黄河渡口[①]）就病倒了。七月行至沙丘宫的平台（今河北邢台市广宗县大平台村南）时，秦始皇就咽气了。赵高串通丞相李斯、少子胡亥，毁掉始皇遗诏，假造两道诏书，一道是立胡亥为皇帝，另一道是赐死扶苏和蒙恬。为拖延时间，他们故意改道西北行。穿过井陉口，再北上九原郡。等到传来扶苏、蒙恬自杀的消息后，就沿国防大道——直道南下咸阳。这才宣布始皇驾崩的消息，同时胡亥袭位为皇帝，九月把秦始皇葬入郦山陵墓。

始皇第五次出巡是悲壮的远足之行，留下太多值得研讨的历史记忆，这里只选择几则：

（1）“观籍柯”：值得入载的观景活动

籍柯是何物，还值得“观”么？

图 13-6　小孤山

有学者指出：“籍”是“矶”的通假字，“矶”是露出水面的岩石，“柯”是斧柄。

① 自周代以来，黄河在中下游改道 1600 余次。在山东西北部的平原县有一条自西南向东北的干河，传说这是大禹治水时开凿的一条排水渠，由太行山下一直流向渤海，在秦汉时期被黄河水夺渠入海，民间称它为流沙河。实际是秦汉时期黄河大迁徙时留下的黄河故道。

那么，在江西和安徽的长江段露出水面有似斧柄的岩石只有小孤山了。这座水中高耸秀丽的小孤山，位于丹阳（今安徽当涂、芜湖附近），屹立江心，孤峰独耸。周围500米，海拔78米，以奇、险、独、孤而著称，是安庆市的地标，也是长江中的美景（图13–6）。

“小孤山”之名始见于唐代诗人笔端，为同江西鄱阳湖的“大孤山”区别，而在此孤山上加个小字就成了小孤山。民间把“小孤”读成“小姑”，于是把对岸的彭浪矶说成是“彭郎”，遂产生了许多小姑与彭郎相爱的美丽传说。秦始皇乘船到此，能不停泊欣赏这奇景？司马迁用一个“观”字竟隐含了一番大型的演绎活动、给后人留下不得不解析的空间。真称得上“史圣”遣词造句之妙！

宋代大诗人苏轼在此也留下奇妙的华章：

山苍苍，水茫茫，大孤小孤江中央。
崖崩路绝猿鸟去，惟有乔木搀天长。
客舟何处来，棹歌中流声抑扬。
沙平风软望不到，孤山久与船低昂。
峨峨两烟鬟，晓镜开新妆。
舟中贾客莫漫狂，小姑前年嫁彭郎。

1997年，我陪《中国皇帝》拍摄组船过小孤山，看到孤峰突兀，在蓝天、碧水间与周围环境非常和谐。尽管唐代在山上建有小规模的寺庙，历代有毁有修，但并不显眼，主次明白。如现在的小孤山上面竟盖起四层楼房的现代建筑，表涂白色，破坏了小孤山的整体性和秀美。

（2）“渡海渚”：遇到顺江而下的麻烦

秦始皇船行江上，欣赏过小孤山奇景之后，渡海渚，随后到了丹阳。其间怎么会有“海渚”呢？

〔唐〕李泰《括地志》载：“海渚在舒州同安县东。”舒州是今安徽潜山市的古名，同安县于汉武帝时改名枞阳县。“海渚”基本可以确定在枞阳境内。虽说秦汉时期江面较宽，但华阳至海口洲一段江面自古以来就是难以航行的江段。据说，安庆这段江面正处在长江下游的大峡谷，不同季节的风向对航行都有很大的影响。司马迁之所以把“渡海渚”写入《史记》中，肯定是秦始皇航船在这里遇到了大麻烦。（图13–7）

图 13-7　皖河海口洲湿地

《尔雅·释水》说“水中可居者曰洲，小洲曰渚”。在这段江面上，秦汉时期布满了大大小小的沙洲。那么，安庆这段江面古称“海洲”“海口洲”，也就成了“海渚”“海口渚”。由于江面宽阔如海，但又不是海，故而李泰怀疑是“江渚”之误。

（3）会稽刻石在哪里

在会稽刻辞中，除过颂秦德、罪六国之外，特别强调一夫一妻制，建立“禁止淫泆，男女絜诚”“黔首修絜，人乐同则，嘉保太平”的社会秩序。对各种违背秦朝法律的行为，要处以严厉的刑罚。这对明法规、正风俗起着规范的作用。

会稽山位于绍兴市区东南部，西南—东北走向，东西 100 多公里。西有诸暨市，东邻嵊州市。主峰在嵊州市西北，高 700 米。大禹陵（古称禹穴）位于会稽山麓，背负会稽山，坐东向西，距绍兴城区 3 公里[①]。那么，秦始皇“上会稽，祭大禹”之后，刻石在什么地方？

诸暨市枫桥和绍兴市平水两边的地方热心人士，多次实地考察发现鹅鼻山另一个山头燕子岩头地势相对平坦，且有成堆的残岩碎石。看来海拔 595 米的燕子岩头，应该就是当年秦始皇刻石的所在。会稽刻石在北宋初年欧阳修的《集古录》和北宋末年赵明诚的《金石录》中均不见《会稽刻石》的收录，可见在北宋初年或更早一些时间此刻石已

① 汉武帝元朔三年（公元前 126 年），司马迁上会稽，探禹穴。或言大禹陵寝就在今“大禹陵碑亭”的下面。

经遭到佚毁。

（4）秦始皇累死了

秦始皇第五次出巡，从西北地区的咸阳出发，向东南，经两湖，到浙江。又沿海岸北上，再到琅邪，绕行荣成山，西行之罘，到达平原津。这绕行大半个中国的路程，驰驱千百里，乘坐辒辌车（也许是六匹马拉的“金根车”）颠簸不已。沿途又有多项颇费精力的祭祀、人事活动。适逢天气炎热，尽管皇帝的享用高人一等，但在古代的中国，50岁的秦始皇已经算是高龄老人了。经过这多番折腾，难怪发病平原津、咽气“沙丘宫”！

一言以蔽之：秦始皇是累死的。

（二）出巡特例：望洋兴叹海作陆，外向意识冷眼观

在秦始皇五次出巡中，除过第一次是去陇西告祖、巡边北地之外，第二次东巡去峄山、上泰山，重点在于封禅、颂德，使秦统一合法化。只有在登上琅邪山之时，遇上方士徐福，这才对海中三神山（指蓬莱、方大、瀛洲）的存在产生了兴趣。

第三次东游，直奔之罘，又返抵琅邪。这两地都处在海边，海市蜃楼的诱惑、地方人士的传言，对具有进取精神的秦始皇来说，一定会产生多方的联想。

第四次他向更远的东北巡视。碣石筑宫、立门海上（包括“立石东海上朐界中”的“秦东门”），使陆上之国与海中域外有了明确的界定。

第五次始皇出游，是一次大胆的海上探索。当他“上会稽、祭大禹，望于南海”时，面对一望无际的“南海”（实为东海）有什么可望的？不，他作为历史上建立第一个中央集权的皇帝，其“望”、其“想”也许只有从政治家角度才能解开其间的谜。

从秦始皇东巡行迹与多次以海为伴，到以国力支持入海求仙，正是他具有强烈的外向意识的反映。

（三）入海求仙探路之举

1. 方士的诓骗术

齐、燕濒临大海，那波涛汹涌的壮观，或水波不兴的海面，广阔无限，带给人以无穷的遐想。而那“海市蜃楼”的景色，又变幻莫测。宋代学者沈括在《梦溪笔谈》一书中就记述：“登洲海中，时有云气，如宫室、台观、城堞、人物、车马、冠盖，历历可见。”当然，在科学知识还未昌明的那个时代，特别是神仙思想盛行的海边，人们对光线在大气中折射而发生的幻景是无法解释的。于是，海中有三神山、上面有仙人居住的迷信传说就必然有了存在的市场。风靡流行，不可一一。也许所言的“三神山”（蓬莱、方丈和瀛洲），在当时已有所指。不过因为是分散出海，“仁者见仁，智者见智”，没有记录下来罢了。于是，就为战国时出现一派神仙家——方士提供了土壤。他们编造出一套神话故事和所谓的“通仙术”，迎合着统治者“长生不老”的愿望，也就颇得信赖，并被奉为上宾。

方士们渲染的海上仙境，那是一个圣洁的天堂。并信誓旦旦地承诺，谎说现实中的人完全有可能到达。《史记·封禅书》：“自（齐）威、宣、燕昭使人入海求蓬莱、方丈、瀛洲。此三神山者，其传在渤海中，去人不远。患且至，则船风引而去，盖尝有至者，诸仙人及不死之药皆在焉。其物、禽兽尽白，而黄金银为宫阙。未至，望之如云；及到，三神山反居水下。”齐威王、宣王和燕昭王受到蛊惑曾多次派方士入海求仙，尽管一次次地落空，但愚弄主上以求富贵的“怪迂阿谀苟合之徒自此兴，不可胜数”。因为方士们天花乱坠的吹嘘，对处尊位、乞求长生的君主们太富于诱惑力了，当然“世主莫不心甘焉”。

秦始皇对海上仙山之事是早有所闻的，对“不死之药”同样寄有莫大的希望。他统一中国后，曾五次出巡（公元前220年、前219年、前218年、前215年、前210年），后四次东巡都是到了燕齐海上。除过宣传秦的威德、广布秦文化的影响之外，对遣方士、求仙药也饶有兴趣。

海中有仙山，上居仙人和不死之药，本系虚妄之事。秦始皇受方士的捉弄，长途劳顿，行幸美人，国事烦扰，使精、气、神损耗殆尽，长生不得，就在50岁离开了人间！

2. 秦始皇追求的多样性

秦始皇立“碣石门”“秦东门”，是其海防意识的体现。这些都是在东巡途中付诸行动的。那么，当他站在琅邪台上、荣成山的“天尽头”、碣石宫殿最高处、会稽山顶上，望海时，绝不会纯粹地欣赏近处波涛汹涌、岸边卷起千堆雪、远处海天一线的广阔无垠。他触景生情，起码会想到这海到底有多大？难道海中只有三座仙山？何不派人去一探究竟！

在派方士入海求仙药的人群中，徐福东渡是最典型的一例。尽管秦始皇受到方士的哄骗和诽谤，引发出坑儒事件，但对求仙的徐福还是优待有加，耗资巨大也在所不惜。这就是为了走向海洋的一次探路之举。可惜徐福到达一处“平原广泽”之地后“止王不来”，秦始皇投入的巨资也打了水漂！

固然秦始皇为求长生不死之药而执迷不悟，但求巩固秦帝国的稳定则是坚定不移的。卢生入海求仙空手而返，先献上伪造的“亡秦者胡也”图书，致使始皇派蒙恬率三十万大军北却匈奴。卢生后又骗说：“臣等求芝奇药仙者常弗遇，类物有害之者。方中，人主时为微行以辟恶鬼，恶鬼辟，真人至。”他建议始皇“居室毋令人知，然后不死之药殆可得也”（《史记·秦始皇本纪》）。秦始皇这位精明的一世雄主，竟也相信，不再称“联”而自称“真人”，行动诡秘，“令咸阳之旁二百里内宫观二百七十，复道甬道相连，帷帐钟鼓美人以充入之，各案署不移徙。行所幸，有言其处者罪死”（《史记·秦始皇本纪》）。

秦始皇去世，胡亥同赵高、李斯结成的阴谋集团，倒行逆施，葬送了秦王朝，秦始皇走向海洋、开拓新境的理想也化为乌有！

（四）秦始皇胸怀天下的远虑

“六王毕，四海一”，秦始皇在中华大地上，第一次建立起统一的集权制王朝，从而使由血缘关系和礼乐文化为纽带的政治架构转变成法令一统的政治共同体。这无疑是一次历史性的变化，是前无古人的革命。

秦人命运的改变，崛起于陇右，壮大自襄公立国。秦始皇创建的秦王朝，废除封建制，建立郡县制，分天下为三十六郡，颁定法律，统一度量衡，车同轨，书同文，必然导致华夏世界地理空间的重构与人文世界的革新。这对原六国人，无疑是个难以接受的过程。阳武博浪沙遇袭、逢盗兰池、东郡陨石有“始皇帝死而地分”的刻字、使者夜过华阴平舒道接江神玉璧因言“今年祖龙死”……反抗的力量潜在，或明或暗。秦始皇能安心吗？

秦始皇规模空前的巡守之旅，除过二十七年（公元前220年）的第一次西行故地告祖之外，其他四次都东巡到被伐灭的六国之地。遍及东方名山大川，登山祭天、大乐琅邪三月、立石颂德、派方士求仙……从表面上看，这不是游山玩水的显摆又是什么？

作为“千古一帝”的秦始皇，一生都是在“创始”中度过的。灭六国创统一（专制主义的中央集权制）、创政体行郡县（集权制下的郡县制）、创制度行全国（书同文、车同轨、法度衡等）……那么，他立碣石门、秦东门，明确海防之限，极目大海，心中正在酝酿一个外向的计划。派方士入海探路，正是迈出的第一步。

把秦始皇五次巡游的路线、活动内容联系起来看，其政治目的就在以下几个方面：

1. 向东方展示秦统一，表现具有不可抗拒的威严

在七处刻石中，历数六国君主反对统一、祸殃百姓的罪行。明告东土黎民：过去诸

侯间“相侵暴乱、残伐不止”(《琅邪刻石》)，指出诸侯间侵伐不止是社会不安的根源。“六国回辟，贪戾无厌，虐杀不已”（《之罘刻石》），是说六国的君主邪恶乖僻，贪婪残暴，虐杀本国人，永无止境。“六王专倍，贪戾傲猛，率众自强。暴虐恣行，负力而骄，数动甲兵。阴通间使，以事合从，行为辟方。内饰诈谋，外来侵边，遂起祸殃。义威诛之，殄熄暴悖，乱贼灭亡。圣德广密，六合之中，被泽无疆”（《会稽刻石》）。在这里用历史事实作为总结，因为六国君主行为荒诞，贪婪凶猛，仗势逞强，暴虐放纵，合纵抗秦，屡屡兴兵滋事，是发生战争的根源。只有秦用正义之师消灭了这些强暴叛逆、乱君贼臣，统一天下，才换来和平安宁。“圣法初兴，清理疆内，外诛暴强”(《东观刻石》)，“东抚东土，以省卒士”“黔首安宁，不用兵革”（《琅邪刻石》）。明明白白地告知东土黎民：统一不久，实施法治，暴乱反抗均在清理之列，万万不要触犯刑律！皇帝东巡在于安民，因为没有反叛也就省去调动武装力量。

2. 刻石中一再告诉东土黎民：天下一统之功归之于秦始皇

“二十有六年，初并天下，罔不宾服。……皇帝躬圣，既平天下，不懈于治，夙兴夜寐，建设长利，专隆教诲”（《泰山刻石》）。这就是说，今皇帝统一是大势所趋，很得人心。而且“大圣作治，建定法度，显着纲纪”（《之罘刻石》），是说在治理上有法度可依。皇帝也在关心民事，“上农除末，黔首是富。……六亲相保，终无寇贼。优恤黔首，朝夕不懈”。由此可见，皇帝“功盖五帝，泽及牛马”（《琅邪刻石》）。

当着秦始皇的面，刻辞出自李斯的手笔，离不开阿谀奉承。所谓关怀黎民，实际上是同秦朝的社会现实脱节的。“天下之事，无大小皆决于上。上至以衡石量书，日夜有呈，不中呈不得休息”（《史记·秦始皇本纪》）。可见皇帝办公勤勉也属事实。

3. 宣告秦帝国的版图是不可分割的统一体

统一中国后秦王朝的版图，“地东至海暨朝鲜，西至临洮、羌中，南至北向户，北据河为塞，并阴山至辽东”（《史记·秦始皇本纪》）。秦始皇到了东土，再次用简洁的刻辞告之于世：“六合之内，皇帝之土。西涉流沙，南尽北户。东有东海，北过大夏。人迹所至，无不臣者”（《琅邪刻石》）。

4. 秦统一后的名物制度具有合法性，必须遵守

刻辞有“治道运行，诸产得宜，皆有法式”（《泰山刻石》），是说治国的大道通行无阻、各项生产不失其时，一切活动都按法规进行。像“器械一量，同书文字”(《琅邪刻石》)，方便全国物质文化交流。“坠坏城郭，决通川防，夷去险阻。地势既定，

黎庶无繇（遥），天下咸抚”（《碣石刻石》），夷毁过去阻碍的城郭、疏通水陆交通，使地势平坦，黎民再无徭役之苦。

5. 遵循专制主义下社会秩序，养成良好习惯

在专制主义的中央集权制国家，说“皇帝明德”，可见其英明。在管理上“职臣遵分，各知所行，事无嫌疑。黔首改化，远迩同度，临古绝尤”（《东观刻石》），是说办事具有透明度、一体化。那么，百姓知道“贵贱分明，男女礼顺，慎遵职事”的道理（《泰山刻石》），“男乐其畴，女修其业，事各有序”（《碣石刻石》），移风易俗，就会养成良好的社会氛围。

6. 总结历史教训，明确治世理念

在《琅邪刻石》的刻辞里，秦始皇对历史上治世的缺失进行了严厉的批判。“古之五帝三王，知教不同，法度不明，假威鬼神，以欺远方，实不称名，故不久长。其身未殁，诸侯倍叛，法令不行。”指出五帝三王智能教化各行一套，法令制度也不明朗。只知道假借鬼神欺骗民众，名实不符，所以统治时间不长。甚至自己还没有死，底下的诸侯就背叛了，朝廷的法令自然也不可能推行。

而“今皇帝并一海内，以为郡县，天下和平。昭明宗庙，体道行德，尊号大成。群臣相与诵皇帝功德，刻于金石，以为表经”。这就是说，今皇帝一统天下，实行郡县制，才使天下太平了。为了发扬祖宗威灵，故而循大道、行仁德，确立了皇帝大号。由于群臣歌颂皇帝的功德，就把颂词刻在金石之上，可以作为后世遵照的榜样。

7. 亲自勘验名山大川与景物，是一次社会调查活动

秦始皇“亲巡天下，周览远方”(《会稽刻石》)，五次巡游几乎踏遍了秦帝国的领土，而重心又在原东方六国之地。名山大川、历史传闻、风土人情多有接触。一再强调“六合之内，皇帝之土”，就在于把秦皇帝的威权广告给东方、强化秦王朝空间的一体化。

笔者以为秦始皇具有深厚的历史文化素养，同样也喜好文人和饱学之士。从朝堂之上多次御前会议，到封禅礼咨询、海上议事，他确有点民主集中制的作风。我们不要以为，从议帝号到 7 次刻辞等一系列政治文化活动都出自李斯一人的手笔。在秦都咸阳就有博士 70 人、“候星气者”（天文家、气象学者）300 人。随始皇出巡途中，当也少不了地理学家、测绘学家等。诚然，秦始皇亲巡的行动，是在进行一次次的社会调查。

8. 注目海外，派员探路

秦始皇四次巡行东方，沿海边，登高山、望远洋，是陆地上行为的节点。因为秦人

从立国到一统天下，在充满血腥厮杀的陆地上艰难地走过了600多年。而今他走在陆海边缘，已不是受限“秦东门”“碣石门”而固步自封。向往的蓬莱、方丈和瀛洲在心目中总是挥之不去。尽管卢生“诽谤”之言在咸阳发生了坑儒事件，但仍支持方士徐福入海的计划。由此可见，求仙药并非是秦始皇唯一的追求，为走向海洋派员探路才是真正的意图。

9. 祭天封禅，拜虞舜，求神保护；入海求仙，祈求长生

秦始皇东巡中，祭天封禅、祠神求仙、入海求不死之药，我们应予理解。对古人的迷信不应苛求。但他多次出巡，不顾路途遥远，耗资巨大，通过实际勘查和测绘，以辨方正位、体国经野，瞄准海域的胸襟与精神，值得肯定。

十四、“兼容并蓄”的咸阳城市文化

（一）神是政治生命的灵魂：秦的多神崇拜与畤祭的延伸

1. 敬天的思想根源

“天”是中外一切原始先民普遍崇拜的神。由于古代生产力水平低下，自然灾变对人的生存、生活发生着直接的影响。在冥冥之中人们觉得似乎有一种超人的支配力量，在无形地主宰着社会与人生。于是就幻化出了那至高无上、被人格化了的茫茫上苍。

殷人敬“天”，周人也敬“天”。但周人把“天”视为道德、正义的神灵，因而提出了“敬天保民”的宗教统治思想。显然这是经过漫漫长夜的混沌历史岁月之后，从“畏天”到“敬天”的变化中赋予了积极的含义，可说是人类社会进步的一种表示。

接受周文化影响较深的秦人，在原本有“敬天”宗教思想的基础上，更是深信不疑地笃诚。《周书·泰誓》：“天佑下民，作之君，作之师。”《诗·大雅·大明》：“天监在下，有命既集。”天是处在无极之大、之高的神灵，有主宰人类命运的权力。执掌着万物生长，维护自然界秩序，干预人间百事，具有极高的权威。秦简《日书》就有“天所以张生时”的话，可见这是秦人对“天”的总意念。

2. 多神崇拜

（1）自然神：秦人对自然神的崇拜十分广泛，设祠对象也多，所以称之为“杂祠”。即使秦统一之后，也还是个“未有定祠”的局面。他们认为，大凡日月星辰、风雨雷电、山川河流，甚至一草一木、种种动物，无不是具有意志的神灵。历代秦君在雍都建庙有百余处，供奉着各种天神、星神。秦始皇行封禅，礼祠名山大川及齐地“八神”（1.“天主”在临淄南郊有五眼涌水；2.“地主”在泰山脚下的梁父；3.“兵主”主祠蚩尤在东平郡的陆监乡蚩尤山上；4.“阴主”在三山；5.“阳主”在之罘山；6.“月主”在莱山；7.“日主”在成山角；8.“四时主”在琅邪山）。在崤以东的名山是太室（嵩高）、恒山、泰山、会稽、湘山等5座，大川是济水和淮水。

自华以西祭祀的名山是华山、薄山（襄山）、岳山、岐山、吴岳、鸿冢、渎山（汶山）等7座，名川是河水（祠临晋）、沔水（祠汉中）、湫渊（祠朝那）、江水（祠蜀）等4条。

灞、浐、长水（蓝田焦岱河）、沣、涝、泾、渭、汧、洛等，虽非大川，因为地近咸阳，“尽得比山川祠，而无诸加”（《汉书·郊祀志》）。

（2）宗祖神

秦人祭祖，既是学自周人，有团结宗族的政治用意。凤翔秦雍都宗庙遗址的发现，证明“先王庙皆在西雍”是正确的。咸阳的“诸庙皆在渭南”(《史记·秦始皇本纪》)，见载的就有阴乡东的昭王庙（《樗里子甘茂列传》）。秦始皇追尊先父庄襄王为太上皇，二世则尊始皇庙为“帝者祖庙”。

（3）鬼怪

从“万物有灵”的原始宗教观念中产生出对鬼神的崇拜，长期存在于古人的观念中。从先秦到秦时已经形成上、下两个世界，即：神仙世界，在天上；鬼怪（包括妖魔）世界，在地下，常活动在暗处。神仙是具有超自然的力量，但已赋予了人格化的神灵，被当作扬善惩恶的偶像崇拜。而鬼怪除人死后灵魂所变之外，妖魔鬼怪则是万物自生的精灵，都是以作祟害人为务，用现在的话说就是“捣鬼”（实际是“鬼捣”）。对付的办法，是神要敬，是鬼要回击。

神还有“善神”与“恶神”的区别（《史记·秦始皇本纪》），鬼则是令人生厌而诅咒的幽灵。

《日书》中记载了很多鬼，如丘鬼、诗（衬）鬼、饮鬼（欲望鬼）、棘鬼、凶鬼、攸羊（羍）鬼（诱惑之鬼）、疠鬼（麻风病鬼）、旬（匀）鬼、饿鬼、宲（殍）鬼、哀乳之鬼、粲迓之鬼（露齿鬼）、阳鬼、明鬼、宇鬼、游鬼、外鬼、中鬼、幼殇（不葬为鬼）、夭鬼、不幸鬼、遽鬼、吕袜（魅）、刺鬼等28种。其鬼鬼祟祟的活动，严重地影响人的正常生活。

鬼怪无处不在，使人防不胜防，但又不能除却，原因就在于有成鬼的条件存在。鬼害人、整人的重要手法之一就是装人，特别是装好人，又往往奏效。

在现实生活里，人常说某某人“在背后捣鬼”。因为他在暗处、见不得阳光，所以正确的表达应该说是“鬼捣”。鬼捣时在暗处，逞凶在夜间。其鬼鬼祟祟，常搞恶作剧，以戏弄、纠缠、迷惑、威慑、恐吓等手段，甚至“夜鼓入门，以歌若哭”、栖居人家，捉拿丈夫、调戏妇女、制造恶梦、骚扰牲畜、致人患病（流口水、抽筋等）、勾人魂魄，严重地影响人的正常生活。

关中民谚有“是神要敬哩！是鬼要送哩”的话。所谓“送”就是“捣”，捣是动词，有捣毁、捣烂、捣碎等意思。人来“捣鬼”，就是要打鬼、赶鬼。秦人驱鬼在“秦简”中有八法，即：可用桃梗、桑杖条赶打，用良剑、溺器、粪便击之，以“沙人”“莎芾”等中草药治之，也以水泼、火攻、土攻除之。特别是子时，阳气降临，这些鬼头鬼脑的作祟气焰随着光明的到来就远遁而逝。此法在农村一直沿用。

秦人以现实的世俗社会描绘了鬼的世界。认为鬼生活在幽冥之中，同样有着利益的追求与七情六欲。那么，为了鬼不作祟害人，在丧葬上尽量埋入丰富的随葬品，定期祭礼，尽量满足鬼对饮食生活的需要，希望人鬼相安无事，免祸得福。在咸阳、西安地区的秦墓里，出土有诸多的随葬之物。显然是秦人“灵魂不灭”、把鬼神人格化、冥域世俗化的宗教意识反映。

3. 秦人敬天从多极化到归一化

“是神要敬哩”，商周以来的统治者都把敬天、礼天、祭天的礼神活动同国家的政治与人事活动，紧紧地捆绑在一起，秦人也会沿袭而不例外，但把“天”和“上帝”这两个人格化了的宗教观念放在平等的位置上，却带有明显的功利主义色彩。这是不同前代的一大特点。

秦人虽然敬天，但目的性却是很明确的，绝不含混。“天、地、人”这“三界”观念异常明晰。其进取意识，促使他要同“天”沟通，也就是要把自己的统治“天意”化。

秦人祭天帝勤恳，志在天下。当秦始皇统一六国之后，志得意满，面对偌大的版图要实施有效的统治，“法天”意识油然而生。于是，把指导思想变为行动，立即付诸实施。在首都咸阳的建设上，他有很多相应的做法，如：

始皇兼天下，都咸阳，因北陵营殿，端门四达，以则紫宫，象帝居。渭水贯都，以象天汉；横桥南渡，以法牵牛。（《三辅黄图》）

三十五年（公元前 212 年）……为复道，自阿房渡渭，属之咸阳，以象天极，阁道绝汉，抵营室也。（《史记·秦始皇本纪》）

焉作信宫渭南。已更命信宫为极庙，象天极。自极庙道通郦山。（《史记·秦始皇本纪》）

在秦始皇的意识中，“天”是无边无际的大，至高无上，还是主宰万物的神灵。他把位居首都北部，又地势高亢的咸阳原作为重点，在原来“冀阙宫庭”、咸阳宫这些宫殿群的基础上，仿造天帝常居的“紫宫”，进行宫殿改造工程，使得“端门”（殿之正门）四开。既然帝宫居京都的上部，具有君临万民之势，同天帝的紫微宫对应，其下部的渭河就犹如亘空的“天汉”（银河），“横桥”也成了沟通咸阳南北两区往还的鹊桥。

所谓“天极”，也就是我们经常说的“北极”星（又称“北辰”），是天帝（泰乙）所居的星宿。“营室”，即二十八宿之一的“室宿”。“天极”和“营室”这两个星座分别位于“天汉”（银河）的两侧，它们之间正好有“阁道”六星一线横向排列在天河之上。据占星家说，从“天极”来只有经过横绝天河的“阁道”，才能抵达“营室”。那么，秦始皇开始把渭河北岸的“咸阳宫”当作政治中枢重加建设，随后又在渭河南岸建造了更加宏伟的“阿房宫”作为朝宫。在这一变化过程里，两处都属皇帝的行在，缺一不可。其间以跨渭河的复道相通，便于帝车南北往还。这种格局，又同天象相吻合。

信宫是秦始皇统一天下的第二年在渭河南岸动工修建的一处生祠。竣工后改名“极庙”，秦二世时又奉为“始皇庙”，尊作“帝者祖庙”。所谓“极庙”，也就是象征天上的南斗星。“紫微”是北天区域的三垣之一，有右垣七星和左垣八星在两侧护卫着，北极（天极）五星和勾陈六星都处于紫微宫中。古人认为北极中最亮的“帝”星（二等星）就是天帝常居的星，那么，紫宫就构成了“众星拱之”（《论语·为政》）的局面。显然，人间的始皇祖庙确也对应了上苍的天极。在这里，“天人相应”，是秦始皇“法天”有意为之，还是巧合？但“复道行空华盖外，勾陈横极紫微星”（刘纯：《阿房宫》诗句）的交通设计，却是耐人寻味的。

秦始皇不仅重新规划的咸阳在“法天”，而且建造的陵墓也在“法天”。地宫内“以水银为百川、江河、大海，机相灌输。上具天文，下具地理”（《史记·秦始皇本纪》）。在一个区区陵墓的有限空间里，展现的却是从天上到人间的无限宇宙。其影响所及，不仅扩大了“法天”的范围，而且也成了后代墓顶画天象图的滥觞。

4. 畤祭

秦人祭天由来已久。要祭就得有个地方，得有个方式。秦人改变了过去不伤草木、

“至敬不坛，扫地而祭”（《礼记·礼器》）、随祭随撤的习惯，采取固定场所的畤祭。畤祭被认为是国家郊祀祭天的大典，非常受重视。

秦人生活在陇右时期，秦襄公就设立了“西畤”祭祀白帝，地在礼县鸾亭山汉代祭祀遗址的附近。秦人进入关中之后，因为雍地周围的“武畤”“好畤”“皆废无祠”，所以秦文公先作“鄜畤”祭白帝；78 年之后，宣公在渭南立“密畤”祭青帝；又过了百年之后，秦灵公作“吴阳上畤”祭黄帝，又立“吴阳下畤”祭炎帝。这些就是历史上常说的所谓“雍四畤”，秦汉统治者祀之不绝。另外，在上、下畤 48 年后献公在栎阳作“畦畤”，祭白帝。汉代秦有天下，高祖二年（公元前 205 年）“立黑帝祠，命曰‘北畤’”（《史记·封禅书》）。

秦汉畤名表

<table>
<tr><th>畤　名</th><th>立 畤 时 间</th><th>地　点</th><th>祭祀神灵</th><th colspan="3">秦　汉</th></tr>
<tr><td>西畤</td><td>秦襄公八年（770bc）</td><td>甘肃礼县鸾亭山</td><td>白帝（少皞）</td><td colspan="2">/</td><td rowspan="7">汉五畤</td></tr>
<tr><td>鄜畤</td><td>秦文公十年（756bc）</td><td>陕西凤翔长青镇南头堡子壕</td><td>白帝（少皞）</td><td rowspan="4">秦雍四畤</td><td rowspan="5">秦雍五畤</td></tr>
<tr><td>密畤</td><td>秦宣公四年（672bc）</td><td>宝鸡市陈仓区潘溪镇下站村</td><td>青帝（太皞）</td></tr>
<tr><td>吴阳上畤</td><td>秦灵公三年（422bc）</td><td>宝鸡市陈仓区新街庙镇吴山（?）</td><td>黄帝（轩辕）</td></tr>
<tr><td>吴阳下畤</td><td>秦灵公三年（422bc）</td><td>宝鸡市陈仓区新街庙镇吴山东路</td><td>炎帝（神农）</td></tr>
<tr><td>北畤</td><td>汉高祖二年（205bc）</td><td>凤翔县柳林镇血池村</td><td colspan="2">黑帝（颛顼）</td></tr>
<tr><td>畦畤</td><td>秦献公十八年（367bc）</td><td>西安市阎良区</td><td colspan="3">白帝（少皞）</td></tr>
</table>

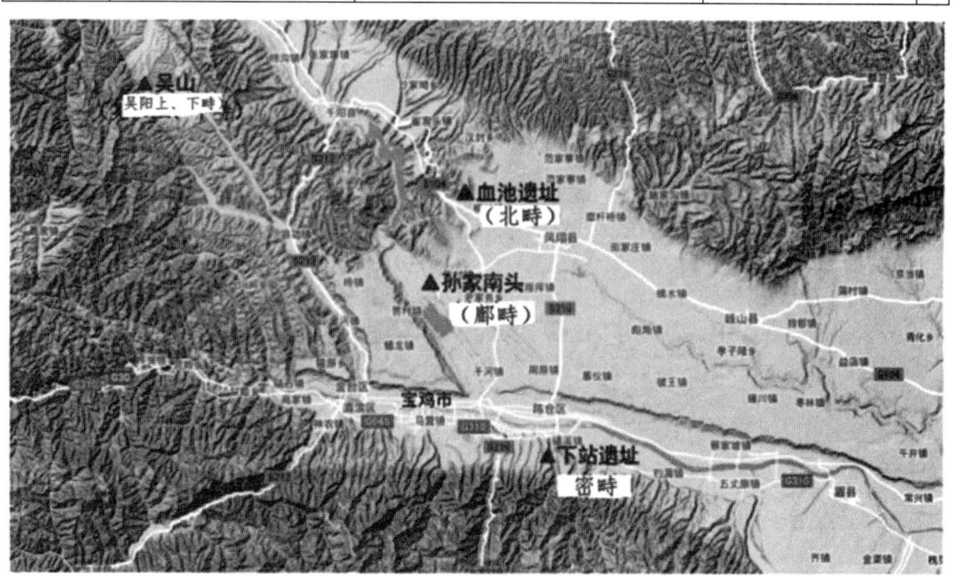

图 14-1　秦汉雍畤图表

秦先后立有“西畤”“鄜畤”“密畤”“吴阳上畤”“吴阳下畤”“畦畤”等 6 处。由于随祭随撤，或即便有保留也往往因年久而“皆废无祠”，所以至秦统一前常作祭祀的有“五畤”，即“鄜畤”“密畤”“吴阳上畤”“吴阳下畤”“畦畤”。除过在栎阳的畦畤外，而在雍地的祭祀之地剩下了“鄜畤”“密畤”“吴阳上畤”“吴阳下畤”，这就是秦的“雍四畤”。以后在雍地加上“北畤”，这就成了汉的“雍五畤”（图14–1）。

秦立都咸阳之后再没有立畤，一直追祭的是“雍四畤”。秦王嬴政22岁加冕时，还要到故都雍的蕲年宫，这就是很好的说明。

经考古调查，雍地的畤址都有了着落。

（1）鄜畤：在凤翔孙家南头堡子壕

从堡子壕向南到马道口村相距1.5公里，是一大片宫殿建筑群，距秦都“汧渭之会”东界的汧河东岸陈家崖不远。凤翔孙家南头堡子壕是一处规模两万多平方米的秦汉建筑遗址。出土的文字瓦当见有“蕲年宫当”“橐泉宫当”“来谷宫当”“竹泉宫当”，其中“蕲年宫”和“橐泉宫”有文献记载，又多是同秦汉皇帝祭祀有关①。诸多宫殿的性质，应属于斋宫。

（2）密畤：宝鸡下站遗址

陕西省宝鸡市陈仓区潘溪镇下站村，地处秦岭北麓、渭河南岸的台塬上。北距秦都雍城21.8公里。遗址范围有23万平方米，调查发现共有1400多个祭祀坑。截至2023年，共发掘面积2400平方米，清理灰坑数十座、半地穴房址3座、各类祭祀坑99座。长条形祭祀坑年代最早，属于春秋中期。

出土物中除玉人、玉琮、玉璜等祭祀玉器组合外，还有玉圭、玉璧、玉璋等残件，大量的金、玉、铜车马器、兵器、钱币、云纹瓦当。有一“密”字的陶片，对遗址性质与时代判断很有作用②。

下站遗址是秦汉时代一处规模较大的高等级祭祀场所。可以确认“下站遗址”就是秦宣公在渭河南设立祭青帝的“密畤”，属于“雍五畤”之一。

① 陕西省雍城考古队：《一九八二年凤翔雍城秦汉遗址调查简报》，《考古与文物》1984年第2期；马振智等：《蕲年、棫阳、年宫考》，《考古与文物》1983年丛刊第三号。

② 《宝鸡发现2600余年前密畤祭祀遗址》，《大众考古》2020年11月第3期；《“考古中国”重大项目重要进展发布，陕西下站遗址、北城村墓地两处项目在列》，《西安晚报》2023年12月22日。

（3）吴阳下畤：宝鸡吴山祭祀遗址

吴山祭祀遗址位于陕西省宝鸡市陈仓区新街庙镇吴山东路的一个台地上，遗址范围有8万平方米，调查发现共有94个祭祀坑。2018年发掘面积800平方米，清理出四匹马一辆车的祭祀坑有8座。除了2处被盗扰外，在6个祭祀坑的舆位置，都有祭祀用的男女玉人、玉琮和配套用的青铜车軎、马镳、马衔、箭镞等器物。

清理出四匹马一辆车的祭祀坑有8座。除了2处被盗扰外，在6个祭祀坑的位置，都有祭祀用的男女玉人、玉琮和配套用的青铜车軎、马镳、马衔、箭镞等器物。在8座祭祀坑内，发现了9件特殊的农具铁锸。可以推断这里作为祭祀“农神”炎帝的“吴阳下畤”可能性比较大①。

由《史记·封禅书》记载可知，秦灵公先作“吴阳上畤”祭黄帝，再作“吴阳下畤”祭炎帝。既然吴阳下畤已经找到，要找吴阳上畤也离不开吴山的阳坡地带。

（4）从秦的民祭到汉的“北畤”：凤翔血池遗址

“血池遗址”位于陕西省宝鸡市凤翔区柳林镇血池村以东至沟南村之间的三道山梁与山前台地上。遗址面积470万平方米，东南距秦雍城大遗址12公里。该遗存由两部分组成：沟南村夯土台遗迹是坛场部分，由“坛”形夯土台、围沟、三层台阶（为坛三垓）、八通神道等几部分组成；血池村东的中山梁上祭祀坑密集，有570处。坑底有马、羊骨骼，出土器物以模型铜车马小件、兵器、木马等为主，另有少量玉人、玉璜、玉琮、玉璋等玉器②（图14–2）。

经测年，血池遗址跨度在秦末到西汉时期。个别马骨在春秋战国时期，而建筑和祭礼遗物多为汉代。秦始皇加冕时驻跸蕲年宫，在鄜畤祭祀远祖白帝。我们还可以想象，当时有嫪毐之乱，鉴于形势紧迫，不便去密畤、吴阳二畤，是否就合并为“雍山”之祭？

据《史记·封禅书》载，雍地“百有余庙”。我们应该看到：生活在雍都的秦人早在战国时期就在雍山上祭天。但这些祠庙每年按时节祭祀，天子并不亲往。这就是说秦对雍四畤祭礼中，最为隆重的是上帝。在每年的春、秋、冬和五月都有“月祭”。要用

① 《陕西考古发现战国时期大型祭祀遗址》，“新华网”2018年12月8日。

② 陕西省考古研究院、中国国家博物馆、宝鸡市考古研究所、凤翔县博物馆、宝鸡先秦陵园博物馆：《陕西凤翔雍山血池秦汉祭祀遗址考古调查与发掘简报》，《考古与文物》2020年第6期。

“驹四匹，木禺龙栾车一驷[1]、木禺车马一驷，各如其帝色。黄犊羔[2]各四，珪币各有数，皆生瘗埋，无俎豆之具。三年一郊”。这样的礼制，遂被汉所继承。

图 14–2　雍都北畤祭天遗址组图

《史记》《汉书》记汉家皇帝“郊雍”时，总是用“郊雍五帝”“天子郊雍”一类概括性的词语，说明汉既承认秦的“四畤”，再加上“北畤”，就成了雍地汉“五畤”合祭专一的场面。

① 秦时的车乘是独辕双轮木车，车辀（辕）呈前端上昂的龙形。栾通“銮”，栾车也即是“銮车”“鸾车”。帝王的乘车上装有铃铛，所以《索隐》有“谓车有铃，铃乃有栾和之节”的话。“木禺龙栾车一驷”，译成白话就是：一辆驾有四匹马装銮铃的木车。

② “黄犊羔”，黄色的牛犊和羊羔。

如果说秦始皇使"四畤"合并在先，则汉集中一地为"五畤"祭祀就成为必然。

此集中地又在哪里呢？回答：必在"北畤"。因为北畤地无疑指向了血池遗址。道理很简单：北畤祭黑帝，地理位置吻合；雍山上有无畤名而有民祭的基础，汉命名"北畤"顺理成章；雍地四畤式微，"北畤"后起，就成为建设的重点。今天我们看到血池遗址的布局、结构是那么的完整，可说是秦汉畤址的典范，不是很能说明"天子郊雍"的实际内涵吗？

血池遗址有"上畤"与"下祠"陶片同出。我认为并非雍地另有上、下二畤，实际上，它是分别代表血池祭地有着专器专用的区别。这类例子很多，如"长信宫灯""上林铜鉴"等。所以，血池祭祀遗址的陶器用在坛场就标以"上畤"，用在祭地则标以"下祠"。

（二）巧用五行之利：秦始皇的水德之运

1. 信奉阴阳五行学说

战国时期，齐人邹衍运用阴阳（宇宙事物间的矛盾关系）五行（水、火、木、金、土等五种物质）理论解释历史上朝代的兴替，创立了"五德终始"说。他认为，历史发展是按"五行相胜"的循环顺序进行，改朝换代以及人的各种活动也都和五行相通。一个新朝代的出现，必定是人君得到了五行（德）中的一德，并由上天显示符应。当其德衰时，也将被在五行中另一盛德者起而代之。如此周而复始，循环不已。

秦始皇统一六国，建立了秦王朝，为寻找"受命于天"的理论根据，按照五德终始循环、五行相克的次序来解释朝代的替换，如：土（黄帝）⟵木（夏）⟵金（商）⟵火（周）⟵水（秦）。认为秦是水德代替了周的火德才兴盛。他把老祖先秦文公在五百年前出猎时曾获得一条大黑蛇的事，当作为秦代周的符应，从而制定了一整套的水德制度，如"方今水德之始，改年始，朝贺皆自十月朔[①]。衣服、旄旌、节旗皆上（尚）黑。数以六为纪，符、法冠皆六寸，而舆六尺，六尺为步，乘六马。更名河曰'德水'，以为水德之始。刚毅戾深，事皆决于法，刻削毋仁恩和义，然后合五德之数。于是急法，久者不赦"（《史记·秦始皇本纪》）。

水主阴，主刑杀，体现在统治思想和方法上就是严刑峻法，是"刚毅戾深，事皆决于法，刻削毋仁恩和义，然后合五德之数。于是急法，久者不赦"（《史记·秦始皇本

---

① 按照天干地支相配，周以建子之月（十一月）为正，秦以建亥之月（十月）为正，所以秦始皇"改年始，朝贺皆自十月朔"，这就是把十月作为一年的开始。有人曾问我"秦代有没有国庆？"于是，我写了一篇文章：《解读"十月朔"——秦王朝新年的庆日》，《嬴秦学刊》2012年第4期。

纪》）。这段话的本意是，要当政者应该强硬果断、暴戾苛刻，所做的一切都要取决于法律。执法时，要严酷，不讲情面、不顾恩惠与仁义，认为只有这样才符合水德之治。正因为秦施行严厉的刑法，对犯罪者从不宽赦。

2. 水德模式下的套接

按水德色尚黑，是说以黑为贵，属于上等的主色，并非一切皆黑。秦俑服色绚丽多彩，就有助于我们对“上黑”的理解。

水之生数为一，成数为六①，所以“数以六为纪”。据此，秦初分天下为 36 郡；迁天下豪富十二万户咸阳；销天下兵，铸金人十二；咸阳有宫观二百七十，关中“计宫三百”；祭泰山、禅梁父，筑墠皆广长十二丈，坛高三尺，阶三等；使蒙恬发兵三十万，北却匈奴；有“候星气者三百人”（《史记・秦始皇本纪》）。这些都是六或六的自乘数、倍数或半数。

“五德终始”是五行相生相克、历史循环论向社会学说的移植与理论化，对秦王朝在统治中实施极端的法家思想起了推波助澜的作用。但神秘色彩异常浓厚的五德终始说，其臆造和迷信的成分往往陷入到不能自圆其说的矛盾之中。像后来刘邦“斩蛇起义”时，编造老妪哭诉自己儿子是白帝子，为赤帝子所杀，兆示“火克金”，自己将代秦而取天下。但当发现“火胜金”的神话同秦尊黑帝、行水德对错了号，成了水胜火。于是，先说秦的水德不算数，汉是水德克周的火德；后又说汉是水德，才胜了秦的水德。当然，这是后话，而且是留给两千年来迷信的后话。但秦奉行阴阳五行、施水德的装饰，确实为其统治加上了一圈神圣的光环！

（三）焚书与坑儒：文化专制主义事件的发生

1. 咸阳焚书：以吏为师

书是文化知识的载体，有何罪？为什么要烧？可偏偏烧书就发生在国都咸阳。第一次是秦孝公用商鞅变法之时（约为公元前 350 年 ~ 前 340 年），第二次则在秦始皇三十五年（公元前 212 年）。前一次“燔《诗》《书》而明令”（《韩非子・和氏》），目的在于为推行新法而扫除思想障碍。而第二次又是为什么呢？

说来也怪，这是发生在咸阳宫一次秦始皇宴飨群臣的酒席宴会上。《史记・秦始皇本纪》的三十四年（公元前 213 年）作了这样的记述：

① 五行有三种数，即生数、成数（也称壮数）和老数。水行生数为一，成数是六，老数为五。意思是地球上以水为代表的水性物质，在太阳和水星运动的感应下，一月（秦用“颛顼历”，以十月为岁首）冬至开始结冰，六月水体最为丰满即达到体积最大，但五月受到土星运动的影响，水体最小。

始皇置酒咸阳宫，博士七十人前为寿。仆射周青臣进颂曰：“他时秦地不过千里，赖陛下神灵明圣，平定海内，放逐蛮夷。日月所照，莫不宾服。以诸侯为郡县，人人自安乐，无战争之患，传之万世。自上古不及陛下威德。”始皇悦。

博士齐人淳于越进曰：“臣闻殷周之王千余岁，封子弟功臣，自为枝辅。今陛下有海内，而子弟为匹夫。卒有田常、六卿之臣，无辅拂（弼），何以相救哉？事不师古而能长久者，未所闻也。今青臣又面谀以重陛下之过，非忠臣。”始皇下其议。

周青臣歌颂皇帝威德，同东巡刻石表述一致，当然秦始皇很高兴。

但头脑清醒的淳于越明知社会潜藏危机，就毫不客气地批评周青臣在“重陛下之过”，是“面谀”，并非“忠臣”。而他的建议是“封子弟功臣，自为枝辅”。

这时，秦始皇没有表态，而是“下其议”，也就是听取下面众人发表意见。

本来淳于越这话是针对当时社会现实的，并非在郡县制行了8年之久仍要恢复分封制。但是，具有诡诈性格，自恃有几分才气的李斯，以充满霸气的宏论，压倒同僚。他严厉地质问：

“今陛下创大业，建万世之功，固非愚儒所知。且越言乃三代之事，何足法也”？指责“今诸生不师今而学古，以非当世，惑乱黔首。……语皆道古以害今，饰虚言以乱实”。他认为根源就在于“人善其所私学”，所以他们“入则心非，出则巷议”。如果不禁，就会出现“主势降乎上，党与成乎下”的局面。

作为丞相的李斯，深知百姓在严刑峻法下，苦于力役、酷政，生灵涂炭，社会危机将一触即发，自己有着不可推卸的责任，就凭借着近居帝侧，万人之上的显赫地位，也摸透了秦始皇要搞专权的思想、保持舆论一致的政治意图及其脾性，就巧妙地把时局问题的对策争论提高到政治斗争的高度上，把出现的社会危机归罪于士人“不师今而学古，以非当世，惑乱黔首”的高度。终止了御前议政，直接上奏三条：

第一，除《秦纪》以外的史书，非博士官所藏的《诗》、《书》、诸子著述，统统焚烧。若属于医药、卜筮、种树类的书，则不受此限制。

第二，焚书令颁布后，因从咸阳到全国边远地区的路程关系，限期一月时间，凡是不把禁书上交给郡守和尉的人，要处以“黥刑”（面额上刺字），并罚作“城旦”（筑城四年的苦役）。此后再有敢谈论《诗》《书》者，处以“弃市”的死刑。对以古非今的灭族，对知情不举报的官吏则以同罪连坐论处。

第三，今后要学法令，就“以吏为师”。

李斯的奏本，得到始皇的认可，从而引发全国性的大规模焚书运动。《诗》、《书》、百家语等典籍，在秦始皇、李斯们点起的一把大火中化为灰烬。据知，在今咸阳市窑店镇西南，有个村子名叫“辉堵村”（20世纪60年代写作“灰堵村”），传说是秦始皇焚书的地方。也有可能是商鞅焚书的地方？另外，今渭南市南五里有个长稔塬，沈河由南向北穿塬而过。蒋家村在河东岸，村北的市党校内有一大土堆，相传是秦始皇的“焚书台”。状作圆锥形，高可25米，底径50米，顶部平台直径20米左右，遗留有灰土及瓦砾。村南是秦步寿宫遗址。河西岸有村名“灰堆村”，或说也是焚书之处。

秦始皇“燔《诗》《书》以愚百姓，六经典籍残为灰炭”（《后汉书·天文志》）。专权者显然在全社会推行的是一场弃智绝圣的文盲运动。

李斯以法家学说为基础，重申韩非“明主之国，无书简之文，以法为教；无先王之语，以吏为师”（《韩非子·五蠹》）的思想，故意把学习内容简单化。而“吏”有循、酷、清、浊、污的不同，又何从师之①？

2. 坑儒事件

秦的焚书同坑儒总是相连的，有趣的却是相连的事件总在重演着。商鞅变法时，在“燔《诗》《书》”的同时，于渭水边上一次就杀掉犯禁的儒生700多人，渭水也为之变色，号哭之声动于天地（《史记·商君列传》集解）。同样，秦始皇在焚书的第二年（即公元前212年），就坑杀了儒生和方士460余人。

这次坑儒事件，是由两个方士非议秦始皇引起的。据《史记·秦始皇本纪》记载：三十五年（公元前212年）：

“侯生、卢生相与谋曰：‘始皇为人，天性刚戾自用。起诸侯，并天下，意得欲从，以为自古莫及己。专任狱吏，狱吏得亲幸。博士虽七十人，特备员弗用。丞相、诸

① 近人康有为在其《新学伪经考·秦焚六经未尝亡缺考》一文中说：“欲学诗书六艺者，诣博士受业则可矣。实则重京师而抑郡国，强干弱支之计耳。……秦博士如叔孙通还有儒生弟子百余人诸生不习诗书，何为复作博士弟子？”如按康的说法，“吏”就是“博士”。实则较为勉强，因为存活的博士是在坑儒时未查出同他们的牵连。焚书本来就为毁灭儒家经典，怎能让儒生收授弟子去公开讲经呢？显然以后博士授徒不再是合法的了。况且李斯奏议中明明白白说的是“欲有学法令，以吏为师”。

大臣，皆受成事，倚辨于上。上乐以刑杀为威，天下畏罪，持禄莫敢尽忠。上不闻过而日骄，下慑伏谩欺以取荣。……贪于权势至如此，未可为求仙药。’于是乃亡去。”

“求仙药”本来就是不可能实现的虚妄之事，而这二位方士编造的故事已经穷尽，也没法交代，怕遭到刑杀，在对秦始皇一番评论后，就逃走了。

秦始皇闻言大怒。说“吾前收天下书，不中用者尽去之。悉召文学、方术士甚众，欲以兴太平，方士欲练以求奇药。今闻韩众去不报，徐福等费以巨万计，终不得药。徒奸利相告日闻：卢生等，吾尊赐之甚厚，今乃诽谤我，以重吾不德也；诸生在咸阳者，吾使人廉问，或为妖言以乱黔首”。

于是，秦始皇把审讯诸生一案交给了御史查办。诸生传相告引，乃自除犯禁者460余人，皆坑之咸阳①。

3.“儒生”和“诸生”内涵不尽相同

“焚书坑儒”这是历来的说法。“儒生”就是信奉儒家学说的读书人，但秦始皇在咸阳坑的不尽是儒生。司马迁和扶苏都称之为“诸生”，那么，这包括的范围就广泛了。

在始皇的政治生涯中，总是离不开“博士”“儒生”“方士”们的身影。而因为秦始皇学养非同一般，所以在他周围聚集的御用文人也都不是些等闲之辈。三公九卿中的丞相王绾、御史大夫冯劫、廷尉李斯等，有拜为“国尉”的大梁人尉缭，有好“刑名法

---

① 关于坑杀儒生的史料，有如下几条：

《史记·秦始皇本纪》三十五年：“于是使御史悉案问诸生，诸生传相告引，乃自除犯禁者四百六十余人，皆坑之咸阳，使天下知之，以惩后。”

《史记·儒林列传》正义引卫宏《诏定古文尚书序》：“秦既焚书，恐天下不从所改更法，而诸生到者拜为郎，前后七百人。乃密种瓜于骊山陵谷中温处，瓜实成，诏博士诸生说之，人言不同，乃令就视。为伏机，诸生贤儒皆至焉，方相难不决，因发机，从上填之以土，皆压，终乃无声。”

《文献通考·学校考》：“始皇使御史案问诸生，转相靠引，至杀四百六十余人。又令各种瓜骊山，实生，命博士诸生就视。为伏机，杀七百余人。二世时，又以陈胜起，诏博士诸生议，坐以非所宣言者，又杀数十人。”

从以上两条文献记载者，坑杀人数有“四百六十余人”“七百人”；所用手段有“坑杀”和“弩杀”两种；地点则有咸阳和骊山谷两地。始皇因分封的争论引起焚书，进而由方士的欺骗和攻诘而坑儒，前后发生在相连的两年之内（公元前213年～前212年）。

卫宏和马端临都说始皇在骊山陵谷中种瓜结实，“令诸生就视”，还诈言“到者拜为郎”，后伏机射杀，再以土掩埋。看来，这些话似有传说演义之嫌。因为秦始皇既以令御史查办，又是儒生们“传相告引”而牵连的。“犯禁”也就是犯罪，自在惩戒之列，就用不着设计诱杀。所以，《史记》就明白地记着“皆坑之咸阳”。这应当是最符合当时的历史真实。

术之学”的韩非。还有秦廷中一个庞大备问、咨询的学人团体，这就是70多名“掌通古今、承接问对”的所谓“博士”。有姓名可考的秦博士，见有周青臣、伏生、鲍白令之、桂贞、茅焦、正先、叔孙通等10人①。又有一批特殊的、数目不小的人群，那就是养在秦廷的“候星气者至三百人”，他们都是些观测云气天象、具有天文知识的“良士”。另外，秦代一些书法名家，像擅长小篆书体的丞相李斯、中车府令赵高、栎阳狱吏胡毋敬，还有“覃思十年，益小篆方圆而为隶书”的程邈。

除过以上学有专长的学问人之外，就是那些搞神仙学的方士。

客观来说，秦始皇起初对诸生还是尊重的，颇有点“不耻下问”、有点民主作风。能够发扬秦人在政治生活中的历史传统，执行“廷议制度”(或称“朝议制度”)。像“让贤”与“世袭”、“分封”与“郡县”等重大原则问题，秦始皇并没有专权独断，而是与群臣举行了极其热烈的朝议才最后裁定。

但是在随后的接触中，在有关大事的咨询与讨论中发现一些腐儒在开历史倒车。于是，从情感上慢慢产生了隔膜，以至于有了厌恶的情绪。

祭天的封禅仪式，儒生们的议论不但空洞无物，而且各自“乖异，难施用”。对这种不具有可操作性的空话，秦始皇只好把他们晾在一边。如果说这还只是有一点儿不高兴的话，那他在半山腰遇暴雨避在树下遭到讥笑，不仅有伤皇帝的面子，而且有着“等而下之”的“无差别”尴尬。这怎么会不激怒他？于是，封这大树为“五大夫”，也算是还儒生们以颜色看。那么，在秦始皇即帝位的第三年（二十八年，即公元前219年），也是这首次的东巡，秦始皇终于在儒生的思想行为上发现了他们性格的缺陷。“由此绌儒生”的开端（《史记·封禅书》）。

如果说读儒家经典的“儒生”是些纯粹书生的话，但方士们多半是些文墨不通或胸无点墨的“怪迂、阿谀、苟合之徒”（《史记·封禅书》）。但由于秦始皇求长生不老之药心切，便同他们的距离越拉越近。

在编造谎言的方士之中，燕人卢生是最突出的一位。三十二年（公元前215年），他在海上转了一圈，大谈鬼怪神仙，还上奏了一本有关谶语的书，里边说什么“亡秦者胡也”。使秦始皇认为，北边的胡人才是亡秦的最大危险。三十五年（公元前212年），卢生又编造假话说：我求灵芝奇药和仙人之所以得不到，是因为有恶鬼在作祟。你秦始皇作为“人主”的行动只有诡秘不为人知，避开恶鬼，而“入水不濡，入火不爇，陵云气，与

---

① 王国维：《观堂集林·汉魏博士考》；马非百：《秦集史·博士表》。

天地久长”的真人才会出现。一世雄主的秦始皇到了晚年，愈感人生不再，求“长生不老”的心情更为迫切，对卢生的花言巧语竟信以为真，便自称“真人”而不再用“朕”，还把咸阳附近“二百里内宫观二百七十复道、甬道相连，帷帐钟鼓美人充之，各案署不移徙”，过起了隐秘的宫闱生活（《史记·秦始皇本纪》）。尽管卢生得到秦始皇丰厚的待遇，但他深知入海求仙药是件完不成的任务，便把秦始皇批评了一通逃走了。

虽然说秦始皇统一了中国，其统一之功如制度、经济、度量衡、文字、货币、交通等等，可说是面面俱到，但唯一没有统一的就是思想意识和政治观念。三十三年（公元前214年），由周青臣、淳于越再次挑起分封的争论，就足以表现出思想界的一片混乱。丞相李斯声色俱厉说他们是“愚儒”，借此禁私学、“以吏为师”的建议，得到秦始皇的认可，从而引发了一场全国性历史性的“焚书”运动。从此，秦始皇同纯粹的儒生就彻底决裂了。

焚书仅仅过了两年（三十五年，即公元前212年），由于方士侯生、卢生的诽谤与逃亡，使秦始皇大为震怒。对这种“妖言以乱黔首”的行为绝不允许，御史查究，牵出犯禁的多达460余人。于是，他们全部被坑杀在咸阳！

“焚书坑儒”是秦始皇历来遭受谴责的罪过，但从历史背景与现实环境看，固然使古代的文化典籍遭到空前的毁灭，使传统文化受到难以弥补的损失；坑杀儒生的手段过于极端化，缺乏宽宏大量，少了一些情义。权衡社会反应，这两项只是局限在上层和社会上的一些层面，并未带来社会动荡。韩非子曾说“儒以文乱法，侠以武犯禁”（《韩非子·五蠹》）。若从实际分析，儒生们的行为、固有的劣根性在“坑儒”事件上，也应负有很大的责任①。

4. 文化政策的逆转及其影响

秦的政治路线从根本上讲，实行的是法家路线。至于秦始皇在统一六国后实行较为开明的文化政策，设立博士、廷议制度、征询儒生意见等措施，其中除过秦国具有历史传统的这一因素外，他也意识到：包括儒家在内的诸子并不是“无益于人之国”的闲置品，而对治理国家同样具有补充的作用。但是，随着时间推移，始皇独断专行的性格与儒生的论理行为愈来愈不合拍。政见各别，就容易导致情绪上的对立。加之逐利怀私的李斯撺掇、移花接木地煽动和一些方士的作祟行为，就更加激起秦始皇的恶感，于是便采取了行政手段最易办到的镇压之法：“焚书坑儒”。从此在政治上就直接导致了实行

① 王学理：《秦始皇与诸生》，《秦始皇帝陵博物院2022年院刊》，2022年。

文化专制主义。用“焚书”、禁止“私学”的办法，结果是“六艺从此缺焉”(《史记·儒林列传》)，使中国的古代文化遭到了一次空前的浩劫。“坑儒”的结果，摧残了思想领域里“百家争鸣”的学术气氛，推行愚民政策的“以吏为师”，结果是人们的思想被禁锢，使社会走向了政治极端化。

“焚书坑儒”从性质上讲，是野蛮的，反动的。以近期言，一把火烧掉了正常的应变能力，堵塞了有识之士进谏的言路。就远期影响看，极恶劣地开了中国文化专制的先例。为什么历代统治者变换形式地在搞禁书令到文字狱，这无不是效尤秦始皇的结果。由此而导致了又一个影响，就是：对学术思想的发展起了极为恶劣的阻滞作用。

但是，禁锢思想的愚民政策和文化专制主义，随着政治的极端化，必然导致王朝的迅速灭亡，这是历史验证了的逻辑。秦焚书坑儒并没有遏制社会危机，相伴而来的疯狂镇压与屠杀，其结果反倒加剧了阶级对立与社会矛盾。火山爆发，终于在4年之后，农民起义推翻了存在不到15年的秦王朝。

（四）书的有无：始皇烧书书未绝

秦始皇的一把火竟把人们的视线搅得迷朦不清，很自然地发出了秦“少书”“无书”，以至于国家“书绝”的浩叹!

历史的真实确是这样的吗？答案是否定的。在此，我们首先应该弄清楚秦是否恨书而不要书？其次要分析他烧的是什么书、留的又是什么书？

1. 秦人藏书与焚书不尽的史实

秦人生活在陇右沟谷的西周中晚期那个年代，就接受着周人文化的影响。当秦襄公立为诸侯，“始国”之后，越过陇山，进入汧渭流域，同戎人展开争夺战，积极地向文化积淀深厚的周人生活腹地靠拢。特别是秦文公居“汧渭之会”，于十三年（公元前753年）“初有史以纪事”（《史记·秦本纪》），就标志着他有了文书档案的开端。

既然有史官纪事，就很清楚地表明秦国开始有了自己的史乘典册，从此就能做到有档可稽的地步。当然，从有档到有图书，这只是一个形成过程而已。而且在不具备印刷术的那个时代，手“写”(包括刻契）的档案与图书是分不开的。谁能说清“不其簋”“秦公簋”“秦公镈”上的大段铭文，是档案还是书?

从人们对图书的一般概念而言，最早的诗集——《诗经》中，就收有《秦风》十首诗作。商鞅入秦时，带来了魏国李悝的《法经》。商鞅变法，后来形成变法总集《商君书》，还有他的兵书《公孙鞅》，以及秦始皇即位初就编纂成了的《吕氏春秋》，等等。

这些书没有被烧，而且都是藏之于官府的。云梦秦简有“毋敢以火入臧（藏）府、书府中……新为吏舍，毋依臧府、书府”的法律规定（《内史杂》），可见在咸阳专门建有收藏文书的府库——书府。尽管这些所谓的书，实际都是在钟鼎文流行既久之后，出现的又一种书记手段——简牍，并非是后代出版的印刷品。但我们不能由此否定它不是书，也不能把具有档案馆性质的“书府”不当图书馆吧！看来，秦藏书的历史几乎是随着“立国”不久就开始的大事。那么，从秦有书记到始皇焚书的时间是541年，况且随后并没有被焚。这不仅说明秦有悠久的藏书史，秦始皇那次大规模的焚书还有个限定的范围。这一点我们应该有一个明确的认识。

首先，“焚书”是秦以前典籍遭到空前的一次浩劫。靠传抄的古代，书的数量有限，非博士官所职的《诗》《书》、百家语，特别是诸侯国的史记[①]被烧毁，是不可否认的文化灾难。

其次，收缴与销毁的只是“天下书”，并不包括史官和博士所职的那一部分。收天下藏书焚烧之，对偶语者弃市，足见把框定的那部分书列为禁书。这只是对书的社会“流通量”企图扫地以尽，为推行愚民政策服务。实际上，合法的藏书却集中到了上层的少数人那里，表现在：一则咸阳有全国最大、保存最多的图书档案资料中心——书府；二则在皇帝史官和秦博士官处还藏有《诗》、《书》及诸子百家著作；三则在秦焚书时，有不少儒生未受牵连，保存下来了像淳于越、叔孙通、伏生、黄公（黄疵）、正先、卢敖、桂贞、浮丘伯、高堂生等一大批秦博士[②]，凭着藏书和记忆，还能在秦亡汉兴之后继续收徒授经。

再次，即使在民间还暗藏了不少古书，并没有按“挟书令”缴给“守尉杂烧之”。所以，当汉惠帝四年（公元前191年）取消了“挟书令”之后，一些古书就逐渐出现了，如秦时曾为“柱下御史”的学者张苍献出了古文《左氏传》，在鲁恭王坏孔子的墙壁中还挖出用东土文字书写的《尚书》《礼记》等一大批“壁中经”[③]。

2. 咸阳的图书馆与藏书人

咸阳的图书馆是国家的档案资料中心，规模大，收罗全，管理制度严格。秦简规

---

① 《史记·六国年表序》：“秦既得意，烧天下《诗》《书》，诸侯史记尤甚，为其有所讥刺也。”

② 转引缪荃孙：《艺风堂文集》卷三《秦博士考》，朝华出版社，2018年。

③《汉书·景十三王传》：“鲁恭王余……初好治宫室，坏孔子旧宅以广其宫……于其壁中得古文经传。”《汉书·艺文志》：“得古文《尚书》及《礼记》《论语》《孝经》，凡数十篇，皆古学也”。汉代从孔壁中发现的古书还有北平侯张苍献的《左氏传》，河间献王挖出的《周官》《礼经》，鲁三老献的《古孝经》，鲁淹中出土的《礼古经》等。

定：不能带火入“书府”，给工作人员新盖的“吏舍”也不能靠近“书府”，以确保安全。把“严禁烟火”的警示牌法律化，足见其保管的严格性。

书府的图籍资料，是通过三个渠道入藏的。即：一是秦国固有而流传、积累的历史档案；二是收集六国的情报资料；三是统一前后所形成的存档资料。

除过书府外，图书资料还分散地保存在丞相府、御史及博士处。丞相是中央行政机构中的最高长官①，辅佐皇帝“助理万机”。御史是副丞相，其职责之一是“掌图籍秘书”（《汉书·百官公卿表》）②，又是监察群臣的长官，和丞相、太尉同列为中央的“三公”。其权限很大，不但要对全国各地的历史掌故、地理资料，经济状况了如指掌，以便能临机处断和应付问对，而且要对臣下的情况熟悉，“掌讨奸猾，治大狱”（《资治通鉴》始皇三十五年注）。始皇惩治儒生时，就是令“御史悉案问诸生”，以致“传相告引”，才坑杀四百六十余人的。二世时，李斯被执，“赵高使其客十余辈诈为御史、谒者、侍中，更为复讯斯”（《史记·李斯列传》）。御史掌握图籍秘书及臣僚的档案资料，既有整人的便利条件，也有害人的合法借口。李斯整人又遭整，御史在黑暗政治下也只能充当被利用的工具而已。至于“掌通古今”的秦博士掌握着大量的图书典籍，其存在是合法的，所以李斯的烧书建议中就不包括这一部分。

3. 书目辑存

集中于咸阳的图籍资料，内容还是很丰富的，除过政治文书档案类的“秘书”外，大致还包括着历史、法律、礼制、地理地图、天文历象、诸子百家、科学技术、文学艺术、字书等种。

据《汉书·艺文志》录载的秦书有如下一些：

《奏事》二十篇——“秦时大臣奏事，及刻石名山文也”。

《苍颉》一篇——“上七章，秦丞相李斯作；《爰历》六章，车府令赵高作；《博学》七章，太史令胡毋敬作”。

《羊子》四篇——“百章。故秦博士”。

《商君》二十九篇——“名鞅，姬姓，卫后也，相秦孝公，有《列传》”。

《公孙鞅》二十七篇。

《韩子》五十五篇——“名非，韩诸公子，使秦，李斯害而杀之”。

---

① 《吕氏春秋·举难》白圭对曰：“相也者，百官之长也。”

② 《汉书·张苍传》：张苍“秦时为御史，主柱下方书”，汉初“迁为计相”。因为他“自秦时为柱下御史，明习天下图书计籍，又善用算律历，故令苍以列侯居相府，领主郡国上计者”。

《黄公》四篇——"名疵，为秦博士，作歌诗，在秦时歌诗中"。

《张子》十篇——"名仪，有《列传》"。

《秦零陵令信》一篇——"难秦相李斯"。

《由余》三篇——"戎人，秦穆公聘以为大夫"。

《尸子》二十篇——"名佼，鲁人，秦相商君师之。鞅死，佼逃入蜀"。

《吕氏春秋》二十六篇——"秦相吕不韦辑智略士作"。

《诗经》二十八卷，其中《秦风》十首。

商鞅由魏入秦时，带来李悝的《法经》一书。清人姚振宗在《汉书·艺文志拾补》[①]中还有《秦纪》与《秦地图》两种，其中是否包括荆轲刺秦王时带来燕国的《督亢地图》？这些都应藏之于书府的。

既然"博士官所职"的《诗》、《书》、诸子著作等不在秦焚书之列，无疑地也收藏在书府之中。汉时司马迁在写《史记》时仍能作为参考的先秦典籍，还见有：《尚书》《五帝德》《帝系姓》《春秋》《国语》（《五帝本纪·赞》），《夏小正》（《夏本纪·赞》），《谍记》《历谱谍》《五帝系谍》《尚书集世》（《三代世表·序》），《春秋历谱谍》《左氏春秋》、铎椒《铎氏微》、虞卿《虞氏春秋》、《吕氏春秋》、《荀子》、《孟子》、《公孙固子》、《韩非子》（《十二诸侯年表·序》），《礼》（《六国表·序》），甘德《天文星占》、石申《天文》（《天官书·正义》），《周官》《礼书》（《封禅书》），《易》《中庸》（《孔子世家》），《老子》《庄子》《申子》《老莱子》（《老庄申韩列传》），《主运》《慎子》《环渊子》《接子》《田骈子》《驺子》《公孙龙子》《剧子》《李悝书》《尸子》《长卢子》《吁子》《墨子》《淳于子》（《孟子荀卿列传》），《世家》（《卫世家》），《秦楚之际》（《秦楚之际月表·序》），《列封》《传》（《惠景闲侯者列表》），《管子》《晏子春秋》（《管晏列传》），《孝经》《弟子籍》《论语》（《仲尼弟子列传》），《商君书》（《商君列传·赞》），《太公兵法》（《留侯世家》），《司马穰苴兵法》（《司马穰苴列传》），《孙武兵法》《孙膑兵法》《吴起兵法》（《孙子吴起列传》），《魏公子兵法》（《魏公子君列传》），《报燕王书》（《乐毅列传·赞》），《离骚》《宋玉赋》《唐勒赋》《景差赋》（《屈原贾生列传》），《禹本纪》、《山海经》（《大宛列传》），《周书》（《货殖列传》）等。这些未经火焚的秦书，有可能来自两个渠道，一是石渠阁中所藏，为萧何取自咸阳

① 姚振宗：《汉书·艺文志拾补》，商务印书馆，1955年。

者；一是汉惠帝取消“挟书令”后，民间所献。

西汉刘向撰的书目《别录》20 卷，其子刘歆撰的分类目录《七略》13299 卷。特别是后者，成为班固撰《汉书·艺文志》的蓝本。从《汉书·艺文志》中约可辑出先秦典籍 120 种，其中有留传至今的，也有早已佚亡的，但书目林林总总、异常壮观。

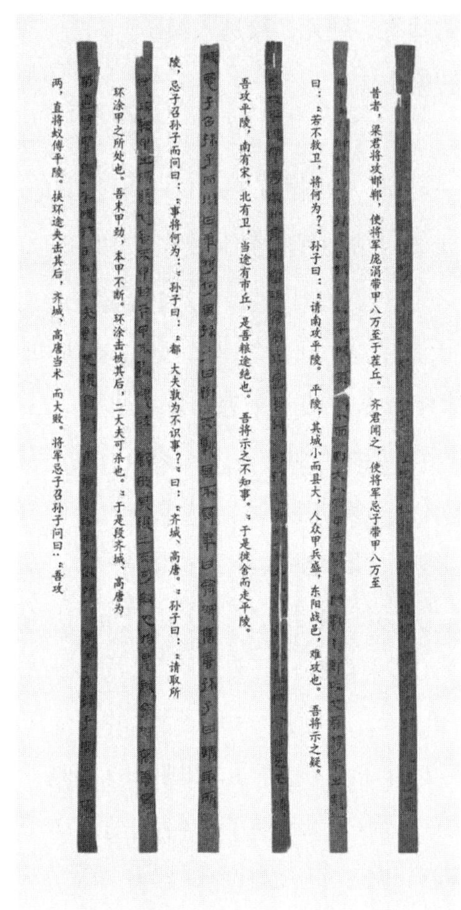

图 14–3　《孙膑兵法》（银雀山汉墓竹简）

图 14–4　《战国纵横家书》（马王堆三号汉墓帛书）

近年出土的竹简、帛书中有相当一批先秦古籍。如 1975 年发掘的云梦睡虎地第 11 号秦墓竹简共 1100 多枚，其中就有《编年纪》《语书》《秦律十八种》《效律》《秦律杂抄》《法律答问》《封诊式》《为吏之道》和《日书》（甲、乙），共九种。1986 年甘肃天水放马滩秦墓出土秦简 460 枚，其中有《墓主记》和《日书》（甲乙）两种[①]。银雀山 1 号汉墓竹简 4900 多枚，内容包括有《孙子兵法》、《孙膑兵法》（图

① 除过《日书》，其他几种收入《睡虎地秦墓竹简》，文物出版社，1978 年。放马滩秦简见何双全：《天水放马滩秦简综述》，《文物》1989 年第 2 期。

14–3）、《六韬》、《尉缭子》、《管子》、《晏子春秋》、《墨子》等周秦诸子[①]。长沙马王堆三号汉墓29件计12万字的帛书，涉及战国古书有《周易》、《春秋事语》、《战国纵横家书》（图14–4）、《战国策》、《老子》、《五星占》（其占文可能是甘氏或石氏天文书的一部分）、《伊尹·九主》等[②]。

存在咸阳书府、丞相府、御史所的图书有多少种，数量多少，是个很难弄清的问题。除过官府外，博士与民间私藏又有多少？《汉书·艺文志》所录秦时古籍显然只是萧何所得秦书的一部分，同出土的先秦典籍比较，有遗漏，也有重复。即使两者数量相加，也并非秦书府所藏的总和。云梦秦简上如此重要的法律文书，应该原抄于京都，但却未见有任何文献记载。那么，存留在民间传抄的岂是少数！

当然，咸阳的藏书是以秦本位而确定收录范围的。秦始皇焚书时，留的是《秦纪》，毁的是“六国诸史”。但秦国这部史书虽起自周元王，讫于秦二世，据司马迁说是“不载日月，其文略不具”（《史记·六国年表》）。其粗疏如此，连秦简《编年记》这部记录秦昭王元年至始皇三十年间大事的私家著述都不如。而所摧毁的“诸侯史记”看来是焚烧已尽，但在西晋太康二年（281年）汲郡人不准盗发魏安鳌王冢，得竹简数十车，其《纪年》十三篇，记载自夏至魏安鳌王二十年（公元前257年）的大事，“盖魏国之史书”（《晋书·束皙传》）。在这里，具有讽刺意味的是秦始皇烧了先秦史书，尤以六国史书遭受毁灭的程度最为严重，因为同秦相抗争关涉，即所谓“为其有所刺讥也”，但在秦亡之后它们陆续又见于世，以至于流传至今，而秦的《秦纪》却在魏晋时亡佚，永远地无人知晓。由此可见，历史揭示的真理是：弄权者，欺世盗名，收获的是“臭名昭著”；受压者，遭谗毁誉，反倒是“清白长存”。固然，秦始皇想嵌制人们的思想，借用暴力扼杀一种“异己”的文化是一种愚蠢的徒劳之举，却给先秦文化带来不可弥补的损失。如若不是焚书，咸阳的藏书及民间献出的典籍岂止辑存的那么一点？

（五）重法轻儒：诸子百家在咸阳

1. 文化政策扫描：从“塞私门”到“纳六国士”的转变

孝公迁都咸阳，即按商鞅的部署进行变法，实施的是一条重用法家学说、厚赏农战、禁绝儒术的法治方针。“无书简之文，以法为教”（《韩非子·五蠹》），这是人们在文化沙漠上所能看到的一切。

---

① 山东省博物馆等：《山东临沂西汉墓发现〈孙子兵法〉和〈孙膑兵法〉等竹简的简报》，《文物》1974年第2期；又：《临沂银雀山四座西汉墓葬》，《考古》1975年第6期。

② 晓菡：《长沙马王堆汉墓帛书概述》，《文物》1974年第9期。

“重法反儒”是商鞅变法中不可免的政治问题。商鞅反儒是很坚决的，他把儒家的经典《诗》、《书》和礼、乐列为危害社会的“六虱”之一，指出“农战之民千人，而有《诗》《书》辩慧一人焉，千人者皆怠于农战矣”“虽有《诗》《书》，乡一束，家一员，犹无益于治也”（《商君书·农战》），认为两者有害于农战，不利于法治的。他教秦孝公“以连什伍，设告坐之过；燔《诗》《书》而明法令；塞私门之请，而遂公家之劳；禁游宦之民，而显耕战之士”（《韩非子·和氏》）。由此而后，秦国在相当长的时间之内是没有儒家人物活动的，儒家学说在秦的社会生活中是没有地位的。

当变法富强起来的秦国，需要一定的理论支持新兴的地主阶级政权、维持社会的新秩序时，在文化改革上就开始有了松动。秦昭王五十二年（公元前255年），儒家的优秀代表人物荀况应邀从赵国来到秦国游历。他对秦昭王强调“法后王”“以近知远”，比儒家“法先王”的观点进了一步；并对儒家的“礼”作了新的解释，主张“刑不过罪，爵不逾德”，同法家“法应阿贵”的意见相同（《荀子·儒效》《君子》）。他对应侯范雎还谈了对富强起来的秦国的感想，指出：“四世有胜，非幸也，数也”（《强国》）。他尊重孔子，采取既主张“隆礼”又要“重法”的现实主义态度，使秦国统治者开始认识到儒家学派在国家政治生活中的积极作用，毕竟是有“益于人之国”的。

秦国真正实行比较开明的文化政策，是吕不韦作相邦的十一二年时间内。当时，六国有四公子养士之风，“不韦以秦之强，羞不如，亦招致士，厚遇之”，于是诸侯之士斐然争相入秦。吕不韦致食客三千人，兼采各家学说，编纂成一部集大成的杂家著作，这就是包括八览、六论、十二纪总二十余万言的《吕氏春秋》（《史记·吕不韦列传》）。

当秦王嬴政亲政后，虽然镇压了嫪毐集团、罢了吕不韦的相，摒弃了《吕氏春秋》及其规划的建国纲领，重新重用法家人物、推行法家学说，但还是接受了李斯的意见，取消了“逐客令”，继续执行招引六国之士为己所用的文化政策。

2. 各学派在咸阳的活动

（1）法家

战国初期，各诸侯国的封建制度逐渐确立。伴随着土地兼并与劳动力争夺的激烈，新兴地主阶级的政治代表考虑到自己的统治，由此而产生了相对的古代民主制度。“士”这一特殊阶层，有些人收授徒弟专门从事学术研究活动，他们的思想言论也很受各国统治者的重视。由于诸子蜂起，争相发表自己的学术见解和政治主张，在思想领域里从而形成“百家争鸣”的局面。政治改革晚的秦国，虽然没有完全赶上“争鸣”的那种热潮，但是各个学派的思想随后都直接或间接地传播到了这里。而最早进入并被秦君接受的就是法家思想。

商鞅（公元前390年～前338年）带着李悝的《法经》应了秦孝公的“求贤令”进入咸阳，走上了政治舞台，使法家思想通过变法而成为秦国的统治思想。

年仅28岁的商鞅，抱着变法必胜的信念，在秦孝公主持的辩论中，面对大夫甘龙、杜挚的诘难，针锋相对地回答了闪耀着认识论与方法论的思想火花。

秦国的变法，正处于新旧生产关系交替的时代，是由上层旧营垒中杀出来的代表人物发动的。其政治改革需要理论武器，因此就产生了商鞅那一篇篇既针对时弊又具解决办法的论文，集结成册就是《商君书》（又名《商君》《商子》）。《商君书》，成书于战国末年，是商鞅一派（商鞅及其后学）在秦国变法的理论和策略的汇编，属于法家思想实践的重要成果。据《汉书·艺文志》著录《商君》29篇（今存24篇），还有《刑约》一篇有目无文。其中的《垦令》《靳令》《外内》《启塞》等篇，可确认为是商鞅在咸阳时期的作品。其余多是商鞅死后由门徒完成的，是对咸阳变法的追忆和总结。成书时间，前后长达80多年。不过，全书主旨明确，一直贯穿着提倡“耕战”的法家主张。从思想成果看，不难发现《更法》《开塞》等篇表现其“治世不一道”“便国不法古”的历史观，《定分》等篇反映其“以实定名”的认识论，《画策》等篇足见其重“时势”、据“必然之理”的办事思想。

商鞅最终死于当权者秦惠文王的挟私报复，小人公子虔之徒的卑鄙诬告也起了导火索的作用。但他的被害，并不意味着由他推行开来的法家政策在秦国有所改变，更不等于由商鞅变法所确立的中央集权制有所改变。法家人物在以后的年代里仍然受到重用，咸阳仍然是他们活动的中心。《商君书》在战国、秦汉时期仍然流传甚广，影响很大，韩非曾说：“今境内之民皆言治，藏商、管之法者家有之”（《韩非子·五蠹》）。

荀子（公元前313年～前238年），名况，字卿，汉人避汉宣帝刘询讳，称为孙卿。战国末年赵人，早年游学于齐。他广泛吸取各学派的精华，成为先秦百家之学的总结者，主张“隆礼”，又要“重法”，也就是说他既继承了儒家传统的礼制思想，又具法家法制思想的因素，属于从儒家到法家的过渡人物。公元前266年应秦昭王之聘入秦，以极大热情盛赞由商鞅变法强盛起来的秦国吏治与民风。主张由霸而王，强调“法后王”，改变了秦昭王对儒家学说的态度（《荀子·儒效》）。后，去秦归赵。有《荀子》一书传世。

韩非（公元前 280 年～前 233 年）出身于韩国贵族世家，是韩国的公子。他看到韩国丧师失地，受秦威胁，故上书韩王安，建议变法图强。他的正确意见得不到采纳，就退而著书立说。当韩非的《孤愤》《五蠹》传到秦国，秦王嬴政读后大加赞赏韩非的政治主张，说："嗟乎！寡人得见此人与之游，死不恨矣！"（《史记·老子韩非列传》）。公元前 233 年韩非真的来到秦国。

韩非是荀况的学生，"喜刑名法术之学，而其归本于黄老"（《史记·老子韩非列传》）。他完成了老师从儒家到法家的过渡，发展其政治思想，成了先秦法家思想的集大成者。他的《韩非子》专著综合商鞅的"法"治、申不害的"术"治、慎到的"势"治，形成了一套专制主义中央集权理论的核心。其法治理论的要点如："术者，因任而授官，循名而责实，操生杀之柄，课群臣之能者也。此人主之所执也。法者，宪令著于官府，刑罚必于民心，赏存乎慎法，而罚加乎奸令者也。此臣之所师也"（《定法》）；"威势者，人生之筋力也"（《人主》）、"权势不可以借人，上失其一，臣以为百"（《内储说下》）；"事在四方，要在中央。圣人执要，四方来效"（《扬权》）；"仁义爱惠之不足用，而严刑重罚之可以治国也"（《奸劫·弑臣》）；"明主之国无书简之文，以法为教；无先王之语，以吏为师"（《五蠹》）等。这些完全为秦始皇所采纳，并使韩非的学说从此成了秦国的显学。尽管韩非具有历史进化的观点，其哲学思想包含了"道"（事物运动的普遍规律）和"理"（事物的特殊规律）的唯物主义成分，但"以法为教""以吏为师"的主张却成了钳制人们思想、推行愚民政策的根据。

可惜韩非由于受到老同学李斯的嫉妒和姚贾的谗言，竟冤死在云阳狱中。

李斯（？～公元前 208 年）是荀况的又一名学生。因没有理论著述，只能算作法家思想的实践者。在秦统一战争中，他力主各个击破，杀害韩非后即刻取韩。统一后，在任丞相期间，议帝号、废分封、行郡县制、统一文字、度量衡、禁《诗》《书》、废私学、以吏为师，等等重大决策及巩固中央集权制国家的一些政治措施，多出自他的建议与实行。他盗用老同学韩非关于法、术、势并用的理论发展成君主独断专权、对臣下严刑峻法的"督责之术"，成为后来的暴君、独裁者奉为圭臬的理论基础。其贪禄慕荣、不顾廉耻、缺德无义的品行给"不别亲疏、不殊贵贱、一断于法"（《史记·太史公自序》）的法家带来玷污。害人的结果又被害，连儿子的命也搭上了。

（2）儒家

儒家学说传到秦国，大约可追溯到战国中期偏早一些。儒家人物在咸阳的活动，一直持续到终秦之世。但是，在法家思想成为秦国的统治思想的大环境中，儒家要争取自己的存在是颇费周折的。儒家及儒家思想，在秦国的境遇和地位随着政治斗争的形势，可说是经过了四个历史阶段，即：

a. 商鞅变法到秦昭王前期：最早的儒家学派是拥护周礼、维护西周的政治统治的。其维护“天下有道”的理论很容易被卫道士用来为其政治服务。甘龙说“圣人不易民而教，智者不变法而治”、杜挚说“法古无过，循礼无邪”，其所提出的“圣人”与“礼”不正是儒家的学说？商鞅为了推行新法，而要扫除思想障碍，就把《诗》《书》归于应当消灭的“六虱”之中，确也放火烧书以“明法令”。这些就表明，儒家思想被禁锢，在秦国是没有地位的。

b. 秦昭王后期至孝文王时期：秦昭王急功近利，见到荀况就直接问“儒无益于人之国？”得到的答复是“儒者法先王、隆礼义，谨乎臣子而致贵其上者也。人主用之，则势在本朝而宜；不用，则退编百姓而悫（què），必为顺下矣。虽穷困、冻馁，必不以邪道为贪；无置锥之地，而明于持社稷之大义。口枭呼而莫之能应，而通乎财万物，养百姓之经纪。执在人上，则王公之材也；在人下，则社稷之臣，国君之宝也。……何谓其无益于人之国也！”针对昭王问儒“为人上何如”的发问，指出：“志意定乎内，礼义修乎朝，法则度量正乎官，忠、信、爱、利形乎下”。其对各学派海纳百川的态度和切中要义的答问，博得昭王连声称“善”（《荀子·儒效》）。他与应侯范雎对话中除过盛赞秦的政绩外，也指出秦国的问题：“然而县之以王者之功名，则倜倜然其不及远矣。是何也？则其殆无儒邪。故曰：粹而王，驳而霸，无一焉而亡。此亦秦之所短也”（《荀子·强国》）。

秦之前以荀子来秦为契机，昭王采取了较为开明的文化政策，就为儒家思想在秦国的合法存在提供了条件。秦国也出了个大儒牛缺（《吕氏春秋·必己》[①]。

c. 吕不韦任相邦时期：吕不韦在任相的12年时间内，一改过去秦国推崇法家思想而排斥其他思想文化的传统政策，进行了大量的文化引进工作。在他蓄养的三千门客中，拥有诸子学派的文化名人，特别是儒生占有相当比例。其所编纂的《吕氏春秋》一书，

---

① 《吕氏春秋·必己》：“牛缺居上地，下之邯郸，遇盗于耦沙之中。”高诱注作牛缺“秦人也。”陈奇猷引《列子·说符》：“牛缺者，上地之大儒也”，此文“者”误为“居”，又脱去“之”字耳。上郡当即“上地”，原属赵，后属魏，至秦惠文王十年始入秦，则牛缺系战国后期人也。又引《史记正义》“今纳上郡，而尽河西滨洛之地矣”，则上地为西河之属地。
关于牛缺遇盗，《淮南子·人间训》说在车马、衣物被夺时“无惧色忧志”，盗赞曰“世之圣人也”，终被追杀。

主要是由儒生担当完成的[1]。书中有关政治、伦理的思想，多是因袭了儒家的观点。

在吕不韦执掌秦国政权的那段时间里，很多儒者被引进到秦国。按照吕不韦的意愿，《吕氏春秋》一书是给嬴政建立新王朝规划的政治纲领，儒家有可能取代法家而占据主要地位。所以说，这是儒家在秦与咸阳最活跃的光辉时期。

d.统一后，儒家由受重视到被取缔的时期：秦始皇一开始颇能信任儒生，从廷议到立博士都显示了他是具有宽广胸襟的政治家。但晚年在求仙无果，遭到方士讥讪非议而有失皇帝面子的情况下，焚书坑儒，取消议事，皇帝独裁，继续推行法家路线，儒家就成了被排斥的对象。

儒生并没有因秦始皇实行文化专制主义而停止自己的活动，儒家思想仍以一股不小的“潜流”而存在着。扶苏给秦始皇的谏书中，曾深怀忧虑地说：“诸生皆诵法孔子，今上皆重法绳之，恐天下不安”（《史记·秦始皇本纪》）。当然，始皇坑儒那只是镇压儒生中的一部分政敌，而大部分儒生依然存在。朝廷中仍有博士官的设立，仍然多由儒生担任。

“孔子西行不到秦”（朝愈：《石鼓歌》），这当然指的是儒家学说。要作历史的分析，经过变法富强起来的秦国，其统治者需要的是“霸道”，而不是“王道”，所以是排儒的。在随后的时间里，儒家思想不是一度也渗入到秦国的政治生活中了吗？

（3）墨家

墨子学说形成于战国初期的东方，既“学儒者之业”又“背周道而用夏政”（《淮南子·要略》），是唯一能同儒家抗衡的学术势力，当时称为“儒墨显学”(《韩非子·显学》）。其兼爱、非攻、尚贤、尚同、节用、节丧、非乐、非命、尊天、事鬼等十项基本内容，包括了墨子的政治、社会和哲学思想，形成一套严密的体系，影响也很大。

墨家学说传播到咸阳及墨者在秦国活动的时间，都发生在秦惠文王时期。

墨家钜子（对墨家领袖的一种尊称）腹䵍（䵍，也写作“𦼮”）居住在咸阳，受到惠文王的尊敬，称之为“先生”。他的儿子杀了人，惠文王怜悯其年老，又只有这一孤子，特予赦免。但腹䵍说：“墨者之法，杀人者死，伤人者刑。……王虽为之赐，而令吏弗诛，腹䵍不可不行墨子之法”（《吕氏春秋·去私》）。可见墨家学派组织严密，反映了当时苦难灾重者的小生产者阶级忠于信仰和自觉遵守纪律的高贵品质。

《吕氏春秋·去宥》记载了这么一段故事：“东方之墨者谢子将西见秦惠王。惠王问秦

---

① 《吕氏春秋·序》高诱说：“安国君立一年薨，不韦乃集儒士（“士”原作“书，误。依清梁玉绳《史记志疑》改）使著其所闻，为十二纪八览六论训解，各十余万言。”

之墨者唐姑果[①]。唐姑果恐王之亲谢子贤于己也，对曰：‘谢子，东方之辩士也，其为人甚险，将奋于说以取少主也。’王因藏怒以待之。谢子至，说王，王弗听。谢子不悦，遂辞而行。”

居高层集团或准高层集团的谋士们，凭着几分“才”和一张如簧之舌谗害同行者，施用贬抑、诋毁、造谣、中伤、丑化对方的一些卑劣小技。难怪《吕氏春秋》的作者发出“人之老也，形益衰，而智益盛。今惠王之老也，形与智皆衰邪！”进谗与信谗，古今一道，无需取“经”。唯被谗者在凄苦中，赢得了“人格”。

齐人田鸠（又名田俅）学“墨子术”，据《汉书·艺文志》载有《田俅子》三篇。他来到秦国三年，见不到秦惠王的面，使他的主张推不出去。后来去了楚国，楚王“与将军之节以如秦”。转而才受到秦惠文王的接待，“见而悦之”（《吕氏春秋·首时》《淮南子·道应训》）。但是，秦国统治者并没有接纳“墨子之术”。因为商鞅变法之后，法治学术已经深深地植根于秦国的政治生活之中，法家政策是既定的国策，不能，也不允许改变，墨家学术自然占不了上风！

咸阳毕竟还是墨家活动的舞台，墨家思想对秦国的政治也发生过深刻的影响。《吕氏春秋》一书中多处录载着活跃在秦地的墨者，他们有来自关东的，也有秦国的。他们强化君权的主张，正是秦国确立君主专制制度所需要的，也为自己的存在提供了客观条件。有的学者研究指出：湖北云梦睡虎地秦墓竹简的简文同《墨子》城守诸篇“有许多共同之点，从而可推定为战国后期秦国墨家的作品”[②]。不难看出：墨家对秦代的法律也直接产生着影响。

（4）道家

道家的创始人李耳是东周管理王室图书的官吏。据《史记·老子韩非列传》记载，老子“居周久之，见周之衰，乃遂去。至关，关令尹喜曰：‘子将隐矣，强为我著书。’于是老子乃著书上下篇，言道德之意五千余言而去，莫知其所终”。老子其人其事扑朔迷离，高深莫测，正如孔子问道于老子之后的印象是：像一条乘风云而上天的龙一样不可把握。司马迁也说：“老子，隐君子也。”虽如此，他所著之《道德经》终究还是流传了下来，长沙楚墓就出土有汉文帝时的抄本帛书。不过，帛书《老子》甲、乙两本却是《德经》属上篇，编次在前，《道经》属下篇，编次在后[③]。今陕西周至县的“楼观

① 《说苑》作“唐姑”，无“果”字。《淮南子·修务训》作“唐姑梁”。

② 李学勤：《秦简与〈墨子〉城守各篇》，载《云梦秦简研究》，中华书局，1981 年。

③ 高亨、池曦朝：《试谈马王堆汉墓中的帛书〈老子〉》，《文物》1974 年第 11 期。

台”，据说是函谷关令尹喜在此结草为庐、迎老子著书授经的地方。

道家学说在战国中期的秦国就广为流传。据载，老子还同秦献公谈过“霸王出”的问题。但也有说，那个老子是周太史儋[①]。尽管自孝公起，法家思想已据统治地位，但随昭王以后文化政策的宽松，道家学说在秦国也深有影响。吕不韦的三千“食客”，绝不是寄人篱下乞食的“寒士”，而是饱腹经纶的各派学者。其中除过儒家，人数较多的大概就是道家了。他们参加《吕氏春秋》一书的编写，使之“以‘道德’为标，以‘无为’为纲纪”（高诱《吕氏春秋·序》），全盘承袭了“道”的哲学概念。

尽管秦始皇摒弃了《吕氏春秋》一书作者为自己制定的这一建国纲领，但他还是不可避免地接受了道家思想并身体力行着。在《琅邪刻石》中除强调用“法度”“仁义”这些法、儒学说作为治理帝国的理论基础外，末尾却说要“昭明宗庙，体道行德，尊号大成”。道家认为道为体，德为用，德是道的具体表现，同儒家讲修养的“道德”不同。所以，“体道行德”无疑是属于道家的理论[②]。刻辞中他如“秦圣临国”“始定刑名”“嘉保太平”（《会稽刻石》）、“大圣作治，建定法度”（《之罘刻石》）、“圣法初兴，清理疆内”（《东观刻石》）中的“圣”指的虽是秦始皇，但却是来自道家的专称。秦始皇为求仙，竟自称“真人”，更明显的是接受了老庄思想的影响。以其“圣治”而言，在秦简《为吏之道》中教导官吏要“精絜（洁）正直，慎谨坚固，审悉毋（无）私，征密（纤）察，安静毋苛，审当赏罚。严刚毋暴，廉而毋刖，毋复期胜，毋以忿怒夬（决）。宽俗（容）忠信，和平毋怨，悔过毋重……”俗谚曰：“说的仁义礼智信，腰里自有连枷棍”，但表面上总是把道家学说用来规范秦帝国官吏的行为，把“安静毋苛”“廉而毋刖”“兹（慈）下毋陵”等当作道德和行为的准则，但又如何呢?

（5）兵家

战争由来已久。固然它是随着阶级和国家的出现而产生的斗争手段，但我国的历史由春秋进入战国时期之后，战争规模大，投入兵力多，战程长，都是前此所无的大变化。为了取得战争胜利，人们从战争实践中总结经验、找出规律，上升为理论，再用来指导战争。这种军事理论家和指挥家，就是古代所说的“兵家”。他们那系统的军事著作，就是“兵书”。从齐人孙武所著《孙子》开其端（成书约在公元前496年~前453年），成就兵书者代不乏人，国不乏人。但都不过是在新形势下，根据自己的经验，对

---

① 《史记·老子韩非列传》。

② 熊铁基：《秦代的道家思潮》，载《秦文化论丛》第三辑，西北大学出版社，1994年。

《孙子》提出一系列带普遍性的战争指导规律的补充和延伸而已。

秦军将士勇武、战马精良，在兼并战争中攻城略地、斩将夺旗、胜多败少，足以显示出秦国军事力量的强盛。秦国前后出现过不少优秀的军事指挥家，带兵打仗，战功卓著者如商鞅、公孙衍（犀首）、樗里疾、司马错、庶长奂、芈戎、向寿、白起、蒙武、张若、魏冉、胡阳、王龁、张唐、五大夫陵、将军收、蒙骜、麃公、昌平君、昌文君、王翦、桓齮、杨端和、辛梧、羌瘣、王贲等三十余人。有些人如蒙恬，出生在将门之家，长期过着戎马生活，追随祖业，经历了一些重大战役的锻炼，具有高超的指挥才能；有些人则是才德俱佳的智能之士，地位和形势造就了他们的军事才干。

商鞅不但是战国中期一位推行中央集权主义改革的法家，而且还是一位出色的军事理论家和指挥家。《汉书·刑法志》说：“吴有孙武，齐有孙膑，魏有吴起，秦有商鞅，皆禽敌立胜，垂著篇籍。”商鞅的军事著作《公孙鞅》27篇，在《汉书·艺文志》里被列入“兵权谋家”一类。可惜此书早已佚亡。而对商鞅的军事思想，我们只能从《商君书》的《画策》《去强》《境内》《兵守》等篇来看他在秦国实行的一些军事制度和条令，但这毕竟不是军事理论的兵书。

所谓“兵权谋家”，据《汉书·艺文志》的解释是：“以正守国，以奇用兵，先计而后战，兼形势，包阴阳，用技巧者也。”掌握政治与军事的关系，从战略的高度，根据指导战争的普遍性规律与战况的特殊性，利用形势，兼及敌我，谨慎用兵而出奇制胜，只有具备了把握战争主动权这种高度艺术的人，才可称得上是“兵权谋家”。而“雷动风举，后发而先至离合背乡，变化无常，以轻疾制敌者”，只能叫做“兵形势家”，显然同“兵权谋家”是有所区别的。前者，注重战略又注意战术，后者，则更重视战术的变化。商鞅很符合班固划分的“兵权谋家”，其事迹也是极为有力的说明。商鞅先推动秦孝公变法，改革政治，坚决贯彻农战政策，打下富国强兵的基础，在军事上由保守转入进攻，才取得了收复河西地之战的一系列胜利。像商鞅这位有学识、贤而有奇才的法家人物，贵在重视理论、又善于总结经验，其著述必然是代表时代潮流的高水平。从带李悝的《法经》入秦，变法制定规约（后形成《商君书》）、率兵作战形成兵书看，他很务实，其军事理论著作在战国时期具有很大的影响。故而《汉书》的作者在《刑法志》中把商鞅同吴国孙武、齐国孙膑、魏国吴起相提并论。同样，在《艺文志》的兵权谋十三家中，《公孙鞅》二十七篇仅排在《吴孙子兵法》、《齐孙子》之后，列为第三，随后才是《吴起》四十八篇。可以肯定，兵书《公孙鞅》必定是秦在统一战争中的指导性军事理论，其作用和地位也是很明显的。此外，秦国再没有兵书的出现[①]。

（6）纵横家

战国末年，由秦国兼并诸侯、完成统一的趋势渐次明朗，就有了六国合纵抗秦，而秦又以连横破纵的往复活动。桴鼓相应，以影随形。游说之士往来各国，游说人主，朝秦暮楚。但秦国有如磁石召铁，异国的士子无不翘首西望，纷纷来到咸阳投在秦王麾下，愿为之效力。像张仪、甘茂、魏冉、田文、芈戎、范睢、蔡泽这些人，凭着自己的才干也都先后登上了秦国的相位，对秦完成统一事业统统起到了一定的推动作用。

纵横家形成于战国的中后期，这一派人在各国间从事政治外交游说。班固说纵横家“言其当权事制宜，受命而不受辞，此其所长也。及邪人为之，则上诈谖而弃其信”（《汉书·艺文志》）。“权事制宜”，用现在的话说，就是“因事制宜”。受命于主，不囿成说，随机应变，达到目的，本无可厚非。仅凭一张三寸不烂之舌，颠倒黑白、信

① 长期以来，有一部分学者认为秦始皇封的国尉、大梁人尉缭是《尉缭子》一书的作者。我曾在1985年出版的《秦都咸阳》一书中，也支持过这一看法。之后写《秦俑专题研究》这部专著时，认真研习《尉缭子》一书，觉得我们应该历史地分析看待尉缭及《尉缭子》才对。在此，我把华陆综先生的考释结果抄录于下：

关于尉缭子的作者，尽管说法很多，但主要不外乎两种意见。一种意见是根据尉缭子开头就有“梁惠王问尉缭子曰”的话，认为该书的作者尉缭是梁惠王时人。另一种意见是根据《史记·秦始皇本纪》记述，公元前237年（秦始皇十年），有一“大梁（今河南开封）人尉缭”来秦游说，为秦谋划统一，被秦始皇封为“国尉”（最高军事长官），因而认为该书的作者尉缭是秦始皇时人。

我们认为，从梁惠王到秦始皇，其间相距百年左右，就是梁惠王末年到秦始皇十年，也有82年的时间，很难说这两个年代的尉缭是同一个人。从《尉缭子》这部兵书本身和有关史料来看，它的作者应是梁惠王时的尉缭，而不是秦始皇时的尉缭。其理由是：（一）《尉缭子》开篇便有“梁惠王问尉缭子曰……尉缭子对曰……”的对话，全书前后语气一贯，表明君臣身份的语句有十处之多，始终以问对形式出现，在没有确实可靠的根据说它是“伪托”之前，就应该把它的作者尉缭看作是梁惠王时人。（二）尉缭在陈述政见和兵法中，反复强调农战和“修号令”“明刑赏”“审法制”等思想，这反映了包括魏国在内的山东六国于商鞅变法之后，力求变法图强的政治要求。这些政见如果献给力挽败局、图谋中兴的梁惠王，就比较适宜；如果献给经过变法、日渐强盛的秦始皇，则实属无的放矢。而劝秦始皇“毋爱财物，赂其豪臣，以乱其谋，不过亡三十万金，则诸侯可尽”（《史记·秦始皇本纪》）的那个尉缭的政治主张，在《尉缭子》中又不见提及，说明他与该书无关。（三）尉缭子两次提到“吴起与秦战”（《武议第八》），称赞吴起“舍不平陇亩”。从避嫌的角度讲，该书的作者有可能是梁惠王时的尉缭，而不可能是秦始皇时的尉缭。（四）《史记》所引用的史料好多从《战国策》而来，而《战国策·秦策》中记载有一个名叫顿弱的人给秦始皇献策，与《史记》中尉缭给秦始皇献策相比较，其言尤为近似。这究竟是《史记》的偶尔疏忽，误把顿弱记为尉缭，还是别的什么原因呢？这个问题尚待进一步探讨。上述理由说明，《隋志》关于“尉缭，梁惠王时人”的说法，有一定道理，较为可信。

关于《尉缭子》这部兵书的成书年代，我们只能作一个大概的推测。公元前334年（周显王三十五年，即梁惠王卒后二年），“惠王数被于军旅，卑礼厚币以招贤者”。之后，各派人物云集大梁，“邹衍、淳于髡、孟轲皆至梁”（《史记·魏世家》）。尉缭很可能就在这时见到梁惠王。《尉缭子》这部兵书很可能就是梁惠王与尉缭谈话的一个记录。西汉前期贾谊在《陈政事疏》中有“夷狄征令，是主上之操也”的话。其中“主上之操也”后半句，宋代王应麟曾指出：“语出《尉缭子》”（《困学纪闻》卷十《诸子条》）。《尉缭子》理应是西汉以前的著作。再者，1972年在山东临沂银雀山汉武帝初年的墓葬中发现有与今本《尉缭子》基本相合的残简，就更加有力地证明，《尉缭子》至迟在西汉前就已经流传于世了。

口雌黄，铺张扬厉，取悦人主，求得身荣显贵，就此而已。但那些奸邪利禄之辈靠着三分“才”、七分“诈”，一旦成为“家”，背信弃义、卖主求荣、欺诈逞私，就成为令人齿冷的无耻之徒。张仪花言巧语又弄手段，虽首倡“连横”有利秦国，但拆散齐、楚联盟，游说齐、赵、燕，取得“武信君”的卑劣行径却令人生厌。很容易引起“纵横家=张仪=诈骗无信的小人”的误解。正与负，对与错，好与坏，往往相伴而生，古今一理，岂可不察？趋利避害，唯善是举！

《汉书·艺文志》著录《张子》十篇，大概就是张仪弄巧的说辞。还有《秦零陵令信》一篇，注作“难秦相李斯”。

（7）杂家

所谓“杂家”，《汉书·艺文志》说它是“兼儒、墨，合名、法，知国体之有此，见王治之无不贯”，似乎是战国诸子学说的杂凑。长期以来，儒林多以其“兼”杂各家、缺乏“派”性而非议之。殊不知，这正是它的长处。“知国体之有此，见王治之无不贯”的话，就道出了杂家的出现是历史的必然。

“干戈乱浮云”的战国时期，经过两个半世纪血与火的拼搏，结束割据、趋向统一，势在必行。随着政治、经济即将统一的客观要求，需要有一个统一的思想，为促成和巩固全国政治和经济的统一服务，就成为必然。秦国出现了以吕不韦一派为代表的杂家，其《吕氏春秋》则是吸收先秦诸子学说之精华，博采众长，形成一个综合性的新学派。“杂家”虽则后出，但不失其为一支同秦国传统法家相抗衡的劲旅。

秦相吕不韦招徕三晋和秦的宾客三千人，住在咸阳，给予优厚的待遇，作为自己的智囊团。令他们“上观尚古，删拾《春秋》，集六国时事”（《史记·十二诸侯年表》），总结得失，又“各著所闻，集论”（《史记·吕不韦列传》），评品胜负，终于在公元前239年编纂成《吕氏春秋》这样一部“为《十二纪》《八览》《六论》，合十余万言，备天地万物古今之事”的煌煌巨著（高诱《吕氏春秋·序》）。

《吕氏春秋》是我国最早的一部百科全书（图14–5）。在体例安排上，以纪、览、论三部分加上《序意》，计一百六十篇，对儒、法、道、墨、兵、农、阴阳诸家的理论兼收并蓄。内容上，从哲学、政治、道德伦理等社会学，到天文、农业等自然科学知识，可说是无所不及。而这些又是按阴阳五行家的五行相生说加以综合安排，从而形成自己的理论体系。

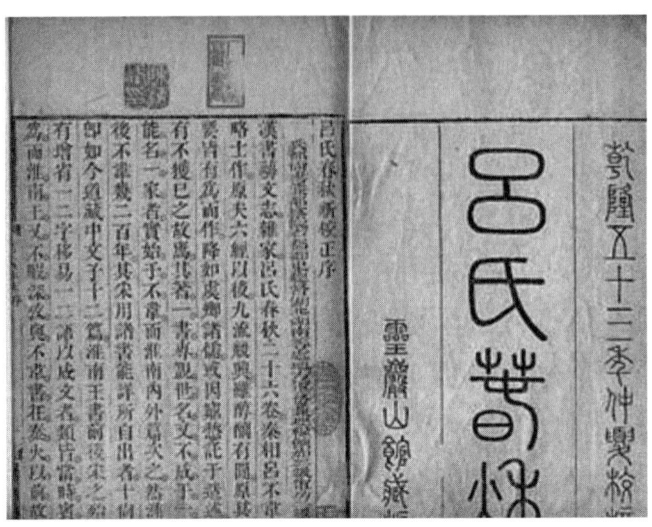

图 14-5 《吕氏春秋》书影

对先秦诸子的思想，《吕氏春秋》作了总结性的论述和批判性的吸收。取道家、阴阳家的观点和思孟学派的成分，形成自己的观点，以“道”作为哲学的最高概念，提出“万物所出，造于太一”的宇宙观。其《应同》一篇，则反映了阴阳五行家的“五德终始”论；取儒家和法家及农家的观点，形成自己的政治思想，像强调孝道，“夫孝，三皇五帝之本务，而万事之纪也”。把“孝”作为治国的根本（《孝行览·孝行》）。《慎世》《察今》《君守》诸篇是法家尚权势、论法治思想的反映；《荡兵》《振乱》则继承了兵家的观点；《上农》《任地》《辩土》《审时》四篇，完全是农家的学说；《爱类》《知士》《义赏》《节丧》等篇，是《墨子》“兼爱”“尚贤”“节葬”思想的反映，但对墨家是批判多于吸收。

对于将要出现的大一统国家，《吕氏春秋》认为必须是中央集权的，说“今周室既灭，而天子已绝。乱莫大于无天子。无天子则强者胜弱，众者暴寡，以兵相残，不得休息”（《谨听》）。未来的“天子”应当是理想化的人物，既要做到“天子执一”（《执一》），思想作风还要“去私”“求贤人”，需得“诛暴而不私，以封天下之贤者”（《去私》），懂得“身定、国安、天下治，必贤人”（《求人》）的道理；能够听取劝谏，因为“世主之患，耻不知而矜自用，好愎过而恶听谏，以至于危”（《似顺》），做到“处虚素服而无智，……无智、无能、无为”（《分职》），要明白“正则静，静则清明，清明则虚，虚则无为而无不为也”（《有度》）；做事要顺民意，即：“凡举事，必先审民心然后可举”（《顺民》）；在执行农战政策上，天子“以导其民者，先务于农”，重视社会生产，认识“农攻粟、工攻器、贾攻货，时事不共，是谓大凶”（《上农》）的道理，从而做到“易关市，来商旅，入货贿，以便民事，四方来杂，远乡皆至，则财物不匮，上无乏用，百事乃遂”（《仲秋》）。至于在用兵时，要兴“义兵”，明白“古之圣王有义兵，而无有偃兵。兵诚义，以诛暴君，而振苦民”（《荡兵》）的道理；在维护和处理君臣、父子、夫妇的关系上，“主执圜，臣处方”的地位（《圜道》）是很明确的，但天子要“仁义以治之，受利以安之，忠信以导之，务除其灾，思致其福”（《适威》），因为“义者，万事之纪也”（《论威》）。

当吕不韦编纂《吕氏春秋》一书时，秦王嬴政已是趋于成年的阶段，继王位八年的政治阅历与目睹“仲父”吕不韦的思想作风，大概在很多问题上与自己独断专权、刚愎自用的性格不合。而吕不韦担心还政后，嬴政有可能改变自己确定的政治路线。因此，编书立意就是制订治国方案，给嬴政提供一部政治课本。面对嬴政举行“冠礼”行将亲政的前一年，即公元前239年（秦王政八年），吕不韦把《吕氏春秋》一书公布于咸阳市门，还宣称给“有能增损一字者予千金”的赏格（《史记・吕不韦列传》）。出自“惮相国畏其势”，收到“无能增损者的客观效果（《吕氏春秋》高诱序），借此给嬴政看，俨然以“仲父”的身份，学黄帝诲颛顼的样子（《吕氏春秋・序意》），企图令嬴政就范。但事与愿违，秦王政在亲政的第二年就借镇压嫪毐叛乱集团牵连吕不韦，而将他免职，第三年迁蜀被迫自杀。

尽管吕不韦饮鸩而死，其门徒或被逐，或流放，或迁徙，秦王嬴政崇尚法家，推翻吕不韦设计的建国方案，但其执政前期仍能兼容各家，实行较开放的文化政策。这实际也是受《吕氏春秋》采集百家之长影响的曲折性表现。实际上《吕氏春秋》一书是先秦时期最后一部唯一不存在真伪问题的文献，其内容丰富、史料价值高是不待言的。仅以保存后代散失了的先秦诸子思想的资料而言，就极其珍贵，如：关于儒家的史料有《劝学》《大乐》等篇，道家的史料有《贵生》《重己》《情欲》《尽数》《审定》等篇，阴阳家的史料有《十二纪》中各组文章的首篇，兵家的史料有《振乱》《禁塞》《怀宠》《论威》《简选》《决胜》《爱士》等篇，墨家的史料有《当染》《首时》《尊师》《高义》《上德》《去宥》等篇。总之，它的思想观点对汉代道家书《淮南子》的形成及两汉经学都有着直接的影响，确实开了秦汉学术史之先河。

（六）鲜有的文学：尚武少文的贫乏与难有的高度

1. 诗歌

同戎狄杂处，草原沟谷的空旷、游牧生活的恬适，养成早期秦人狂放的性格。随之受周文化的影响，关中平原优美的环境与秦人经济、政治生活的巨大变化，就能在秦人立国之后创作出《石鼓文》这样的雅体诗。同样，收入《诗经》中的《秦风》虽只有十篇，但从内容到形式，以及所表达的思想情感，都足以反映出诗歌远在秦穆公之前从上层到民间呈普遍发展的趋势。秦穆公曾对戎使由余说，“中国以《诗》《书》、礼乐法度为政……今戎夷无此，何以为治？”（《史记·秦本纪》）俨然以精通“《诗》《书》、礼乐”自居。他也往往在一些宴会上能以诗唱和，虽然这是在故弄风雅，但确实也代表了秦人的文化水平在前进中提升。

在秦穆公之后，再没有见到秦国有什么著名诗篇传世。据《史记·秦始皇本纪》载：三十六年（公元前211年）“始皇不乐，使博士为《仙真人诗》，及行所游天下，传令乐人歌弦之”。其他还有祠洛水之神歌、姬人鼓琴之歌等。虽有歌词谱曲，但终不得词。《汉书·艺文志》录《黄公》四篇，原注：“名疵，为秦博士，作歌诗，在秦歌诗中”。也录有“秦时杂赋九篇”，同诗一样，均已失传。

秦始皇大兴徭役，人民苦不堪言，则以民歌的形式表达了怨恨与反抗的情绪。例如：

阿房，阿房，
亡始皇。
——《述异记》①

运石甘泉口，
渭水为不流。
千人唱万人钩，
金陵余石大如堰。
——张华《博物志》②

生男甚勿举，

① 《述异志》属志怪小说，南齐祖冲之所撰十卷已佚，见《隋书·经籍志二》。鲁迅《古小说钩沉》有录。

② 引见《古今图书集成·坤舆典》。诗中的“金陵”，我以为不是战国时期楚威王所置之“金陵”邑（今南京市），而是指始皇陵。因为它费时、费力、费人，奢侈过度如金，故形容成金陵。详说参见拙著《秦始皇陵研究》第一章注［23］。

生女哺用脯。
不见长城下，
尸骸相支柱。
——《古谣谚》①

2. 韵文

秦诗虽未见欢快、明朗、昂扬之作，而“凄怨、悲愤、惆怅和无可奈何”的低调则倾诉着抑郁与希冀的心声。但它那押韵上口的形式，却深刻影响了其他文体。

韵文的出现，虽因政治的原因，以《峄山刻石》、《泰山刻石》和《琅邪刻石》等为代表，内容上虽然是歌颂秦始皇削平群雄、建立帝国功德的颂词，性质上属于帝王的文告，而形式上用四字成句，三句或两句一韵的格律，从而打破了官样文章那枯燥乏味的训诫。尽管这些石刻的韵文不在咸阳，而其作者却是随秦始皇从咸阳出发走到东海之滨的有才之士。

《泰山刻石》铭文：

皇帝临位，作制明法，臣下修饬。二十有六年，初并天下，罔不宾服。亲巡远方黎民，登兹泰山，周览东极。从臣思迹，本原事业，祗诵功德。治道运行，诸产得宜，皆有法式。大义休明，垂于后世，顺承勿革。皇帝躬圣，既平天下，不懈于治。夙兴夜寐，建设长利，专隆教诲。训经宣达，远近毕理，咸承圣志。贵贱分明，男女礼顺，慎遵职事。昭隔内外，靡不清净，施于后嗣。化及无穷，遵奉遗诏，永承重戒。

基本上是四字一句，每三句一韵，计十二韵。

秦刻石铭文的总体特色是：气魄雄伟，文字典雅，音节中和，把秦帝国的文治武功、版图广大、天下一统精神充分表现了出来②。

每四字一句或韵文宣教的格式，大约是先秦时期的一种特殊文体，具有加深印象、便于记忆的作用。两者可单独成文，也可结合为篇。云梦秦简《为吏之道》第五栏有韵

① 引见清杜文澜：《古谣谚》卷23。汉人贾捐之说：“长城之歌，至今未绝”（《汉书·贾捐之传》），也许指的就是此首民谣。

② 王云度等：《秦帝国史》，陕西人民教育出版社，1997年。

文八首，其格式称作“相”[①]，可见它是采用民歌的曲调写给官吏读的公文，用以训诫官吏，使之明白做吏的道理，并制定了应当恪守的信条，有如后世的《官箴》。其通俗、活泼，引人入胜，是否同写过《成相》（奏乐）的荀况在秦昭王时来咸阳的影响有关？至于每句四字的格式，最早见于《石鼓文》。《诗·秦风》同样继承了这一传统。秦的字书《仓颉篇》、《爰历篇》和《博学篇》，也是每句由四字组成。

3. 散文

（1）例1，《秦誓》与译文

早在秦穆公时作的《秦誓》一篇，以后收入《尚书》这部古老的散文集之中。虽属于“罪己诏”性质的誓词，但语言诚挚，采用对比，写得深刻有力，是春秋时期秦国散文的代表作。

公曰：嗟！我士，听！无哗。予誓告汝群言之首。

古人有言曰：“民讫自若，是多般。”责人，斯无难；惟受责俾如流，是惟艰哉！

我心之忧，日月逾迈，若弗云来。惟古之谋人，则曰未就予忌。惟今之谋人，姑将以为亲。虽则云然，尚猷询兹黄发，则罔所愆。

番番良士，旅力既愆，我尚有之。仡仡勇夫，射御弗违，我尚不欲。惟截截善谝言，俾君子易辞，我皇多有之。

昧昧我思之：如有一介臣，断断猗！无他伎。其心休休焉，其如有容。人之有伎，若己有之；人之彦圣，其心好之，弗啻若自其口出。是能容之。以保我子孙，黎民亦职有利哉！人之有伎，冒疾以恶之；人之彦圣，而违之，俾弗达。是不能容，以不能保我子孙，黎民亦曰殆哉！

邦之杌陧，曰由一人；邦之荣怀，亦尚一人之庆。

① 《礼记·曲礼上》：“邻有丧，舂不相。”注：“相，谓送杵声”。相，是劳动人民舂米时随杵的节拍歌唱的一种曲调。荀况曾以“相”这种民间通俗的文艺形式写成《成相辞》，收入《荀子》一书中。节选几首如下：

请成相，世之殃，愚闇愚闇坠贤良。人主无贤，如瞽无相何伥伥！
主之孽，谗人达，贤能遁逃国乃蹷。愚以重愚，闇以重闇成为桀。
世之灾，妒贤能，飞廉知政任恶来。卑其志意，大其园囿高其台。
治之经，礼与刑，君子以修百姓宁。明德慎罚，国家既治四海平。

译文（佚名译）：

公说：啊！我的官员们，你们都听着，不要喧闹！我将要告诉你们许多话中最基本的方面。

古人有句名言说："假如有人认为他所做的事情都是对的，自以为是的心一天天发展起来，将做出许多邪僻的事。"责备别人，这并不是什么难事，但被人责备却能够像流水般听从人家的话，这就非常困难了啊！我内心忧虑重重，经常感到光阴逝去，好像时机一错过它就不会再来（尽管我想改正错误，恐怕时间也不允许了）。

对于昔日的谋臣，我认为他们不能顺从我的心意，就憎恶他们；而对于今日的谋臣，由于他们曲意服从我的心意，我就一时糊涂，把他们视为亲信。虽然过去曾经这样，但是现在我要改弦易辙，打算就那些军国大计征询年高资深的老臣的意见，因为这样才能不犯错误。

那些白发苍苍的良臣，体力已经衰竭，我还是能亲近他们。那些壮健英武的勇士，虽然箭不虚发，驾车娴熟，我并不怎么喜欢他，认为他们有勇而无谋。那些浅薄无知，善于花言巧语，使君子轻忽怠惰的人，我还能更加亲近这种人吗！

我心中暗暗思忖，如果有一名官员虽然对政务精诚专一，却没有别的本事，不过他心胸宽广，能够容人容物，别人有某种本领，好像是自己所有而不嫉妒；别人才能出众，品德高尚，他对别人所讲的话比出于自己口中的话还要信任，这就是他能容纳众善。这样宽厚有容的人，任命他保障我的子孙永享王业，黎民百姓也跟着享福！

而别人有本领，他就嫉妒，而且厌恶；别人才能出众，品德高尚，他就竭力阻挠，不让君王知道。这样的人心胸狭窄，不能容人，如果任命他保障我的子孙永享王业，黎民百姓也跟着遭殃！

国家的动乱不安，是君王一人的过错所致；国家的繁荣安宁，也是君王一人的善行铸就的。

（2）例2，《谏逐客书》评析

李斯的《谏逐客书》写于秦统一的前夜，虽不离乞求为官、劝谏勿逐的主旨，但文章内容充实、说理性强、多用排句、善引比喻、语言形象、文字华丽，不失为秦代散文的典范。在这里，我们略去原文，只依行文次序，试看其逻辑推理上的特点：

首先，他举秦穆公、孝公、惠王、昭王四君招致之“客”皆有功于秦的事实，责问

“何负于秦？”再反问：若果“四君却客而不内（纳），疏士而不用”结果又会怎样？那只能是“使国无富利之实而秦无强大之名也”！

其次，问陛下所用数“宝”（即今所谓物质与精神文化），既然“秦不生一”，你为什么喜欢？若果这些穿、戴、声、色的享用“必出于秦然后可”的话，恐怕你只能看到“击瓮叩缶、弹筝、搏髀”、听到“歌呼呜呜”这些敲瓦罐、拍大腿、单音节哇哇叫的“秦之声”了！

再次，既然你采用“异国之乐”、重视不产于秦的“色乐珠玉”，而取人则“不问可否，不论曲直，非秦者去，为客者逐”。这种轻重倒置的行为，只能说是犯了“非所以跨海内制诸侯之术”的大错误，暗喻着“你还能算是有为之君吗？”

最后，反复晓之以理、动之以情，说明地广粮多、国大人多、兵强士勇的辩证关系。若不认识“物不产于秦，可宝者多；士不产于秦，而愿忠者众”的实际，硬要“弃黔首以资敌国，却宾客以业诸侯”，实际是在“藉寇兵而赍盗粮”。那么,“损民以益仇，内自虚而外树怨于诸侯”，要“求国无危”，那是“万万不可得”的。

《谏逐客书》文字优美，富有节奏感，读起来琅琅上口，如“今陛下致昆山之玉，有随、和之宝，垂明月之珠，服太阿之剑，乘纤离之马，建翠凤之旗，树灵鼍之鼓。此数宝者，秦不生一焉，而陛下说（悦）之，何也？必秦国之所生然后可，则是夜光之璧不饰朝廷，犀象之器不为玩好，郑、卫之女不充后宫，而骏良駃騠是不实外厩，江南金锡不为用，西蜀丹青不为采。所以饰后宫充下陈、娱心意、悦耳 目者，必出于秦然后可，则是宛珠之簪、傅玑之珥、阿缟之衣、锦绣之饰不进于前，而随俗雅化、佳冶窈窕赵女不立于侧也”。文中多以排句一唱三叹，语言生动，从而大大增强了说理的感染效果，如“臣闻：地广者粟多，国大者人众，兵强则士勇。是以太山不让土壤，故能成其大；河海不择细流，故能就其深；王者不却众庶，故能明其德。是以地无四方，民无异国，四时充美，鬼神降福，此五帝、三王之所以无敌也”（《史记·李斯列传》）。

一篇《谏逐客书》无论从文学角度或论说评比而言，都是一篇文理并用的佳作。从中不难发现它受战国策士们纵横说辞的影响，经过文学功底较深的李斯一运作，就文采斐然，引人入胜。

同是李斯的另一篇《上督责书》是在奸臣赵高用权、自己失宠的情况下，写给秦二世的。强词夺理，曲为之说，缺乏文采，献媚地出坏点子，竟造成咸阳城内“刑者相半于道，而死人日成积于市。杀人众者为忠臣”的白色恐怖。这不仅是无耻，简直是罪恶！

（七）动态艺术的活跃

1. 音乐与歌舞

秦人原有的音乐、歌舞是简单而原始的，较多的还是西部游牧民族那种自由歌调。《吕氏春秋》说“秦穆公取风焉，实始作为秦音”（《音初》），说明春秋时代的秦国其所谓的“采风”，实际上接受的还是西周音乐的影响。

在地域分类上，秦音即“西音”。李斯形容这种“秦之声”是“击瓮、叩釜、弹筝、搏髀，而歌呼呜呜”（《史记·李斯列传》），其风格较为粗犷、昂扬，结构简单，音律平直，缺乏变化，但这却是秦自建国以来的传统音乐。当秦昭王在渑池之会上，迫于蔺相如相逼，还只得为赵王击瓴（缶）(《史记·蔺相如列传》)。这当然是外交上“礼尚往来”的表示，秦国能拿出像样的乐器实在不多。

公元前 544 年，吴公子季札到鲁国聘问，当听到为唱秦歌时，他就能立即敏感地指出，它是来自西周的“夏声”[①]。宝鸡县太公庙村 1978 年曾出土秦公钟五件、秦公镈三件，虽然铭文叙述早期秦事，但形状、纹饰都是变化了的周制[②]，从中我们不难看出，秦国早期的朝廷音乐也是因袭西周庙堂音乐的。

自战国中期以后，秦破关而出，吸收关东诸国文化的养料，就出现了像《郑》《卫》《桑间》《昭虞》《武象》等“异国之乐”。其中前三者就是长期流行于中原各国民间的“俗乐”，而后二者则是君王郊祀、朝贺等大典用的“雅乐”。

古人对乐歌的教育作用极其重视，常同“礼”配合，称之为“礼乐”。由于它可以起到“通神明，立人伦，正情性，节万事”的潜移默化作用。因此，庙堂乐舞都较为严肃、庄重、静穆。据载，“始皇平天下，六代庙乐惟《韶》《武》存焉”（《宋书·乐志一》《通典·乐一》）。汉高祖时，原为秦博士的叔孙通“因秦乐人制宗庙乐”，连高庙的《五行》之舞也是沿用秦始皇改过名的周舞（《汉书·礼乐志》）。

“俗乐”来自民间。“靡曼皓齿，郑、卫之音，务以自乐”(《吕氏春秋·本生》)，系青年男女私会于溱、洧（濮水）唱和的情歌，即所谓《洵訏（xū）》之乐、《勺药》之和一类，具有缠绵健美、悠扬细腻的音调，听起来轻松、悦耳。但在统治者守旧派的

---

① 《左传》襄公二十九年：“吴公子札来聘，……为之歌《秦》，曰：‘此之谓夏声。夫能夏则大，大之至也，其周之旧乎’？”沈玉成译公子札的话是：“这就叫西方的夏音。夏就是大，大到极点了，恐怕就是周朝的旧乐吧！”

② 宝鸡市博物馆：《陕西宝鸡县太公庙发现秦公钟、秦公镈》，《文物》1978 年第 11 期。

“大人君子”眼里，却把“郑卫之声，桑间之音”视之为“乱国之所好，衰德之所说（悦）”（《吕氏春秋·音初》）的“亡国之音”。至于子夏说“郑音好滥淫志，宋音燕女溺志，卫音趋数烦志，齐音数辟乔志……皆淫于色而害于德”，是不能用于祭祀的（《礼记·乐记》），显然是犯了用“雅乐”来要求“俗乐”的错误。事实上，这些出自下层人民的乐歌虽质朴有加，直抒胸臆，其清新、健康的艺术风格，毕竟区别于沉闷、呆滞、艰涩的庙堂“雅乐”的。所以，连好古的魏文侯都对子夏说：“寡人听古乐则欲寐，及听《郑》《卫》，余不知倦焉”（《汉书·礼乐志》）。不论怎样，这种“细己甚”（《汉书·地理志》）、“美哉渊乎，忧而不困”（《左传》载吴公子季札语），能激发人情绪的郑、卫之声终于传到了咸阳，在中上层统治者中流行开来，从而改变了秦固有的音乐结构。特别是在秦王朝的大力提倡推进下，俗乐进入宫廷，又经过提炼、加工、发展，就成了宴饮、娱乐演奏的“宴乐”（也称“燕乐”）。

2. 歌唱家：咸阳宫廷有“乐人”，民间有歌手

在咸阳的宫廷中，有因词谱曲的歌手，名曰“乐人”。秦始皇三十六年（公元前211年）“始皇不乐，使博士为《仙真人诗》，及行所游天下，传令乐人歌弦之”（《史记·秦始皇本纪》）。词、谱、唱结合，形成了一个有分工的完整的音乐创作过程。歌和舞相伴而生，咸阳宫廷里的歌舞自是迷离轻盈、超绝时冠的。《绎史》引《琴苑要录》：“秦为无道，奢淫不制，征天下美女，以充后宫。乃纵酒离宫，作戏倡优，宫女侍者千余人”（《秦会要订补》卷九《乐歌》）。

咸阳的民间有着自己的歌手。《列子·汤问》里记载着这么一则动人的故事：“薛谭学讴于秦青，未穷青之技，自谓尽之，遂辞归。秦青弗止，饯于郊衢。抚节悲歌，声振林木，响遏行云。薛谭乃谢，求反，终身不敢言归”。秦、薛师徒二人，教学相长，成为秦国出众的“善歌者”[①]，他们的故事也成了千百年来虚心学艺的美谈，颇富于教益。

3. 乐理与乐歌

秦人立国以来的音乐发展历程，到战国末年就在乐理方面积累了相当丰富的知识，从而建立起自己的音乐理论体系。对于音乐认识的成果，主要反映在《吕氏春秋》一书的《大乐》、《侈乐》、《适音》（《又作《和乐》）、《古乐》、《音律》、《音初》、《制乐》和《明理》等八篇中。从《吕氏春秋》的八篇乐论中，也很明显地反映出音乐家治乐的观点。

① 《列子·汤问》张湛注：“薛谭、秦青二人，并秦国善歌者。”

所谓"乐歌"，即是为入乐而写的歌词。写于咸阳时期的乐歌，流传下来的有《罗縠单衣歌》、《祠水神歌》、《琴引词》和《仙真人诗》等首。其中除《仙真人诗》失传外，其他几首的歌词都流传下来，如：

罗縠单衣，可裂而绝。八尺屏风，可超而越。鹿卢之剑，可负而拔。（《史记·刺客列传正义》引《燕丹子》①）

洛阳之水，其色苍苍，祠祭大泽，倏忽南临，洛滨醊祷，色连三光。（清马骕《绎史》引《古今乐录》②）

酒坐俱无往，听吾琴之所言。舒长袖似舞兮，乃褕袂何曼。奏章而却逢兮，愿瞻心之所欢。借连娟之寒态兮，假卮酒酌五般。泣喻而妖兮，纳其声声。丽颜歌长褕兮。

欢曰："骑美人旖旎纷嬐，柑霜罗衣兮羽旄，夜袖圭玉琢，参差妙丽兮被云髻，登高台兮望青埃。常羊啖何还厌兮归来。"（《绎史》引《琴苑要录》③）

4. 乐官、乐器与演奏家

唐杜佑《通典》："秦奉常属官有太乐令、丞"，"少府属官有乐府令、丞"。乐府有三长丞，出土有"乐府丞印""左乐丞印"封泥（图 14–6）。《汉书·百官公卿表》说奉常"掌宗庙礼仪"，少府"掌山海池泽之税，以给供养"。由中央这两卿所职掌的范围知，其属官之一的乐官所从事的工作也不会脱离这种性质。像"太乐"是宗庙礼仪中管奏乐的官署，而"乐府"是储藏乐器以供天子调用的官署。秦都咸阳府库乐府遗址

① 据《燕丹子》载：荆轲刺秦王时，右手把秦王袖，左手揕其胸。秦王曰："今日之事，从子计耳。乞听琴声而死。召姬人鼓琴。"秦王听完琴声歌词后，"奋袖超屏风而走"。这段文字同《史记·刺客列传》记荆轲"左手把秦王之袖，而右手持匕首揕之。未及身，秦王惊，自引而起，袖绝。……秦王环柱而走……左右乃曰：'王负剑！负剑，'遂拔以击荆轲，断其左股"的记载不同。从情理言，图穷匕见，荆轲以闪电般的速度刺秦王，岂容秦王从容地乞听琴声！所以司马迁的记载当是真实的。而《燕丹子》虽记燕太子丹的事迹，但成书时间很晚，在《隋书·经籍志》中才开始著录。据研究，当为六朝时的小说家所撰。然《罗縠单衣歌》不是秦姬鼓琴之词，我这里引用在于使人看到，在秦时不光有乐器演奏，还有为歌伴奏的。其歌就是歌词，合而称"乐歌"。词中的"单衣"，即是"禅衣"。

② 《古今乐录》记秦始皇祠水神于洛，有黑头公从河中出，呼"来，受天宝"。于是始皇乃与群臣作此歌。

③ 《琴苑要录》记"秦为无道，奢淫不制，征天下美女，以充后宫。乃纵酒离宫，作戏倡优，宫女侍者千余人。秦倡屠门高见宫女幼妙宠丽，于是授琴而歌之，作为离□之操。曲未及终，琴折柱摧，弦音不鸣，舍琴而更援他琴以续之"。

“北宫乐府”石磬残段、渭南新区乐府封泥和秦始皇陵园“乐府”钟的出土，不仅说明秦宫廷、郦山寝园定期定时祭祀活动中，都有器乐奏乐，而且为秦有“乐府”官的设立增添了实证材料，从而消除了汉武帝“始置乐府”的传统误解[①]。

1. 乐府丞印　2. 左乐丞印　3. 雍左乐钟

图 14-6　秦乐府封泥印文

秦统一六国之后，即“收天下兵聚之咸阳，销以为钟鐻、金人十二，重各千石，置廷宫中”（《史记·秦始皇本纪》）。战国末年，诸侯国虽有精良的钢铁兵器生产，但秦军依然是以青铜兵器为主的装备[②]。所以秦始皇收缴天下兵器加以销毁，目的固然是削弱各地的反抗势力，但把其中的青铜兵器铸作钟鐻、铜人，则是一种别具匠心的物质与精神享受。因为前者属于钟架，以便大型器乐组合的演奏，可悬挂黄钟、大吕及编

① 《汉书·礼乐志》：“至武帝定郊祀之礼……乃立乐府，采诗夜诵，有赵、代、秦、楚之讴”。颜师古注：“始置之也，乐府之名盖起于此，哀帝时罢之”。
颜注使后人误以为“乐府”的设立始自汉武帝。实际情况则否，《史记·乐书》：“高祖过沛，诗《三侯之章》，令小儿歌之。高祖崩，令沛得以四时歌舞宗庙。孝惠、孝文、孝景无所增更，于乐府司常肄旧而已”。就是说刘邦在汉初回到老家沛县同乡亲聚会所作的《大风歌》的配乐——《三侯之章》已经入乐，令小儿歌唱。高祖死后，至孝景帝时，在其原庙仍四时歌舞之，无所增改。因为“少府”是秦官，其属官之一的乐府令丞也当然一仍其旧。汉惠帝时，有乐府令夏侯宽“备箫管”之事，也可证汉初之乐府沿袭秦而来。颜师古的误择，我以为源自他对《汉书·礼乐志》原文断句有错。原句应该是：“至武帝定郊祀之礼，祠太一于甘泉，就乾位也；祭后土于汾阴，泽中方丘也。乃立乐府采诗，夜诵有赵、代、秦、楚之讴”。他把“乃立乐府，采诗夜诵”断开，也不完全合乎语法关系。实际上，“乐府”系乐之府，即贮存乐器之所。“府”多出现在战国时期，秦咸阳就有“书府”。大约是汉武帝时，乐府的功能有了变化，从储藏、保管乐器的事业机构扩大到包括“采诗”在内的制乐领导机关。由乐府征集各地的俗乐，加以整理训练，故而夜诵的内容才有“赵、代、秦、楚之讴”。

② 王学理：《秦俑专题研究》中《兵器篇》诸文。三秦出版社，1994 年。

钟[1]；后者则属于宫廷建筑前摆设的铜雕艺术品。

据文献记载，秦时的乐器除过缶、瓮这些不登大雅之堂的原始性“土乐器”外，真正称得上乐器的大概包括了由铜、石、陶、木、革、竹、弦等材质做成的打击、弹弦、腔管和簧管等四类乐器。《吕氏春秋·仲夏纪》：“是月也，命乐师修鞀、鞞、鼓，均琴、瑟、管、箫，调竽、笙、埙、箎，饬钟、磬、柷、敔”。其实还应有鼗、铎、筑、筝、笛、琵琶、阮咸等。其中的鞞即是鼙，是军乐器；柷（zhù），也名椌，高诱说：“如漆桶，中有木椎，左右击以节乐”；敔（yǔ），也名楬，“木虎，脊上有钽铻，以杖栎之，以止乐”；鞀（táo 桃），即长柄的拨浪鼓；筑，似琴，有弦，用竹击之，因以为名（《史记·刺客列传》索隐）；钟、铎，都是铜制的打击乐器，形制略同，大小有差。

秦代的乐器有些奇巧玄妙，又往往同一些传说故事联结在一起，使人难以置信。《西京杂记》里载有一则自行联奏的乐器：“秦咸阳宫中，有铸铜人十二枚，坐皆高三尺（合今 69.3 厘米），列在一筵上。琴、筑、笙、竽，各有所执，皆缀华采，俨若生人。筵下有二铜管，上口高数尺，出筵后，其一管空，一管内有绳大如指。使一人吹空管，一人纽绳，则众乐皆作，与真乐不异”。咸阳宫里还有两件珍贵的乐器，一个是“璠玙（fányú）之乐”琴，“长六尺，安十三弦，二十六徽，皆用七宝饰之”；另一个是“昭华之琯（guǎn）”，即“咸阳宫中有玉管，长二尺三寸，二十六孔，吹之则见车马山林，隐辚相次；吹息亦不复见”。《古琴录》和《琴苑》中都记有秦惠文王的两把名琴，一称“宣和”，一名“闲邪”。

考古发掘所见的几件秦乐器都是用于庙堂演奏的，如宝鸡县太公庙发现秦武公初即位时（公元前 697 年）作的五件铜编钟和三件铜镈（图 14–7）；《考古图》收的秦公镈钟，过去称“昭和钟”或“盄和钟”，自宋以来对其时代众说纷纭，或说宣公时器，或以为康公时器，或认做景公时器。结合民国初年出于甘肃秦州的秦公簋和陕西凤翔秦公一号大墓出土的残磬铭文，可以认定，簋、镈、磬三者都是秦景公初即位时所作，时间约在公元前 576 年之后。这些大型的金石之乐，虽非出自咸阳，但我们却可从中看到春秋时期秦国庙堂之乐的一斑。而始皇陵“乐府”编钟的发现，则给我们提供了研究音乐史的重要资料。

---

① 湖北随县擂鼓墩的曾侯乙墓是一座战国早期的大墓。墓中的曲尺形钟架全长 10 米以上，分上下三层，通高 2.73 米，由 6 名佩剑的青铜武士和几根圆柱承托，悬挂 65 个、重达 3500 多公斤的编钟，其中就有楚惠王大镈。材料引见湖北省博物馆等：《随县曾侯乙墓》，文物出版社，1980 年。

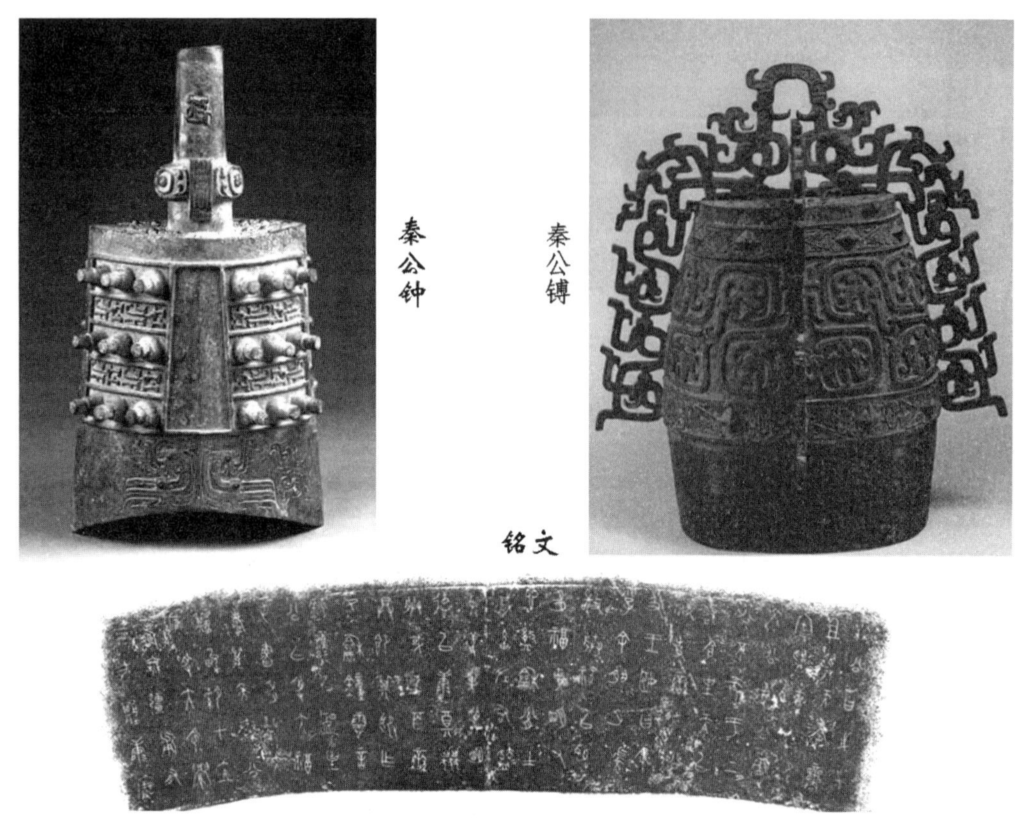

图 14-7　秦公钟、镈

铜“乐府”编钟是 1976 年 2 月采集于始皇陵西北的“丽山食官”遗址内。钟通高 13.3 厘米、铣距 7.2 厘米、钮高 3.8 厘米，重 538 克。外错金银云纹或蟠螭纹，内壁仍铸出纤细的暗纹并有四条校正音高的“隧”（即凸起的条棱）。经测音，属于“C”调。钮上镌刻小篆书体的“乐府”二字。看来，这枚钟当是一组乐府编钟中最小的一枚。秦“乐府”铜编钟，由于有“隧”可以调整音高，所以就能做到音准一定、音阶分明。这也反映出具有好乐传统的秦人在乐器制造方面，具有高超的技术。

早在秦穆公时代，有位吹箫的高手名叫萧史。据说，他的箫声能引来孔雀、白鹤舞雍于庭。穆公把爱女弄玉嫁给萧史，学凤鸣。夫妇在“凤台”上居数年不下，竟随凤凰飞去。以后秦人在雍宫中筑“凤女祠”，不时还能听到箫声（刘向：《列仙传》）。神仙化了的萧史、弄玉，固然杂有道家伪托的成分，但事出有因。箫、笙合鸣，正是春秋时期秦国乐器演奏留给后人的一段佳话。北魏郦道元面对“凤台、凤女祠”遗迹，也发出了“今台倾祠毁，不复然矣”的感叹（《水经注》）。至于华山上的“萧史亭”“弄玉井”以及在明星岩下建立的“箫女祠”，那则是明、清道士们抬高道教身价之作。

秦昭王时，有一次应侯范雎听贾于子鼓琴，问：“今日之琴，一何悲也？”贾于子答道：“夫张急调下，故使之悲耳。张急者，良材也；调下者，官卑也。取良材而卑官之，安能无悲乎？”应侯说：“善哉”(《说苑·尊贤篇》)。生动的对话、透彻的析理，正是琴演奏家贾于子掌握了乐器材质与乐调关系的表现。

高渐离是位燕国的击筑演奏家，随荆轲刺秦失败后被逐。他隐姓埋名，“为人佣保，匿作宋子”，后被推荐给秦始皇。始皇爱其才，赦免原为刺客之罪，“乃矐其目，使击筑，未尝不善”。但因渐离后来慢慢靠近秦始皇，竟以铅置筑中，用以扑打不中而被诛，留下刺秦的又一曲悲歌（《史记·刺客列传》）。

西汉齐哀王的将军魏勃，其父也是一位鼓琴的演奏家。曾见过秦始皇，为之鼓琴。可惜史书上没有留下他的名字（《史记·齐悼王世家》）。

屠门高知音，曾作《琴引》一书传世。他同样也没有留下自己的故事（《通志·乐略》）。

5. 杂技百戏

秦时，角抵、散乐、百戏等民间歌舞、杂技，作为一种文化，也随着秦的统一形势相继集中到咸阳、涌入宫中，并成为统治者精神享受的一部分（图 14-8）。

角抵，写作“角牴”，含有两牛相抵的意思。又名“瑴抵”。实际上就是现在的摔跤运动。这是春秋战国时期兴起的一种军事体育项目①。秦二世迷恋声色犬马之好，在咸阳的甘泉宫里以角抵娱乐②。到了汉代，它更加普及。唐代称其为“相扑”，为群众所喜爱，以至传播到日本。

① 《汉书·刑法志》：“春秋之后，灭弱吞小，并为战国，稍增讲武之礼，以为戏乐，用相夸视（音“示”），而秦名角抵，先王之礼设于淫乐中矣。……至元帝时，以贡禹议，始罢角抵，而未正治振旅之事矣。”

② 《史记·李斯列传》：“是时，二世在甘泉，方作瑴抵优俳之观。李斯不得见……”这里的甘泉不在云阳，实是咸阳的甘泉宫，详见前说。

杂技百戏图

1. 高絙（沂南画像石） 2. 安息五案（汉画像石） 3. 都卢寻橦

4. 反弓丸剑（宜宾石棺画像石） 5. 跳丸 6. 乌获扛鼎（铜山汉墓画像石）

图 14–8 杂技百戏画像石

秦都咸阳的宫廷里杂技名目繁多，演技也相当成熟。据马端临《文献通考·乐考》简注如：其杂戏盖起于秦，有鱼龙蔓延（又名“曼延”“曼衍”，是鱼、龙形舞[①]）、高絙（绳技，古亦称“履索”）、凤凰、安息（伊朗）、五案，都卢寻橦（即长竿杂技，

① 曼延，兽名。张衡：《西京赋》：“巨兽百寻，是为曼延。”薛综注：“作大兽长八十丈，所谓‘蛇龙曼延’也。”李善注：“武帝作漫衍之戏也。”

“寻撞”，指长竿，据说：都卢国人“体轻善缘”，戏者在竿上做多种惊险动作）、丸剑（属于手技类杂技。也叫“跳丸剑”，是在东周时“跳丸”“跳剑”的基础上发展而来。其法为把剑和丸抛向空中，随抛随接）、戏车（在驰骋的马车上立竿建鼓，竿上有小儿做多种惊险的动作）、山车、兴云动雷（杂技和魔术结合的节目）、跟挂腹旋（在竿上脚跟倒挂或竿顶腹部旋转如飞）、吞刀（吃刀子）、履索吐火（前者和“高絙”基本相同，有如今之“走钢丝”。不同的是在履索过程中还要作喷吐火焰的表演）、激水转石、嗽雾（喷水成雾）、扛鼎（也叫“乌获杠鼎”，道具多用车轮、石臼、大瓮。今称其为“掷坛子”）①、象人（装扮各种兽的舞技）、怪兽、“舍利之戏”。这些大概就是后来盛行于汉代的“百戏”（包括杂技、武术、幻术、滑稽表演、音乐、舞蹈、演唱等多种技艺的串演）的前身。

当然，这些杂技未必都是秦廷中演出的原貌，如“安息五案”，显系汉武帝“闻天马蒲桃，则通大宛、安息”（《汉书·大宛传》）之后传来的节目；“嗽水作雾”也是来自西方②。但秦确实吸收了春秋以来各国创造的优秀节目。《国语·晋语》中就有“侏儒扶卢”（矮子爬上长兵器杆）的记载。谁能说秦统一天下后没有把临淄那一套“吹竽鼓瑟，击筑弹琴，斗鸡走狗，蹹踘六博”的乐舞、技艺、杂耍接收过来?

秦代的杂技艺术创造，在长期的历史过程中不断地充实着自己的内容。像今日很多传统的杂技节目，如果我们索本求源的话，都会在秦汉时代的“百戏”中找到它们的雏形。

（八）静态艺术的升华：雕塑与冶铸

1. 绘画

王嘉《拾遗记》上关于“刻玉善画工”烈裔的两则故事颇为有趣。

一是他“口含丹墨，喷壁即成云龙之象（或说：“使含丹青以漱地，即成魑魅及鬼怪群物之象”）；以指历地，若绳界之，转手方圆，皆如规度（或作“以指画地，长百丈，直如绳墨”），方寸之内，四渎五岳，列国备焉（或作“方寸之内，画以四渎五岳列国之图”）。画为龙凤，皆轩轩若飞也”（或作“又画为龙凤骞举若飞，皆不可点睛，或点之必飞走也”）。

又一个烈裔的故事是说，他“刻白玉为兽，毛发若真（或作“刻玉为百兽之形，毛

---

① 扛鼎，举鼎。张衡《西京赋》：“乌获扛鼎，都卢寻橦”。乌获、孟说和任鄙是秦武王时的3个大力士，因为武王“有力好戏”，他们也当了大官。一次，孟说同武王举鼎，王“绝膑”而死。

② 《后汉书·安帝纪》李贤注引《汉官典仪》：“作九宾乐，舍利之兽，从西方来，戏于庭，入前殿，激水化成比目鱼。嗽水作雾，化成黄龙，长八丈，出水戏于庭，煊耀日光。”

发若真，皆铭其臆前，记以日月”）。秦始皇叹曰：‘刻画之形，何得飞去？’使以淳漆点两玉虎眼睛，旬日失之。明年献两白虎，各一目，视其胸，果是年所刻玉虎也（或作“使以淳漆各点两玉虎一眼睛，旬月则失之，不知所在。山泽之人云：‘见二白虎，各无一目，相随而行。毛色相似，异于常见者。’至明年，西方献两白虎，各无一目。始皇发槛视之，疑是先所失者，乃刺杀之。检其胸前，果是元年所刻玉虎”）。”①

据说烈裔是来自骞霄国（或作“骞涓国”②），其画技之高，所画无不逼肖，令人惊叹。他不但是个画家，而且还是位雕刻能手和地理学家，堪称艺术全才。我们如果剔除人们因称羡而附加在他身上那些传奇的成分，其精湛的艺术造诣，可说是来自域外、生活在咸阳的一代艺术之尊。

烈裔以“丹墨喷壁”反映了那时绘画的实际。古代宫廷建筑的装饰画多是涂绘在墙壁上的，即所谓“宫墙文画”。楚的爱国诗人屈原遭谗放逐，面对先王之庙及公卿祠堂壁上的图画，才向所绘的“天地山川神灵”自然现象、神话传说、“古贤圣”的怪物事迹，驰骋想象，发出愤懑的《天问》。《孔子家语》《韩非子·外储说》上，同样也有关于东方国家宫殿与庙堂壁画的论述，也正因为中国的古代建筑是土木结构，最后连鲁殿灵光也不存于世了。但是，经过两千多年，于20世纪60年代初期秦都咸阳北阪宫殿遗址中出土的壁画残块，则给我们提供了管窥蠡测、稍睹秦画风采的机会③。

秦宫壁画遗迹见于“冀阙宫庭”群体建筑的第一号和第三号宫殿建筑。1961年11月，作者同吴梓林对一号宫殿基址作过试掘，即发现壁画残块和装饰性铜构件（图14–9）。1974年正式发掘则出土更多④，随后于1979年又在三号宫殿基址中发现了长达32.4米的画廊建筑⑤（图14–10）。概括起来，这些壁画内容包括两个方面，一是绘画，二是图案。

画廊所绘，是一些场景的具体形象，尽管支离破碎，如果把出土部位及其内容联系起来研究，一个气势磅礴、风韵生动的横幅长画就展在我们面前：

① 引自《太平御览》、张彦远《历代名画记》。括号内为《拾遗记》卷四及《太平御览》七五二。

② 马非百在其《秦集史》一书的案语中说：“骞霄一作骞涓（《渊鉴类函》三二七引），当是由霄伪消，再由消伪涓耳。《庄子》书有建德之国，《汉书·地理志》谓之黄支，《大唐西域记》谓之建志补罗国（Kanchipura）。若骞霄者岂谓是耶？”

③ 陕西省社会科学院考古研究所渭水队：《秦都咸阳故城遗址的调查和试掘》，《考古》1962年第6期。

④ 秦都咸阳考古工作站：《秦都咸阳第一号宫殿建筑遗址简报》，《文物》1976年第11期。王学理等：《秦都咸阳发掘报道的若干补正意见》，《文物》1979年第2期。

⑤ 咸阳市文管会等：《秦都咸阳第三号宫殿建筑遗址发掘简报》，《考古与文物》1980年第2期。

由红、黄、黑的“纯驷”分驾独辀轩车七乘，陪衬以道路、树木和建筑物，表现的是车马出行图，由十一个着各色长袍、戴武冠的人物，分上下排列，很可能是一组仪仗队列；

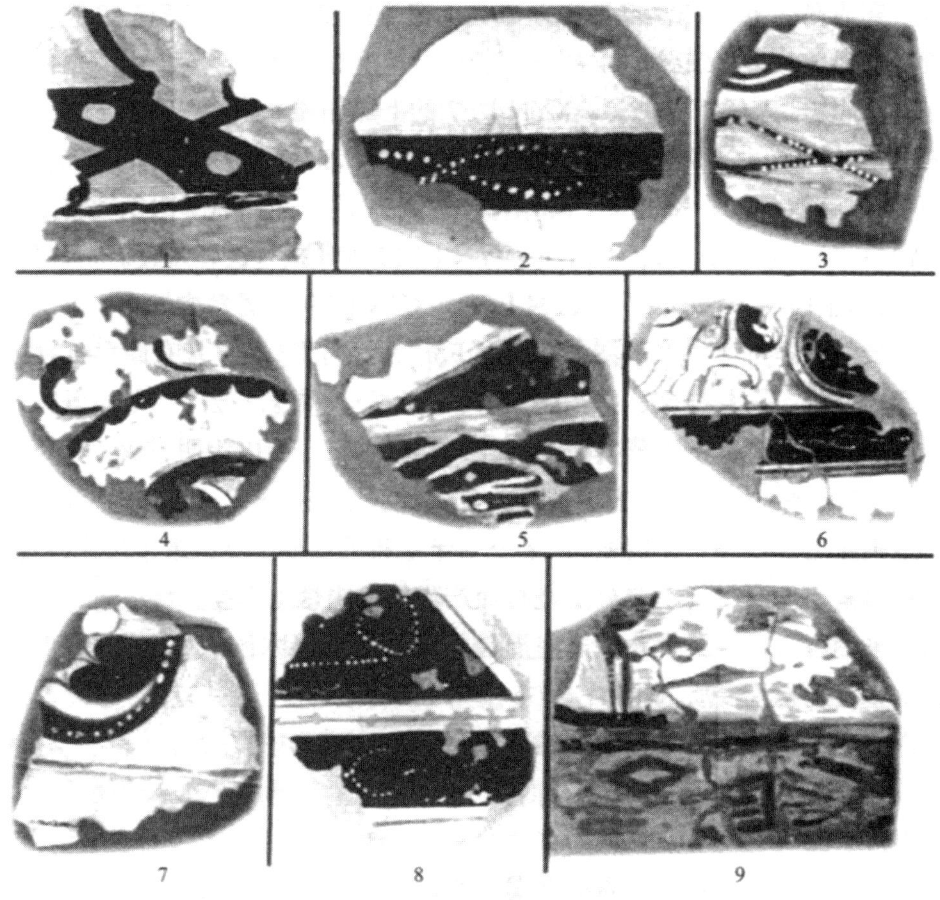

图 14-9 壁画残块（1 号建筑）

着戎装、戴弁帻的武士乘棕红色马，转身弯弓欲射，显系一幅骑马驰射图；重檐建筑，附有角楼，柱间垂幔，屋顶立凤，下有门吏，俨然是一座宫廷建筑的形象。

至于所见除马以外，还有虎、麒麟、野猪、凤鸟等动物，松、竹、墨、柳等植物，甚至还有麦穗类农作物，均应是组成画面的点缀品，只是因画面遭到破坏而不明其所属罢了。

从这些秦宫的彩画看，其题材广泛、构图合理，生活气息强烈，给人以深刻的感染力。像奔驰的驷马轩车，成组驰驱，前留有开阔的空间，以路旁树木为参照物，留给人以速度、力量、奋进和想象的余地。那幅武士力挽强弓、纵马驰射的图画，表现的正是一代英雄姿态。如果说秦陵兵马俑的战车兵和骑兵只是处在营垒和列阵时的静态，而秦宫壁画则是被激活了的动态画面。宫殿建筑入画，往往显得厚重、呆滞，而这里的四重檐大屋分上下两层，在画家笔下却用立凤、门吏衬托，正体现了当时盛行高台建筑的风格。

图 14-10　壁画图案

即使一些小景的刻划，也能颇见功夫。过去有“画工不画柳，画柳便装丑”之说（《绘画微言》），但这里画的柳枝婀娜多姿，似随微风摇曳。由于表现客观存在着的现实生活、重视人的本质，就使得一幅幅画面栩栩如生，这是秦宫壁画区别于前此描写神灵鬼怪的庙堂绘画的根本点。其次，用黑、赭、黄、大红、朱红、石青、石绿、蓝、白等颜色及其间色造型，以线为辅，经过渲染，浓淡有致，就能产生出圆的立体感和较强的质感；平涂，跳动性的对比设色，则绚丽多姿，就能收到深刻的视觉效果。总之，纯熟地运用色形语言艺术，成功的现实主义作风，造就了秦代伟大的艺术作品。

图案，本来是一种装饰画，但秦宫壁画中图案的构成及其装饰的位置很有特色。把图案作为大幅墙壁的边饰，现在我们看到的只是下部的残存，从堆积土的图案画残块中可以断定墙壁上部也有同样的边饰。再由图案构成的条带边饰看，图案构成有两类。

一类是单色图案，即在粉底墨绘的条带上，用粉白的一颗颗连珠组成几何纹样，或黑、白、红三色套绘作卷云纹；另一类是彩绘的图案，即用黑、褐、朱红、湖蓝、橘黄绘成流云纹或四方连续的几何纹图案。图案母题多是变化着的菱形纹、轭菱纹，线条处理则由粗细穿插、宽窄疏密而变化，给人以有节奏的运动感。总之，八种边饰通过多彩、多变的形式，达到稳重、庄严、富丽而欢快的艺术效果，从而表现出秦艺术家对色彩及其色阶关系的深刻理解和对于菱形图案高度的驾驭能力，肯定也对后代图案装饰艺术产生着深远的影响。

2. 铜铸与塑绘

（1）十二个大铜人——巨型的铜铸圆雕艺术品

说到秦代的雕塑，我们不能不首先提到秦始皇销毁兵器铸造的十二个铜人。因为它们是雕塑成型、铜铸的艺术品，体现着那时审美意识、工艺技术的最高水平。可是，两千年来笼罩在它们身上的是一重重扑朔迷离的轻纱，使人看不真切，再加之它自有的神奇色彩和历史性的附会传说，使人难以置信，甚至怀疑其历史的存在。在此，我根据史载承认其存在，而且可以断言它是世界上立体造型艺术的极品（图 14–11）。

图 14–11　十二铜人模拟像（部分）

《史记·秦始皇本纪》：二十六年“收天下兵，聚之咸阳，销以为钟鐻、金人十二，重各千石，置廷宫中”。《三辅黄图》：“销锋镝以为金人十二，以弱天下之人，立于宫门，坐高三丈，铭其后曰：‘皇帝二十六年，初兼天下，改诸侯为郡县，一法律，同度量’。大人来见临洮，其大五丈，足迹六尺。铭李斯篆，蒙恬书。董卓悉破铜人，铜台，以为小钱……余二人，魏明帝欲徙洛阳清明门里，载至霸城，重不可致，便留之。”

关于金人历经沧桑之变，据《三辅旧事》说“秦作铜人，立在阿房殿前，汉徙长乐宫中，大夏殿前”（《长安志》引）。

铸好的 12 个大铜人究竟放在哪个宫殿前？《三辅黄图》只说“立于宫门”，而《三辅旧事》说是“立在阿房殿前”。看来后者尽管具体，但是说错了。因为铸铜人在前（公元前 221 年），建阿房宫在后（公元前 212 年），相差十年时间，况且阿房宫的前殿至秦灭亡还处在施工的停辍状态，不可能过早地把铜人迁来。我以为，很可能是立在“甘泉宫前殿”之误。台湾学者王裕民认为立在咸阳宫前，也可备一说。但这应是刚铸成的情况，随后因为政治重心由北而南的转移，就将之迁到了渭南的甘泉宫前殿。《三辅旧事》载：“汉徙长乐宫”。《关中记》说“董卓坏铜人，余二枚徙清门里，魏明帝欲将诣洛，载到霸城，重不可致。后石季龙徙之邺，苻坚又徙入长安而销之”（《史记·秦始皇本纪正义》引）。但《后汉书·方术蓟子训传》作“后人复于长安东霸城见之，与一老公共摩挲铜人。相谓曰：‘适见铸此，已近五百岁矣’”。在此，我们先撇开始皇铸造铜人的缘起、取名“翁仲”的由来、未入洛而徙邺的真假、全部销毁还是留在霸城等考释问题，就其艺术价值而言，我以为起码有两点值得称道：

第一，体量之大，堪称雕塑之奇。

“重各千石”，即每个铜人重 30750 公斤，合 30.75 吨[①]。“坐高三丈”，即连同底

① 《三辅旧事》说“铸铜人十二，各重二十四万斤”（即二千石），而清梁玉绳在其《史记志疑》里据《三辅旧事》中之数及《三辅黄图》中“钟鐻高三丈，钟小者皆千石”而认为“千石者及钟鐻重数，史误并之”。此间，我还是以《史记》为据。秦 1 石 =120 斤。由高奴铜石权测知，秦 1 斤合今 256.25 克，则秦 1 石折今 30.75 公斤。那么，“千石”等于 30750 公斤。

座高 7.26 米[1]。《汉书·五行志》载：“秦始皇二十六年，有大人长五丈，足履六尺，皆夷狄服，凡十二人，见于临洮。……销天下兵器，作金人十二以象之。”此“大人长五丈，足履六尺”，分别为 11.55 米和 1.39 米，显然是不可信的。出自何种原因，我们暂不理会。“十二”是六的倍数，符合秦“数以六为纪”的规定。因为始皇统一六国，志得意满，又有“大人”出现在临洮并视之为祥瑞，故铜铸“以象之”。那么，“皆夷狄服”，站高可 7.26 米，就是我们获得关于铜人艺术形象的全部内容了。但我相信这 12 个铜人的塑造，必定是在秦始皇陶质兵马俑和铜车人马等艺术实践与经验积累的基础上产生的[2]。其面相各别，形象生动、神韵具备，及由之体现出塑造技术法更趋成熟，是一批无与伦比的艺术佳作。

秦十二金人作为铜铸的人像雕塑艺术品，虽不是空前的孤品，却属于此前所无的雄伟之作。四川三星堆出土古蜀文化的青铜立人像及方座高才 2.62 米，而灵彻三界的青铜通天神树被认为“是迄今发现的中国青铜文物中形体最大的一件”，残高只有 3.95 米，比起秦 12 个金人还矮了 3.31 米。但不同地域，又不同时代的两个不同内涵的文化，其诡谲神秘的艺术意义，却永远是难解之谜。

---

① 《三辅黄图》一书最早的著录见于《隋书·经籍志》，晁公武定为梁、陈间人所作。程大昌则定为唐肃宗以后人所作。经我师西北大学陈直教授考订，认为“原书应成于东汉末曹魏初期”，后经多次补缀，在中唐以后才形成全本。先生之成果见《三辅黄图校证》（陕西人民出版社，1980 年）。

尽管“今本序言，既乏汉魏醇古之气，又无六朝骈偶之体”，又有《黄图》引用《汉书》颜注之嫌，且原本“经过各次之补缀，原书之成分存在者已属不多”（陈序中语）。毕竟“东汉末、曹魏初期”人所见的秦汉遗迹、遗物不会有大的差错。故这里引用《黄图》关于铜人“坐高三丈”的数据当为时人目见所测的结果。

今人曾武秀在其《中国历代尺度概述》一文中，据《九章算术·商功》刘徽注，推算出“魏尺约当今 24.2 厘米弱”。那么，秦铜人“坐高三丈”即合今 7.26 米。

另外，关于铜人“坐高”的理解问题，似有必要确定。有说铜人作坐姿，理由是张衡《西京赋》有“高门有闶，列坐金狄”之句，而且《汉书·王莽传》有“梦长乐宫铜人五枚起立”的记载。我以为铜人的姿势采取立相而非坐相，根据是：

首先，器物托底的基础部件为“座”，《正字通·广部》：“座，古作坐，俗作座。”铜人的“座高”，即是铜人连同其放置的底座之高度，也就是考古学上常说的“通高”。

其次，大型的人体雕像多取“立姿”。因为立姿比坐姿更雄伟、更气魄。在军队操练动作中有一种称作“坐”的姿势，《左传·昭公二十七年》杜预注说“坐行，膝行。”《礼记·玉藻》孔颖达疏就明确说“坐，跪也”。既然秦陵兵马俑坑是表现秦代军事生活的主要场景，数千件武士俑除过少数习射的跪姿俑外，多为立姿，而且阵形也没有采用坐阵。如果在巍峨的兴乐宫前跽坐着十二个铜人，气氛是何等的不协调！尽管它“坐高三丈”。平地跽坐三丈，无底座则不相称；若底座升高再置跽坐铜人，又有失比例。故而铜人取立相的可能性最大。

再次，铜人置宫殿前，既表示销毁兵器，不再有战争，“以弱黔首之民”（贾谊：《过秦论》），又是仿造出现在临洮身长五丈、足履六尺的“大人”（《汉书·五行志》），就没有以跪坐表现其“大”的道理。

② 我在《秦始皇陵研究》一书中认为兵马俑的塑造约在秦统一战争取得决定性胜利的局势下开始的，具体时间可能是秦始皇二十四年（公元前 223 年）灭楚之后。秦始皇筑坑置俑，取“陈兵”形式的想法也只能是在这时产生，此说我在《秦俑专题研究》一书的《一幅秦代的陈兵图》中也有论述。

第二，铜人与环境的协调，更能显示整体的艺术效果。

秦始皇销兵铸作钟鐻、金人十二，并非无为之举。金人作为喜庆的纪念物，只有同皇帝的国事活动联系起来才有意义。从秦“立咸阳宫前”“汉徙长乐宫中，大夏殿前”（《三辅旧事》）、东汉明帝徙置洛阳不得而另“发铜铸为巨人二，号曰翁仲，置之司马门”（《晋书·五行志上》）的情况看，只有把高大的铜人竖立在朝宫殿前或司马道两侧，壮丽威严，才更能体现出帝王之气、皇家风采。

秦十二金人铸成后最早置于大朝的咸阳宫，这里位居高亢的“北陵”之地，前有“冀阙”后有后宫（第二号宫殿建筑），四周又有仿造的六国宫室，星罗棋布，蔚为壮观。渭河南岸的甘泉宫建于昭王时，秦始皇又起了前殿，还筑甬道直通渭北，成了皇帝又一大朝的地方。那么，前后这两处宫殿随皇帝转移的政治中心，布局严整，建筑巍峨，殿前放置两排共计 12 个金光灿灿、高可 7.26 米的大铜人，浑然一体，相得益彰，既突出了它在坐落重重的宫殿建筑群的地位，显出了主次；又使都城高居郡县城之上，特别是压倒原来六国都市，气势夺人，无怪服役于咸阳的刘邦发出“大丈夫当如此”的喟然长叹。

（2）始皇陵彩绘铜车马——铜铸艺术的奇葩

1980 年，在秦始皇陵西侧出土的两乘彩绘铜车马，以驷马安车为主，前有驷马立车为导，真实地再现了宫廷副车的形象。（见彩版七）尽管它们仅及真物的一半大小，但四马入套，驾具齐全，御手握辔，表现的正是待令欲驰的静态。

作为写实主义的作品，铜俑、马和车造型准确、装饰齐全，手法细腻，成功地雕塑出一个个活生生的艺术形象。铜俑两件，作一立一坐（跽）的姿态，其头与躯干的比例正符合古代艺人“立七坐五盘三半”的歌诀，“面大如手”，五官“三停五部”的安排也得到了印证。他们脸庞丰满，目视车前，双唇紧闭，又带着一丝淡淡的微笑。戴切云之冠，着袍，登履，挎剑，即可望知是些英俊、潇洒又御术娴熟的美男子。铜马八匹，姿势略同，其头高仰，棱骨分明而肉少。颈浑圆而长，挺胸，广膺，大腿宽厚，汗沟（由尾基到会阴的褶缝）分明。铜马全躯丰肥，四肢劲健，显然是挽曳型的“良马”。其眼眶四满，上弓下直；睛如悬铃，口裂深长；双耳前倾，坚厚有如削竹。其机警神骏与力大耐久的表征，使人佩服相马学之发达与雕塑家的观察力与表现力之高超。

静中寓动，神态生动，再加之白马素车、彩绘龙凤，就使得皇帝车驾的模拟物获得艺术的潜力。虽然车马处于静态，但御俑双手前举，目视白驷；马的胸筋暴起，两耳前耸，两骖受靳的牵动而头向外偏以及纛、缨略往后飞扬，这些细节的刻划，正预示着车马待发的动势。四马纯白、御者颜面粉红，车的不同部位彩绘多种图案纹样，特别是车盖、箱围上的变体夔龙戏凤及流云纹、杯文既使铜车绮丽多姿又典雅高洁。

在铜车马成型上，圆雕、线雕结合，铸、錾并用，做到了雕塑与冶铸相济、绘画与装饰同工。一整套科学的工艺流程、精到细腻的浇铸技术和设计者高超的审美意识，使之成为铜铸艺苑中的一枝奇葩。

（3）秦陵兵马俑——气势磅礴的陶塑艺术群像

在秦始皇陵园东门大道东去1000米，有4个大型俑坑，有7000左右个陶质武士俑。这一组浩浩荡荡的仿制大军，包括着步、骑、车、弩4个兵种，簇拥战车，按照“阵、营、战、幕”这几种军事生活中的主要场景，布置在4个不同形状的、占地24780平方米的地下坑中，罗织在一个统一的构图之中，这在宏观上就构成一种整体的艺术美。在武士俑与车马的布置上，采用对称结构（如一号坑和三号坑）与方块（或长方块）结构（如二号坑）两种手法。前者在轴线关系上具有延伸、展开的特性，能使画面更加整齐划一，给横向或纵向以宽度或深度的变化留下了无限的空间；后者给人的视觉效果是均衡、稳定、严密，具有无穷的连续性，可使数千件兵马俑延展成一个浩浩荡荡的军事实体。这两种布置手法的交互运用，就使得高大如真的秦俑这一造型艺术群像在立体空间上，气势磅礴、威威赫赫，具有艺术的震撼力（彩版柒）。

作为刻划将卒形象的武士俑群，大多数个体，比例合适，造型准确，面貌不一。塑绘匠师能注意到对不同类型人物（将卒、民族、年龄、军职等）性格的细腻塑造，从而形成为秦代写实主义雕塑的伟大丰碑。通过脸盘、眉目、鼻梁、嘴唇、下颏的“搭配”，再对眼角、胡须、嘴角、发型等细部的“刻划”，不但显现出喜、静、思、怯、骄、慢、猾的不同表情，而且形神兼备表现出老将多谋善断、稳健大度的风姿（图版捌：1，4），壮年“智将”血气方刚、威猛刚毅的气质，一般士卒坚定沉着、机智勇敢、威武刚强的性格特征，深刻地揭示了武士们“勇于公战”的精神境界。即以这些将卒形象的冠戴、服饰而言，从战袍、铠甲、胫缴、跗注、行縢、履靴到带钩、甲扣、发带等，都刻划得细致真切，符合实战的需要。再加之俑表绘彩，在不同部位敷色达11种，浓淡相间，对比强烈。那么，塑型与绘彩成功的统一，就使得秦俑这些黄泥塑造、经陶窑焙烧再经染色的模拟物获得勃勃生机，呼之欲出。

秦兵马俑群雕是杰出的艺术佳作，是两千年前划时代的成就。在佛教传入中国之前，秦俑拔地而出，作为此前传统造型艺术的最高成就，土生土长的创造，当为民族的骄傲，是秦代艺术家对人类文化财富的特别贡献①。

（4）秦始皇陵园的陶俑——小吏与劳动者的形象

秦始皇陵园出土的陶俑，见有管理和饲养马匹的圉俑，有官长随员的文吏俑，也有伎乐百戏俑。

最早见到的圉俑有两种：一种是陵西曲尺形马厩坑出土十余尊与真人同大的立姿袖手陶俑，戴长冠，着长袍；另一种是陵东侧垣墙外马厩坑出土的跽坐陶俑，因为着袍，头梳椎髻，长期以来人们误作“女俑”，实际是些男性马夫的形象。周代把养马的劳动者称作“圉人”，而管理圉人的称“圉师”。《云梦秦简》把前者叫“小隶臣”“皂者”或“徒”，把后者叫“厩啬夫”，这两者往往是师徒关系。无论是啬夫俑或是圉俑，都属于富有艺术价值的陶塑珍品。姿势或取侍立拱手，或取跽坐伸手搭膝，均五官端正，造型准确，其恭谨唯命、尽职尽责的安详态度被艺术地再现了秦代下层劳动者的形象。

文吏俑出自陵冢西南角的K0006坑中，有12件，除御手俑外，文吏俑戴双版长冠，着长袍，袖手胸前，右侧腰带上垂有砺石与削刀。个个表情安详，显出一副唯命恭谨的姿态。

百戏俑有11件，出自陵园内城外的东南角K9901坑中，无衣，仅腰部围以短裙束带。姿势或右臂屈肘举手，一指向天；或双手在胸前握物，其体格健壮，肌肉外鼓。秦代多种杂技表演，在这里只是露出冰山的一角。

陵北的苑囿坑（K0007）出土与原人同大的陶俑15件，戴软帻，着长袍，穿薄袜，或作长跪举右臂，或箕坐伸手膝上，似为在园林水边演奏的一批乐人。

3. 工艺美术

秦都咸阳的宫殿巍峨雄壮，其建筑装饰继承了春秋以来的传统，并进一步发展，使之在建筑空间、体量与细部配置上无论是从表现生动场景的内容分析，或是从工艺美术的角度看，都达到了很高的水平。同时，更加烘托出整体建筑博大瑰伟的艺术风格。

在咸阳宫殿建筑遗址和长陵车站沙坑窖藏中出土的铜铺首，线条流畅，勾勒出兽头的凶猛形象。建筑构件表饰是各式二方连续图案，显得规整严密。特别是一块线刻珥蛇的水神乘着驮璧的凤鸟花砖，属于反映神话题材的艺术珍品（秦北阪宫殿遗址区采集）。渭北多块线刻苍龙抱璧空心砖、渭南浅浮雕双龙戏璧空心砖，其龙纹躬体反首，

① 王学理：《秦俑专题研究·雄浑的气魄写实的艺术》，三秦出版社，1994年。

四爪伸张，呈现出“飞龙在天”的艺术形象（图 14–12）。而宫殿的一些壁面、台阶、地面铺砌以饰有方格纹、回纹、菱纹、米格纹、花卉及∽、X 等多种纹样的方形砖。其中规正的云纹、柿蒂纹和回纹是组成复合纹样的母体纹样。这些地面建筑材料再同屋檐上各式纹样的瓦当、脊饰结合起来就大大增加了建筑物外观的艺术美。它同屋内朱红色地面、彩画墙壁配合，互为呼应，从而构成建筑的整体美（图 14–13）。

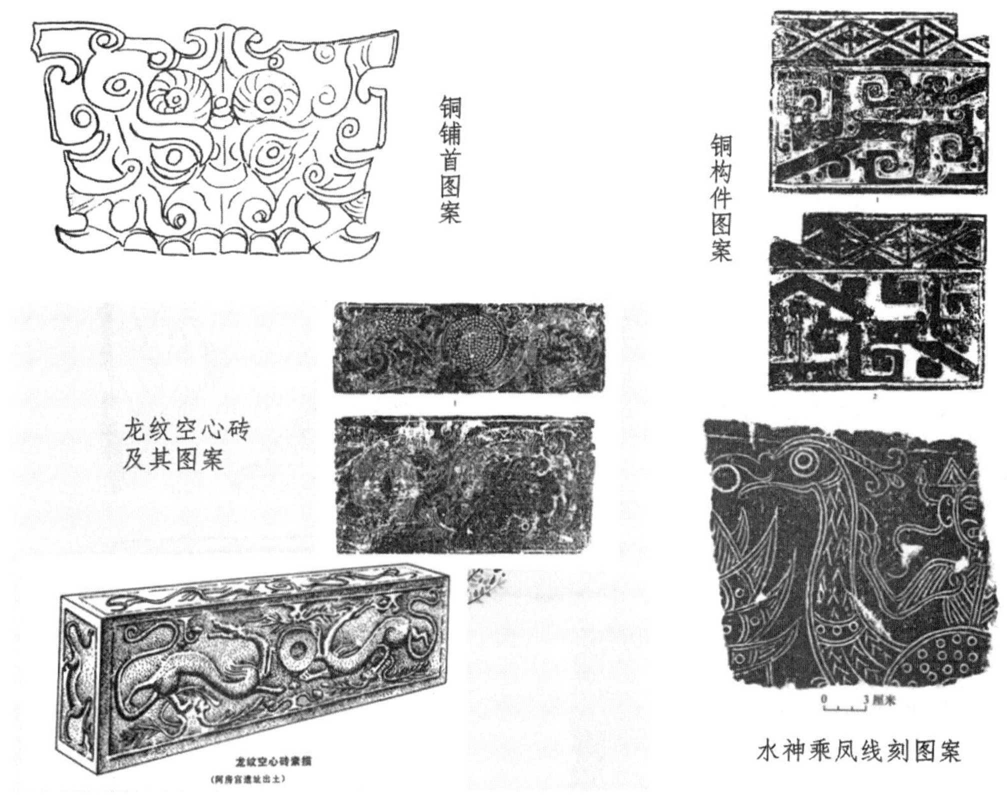

图 14–12　工艺作品举例

瓦当的各式纹样变化多端极富视觉的艺术美感。早期流行半瓦当，随后出现圆瓦当。纹饰有葵纹、叶纹和辐射纹、变形云纹、动物纹。动物纹样在春秋时期的秦国已经出现，如雍都故城址有鹿纹、双兽纹瓦当。而咸阳宫殿遗址的瓦当纹饰繁多，云纹是装饰性图案的主体，一号宫殿遗址则有以鹿、鸟、昆虫、蜻蜓和青蛙等动物纹样组成的四区圆瓦当。渭河南岸宫殿用瓦还见有四鹿、四兽、子母鸟（阿房宫）、豹（西安北郊）等多种动物纹样，构图清新而严谨。特别是始皇陵园的一种大型夔凤纹樉当，面径 61 厘米，布局对称遒劲。如此诸多的画瓦，当年施朱或涂白垩，整齐地列之檐前，同木衣绨绣、土被朱紫、雕梁画栋的建筑设施交相辉映，就使宫殿楼阁更显雄伟壮观（图 14-14）。

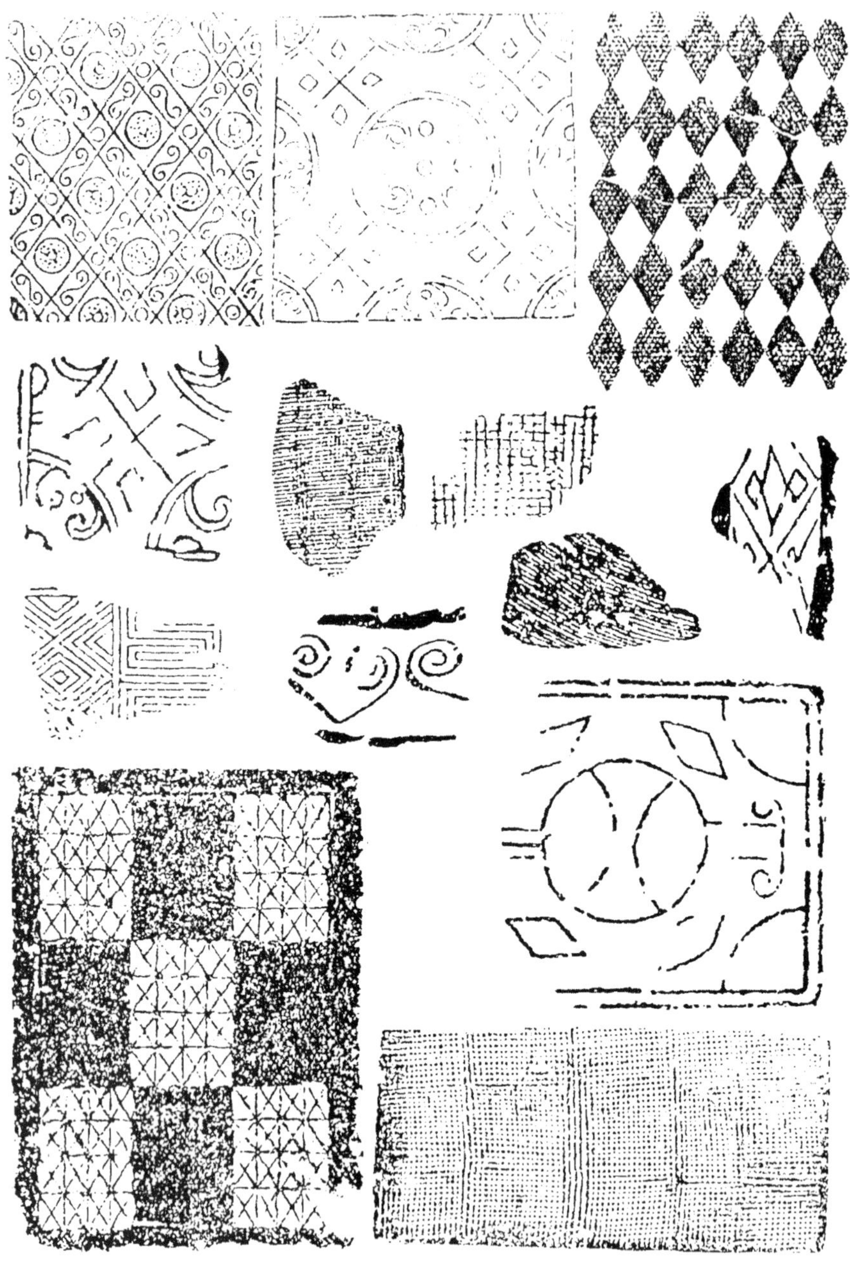

图 14-13　花纹砖纹样

图 14-14 宫殿遗址出土的瓦当图案

模印画像砖表现的是另一种装饰艺术风格。它是用印模在砖坯未干时捺印的，因此在画像砖上既出现不同印模的画面，也有同一印模的重复。1957 年临潼出土的一块画像砖上，模印着线条凸起如浅浮雕的乘马射猎图，武士纵马追逐，受惊野猎奔逃，一种紧张竞速的场景跃然画面。藏于陕西历史博物馆的秦代狩猎纹空心砖，运用五种印模，分别捺印出宫廷侍卫、宴享宾客、苑囿景色和骑马射猎的四区画面，异常生动传神。侍卫五人相向而立，虽是侧面的剪影，但戴武弁大冠、着过膝战袍、拱手握戟的姿势则是对其严于职守的深刻描画；宾主对坐宴乐的画面，二人的手势似在对语，前有盘，杯后置酒樽，侧有一乐人演奏，具有呼应关系；表现苑囿的画面，则是有山峦起伏、野兽出没，有着一派自然风光；射猎的画面，把猎手的飞骑、猎犬逐鹿的场面表现得淋漓尽致，而又以树木、屋舍和流云作背景，在对比中产生一种紧张的运动感。总之，整个画像砖构图明快、造型自然，具有强烈的艺术感染力（图 14–15）。

器物的装饰首先是在服从实用的前提下，才作艺术性处理的。塔儿坡铜錞于的龙钮，曲体反首，卷尾接臀，膂背相连，首尾上翘而均衡，躯体阳雕双翼，阴刻鳞甲，弓腰以便悬挂，但四爪伸张紧踞顶盘的中心，则显示龙有无所不能的力度。长陵车站沙坑中出土的铜带钩，尽管可被利用的面积是如此的有限，但仍要铸出雏鹿、鸭、兔等动物形象，特别是在一枝盘曲错节的树干式铜带钩上铸有五只猴子，嬉戏枝间，甚富艺术情趣（图 14–16）。西安出土的鎏金铜卧虎，双目凝视前方，张口喘息，富有随时猛扑的动势（图 14–17）。值得一提的是长陵车站沙坑铜器窖藏中出土的一个铜武士俑头，戴极为罕见的雕饰云纹的武弁大冠，其面庞丰满，五官端正，表情严肃，雕刻手法极为成熟（见彩版三）。另外，从一些器物造型或器物附件造型上，都可以看到秦代人的审美情趣及工艺美术的水平，即如秦陵铜车马的金当卢（金钖）、络头的银泡，咸阳宫殿的铜铺首、雁足灯等等，都显示了装饰艺术的效果。

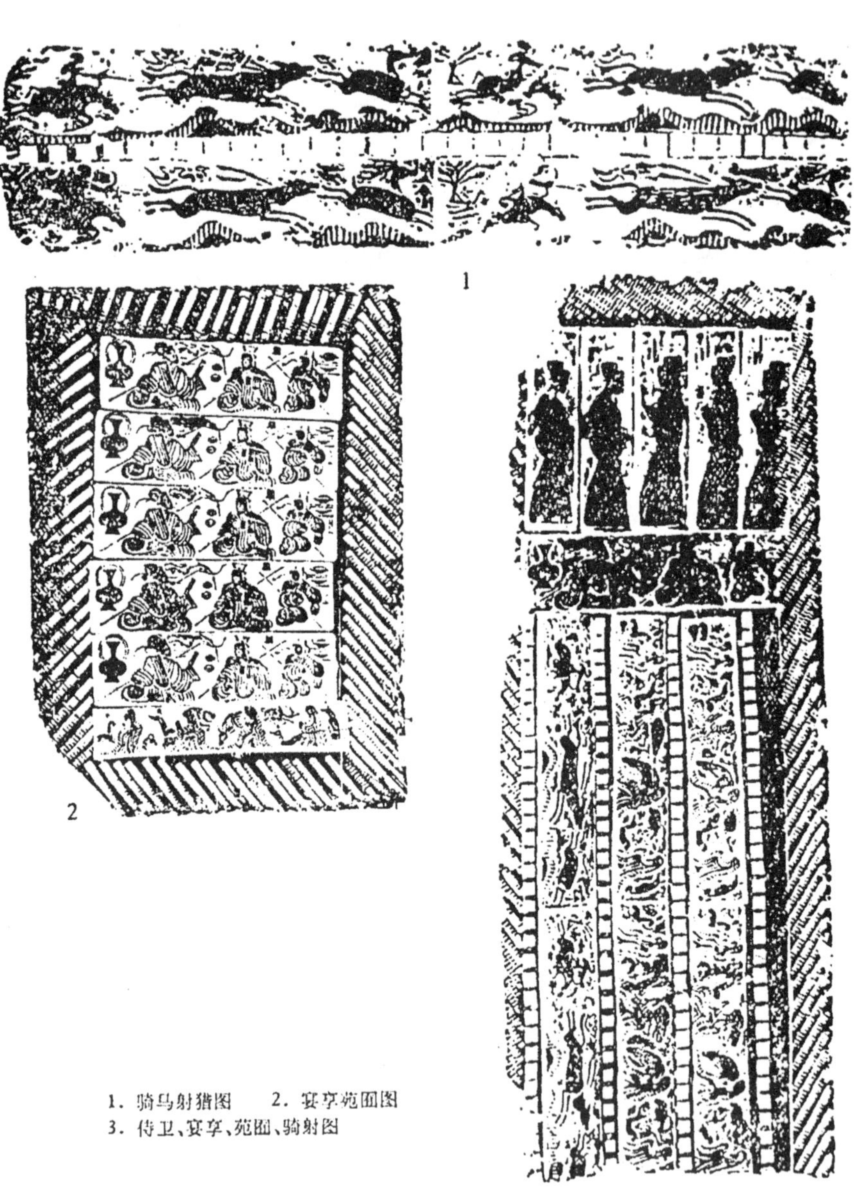

1. 骑马射猎图　2. 宴享苑囿图
3. 侍卫、宴享、苑囿、骑射图

图 14-15　模印画像砖（临潼出土）

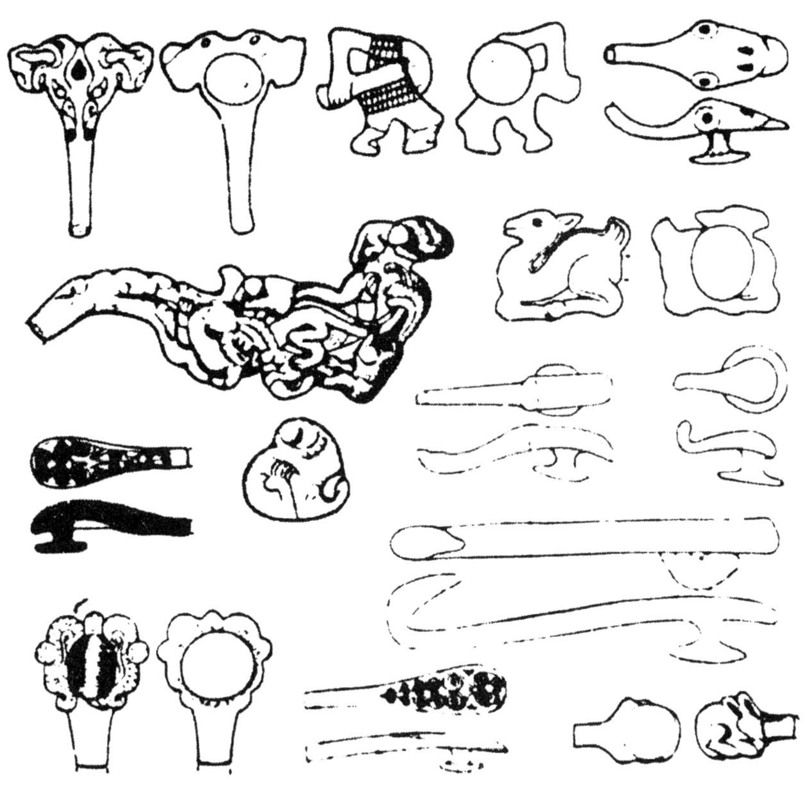

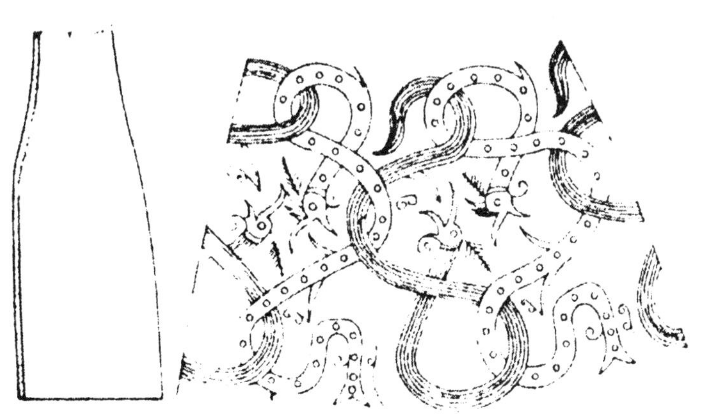

图 14-16　带钩与车軎花纹（长陵车站沙坑中出土）

图 14-17　鎏金铜虎（西安市）

把图案花纹织进丝织品，在咸阳一号宫殿遗址发掘中找到了实例。由 11 种丝、麻制作的衣服已经炭化，但仍可辨认出丝绸的质地，其种类大致有锦、绮、绢等。在锦和绢地锁绣（又称“编织绣”）上的图案是杯菱纹，间以豹纹，上下夹以几何条带，空间以三角、团点、弧线及多种连线填充。整个横幅作二方连续排列，显得规整大方。以举爪回望的豹纹图案打破机械连续的构图，有静有动，动静结合。可以想见，这种质地细微的编织绣（绣线径 0.6 毫米 / 根；两根合股，拈向 5 拈）原来色彩鲜艳、图案华丽，不但是技艺高超的丝织品，而且是实用的工艺美术品，无论在纺织史或美术史上都具有重要意义（图 14-18）。

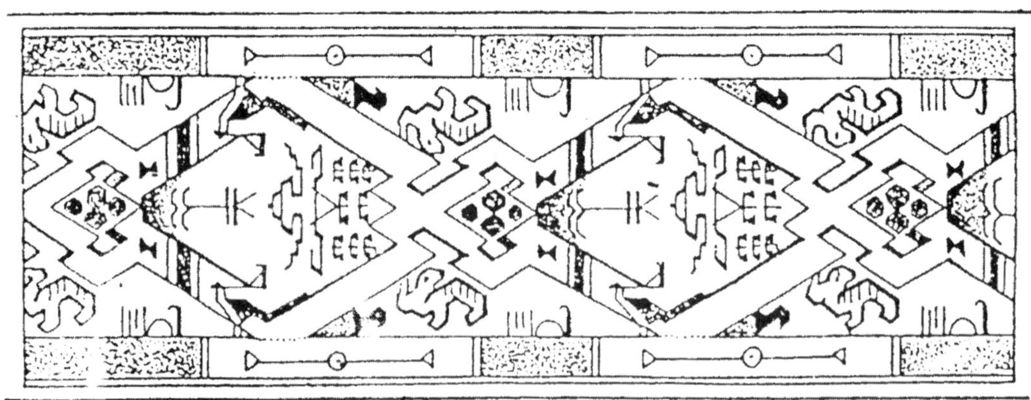

图 14-18　丝绸图案

秦俑将甲上的图案，排列整齐，色彩艳丽，或作二方连续，四方连续，都是别开生面的美，也反映了当时锈绘的水平（图 14–19）。

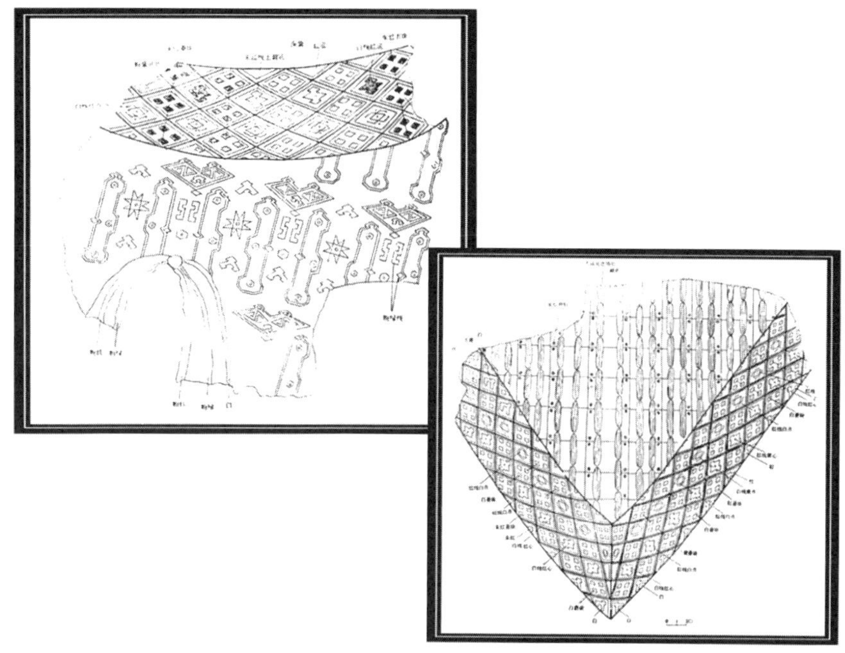

图 14–19　将甲衣饰花纹

（九）启智的成果：文字与书法

1. 秦书法文字的来源简况

有关秦文字的书法资料来源甚广，涉及铜器、金属权量上的铸铭或刻文，如宝鸡县太公庙发现秦武公初即位时（公元前 697 年）的“秦公钟”“秦公镈”，天水附近出土秦景公时的“秦公簋”，今藏上海博物馆的“商鞅方升”（也称“商鞅量”），阿房宫地区的“高奴铜石权”，秦都咸阳的“秦诏版”等。

刻石文字，见有“石鼓文”、诅楚文、仅存或复制的始皇东巡刻石。

戳印、刻划、模压在陶质制品上的秦文字，见有“瓦书”、戳印陶文、文字瓦当、文字砖以及陶量上的文字。

青铜兵器上的铭文，或铸或刻（图 14–20）。

竹简与木牍文字，多地都出土有秦简与木牍文字（图 14–21）。

兵符信节文字，见有秦杜虎符、新郪虎符和阳陵虎符（图 14–22）。

货币、钵印和封泥文字（图 14–23）。

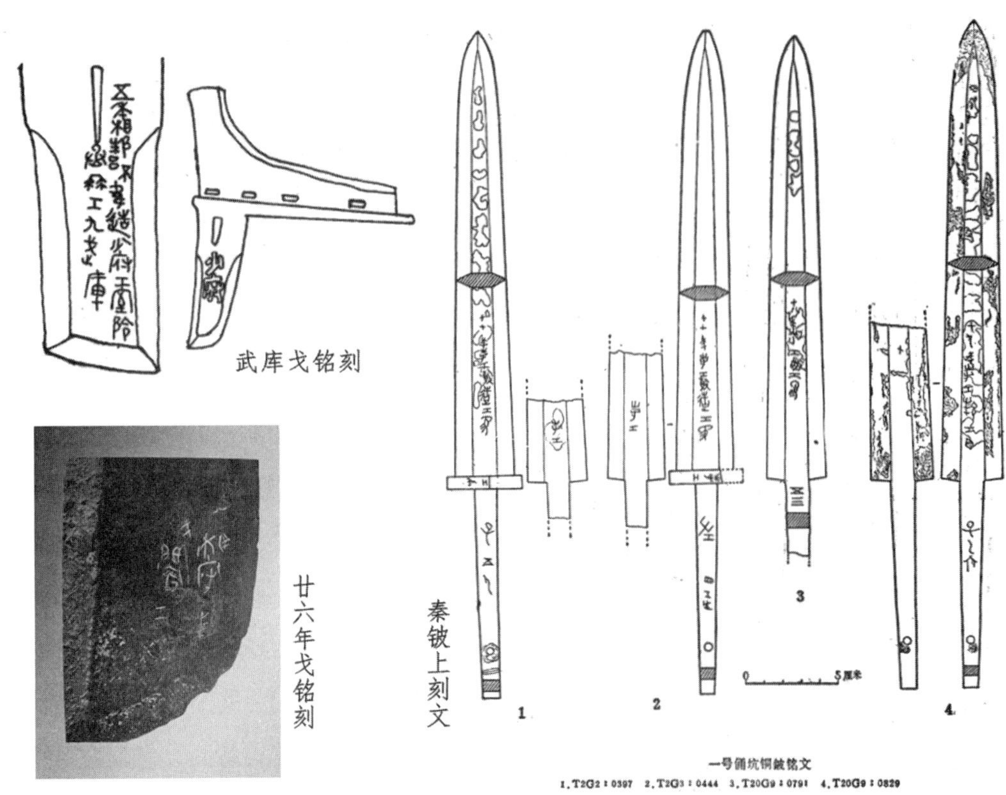

图 14-20 青铜兵器刻划文字举例

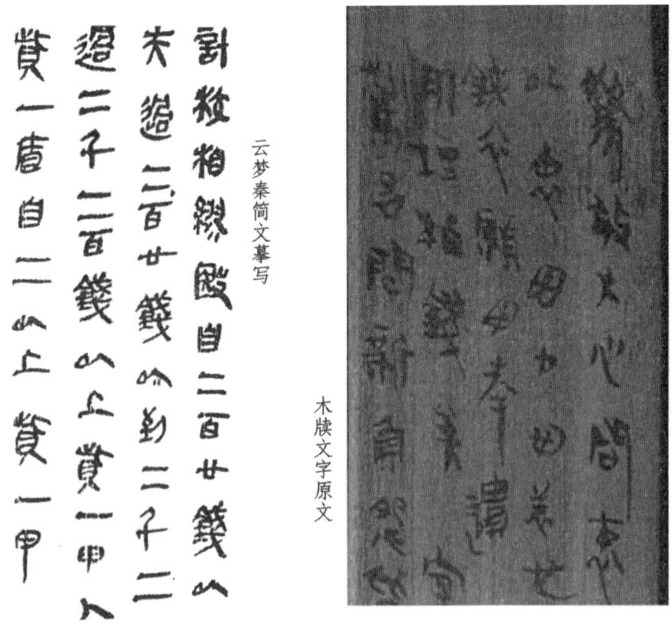

云梦秦简文摹写

木牍文字原文

图 14-21 秦简文字与云梦秦简家信木牍

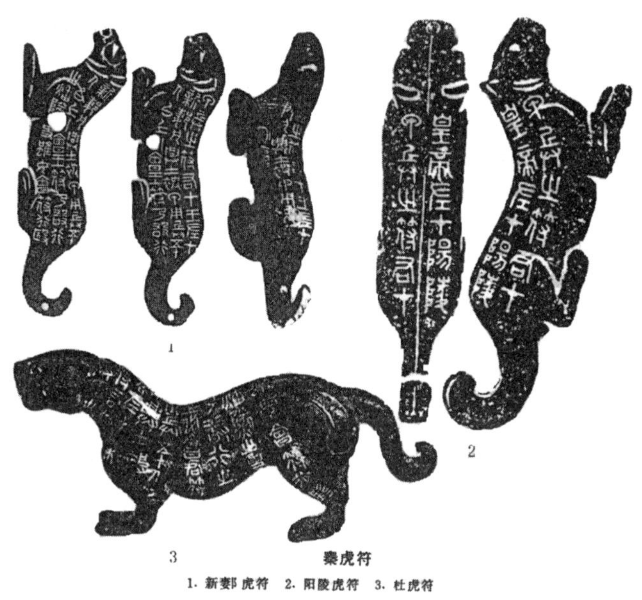
秦虎符
1. 新郪虎符　2. 阳陵虎符　3. 杜虎符

图 14-22　秦虎符

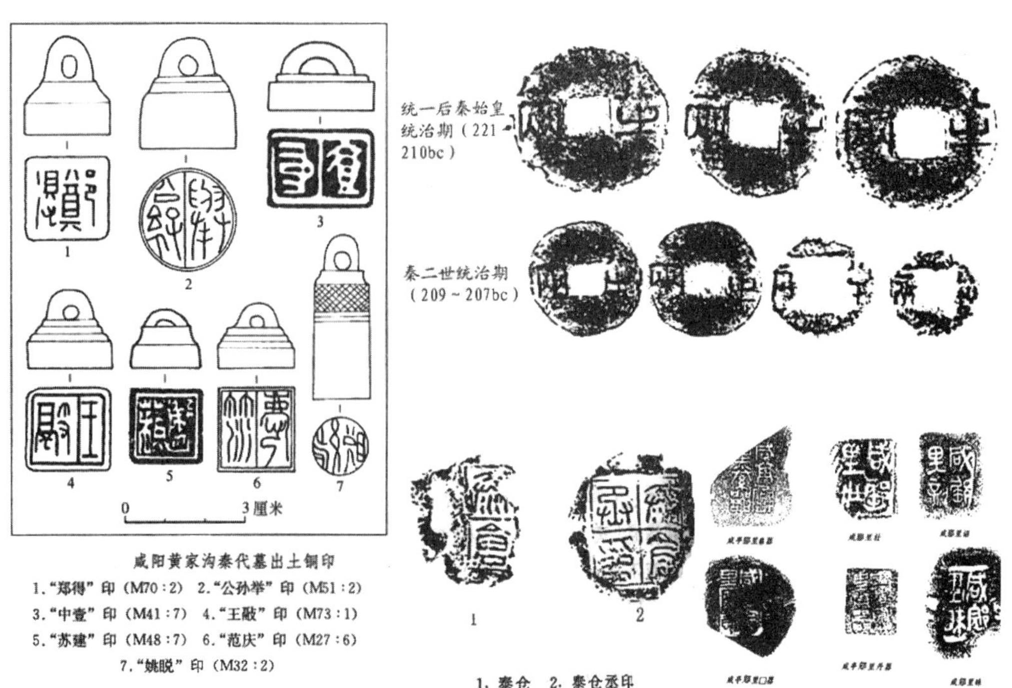

咸阳黄家沟秦代墓出土铜印
1.“郑得”印（M70：2）　2.“公孙举”印（M51：2）
3.“中壹”印（M41：7）　4.“王殿”印（M73：1）
5.“苏建”印（M48：7）　6.“范庆”印（M27：6）
7.“姚脱”印（M32：2）

1. 秦仓　2. 秦仓丞印

图 14-23　钵印文字举例

2. 秦书法艺术鉴赏

文字同书法是一体的两种表现形式。书法依附文字而存在，是外在的美，同时也随文字的发展而变化。所以，文字发展史实际上呈现着书法的发展变化历程。

文字是交流思想的重要工具和传记手段，而我国的汉字同民族的文明史一样源远流长。早在6000多年前，处于母系氏族公社阶段的西安半坡人，就在陶器上刻划出20多种符号。同样，在姜寨新石器时代遗址里，不但见有38种类似文字的刻划符号，而且也有了原始笔、砚、颜料的发现。显然，中国文字这时已经萌芽。郭沫若先生就肯定这些刻划符号是“中国原始文字的孑遗”“创造它们的是劳动人民，形成是草率急就的，从这个观点出发，我认为广义的草书先于广义的正书”①。

殷周时期的文字结构，尽管笔画和形体不尽同一，但从甲骨文到金文，其整形结体比较固定，遵循着严密的构成规律，反映出前后承续的关系，表明都属于同一汉文字系统。《汉书·艺文志》《说文解字·叙》《周礼》释注所谓的“六书”，即“指事”“象形”“会意”“形声”“假借”“转注”这六种造字的原则，都可从“金文—甲骨文”的溯本求源中找到发展轨迹。但是，它是构成汉字的因素，便于学童识字，却不是字体。

由于我国幅员辽阔，文字在长期的书写过程中渐渐产生了差别。特别是在春秋以降，到战国时期，因为封建割据状态的存在，使汉字在演化中逐渐形成“文字异形”的局面；另一方面随着经济、文化的发展，各地商品交换和交通的畅达，公务往来频繁，使文字得以广泛应用，特别是下层公务人员和民间为了书写方便常使文字趋向简化、草率，于是，就产生出区域性的不同。这时，不但各国间的文字书写按文化区域有所区别，就是同一字往往在同一国家内也会有不同的写法。统而言之，从书法角度讲，统一而工整严谨的“正体”与多形而急就简化的“俗体”并行着。

按照王国维先生的研究，将周代文字分成籀文与古文两大派系，实际上秦国用的是“籀文”，六国用的是古文。据他考证：“古文、籀文者，乃战国时东西二土文字之异名，其源皆出于殷周古文。而秦居宗周故地，其文字犹有丰、镐之遗风，故籀文与自籀文出之篆文，其去殷周古文反较东土文字（即汉世所谓“古文”）为近”②。他这个以函谷关为界分“东土”和“西土”两大系统的文字，除过西土的秦系文字较为稳定外，东土文字在繁衍中仍有新的分化，像以齐、晋为代表的北方大国（包括燕、中山、两周和卫）就同以楚为代表的南方大国（包括吴、越、徐等）分道扬镳。所以，当时在我国至少就存在着“黄河流域/江淮流域/渭河流域”这三大文字地区。即使处于同一

① 郭沫若：《奴隶制时代·古代文字之辩证发展》，中国人民大学出版社，2005年。

② 王国维：《观堂集林·战国时秦用籀文六国用古文说》，中华书局，1959年。

地区的各大国之间的文字也是有差异的，甚至一国之内的同一字的写法也多种多样，像“马”字在齐国有三种写法，在楚、燕和三晋也各有两种写法；“安”字在三晋有四种写法，而在齐、楚、燕各国又不尽相同[①]。容庚先生在其《金文编》一书中所收录的“宝”字竟有 194 种形态，“眉”字也有 104 种。

---

① 参见马非百《秦始皇帝传》第 526 ~ 529 页，附：《统一前六国文字异形情况举例表》。

六国文字异形情况举例表统

今字	国国别	对本字的不同写法	出处
马	齐		《古陶文香录》10.1 《尊古斋古鉨集林》一集 1.27“右闻司马”印 《簠斋古印集》1.17“闻司马鉨”
	楚		鄂君启节（《文物参考资料》1958 年 4 期） 仰天湖楚简第 6 号（《考古学报》1957 年 2 月）
	燕		《两周金文辞大系图录考释》郾侯载簋 辽宁北票新出郾王职戈
	三晋		《古钱大辞典》“马雍”布 《集古印谱》6.27“萦易氏马”印
襄字偏旁的字	齐		《古陶文香录》附 36
	楚		《尊古斋古鉨集林》一集 1.3“下蔡戠□”印 楚信阳楚简 212 号襄字偏旁（《文物参考资料》1957 年 9 期）
	燕		《古钱大辞典》“襄平”布“纕”字偏旁 燕《燕陶馆藏印》“□纕”印“纕”字旁
	晋		《古钱大辞典》“襄垣”布 纕安君饼“纕”字偏旁，《三代吉金文存》18.15 《古钱大辞典》“襄城”布“襄”字偏旁
安	齐		《两周金文辞大系图录考释》陈猷釜 《古陶文香录》7.2
	楚		《西周金文辞大系图录考释》曾姬无恤壶
	燕		《古钱大辞典》“安阳”布 《簠斋古印集》1.10“文安都司徒”印
	晋		《古钱大辞典》“武安”布 《古钱大辞典》“安阳”布 《古钱大辞典》“安邑一釿”布 《古钱大辞典》“安臧”布
乘	齐		《古陶文香录》
	楚		《两周金文辞大系图录考释》鄂君启节
	燕		《三代吉金文存》廿年距末
	三晋		《三代吉金文存》十三年鼎“乘力”（合字）

既然古文与籀文同源于“殷周古文”，二者的区别何在？看来“古文”实际是春秋战国之间的六国文字，而“籀文”在古文字学界仍是个众说纷纭尚未取得一致看法的字体。《汉书·艺文志》小学载《史籀》十五篇注作“周宣王太史作大篆十五篇，建武时亡六篇矣”。叙录又说：“史籀篇者，周时史官教学童书也，与孔氏壁中古文异体”。由此可见，所谓《史籀》十五篇实际上是经过太史整理后用以教授学童的大篆字书，从时间上又被后世称之为“古文”。在这里，有一点可以肯定：秦人早就接受了周文化，春秋时期确实用的是大篆书体。秦公钟、镈钟铭文以及石鼓文，也就是以大篆为基础所形成的秦系文字。显然，西土的古文（籀文）比东土的古文还要“古”。

无论怎样，文字异形的结果对社会经济发展和文化交流所产生的阻滞作用是异常明显的。那么，统一文字，成了社会前进的要求。实际上，不但大篆文字在不停地演化，出现了秦式的“小篆”，而且民间也早已采用了“隶书”。齐国有“临淄人发古冢，得铜棺，前和外隐起为隶字，言齐太公世孙胡公之棺也。惟三字是古隶，同今书。证知隶自出古，非始于秦”（《水经注·谷水》）。

秦“大发吏卒，兴戍役，官狱职务繁，初有隶书，以趋约易，而古文由此绝矣”(《许慎《说文解字·叙》)。高奴铜石权的“奴”字、睡虎地秦墓竹简上的“好”字，其“女”旁都不是篆体，可称之为“草篆”，也就是早期的隶书，很早有人就管它叫“古隶”。同样，在简牍上凡是从“水”的偏旁都作三点。有意思的是江陵秦墓两颗玉印，都刻“冷贤”二字，却一印用小篆，一印用草篆，其中的“三滴水”“令”“又”等偏旁迥然不同，风格异趣。由此可见，早在秦昭王时期，篆与隶两种书体已同时存在。况且比起东土多形的文字来，秦系文字要简单得多。所以，当公元前221年秦始皇进行“书同文字”改革时，与其说含有“秦本位”的思想，毋宁说是历史优选的结果。因此，秦统一文字是以西土的秦文字为基础，“罢其不与秦合者”，把原来已比大篆有所简化的小篆作为官书用来书写庄重的石刻铭文，同时在官府文书中大量采用更为简化的隶书，并以法令的形式把官方统一的标准文字推向全国，从而取代了“东土文字”（《说文解字·叙》）。

要达到“书同文字”的目的，秦始皇当时采取了一项积极的措施，就是颁发了统一文字与书法的范本。令丞相李斯，中车府令赵高、太史令胡毋敬三人对长期以来演化着的大篆字形结构、笔画走向等作以省改，削繁就简，分别写出《苍颉篇》七章、《爰历篇》六章和《博学篇》七章3个小篆样本——字书，做到字形规矩（大小、位置笔数）、走向匀称（书写次序）、偏旁部首统一（形体、位置、神态和性质），得到结构紧凑、笔画整饬的总体效果[①]。我们现在从泰山、琅邪的刻石残字上，仍能看到李斯书法古朴秀逸的神韵。据载，西汉初曾将李斯的《苍颉》同《爰历》《博学》合并为五十五章，仍称《苍颉篇》，但以后失传了。

1977 年，安徽阜阳双古堆西汉汝阴侯夏侯灶墓出土的竹简《苍颉篇》，虽然残缺严重，仍清理出 541 字。1993 年在新疆尼雅遗址发现两枚汉简，正是精绝国用作小学课本的《苍颉篇》残文。此后，在额济纳河流域的居延、居延破城子、玉门花海、敦煌马圈湾等地也陆续发现了《苍颉篇》木简，但数量不多，都是残文，存字很少。2008 年，甘肃永昌水泉子东汉初年的墓葬中出土了 140 枚《苍颉篇》木简。

特别是，2009 年 1 月北京大学接受捐赠的一批从海外回归的西汉竹简，完整简 1600 余枚。墨迹清晰，隶书书写。内容极为丰富，基本涵盖了《汉书·艺文志》所划分“六艺”“诸子”等六大门类。属于“六艺”类的有小学著作《苍颉篇》。这批竹书文字属比较成熟的汉隶，介于银雀山汉简和八角廊汉简之间，而更接近银雀山汉简。由此推测，大多数可能抄写于武帝后期[②]。这些文字运笔苍劲，是研究秦汉书法的重要资料。（图 14–24）

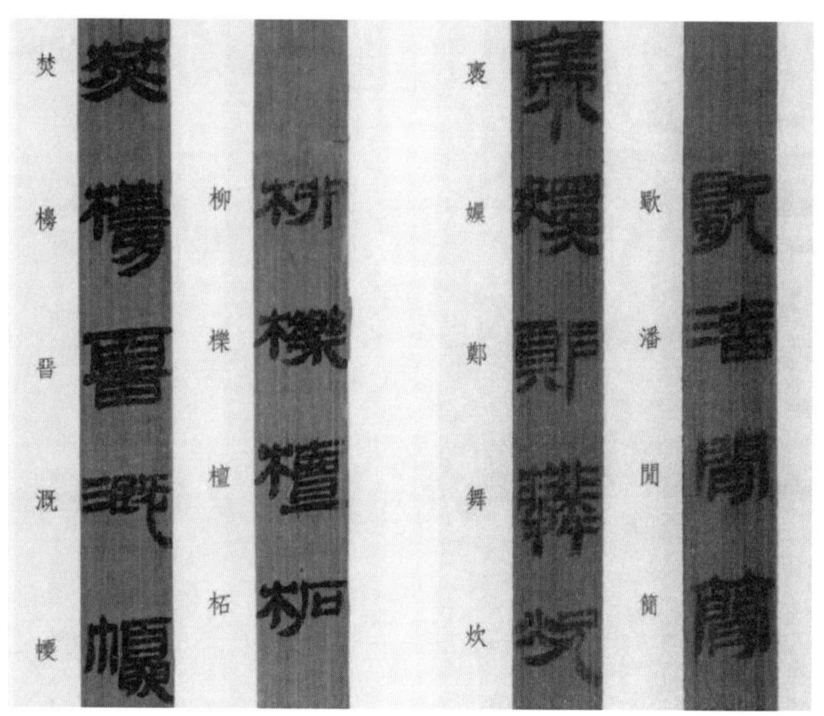

图 14–24　汉隶《苍颉篇》（摘句）

① 《汉书·艺文志》：“文字多取《史籀篇》，而篆体复颇异，所谓秦篆者也”。

② 北京大学中国古代史研究中心：《北京大学藏西汉竹书》。

3. 秦书八体

秦始皇统一中国之后，以秦国流行的秦系文字为本，取缔了原诸侯各国的异形文字，做到了“书同文”。秦推行全国的标准文字是大家耳熟能详的小篆，东汉许慎在《说文解字》的“叙”中又说“秦书有八体”。不过从考古资料看，其所言的“八体”未必有那么多，但都是在遵循篆、隶的前提下，或保留有大篆书体之美，或有创意的美术体，再加之受到书写、刻划对象材质的限制，也同用途、施书工具和方法的不同有关，就形成效果各异的“八体”。这也无形中呈现出秦文字书法之美来。

（1）大篆（图 14-25）

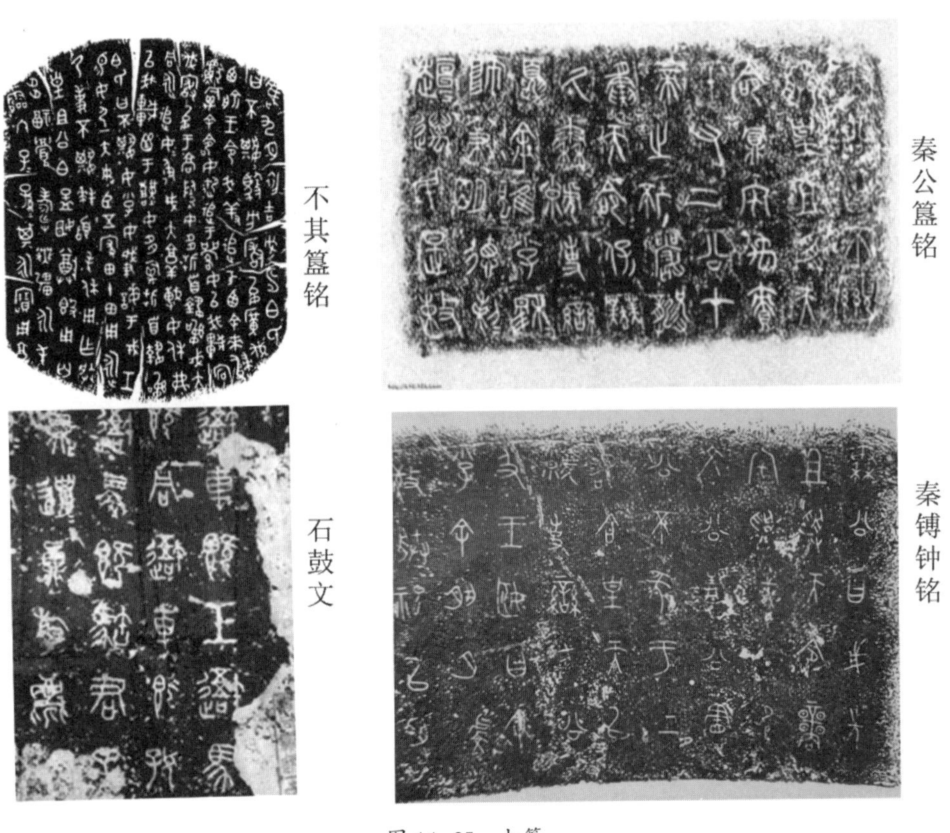

图 14-25 大篆

许慎说秦文字“皆取史籀大篆，或颇省改，所谓小篆者也”。可见大篆是小篆的前身，犹如父子关系。

秦人开始接受周文化亦步亦趋，逐渐在融入秦文化的因素。西周末年的“不其簋”，其铭文同周金文在书体上并无二致。应该说大篆是秦人早已熟悉了的字体，故而其吸收、改进中就顺理成章。早已享名的“石鼓文”，书体整齐，体态长方，布局严谨而骨肉匀亭，书法上字画圆蕴凝重而雍容大雅。明显的是继承了西周金文大篆体或“玉箸体”某些传统，由大篆向小篆过渡并为秦篆的普及奠定了规范化的基础。春秋时期的“秦公钟”“秦公镈”“秦公簋”，其字画纤细有如游丝，但精神劲健，字体近似“石鼓文”，章法也多严整宽裕，从而开启了小篆之先河。他如战国中期“商鞅量”“大良造鞅镦”上的铭文，已经成了纯粹的西土秦系文字，显然流露出脱离大篆樊笼的倾向。

（2）小篆（图 14-26）

琅邪刻石

秦诏版

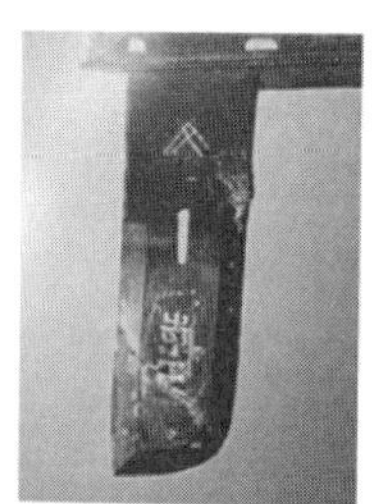

戈铭：寺工

陶文

虎符

图 14-26　小篆

秦始皇五次出巡中的七次刻石，其书记多是出自丞相李斯的手笔。我们从泰山刻石、琅邪刻石的残字中可以看到，虽然原来是书写在石崖之上，再用刀刻，已使原来书写的风味有所降低，既不露锋芒波磔，也不显示徐疾弹动。但其形态稳定、沉厚大度、笔画整齐，转折圆润，布局上字体端正、间架结构疏朗有致，却是标准化了的小篆。不论怎样，我们能看到它同石鼓文在风格上存在着的继承关系。

秦小篆字体的作品，是新郪虎符与阳陵虎符的铭文。虽然其笔画前瘦后肥，但笔道圆融，结体严密，如是出自一人之手的小篆书体。秦 12 字砖上文作“海内皆臣，岁登成熟，道毋饥人”，其布局饱满，笔画圆润有力。同秦俑坑出土吕不韦戟内上“寺工”二字的铸铭接近。陶量上的始皇诏文、陶俑身上的印戳及陶器上模印“咸亭”章，规整娟秀，风格一致。而铜诏版上的刻铭，虽属小篆，但因系錾凿之故，在笔画转折处往往坚挺趋方，走刀涩滞，留下了明显的痕迹。至于商鞅方升、符刻、权量、钚印等的书体风格同前举例尽管有区别，但我们应从时间差上给予历史的分析。至于二世诏版，其刀法散乱，浮浅潦草，显然是些缺乏小篆精神的败笔之作。

（3）刻符

所谓“刻符”，是指兵符、车节上的书体。但“兵符”的实物，我们只见到如杜虎符、新郪虎符和阳陵虎符等铜质的错金文字，还未见到金、玉、竹木一类的制作物，更不能具体说清刻符书体的情况。若按秦虎符上的篆书言“刻”，是没多大意义的。如果像楚鄂君启节那样的小篆书体不变，那么“刻符”就不能算作一体。

（4）虫书（图 14-27）

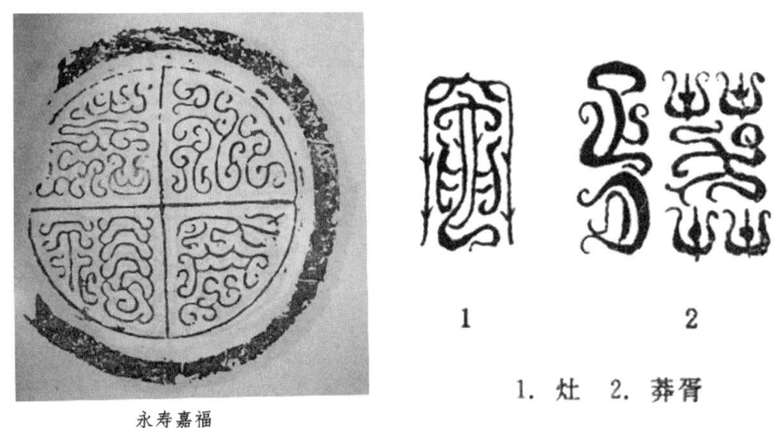

图 14-27 鸟虫书举例

秦秋战国的兵器上，出自装饰美化，有时刻意使字划流动盘曲，或粗细变化如飘带，或趋锐似麦芒。把字端增饰成鸟、虫、鱼的形象，称作“鸟书”“虫书”，或合称“鸟虫书”。这种很抽象的动物形态被注入书法，在南方诸国的铜器上也常可见到。汉代还有错以金银的，繁复至极。有一种“永寿嘉福”的汉瓦，其文即属于虫书。

秦的“虫书”文字实物未见到，但可以断定，它必是小篆的美术字体。

（5）摹印（图 14-28）

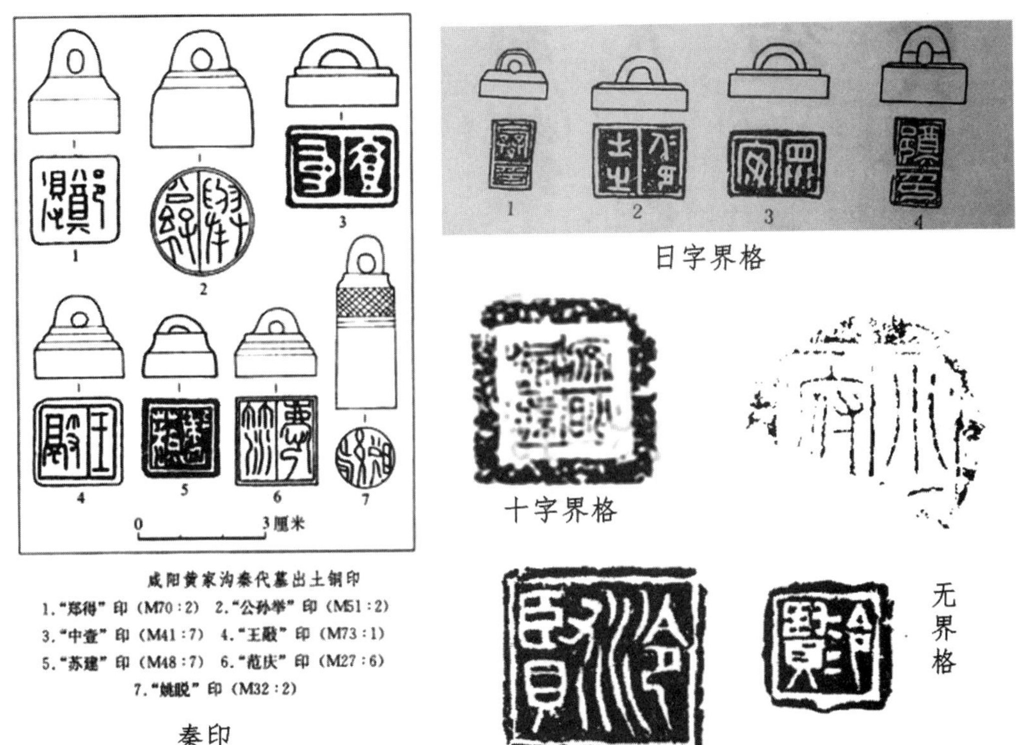

图 14-28 秦印格式

摹印体实际是稍加变化了的小篆。因为战国以来的秦印质地以青铜为主，并有少量的金、玉印，陶工多用陶印戳，而印面又有方形、半通、曲尺的不同，先围边栏（秦代又加界格）。于是，在治印前对印面的布局就不能不有疏密、简繁的考虑，字形也不能不有屈曲缠绕的变形，再加之印文用篆又参以隶意，从而就形成了“摹印篆”。所以，古人把这种书体专列，另命名称之。

江陵秦墓出土的两枚“冷贤”印章，属昭王时的玉印，字体分为小篆和隶意的草篆。虽刻文只有两字，但印面方正，围以边栏，阴文字画变化灵活，既有厚重沉稳的一面，也有起落弹性之感。充分体现了战国秦印的特点。

在秦都咸阳与始皇陵园出土过“彭祖”、“徒唯”和“荣禄”等半通铜印，用“日”字界格。字用阴文草篆体，比较方正，唯“阴嫚”字画拉长，但都是印面布满，很少露白。只有“咸新安盼”的陶文铜印用反阳文篆体，是很少有的印例，但具“田”字界格。这些则是典型的秦印风格。

咸阳的戳印陶文无论是六字章或四字章，都呈长方形，字形也同印面保持一致。文字雄浑严整，笔画宽博有力，布局疏朗有致。“咸亭右里道器”“咸亭当柳昌器”等印文规整，笔画光洁而转折徐缓，是具有更多隶意的草篆。“咸蒲里奇”一类四字章，印面宽大、字体粗犷，在规矩中透露出更多的奔放，隶意甚浓。兵马俑身上的戳印多为阳文，如“宫係”“宫彊”“係”等，不讲对称、均衡，显得自由、拙朴；“得”还用反字，显然为陶工所作。由此看来，戳印陶文作为“摹印”的一种补充，也许是出乎许慎分类的意料。

汉长安故城内出土的秦封泥都是钤封的印记，印面多有田字界格（方印）、日字界格（半通印）、横日字界格。文字疾浅纤劲，凸起不高，是接近小篆体的“摹印篆”风格。印面尺码是：方印 16.2 厘米 ×1.6 厘米～ 2.2 厘米 ×2.2 厘米，半通印 1.6 厘米 ×0.9 厘米～ 2.1 厘米 ×1.2 厘米，接近传世的秦代玺印。这批秦公用玺印封泥是呈送给皇帝的物品，钤印的是官印，专物专印。其印文书体风格同白文秦印俨然有别。

（6）署书

段玉裁在《说文解字注》中说：“凡一切封检题字皆曰署，题榜亦曰署”。既是题字，必然用毛笔，今称之为“榜书”（图 14–29）。无论题写用之于封检或是榜木之上，也无论书体用篆用隶或是其他，都不应该脱离秦统一规范了的文字，这当不会有太大的区别。退言之，“署书”既已专列为一种书体，可见有其特殊之处，但可惜的是秦署书材料，至今还未确知。

图 14–29　榜书示例（云梦秦简）

（7）殳书（图 14–30）

殳是古代一种撞击性长柄兵器，在秦俑坑出土的 22 支青铜殳头上未发现刻铭或书写文字。假使“殳书”字体笔画状若由粗趋锐的殳头，显然有点近似于公元前 3 世纪苏美尔人、巴比伦人及亚述人写在软泥板上的楔形文字，但这在中国历史上是没有过的事。相反地在我国青铜兵器的戈、戟、矛、铍、剑、刀、弩机上多有铭刻文字，所以我们认为：“殳”只是作为兵器的代称，“殳书”实际是指刻在兵器上文字的一种书体。

秦俑坑所出与传世的吕不韦戈（戟）、“寺工”铍、郡铸兵器上的铭文，除过戈内上“寺工”“诏事”等铸铭的字画宽博粗深又较规整外，刻铭都纤细如发，字体草率急就，甚或笔画艰涩阻滞，通体大小、行距不一，篆隶兼有，别具一格。这应该就是秦的“殳书”。

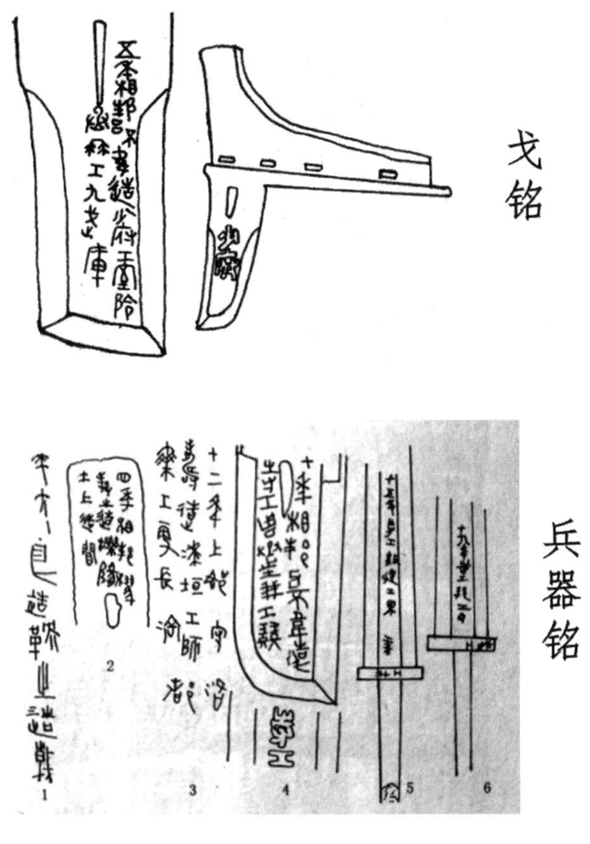

图 14-30　秦兵器刻铭

（8）隶书（参见图 14-31）

篆书的笔画要求书写时圆转勾连，力度均匀。反之，潦草急就的结果就会使圆转变为方折，均衡变成开张，整个字形和笔法就成了“以趋约易”的隶书。

秦用隶体书写带有普遍性。秦简的书体是典型的早期隶书——“古隶”。如果说青川秦墓的秦武王二年（公元前 309 年）更修田律木牍的“古隶”还遗留有较浓重的小篆气息，那么，时在统一前夕的天水放马滩秦简的隶意就明显加重了。而当推代表的云梦睡虎地秦简，才真实地反映出“古隶”的真实面目。其字书写较重倚斜，率意多变，使字具有飞扬的动感。笔画多以藏锋，亦有露锋，少见波磔，在质朴中间见秀丽。这批秦简章法不一，既有端庄齐整的，也有灵动而随活的。例如《效律》《秦律杂抄》体态端庄，或圆笔藏锋，或稍露锋芒；《封诊式》用笔疾厉沉着，表现了沉雄的气势，每字向左上耸起的倾斜之姿，为前所罕见；《法律答问》则向右上耸起，笔势精严；这些都是为后世书法创作横竖正倚轻重的笔法、章法变化，提供了最早的范例”[①]。

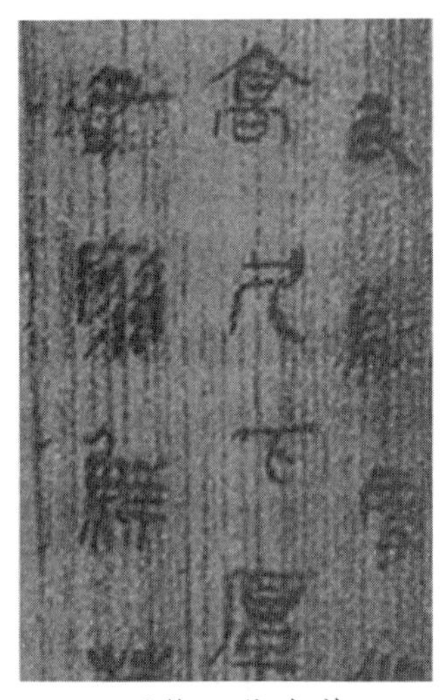

更修田律木牍

放马滩秦简

云梦睡虎地秦简

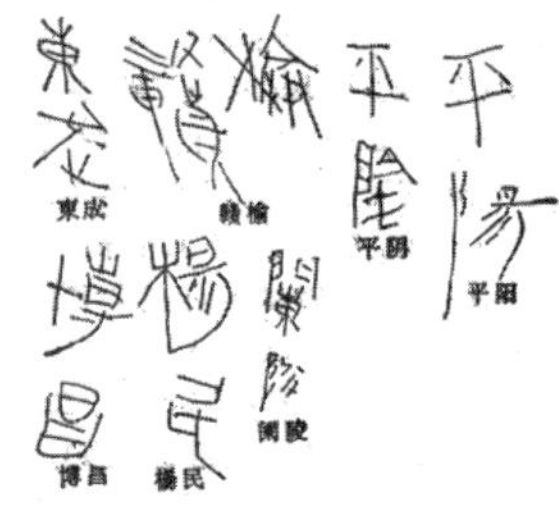

临潼居赀役人瓦志刻文

图 14–31　由古隶到秦隶书体示例

4. 秦汉通行文字的书体

统一后的文字，书体仅用小篆和古隶。从“秦书八体”的排比看，总的形体不外乎“大篆”（小篆的前身，即古篆或说是小篆的古体）、“小篆”（统一后的正体）和“古隶”（“以趋约易”的俗体）三种。此外，还有一个美术字的“虫书”（即“花体”），

① 周晓陆：《汉字艺术——结构体系与历史演进》，贵州人民出版社，1997 年。

那不过是篆或隶体的变态或者说是装饰体而已。至于刻符、摹印、署书和殳书，都是小篆在不同场合因材质、工具不同而形成的不同风格而已。从许慎排列书体的次序看，大篆最前，表明它是秦通行文字之前的字体，如同今在汉字简化后仍有人在某种场合用繁体字的情况一样，给予合法的存在正是行将过去的必然。隶书列在最后，也正是它最具文字社会基础的表现。那么，“秦书八体”实际只有篆、隶两种。由于二者早已萌发于西土文字之中，篆书是“书同文字”的基础，而隶书最具实用性，所以两者都成为并行的官书。只不过是前者用在记功刻石、兵符印信、权量诏书一些更为庄重的场合，属于标准的官书；而后者因草率急就，容易辨识，方便书写，就广泛地用在书写公文、简牍和日常记事上，故而定之为常用文字。

秦“书同文字”的真正内容，不仅是小篆的统一，而且是隶书的统一。因为篆与隶早在各国已经发生，只不过因地区不同而发生了“异形”的情况。秦始皇统一文字，实际是以秦人习用的小篆和古隶为基础，吸收了“古文字系统”中的合理成分，统一篆和隶的字形、笔画和书体，再推行全国。篆、隶二体确立于秦，传承于汉。特别是由秦隶到汉隶在形体固定之后，从而又衍生出行、楷书体，为中国书法的真正形成铺平了前行的康庄大道。所以说，隶书为我国文字由古体转为今体的重要里程碑。

十五、应用科学与技术在咸阳大放光彩

（一）天文与气象

1. 天象观测与制历

古人观察天象，辨明季节，为了授时，以便指导农业生产（播种、管理、收获、储备）和生活（迁徙、建筑工程等）。首都咸阳有一支三百人的队伍，专门观测星气（《史记·秦始皇本纪》)，总结天文学成果，把当时编制出的较为先进的《颛顼历》推向全国。

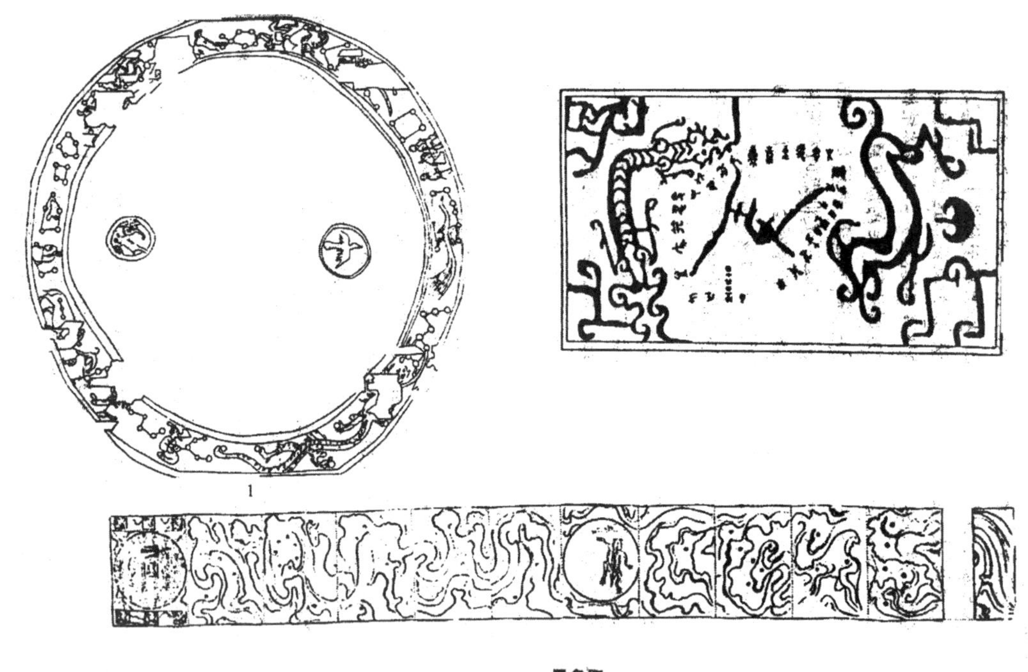

星象图

1. 西安交通大学西汉墓壁画中的二十八宿图 2. 湖北曾侯乙墓漆衣箱盖上的二十八宿图 3. 洛阳西汉壁画墓中的星象图

图 15-1 星象图

《吕氏春秋》一书的“十二纪”，记载着秦人观星定月的成就。对一年 12 个月中，太阳分别在天空的位置、晨昏的中星，以及相应的天气、物候等都有详细的观察记录，书中提到立春、立冬、日短至（冬至）、蛰虫始振（惊蛰）、始雨水、小暑、溽署、白露、霜始降等等，表现出同农事有关的二十四节气正在形成。应该说，它对 12 个月天象及二十八宿的描述，都是现存古籍中最早的记录。

《史记・封禅书》载，德公二年（公元前 676 年）“作伏祠”。在此之前周无伏，只有秦人把夏至后第三个庚日开始的 30 天或 40 天这最热的时期称作“伏日”（又称“三伏”），这是秦人对中国历法的一大贡献。特别是取消了各诸侯国行用的不同历法，把“颛顼历”颁行全国，历法统一，使之成为中国第一部通行历法[①]。

出自制定历法的需要，我国古代对恒星的观测还取得了阶段性成果。春秋时期，已能由月亮的位置推算出每月太阳的位置。在此基础上，战国时期就建立起二十八宿体系。人们又将这二十八宿所在的地球赤道和黄道附近的星空，划出东、南、西、北四个星区，分别用苍龙、朱雀、白虎、玄武这“四象”命名。每象分七宿，四象共二十八宿。表次如下：

东方苍龙七宿：角 2、亢 4、氐 4、房 4、心 3、尾 9、箕 4

北方玄武七宿：斗 6、牛 6、女 4、虚 2、危 3、室 2、壁 2

西方白虎七宿：奎 16、娄 3、胃 3、昴 7、毕 8、觜 3、参 7

南方朱雀七宿：井 8、鬼 4、柳 8、星 7、张 6、翼 22、轸 4

---

① 西周后期，随着“朔”（是看不到的月象，只能靠计算确定月亮的位置）的概念产生及其以后二十八宿体系和二十四节气的建立，太阳周年运动和回归年的规律也被人们所掌握，按排年、月、日的分法就逐渐形成。据《汉书・艺文志》载，汉时历谱十八家中尚有《黄帝五家历》33 卷、《颛顼历》21 卷、《颛顼五星历》14 卷、《夏殷周鲁历》14 卷。可见春秋战国时期各诸侯国行用的历法是不同的。人们就把黄帝、颛项、夏、殷、周及鲁历合称之为“古六历”。因为它采用的 365 又 1/4 日为一年，故又称“四分历”。实际上，“古六历”按历元（即历法的计算点）看，其年首的月份不同，而可以合并为三种历法，即：夏历、殷历和周历。此三历的主要区别在于岁首的月建不同：

夏历——以冬至所在的建寅之月为岁首（即后世常用的阴历正月）；

殷历——以建丑之月为岁首（相当于阴历的十二月）；

周历——以建子之月为岁首（相当于阴历的十一月）。

秦采用《颛项历》，以建亥三月（即阴历的十月）为岁首，与夏、殷、周三历皆不同。一直沿用到西汉中期，前后长达一百多年。由于误差积累渐大，历日与天象不符，所以太史令司马迁等人提出改历的建议。经过仪器制造、观测和激烈的学术争论，终于采纳了邓平、落下闳等人制订的历法，并于汉武帝太初元年（公元前 104 年）颁行，这就是著名的《太初历》。《太初历》以正月为岁首，冬至所在月为十一月，以无中气之月为闰月。这些规定就形成了中国历法的基本格局，在以后两千年间改历 50 次而基本不变。其所记日食、月食周期，为日月食预报打下基础。它所测定的五星运动也比过去有显著的进步。西汉末，经天文历法家刘歆加工整理，改名为《三统历》。到东汉章帝时，因《太初历》行用近二百年，误差又渐大，才由李梵、编诉等人测算，编制了“四分历”。

二十八宿犹如太阳、月亮的行宫，古人则根据日、月在二十八宿的位置来推算一年的季节。二十八宿体系从战国以来，逐渐完善，也得到考古的实证（图 15-1）。

2. 天人理论在咸阳的实践

“天垂象，圣人则之”（《易》），就表明人对天象的应策。这种思想，实际是来自天、人同处于一个大的、息息相通的系统的认识，是早期占星术所建立的“天人感应”（或作“天人相应”[①]）理论。

秦始皇在统一六国之后，重新规划秦都咸阳时极力“法天”，俨然同天帝对应，已超出“感应”的意义。例如：

第一，以咸阳宫为中心，对应天帝（泰一，或太一）居住的“紫宫”，按北天规划咸阳。

文献记载：“始皇兼天下，都咸阳。因北陵营殿，端门四达，以则紫宫，象帝居”（《三辅黄图》）。

作者按语：“紫宫”，是天帝的居所。中垣有紫微十五星分左右，成为屏藩，作为天皇大帝的北极星居中。始皇在“冀阙宫庭”群落的“北陵”之地，突出咸阳宫的地位，以像天帝居紫宫有众星拱卫，临制四方，上下相应。

第二，渭水流经咸阳比附天上银河，横桥连接北南二区恰是便利牛郎织女相聚的鹊桥。

文献记载：“渭水贯都，以象天汉。横桥南渡，以法牵牛”（《三辅黄图》）。

作者按语：织女、河鼓（牛郎星）隔河相望。“维天有汉，监亦有光。跂彼织女，终日七襄（织女星白天移七次）。虽则七襄，不成报章（文采）。睆彼牵牛，不以服箱（母牛拉车）”（《诗经・小雅・大东》）。春秋战国时期，民间最早构筑的神话框架，已被秦始皇巧妙地用在都市建设上，既具有深层寓意，也是一种美的结合。

第三，信宫改名为“极庙”，以象中宫的天极星。

文献记载：始皇二十七年“焉作信宫渭南。已，更命信宫为极庙，象天极”，二世元年“今始皇为极庙……以尊始皇庙为帝者祖庙”（《史记・秦始皇本纪》）。

作者按语：把信宫改名为极庙是为了像天帝之有“天庙”一样，其地位之重要犹如处“紫宫”的天极（即北极星）。“南斗为庙”（《史记・天官书》）。天极星处中宫，

---

① 战国时，子思和孟子提出“天道”和“人道”（或“自然”和“人为”）合一的观点，到西汉董仲舒则强调“天人之际，合而为一”（《春秋繁露・深察名号》），这就是“天人合一”的理论。他在“天人一也”的前提下，提出“天亦有喜怒之气，哀乐之心”，从而把“天人感应”说作为封建神学体系的基础。

有北斗绕行。二十八宿虽分属青龙、玄武、白虎、朱雀四宫，却是众星朝北斗的。秦始皇按天都有天极、天庙，在帝都就安排有咸阳宫、极庙。亦步亦趋地仿效，表明他追求的是无论生前或死后都要同百神中最尊贵的天帝一样，永远处在中心中的中心位置。

第四，阿房宫有复道凌空，横绝渭水，连接渭北诸宫，同“天极”星有“阁道”跨过天河到达“营室”相似。

文献记载：始皇三十五年“乃营作朝宫渭南上林苑中，先作前殿阿房……为复道，自阿房渡渭，属之咸阳，以象天极阁道绝汉抵营室也”（《史记·秦始皇本纪》）。“始皇作离宫于渭水南北，以象天宫”（《水经·渭水注》）。

作者按语：秦始皇统一中国后，也并没有立即放弃咸阳宫。但随后才转向信宫，继而甘泉宫，最后才确定阿房宫为朝宫。阿房宫通过跨渭的复道连接北区的宫殿①，不仅占地范围辽阔，其布局构思也同天象契合；因为天帝出自“天极”，经过横绝天河的“阁道”，才抵达作为离宫别馆的“营室”②。

第五，咸阳的宫苑、池囿、府库等重大设施，似乎都能在天上找到相应的星宿。

文献记载：“自雍门以东，至泾、渭，殿屋复道，周阁相属”“令咸阳之旁二百里内宫观二百七十，复道、甬道相连”（《史记·秦始皇本纪》）。

作者按语：天地对应关系的还有如下一些：

毕宿“五车”与“咸池”——兰池宫与兰池形似；

昴宿“天苑”——宜春苑、上林苑；

奎宿是“天府”，胃宿有“天囷”“天廪”——咸阳诸库；

娄宿——厩囿；

牛宿“辇道”“阁道”——咸阳御道。

咸阳城市规划“法天”主要是采用秋季的北天天象，以正投影对照，天、地暗合（渭河与银河的走向、宫苑与星宿位置）。秋夜的天幕，明星朗朗，银汉斜挂，不只气

① 秦始皇既确定阿房宫为朝宫，对渭北的诸宫就视若离宫别馆，“令咸阳之房二百里内宫观二百七十，复道、甬道相连，帷帐钟鼓美人充之，各案署不移徙”（《史记·秦始皇本纪》）。
阿房宫有“阁道”直抵南山，又东通郦山。独筑“复道”渡渭，直通咸阳北区的离宫别馆，这完全是取法于“天极阁道绝汉抵营室”的天象的。《史记·天官书》：“紫宫左三星曰天枪，右五星曰天棓。后六星绝汉抵营室曰阁道”。《正义》：“汉，天河也。直度曰‘绝’。抵，至也。营室七星，天子之宫，亦为玄宫，亦为清庙，主上公，亦天子离宫别馆也。王者道被草木，营室历九象而可观。阁道六星在王良北。飞阁之道，天子欲游别宫之道。”

② 《周礼·冬官》：“营室，北方玄武之宿，与壁连体为四星”。在室宿二星之周围又有“离宫”六星分三处作为附座。

爽肃杀，是否同尚水德、崇法的政治思想有关？（参见图 7–2）

当我们研究始皇重新改造首都时，由文献明载的“法天”来对照天象，或从天象来在地上找对应物，都应该看到那是一个相对的比附或象征，绝不是位置不差的全等。如极庙所示的南斗，本应不在渭南的正南方向，而应在西南。况且咸阳建筑其所涉及的星象还主要是北方七宿和西方七宿中的部分星宿。而天上星宿的命名，多是春秋战国时期的星占家按地上中央政权建制确定的。后来的秦始皇却本末倒置地仿效，不过他只是强调君权神授、维护至高无上的地位。其间也没有太多的神秘之处，我们也就无需硬性地对照与苛求。

规划咸阳“法天”的意识，我们也找到了一些考古学证据。在北阪的秦宫遗址中，出土有苍龙绕璧纹空心砖和凤纹空心砖。虽然不完全具有四灵，也没有明确的方位，但其用意毕竟是清楚的。

始皇陵墓内“上具天文，下具地理”（《史记·秦始皇本纪》），可说是天地一体的宇宙模拟，既是法天范围的扩大，也是大千世界的缩小。

3. 气象观测、纪录与农事关系

对水气在大自然中的循环运动，经长期观察，秦人已能作出科学的解释。《吕氏春秋·圜道》：“云气西行，云云然，冬夏不辍；水泉东流，日夜不休，上不竭，下不满；小为大，重为轻。圜道也”。还对于雪、霰、霜、雹等，都有明确的记载与合理的认识。

对正常的物候知识，集中地表现在《吕氏春秋》“十二纪”的二十四节气中。叙述上采用韵文形式，可看作千百年农谚的滥觞。如“东风解冻，蛰虫始振（惊蛰）。鱼上冰，獭祭鱼，候雁北”，“始雨水（雨水），桃李华。苍庚鸣，鹰化为鸠”，“日夜分（春分），雷乃发声，始电。蛰虫咸动，开户始出”等等。还记叙了很多物候反常现象，以告诫人们采取防范，如“孟春（初春）行夏令（出现夏季天气），则风雨不时（不按时来），草木早槁（枯），国乃有恐（因农业歉收而发生动乱）；行秋令，则民大疫（流行疾病），疾风暴雨数至，藜莠蓬蒿并兴（田间野草疯长）；行冬令，则水潦为败（天气严寒，池水结冰），霜雪大挚（频繁），首种不入（不能播种）”。对其他各月出现错行节令的情况，都举出气候反常带来的影响。而这些都同农业生产的利害攸关，因此在《上农》等四篇中都有论述，特别是《任地》篇中就强调了物候在农事活动中的应用。

（二）地理

1. 大地测量与地图编绘

出自统一战争的军事目的，战国时期秦国就注意到地图的绘制与搜集。那时，既有各诸侯国的全图，也有大比例的区域性地图。荆轲刺秦王时，进献的就是燕国督亢（今河北涿州）的地图。

甘肃天水放马滩秦墓出土的 7 幅邽县地图，是我们目前能看到秦国的，也是中国最古老的地图。成图年代为秦始皇八年（公元前 239 年），图示范围虽是秦国的邽县，东西 156 公里、南北 102 公里，包括今天水市秦城区、北道区、清水县、秦安县。而实际上已经南到两当、徽县北缘，东近陕西宝鸡市，其中 6 幅图可编缀成《邽县地理全图》，而由内容侧重点的不同可分为《政区图》《地形图》《经济图》。经过对古今该地区地理、地形的勘比，放马滩的秦地图相当准确，显然是经过实地测量后绘制的。读图方式，取上北下南、左西右东，与今之正读方向完全相同。除过没有明确的分率（比例尺）之外，其他诸项如表示准望（方位）、道里（距离）、高下（地势起伏）、方邪（倾斜角度）、迂直（河流道路的曲直）等，都是符合制图六原则的。其采用的统一图例一直为后代所沿用，足见绘图技术水平是相当高的[①]（图 15-2）。

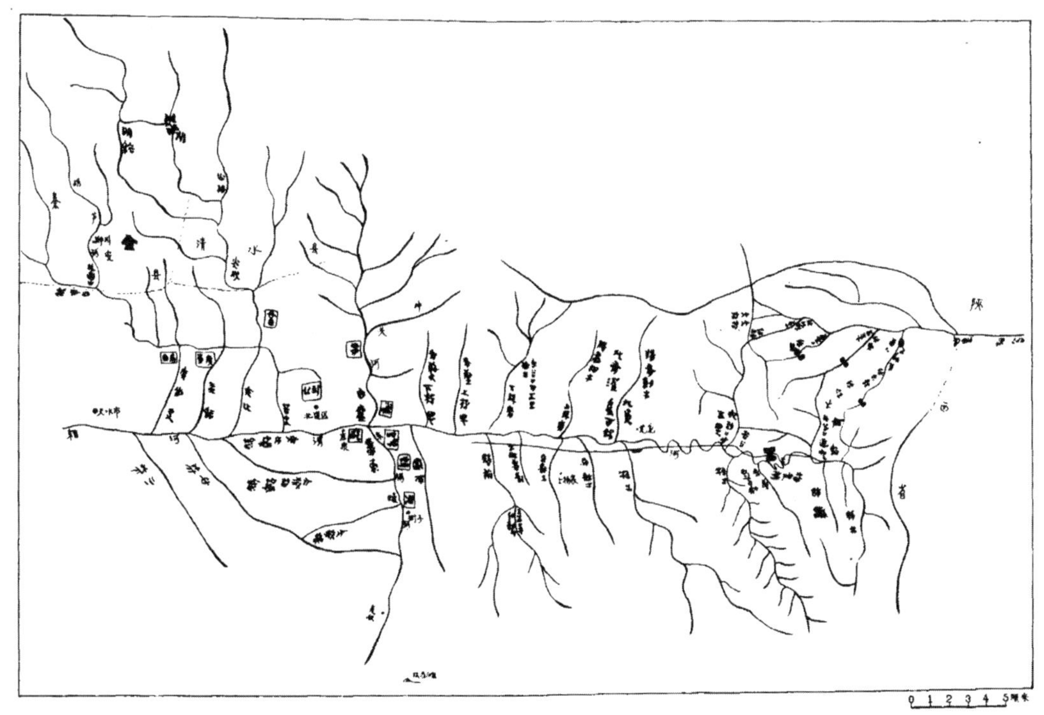

图 15-2　甘肃放马滩地图

① 何双全：《天水放马滩秦墓出土地图初探》，《文物》1989 年第 2 期。

秦始皇巡行天下，既有地图为本，又作实地考察，所形成的地图数量必多。看来藏之秘阁、后为汉所得的《秦地图》绝不是一份地图，而是多幅具有不同用途的地图总称。它代表秦代的地理科学水平，也是大地测量、实用数学水平的反映。

20世纪60年代至70年代，我在咸阳的秦都宫殿遗址上发掘和测量时观察到一个有趣的情况：固然在所有的建筑平面上，墙基走向无论作何种转折，其拐角走向始终都呈90°，但所有南北墙同磁北方向都呈北偏西14°的夹角。这可能是秦咸阳所在地，磁子午线与真子午线间的磁偏角所致，故而有西偏的发生。不论如何，通过现代科学仪器检测出秦代的测量精度还是相当高的。

秦始皇修建阿房宫时，“表南山之巅以为阙”。从文字表面看，似乎气魄大到把终南山作为宫之南阙门，实际上那是以南山之巅作为控制点对这一范围极大的园林施工的。同样，修筑始皇陵墓时，据《两京道里记》载：“陵南岭尖峰作‘望峰’，言筑陵望此为准”。经我测定，始皇陵园的围墙不但四角呈90°，异常规整，外城南北垣均同望峰的象限角呈90°对称，从而形成以望峰为顶的等腰三角形，而且望峰同南城的外内两重门、陵冢、北城外垣门、北门外神道，处于一条正南北向的连线上，长达近十公里，同真子午线的夹角不超过±0° 30′。这条以始皇陵冢为中心的南北向主轴，就使得内外两重城垣及九道门作左右对称式排列，完全符合中国传统的建筑格局①。以望峰作为始皇陵施工测量的控制点，代表了工程测量技术的最高成就。

战国时期秦国的大地测量技术，达到的水平使人惊奇。骊山本是秦岭向北延伸的一个支脉，首起陕西临潼东南，九岭会合的仁宗庙海拔1302米，然后山势稍杀，并随主脉迤逦而东，尾抵河南灵宝，长达150多公里。整个山势南缓北陡，从卫星影像图上看，恰似一条腾空的巨龙，背依渭河、黄河，南浮于有如云海的群峰之上。秦始皇陵位居龙额，极像一颗明珠。如果对大地地貌没有了如指掌，择地而葬只能是在小的区域里进行，而不可能做到如此准确、妥帖的安排的（图15-3）。可见蒙恬“绝地脉”的感悟，并非凭空而发（《史记·蒙恬列传》），同他监修长城一样，完全基于对于大地准确测量结果的掌握。所以，始皇陵选穴龙首不是偶然的巧合，而是已经超出一般立表定向、北极星定位的技术水平。

① 王学理：《秦始皇陵研究》第一章《穿治郦山》第29页及注[20]。上海人民出版社，1994年。

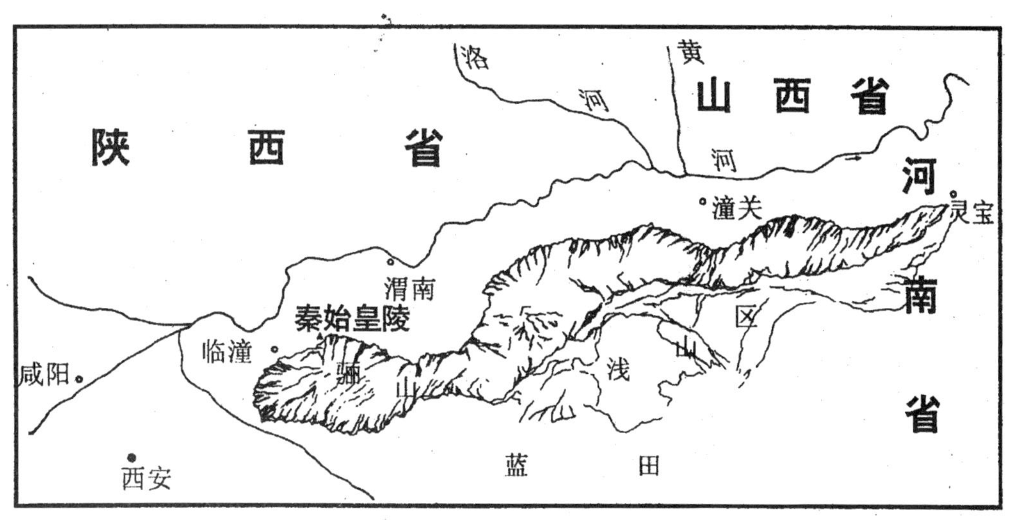

图 15-3 骊山走向与始皇陵选穴位置图

2. 地理模型与进军路线的选择

秦始皇陵墓里“上具天文，下具地理”，并以“水银为百川、江河、大海，机相灌输”(《史记·秦始皇本纪》)。我著文坚持认为，这是我国“最早的一幅山河模型图”①。

立体的地理模型，是以表现平面的地貌、地物为基础的。而缩小比例的平面地图，却是大地测量的结果。战国以来，形成的总图和各种不同要求的分图，首先是为了保证军事行动与防守的需要。

秦惠文王更元九年（公元前316年），张仪、司马错、都尉墨率军，经石牛道入蜀，次第灭了蜀、巴和苴。秦昭襄王二十七年（公元前280年），司马错从陇西出发，经蜀郡，进攻楚的黔中，又割取楚的上庸、汉北地。随后，秦军兵分两路攻楚，一路由大将白起攻鄢，另一路由蜀守张若攻巫、笮、黔中，并沿长江顺流而下，使楚首尾不能相顾。这种大范围、长距离、多路军配合的运动战，如果没有地图作为指挥的凭借那是不可想象的。

秦始皇消灭六国之后，为进军岭南曾派史禄测绘地形。后派尉屠睢统领五十万大军，分五路进攻东越（又称瓯越）、闽越、南越和西瓯地区。这一带地形复杂，进军路线的选择尤为重要，详尽的地图更是不可缺少。

---

① 始皇陵墓内“上具天文，下具地理”是我国“最早的一幅山河模型图”的观点，我在《秦代的科技珍闻》一文中作了论述（《文博》1986年第3期）。随后，香港的《龙语》又全文转载（1991年第9期）。在《秦始皇陵研究》一书中，对此，我就“地理模型”“水银河”作了专题研究，可参阅。

（三）建筑技术

1. 咸阳宫殿分布概况

以首都咸阳为中心，宫殿建筑遍及关中以至全国。即以咸阳而论，这些宫殿建筑以秦始皇时兴起为最多。据《史记·秦始皇本纪》记载："秦每破诸侯，写放其宫室，作之咸阳北阪上，南临渭。自雍门以东至泾渭，殿屋复道周阁相属"。《三辅黄图》划出南北分布的界限是"南临渭，北逾泾，至于离宫三百"。而划定东西界限是"秦起咸阳而西至雍，离宫三百"（《汉书·贾邹枚路传》）。这个"西至雍"的"雍"，绝不是旧都雍，而是咸阳西郊的"雍门宫"[①]。那么，这些宫殿应该说是包括了首都的正宫、离宫别馆在内的宫殿总数。但是,《史记·秦始皇本纪》正义引《庙记》说"北至九嵕，甘泉，南至长杨、五柞，东至河，西至汧渭之交，东西八百里，离宫别馆相望属也。木衣绨绣，土被朱紫，宫人不徙，穷年忘归，犹不能遍也"。这个分布范围很具体，显然说的是关中宫殿建筑的分布范围。

至于咸阳的宫殿分布，有一条文献记载较为具体。就是秦始皇听信了方士卢生编造"真人"的胡诌，"乃令咸阳之旁二百里内宫观二百七十，复道、甬道相连，帷帐钟鼓美人充之，各案署不移徙"（《史记·秦始皇本纪》）。这270座宫殿分布在咸阳渭河南北两岸，既有仿照的六国宫殿，也有秦自己设计建造的。通过我对咸阳原上自聂家沟到刘家沟的钻探与测绘的平面图查看，发现它们形式多样，无一雷同。由此可见，当时咸阳聚集了一个庞大的从设计到施工的建筑队伍。建筑学作为一门科学，在秦都咸阳已达到了前所未有的高度。

2. 夯土版筑的高台建筑

中国的地质构造决定了土木建筑体系的方向，特别是古代的北方人利用黄土团粒结构细密、具有黏结力的特性，用加夯以增加密实度，就能在干燥状态下获得较好的稳定性和承载力。因而夯筑技术早为新石器时代的人们所掌握，逐渐被后人广泛用于处理建筑地基、墙体工程（图15–4）。

秦国夯土版筑城垣，从春秋雍都到战国栎阳遗址到雍城，可见施工时用木板夹筑，分层施夯。夹棍眼遗迹给我们提供的是版筑墙垣时夹版的构造方法[②]。

战国时期兴起的高台宫殿建筑，在秦国得到广泛的推广。从秦孝公的"冀阙宫庭"

---

① 王学理：《雍门宫室今安在塔儿坡前寻踪迹》，《中国科学报》2011年12月15日第12版。

② 王学理主编：《秦物质文化通览》，科学出版社，1997年。

到秦始皇的阿房宫建筑，把居高临下、气势突兀的高台建筑物发展到了顶点。现在，我们看到的这座大型夯土台基，虽然遭到历年的破坏，仍高出地面 7 ~ 12 米，其夯层一般厚 6 ~ 8 厘米，窝径 7.8 厘米。夯层平整，处于同一水平，反映出当时建筑持平的严格要求。今阿房宫村周围有 10 多座单体建筑遗址，其中俗称的“始皇上天台”，其夯土地基东西长 400 米、南北宽 110 米，残留的台基仍高出地面 15 米。在阿房宫区，夯土台基有多处存留，当是“夏屋广大，沙堂秀只”（《楚辞・大招》）的见证。

图 15-4　建筑夯土

我们今天所能见到秦咸阳附近的离宫别馆遗址，其主体建筑无不采用夯筑的高台形式。望夷宫、步高宫、步寿宫、林光宫、渭北甘泉宫、梁山宫及咸阳西侧 6 处滨渭的宫殿遗址，都有夯土台基的存留。至于咸阳附近 270 多座宫殿至今不见踪影，大概由于后期的破坏使它们在地平线上永远地消失了。

3. 木构架技术

高台建筑是秦代大型建筑普遍采用的一种土木混合结构方式。在空间上，它增加了建筑的高度；在平面上，连接附属建筑具有无限的拓展功能。总之，高耸凌空、翼戴宽宏、结构灵活、错落有致，就构成了它一种气势独有的建筑风韵。

经过考古发掘与建筑史家复原的咸阳第一号宫殿建筑遗址（西阙），可作为高台土木结构的杰出代表（图 15–5）。其特点概括如下：

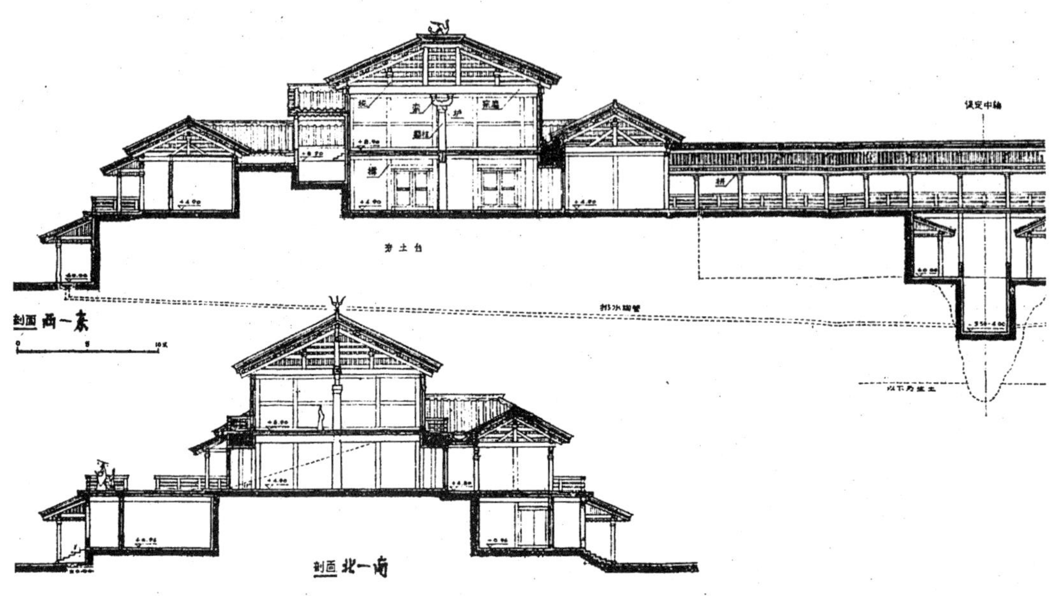

图 15–5　秦咸阳西阙遗址复原剖面图

第一，高可 6 米的夯土台基作为核心是它赖以支撑的基础。顶部做主体殿堂（1 室），其他 10 室分别位于台面或台侧，底部南北与西侧三面环卫曲廊，从而形成自上而下的三重层次。

第二，建筑结构从宏观上看，它同横跨牛羊沟的另一半（东阙）已被破坏的建筑有飞阁连接成一体，构成对称的“二元构图的两观形式”[①]。而作为两观之一的西端台基顶部采取四阿顶大屋，脊高达 17 米。屋内居高 3.5 米、内容跨度 12 米、进深 13.4 米，是为主体宫室，呈现出一种博大峥嵘的气魄。木构屋架中有都柱（俗称“将军柱”），顶部则以栌（柱上的大斗）栾（初期的拱）承托宋瘤（大梁），再上立棁（即“侏儒柱”）载栋，从而取得逐层抬梁举高的效果。

第三，围绕夯土台筑屋的木构部分具有特殊的做法，主要表现在墙体上。房间的墙壁有两种，一种是在夯土上挖出的台壁，壁内隔一定距离嵌以壁柱，拐角处用并柱。壁柱同土墙连为一体，其负荷的楼层大梁或屋顶梁架，不一定安放在柱头上，而是压在

① 杨鸿勋：《建筑考古学论文集·秦咸阳宫第一号遗址复原问题的初步探讨》，文物出版社，1987 年。

柱顶（或墙头）的枋木上，故而无需布置成对应的柱网，柱底以原石作础。另一种承重墙，则是夯土与土坯（墼块）混用的。至于承重木柱间的墙体，另用竹笆或荆笆固定，两面涂泥。一般墙面的做法是底层涂掺有麦草茎的粗泥（墐），表涂掺有谷糠的细泥。

第四，高台建筑上的排水管道是夯筑台基时预设的，底层冷藏窖则是后期凿挖的。

始皇陵兵马俑坑，提供给我们的又是一种特殊的地下建筑形式。它是在平地上下挖5米多深的大坑，在坑底并行地夯筑一道道隔墙（承重墙）。沿坑的周壁及隔墙两侧立木柱，柱下垫以地栿。在排柱顶部搭接一根根枋木，使之同隔墙顶保持水平。然后在枋木上横向密排以木桁（棚木），最后上盖席、覆土。（图 15-6）

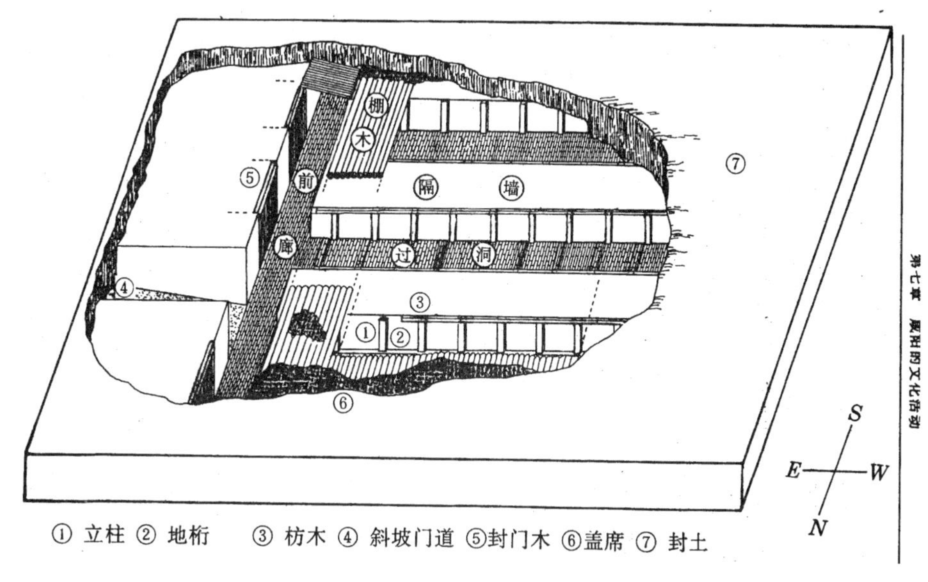

图 15-6　秦俑一号坑建筑结构示意图

秦俑坑的构筑，也有如下一些特点：

一是在排柱下不设础而采取地栿，使栿、柱、枋结为一体，避免部分塌陷而影响整体，对坑顶巨大的压力有着分散、从而稳定的实际作用；

二是由棚木、席子和覆土三部分构成的静荷载，堆积厚度可达到 3 ~ 4 米，是由承重墙同柱、枋组成为受力的整体；

三是地栿顶端以舌形榫头套合，再嵌入细腰形栓板，也增加了拉力和抗扭曲力。

以上这些措施固然从整体上解决了大跨度建筑的难题，但在木构架中还存在一定的缺陷，像不用斗拱，而由立柱直接上顶枋木，就使得支承面狭小，以致二者容易发生脱离；拐角处用两根并柱，而枋木伸向不同方向，缺乏连接，没有相互牵制的力量，结果就造成夯土墙承重过大，再加之地下潮湿的影响，大大削弱了它的稳定性，从而造成隔墙塌陷[①]。

4. 建筑材料的科学

从考古资料看，咸阳宫殿的建筑用材不外乎木、石、沙、灰、砖瓦、管道、荆、箔、席等，但存留下来的多属石质和陶质类遗物。

秦砖有长方形条砖、方形薄砖和杂砖三种。条砖仅用于秦俑坑铺地，数量可高达 23 万块之多。其色青灰，表饰细绳纹，制作规矩，质地细密，烧成温度约 950 ~ 1000℃。有五种规格，其中以（28×14×7）厘米的数量最多，属于通用型，其长度大于宽度一倍，宽度又大于厚度一倍，这种递次减半的配比关系，正是出自搭接整齐的考虑。

方形薄砖有素面的，火候较低，色呈浅灰。在咸阳一号宫殿遗址的第 8 号房中，用这种 53 厘米 ×38 厘米的素面砖铺地约 19.82 平方米。而花纹砖的图案花样繁多，是装饰性很强的艺术品。简单者只是一道道平行线，或棋盘状的乳钉纹。复杂的则是各种几何纹样组成四方连续排列，或是作变化着的画面。

咸阳和阿房宫宫殿区都出土过龙纹抱壁空心砖，而始皇陵区则有根据不同用途烧制的五棱砖、拐子砖、画像砖等杂砖。

板瓦与筒瓦二者配合覆盖屋面，而早期在雍都使用的那种槽形板瓦于战国时期已经消失。始皇陵园食官遗址出土的大板瓦，色青灰，质地坚硬，烧成温度较高。瓦长 52 厘米，前端宽而厚，分别为 43 厘米和 1.7 厘米；后端窄而薄，分别是 41 厘米和 1.5 厘米。其弧度的半径大，而圆心角为 85 度，即占 1/4.2 规。板瓦的这种形制与结构，甚符合苫瓦时参互接缝的要求。

筒瓦弧度的半径小，圆心角大到 133 度，占 1/2.7 规。前有折唇，以便含接。通长 43 ~ 54 厘米、宽 10 ~ 16 厘米。

有一种“脊瓦”是带马鞍形的筒瓦，确实也是施之于屋脊之上的，通长 45.4 ~ 51 厘米。而另一种顶端带瓦当的脊瓦，却是施之于屋脊之端的，竟长达 89 厘米。

施于檐口的筒瓦，其顶端护椽头的瓦当，是极富艺术色彩的部分。花纹图案变化多端，是装饰性很强的工艺美术品，令人赏心悦目。

陶质下水管道有两种，即圆筒管道和五棱管道。前者的口径一端粗，径 28.5 ~ 29.5 厘米，另一端细，径 22.5 ~ 23 厘米、长可 56 ~ 59 厘米；后者通长 65 ~ 68 厘米、通

---

① 王学理：《秦俑专题研究·隐蔽性工程坑道式建设》，三秦出版社，1994 年。

高 45 ~ 47 厘米。两种管道中的圆筒管道是细流水管，在秦宫一号遗址（西阙）中用于接引室内之水，拐角用“弯头”管道，节节相套，上承陶漏斗。五棱管属于地下引水的主管道，也是节节相连的。后围寨高台建筑遗址的地下，五棱管道接引长达 30 米。始皇陵西，穿过内城的五棱管道竟是五道并列，排水量之大可想而知！

石水道独见于始皇陵区。上下两石相合，中凿圆形孔道，有单、双之别，更有三孔的。

（四）陶瓷

1. 陶质制品与陶窑

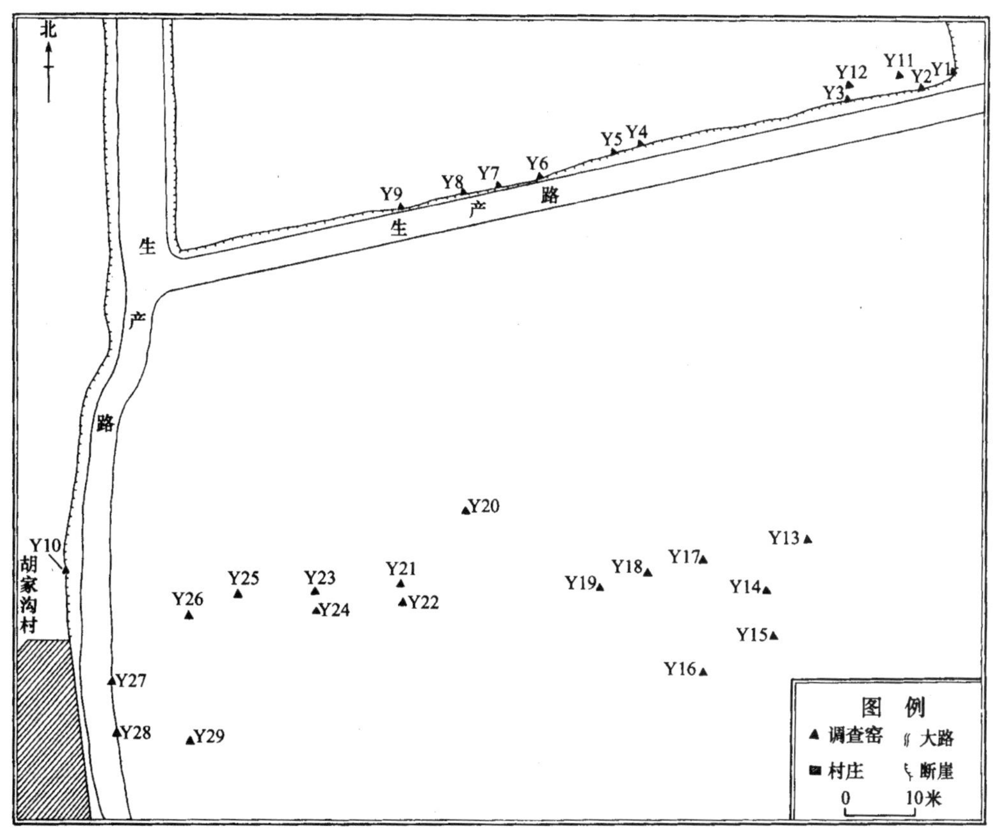

图 15-7　胡家沟窑群（1982 年）

陶质制品同秦人的生活联系得非常紧密，在上层社会也并非都是“钟鸣鼎食”之家。“击瓮叩釜”可说是战国时期秦人物质文化生活的剪影，因为作为生活食具的陶瓮和锅、碗、瓢、盆都可充当演奏的乐器，登上大雅之堂，舍弃了春秋时期赋诗和歌、故弄风雅的儒士风韵，剩下来的当然就是赤裸裸地对武力和抢夺的崇尚。所以，在当时社会生活中满目皆“陶”就成了值得社会学研究者注意的现象。

由于秦国在春秋时期受地理环境的限制，铜料不足，统治者上层的生活用品不能不以仿铜的陶礼器所代替。随建筑、生活、随葬用陶量的增大，战国时期的制陶业已发展成一个同国计民生攸关的手工业生产部门。其规模由中央官署、地方官营到民间私营三大类而走上制陶专业化的道路，从事着日常生活陶器、建筑材料和随葬品的制造。

1974 年以来，在咸阳市窑店镇西起胡家沟，东到柏家嘴一带的原边，长达 8 公里，多有秦汉陶窑址的发现。经过多次调查，特别是 1980 年 9 月至 1983 年年初，陕西省考古研究所进行较为集中的调查，并作过部分发掘[①]。这一带共发现陶窑遗址 108 座，其中有秦窑 32 座、汉窑 75 座[②]。秦窑集中分布在黄家沟至胡家沟、聂家沟之间，以胡家沟最为密集。残存的窑场占地 7939 平方米，仍有排列整齐的陶窑近 30 座。其产品主要是为宫殿提供砖、瓦、管道等建筑用材[③]。作坊在西北部，见有素面瓦当、绳纹瓦当及龙凤纹空心砖残块。（图 15–7）而汉窑主要分布在聂家沟以东至三义村、柏家嘴一带。秦窑中出土板瓦、筒瓦、铺地砖、水道、井圈，知其专为宫殿烧制陶质建筑材料的官窑。这些陶窑往往成组分布，如十数座连成一片。胡家沟西北又有一处作坊遗址，可见其生产规模之宏大。

秦都北区西南部的滩毛、店上村一带，则是民营的制陶手工业作坊区，曾发掘过三座窑址[④]，以生产日常用陶器为主。（图 15–8）

秦国制陶尚处于灰陶步入成熟的阶段，秦代陶工业发达，表现在制烧技术提高、器形稳定而带有标准化、系列化的倾向。不但质量指数超过前代，也为铅釉陶的出现创造了条件。即使今天沿用的某些制陶工艺技术，也可以从秦汉时期找到渊源。

从测试秦陵文物给出的数据可知，战国后期到秦代的陶制品质量堪称上乘。秦瓦的烧成温度最高，可达到 1000 ~ 1050℃，抗压强度为 224kg · f/cm^2，抗弯强度为 125kg · f/cm^2；砖的烧成温度次之，约为 950 ~ 1000℃，但偏近于 1000℃，其抗压强度为 465kg · f/cm^2，抗弯强度为 113kg · f/cm^2；陶俑和马的烧成温度，约为 950℃。尽管烧俑的陶窑至今没有发现，但从某些物理性能看（体积密度：1.84g/cm^3，吸水率：

① 秦都咸阳考古工作站：《秦都咸阳古窑址调查与试掘简报》，《考古与文物》1986 年第 3 期。

② 吕卓民：《从考古资料看秦汉时期咸阳的制陶业》，《文博》1989 年第 3 期。

③ 秦都咸阳考古工作站：《秦都咸阳古窑址调查与试掘简报》，《考古与文物》1986 年第 3 期。

④ 陕西省博物馆、文管会勘查小组（王学理）：《秦都咸阳故城遗址发现的窑址和铜器》，《考古》1974 年第 1 期。

17.53%，孔隙率：32.24%，对这体高 1.75 ~ 2.00 米、重达 105.5 ~ 265.35 公斤的庞然大物只能是在还原气氛中严格控制火候烧成[①]。

陶窑结构涉及温度控制，是产品烧成率和质量的关键。首先，秦窑的容量比战国窑增大；其次，结构更趋合理。滩毛村南制陶作坊遗址的第 4 号窑，经我发掘而较为完整，它是一座由土坯砌筑的马蹄窑，由窑床、火膛、烟囱和窑门四部分组成。窑床长 2.3 米，中宽 2.2 米，床面前高后低呈斜面，坡度 7° 。据研究，这种斜面窑床上放着的陶坯，其重心稍向后移，当焙烧时前半面首先接触火焰，受热发生收缩，重心即移到中心线，不至于发生前倾现象，而且窑床升高、火膛降低，使原来的立焰变成半倒焰，既增加了焙烧量，也利于火候的均匀提高。

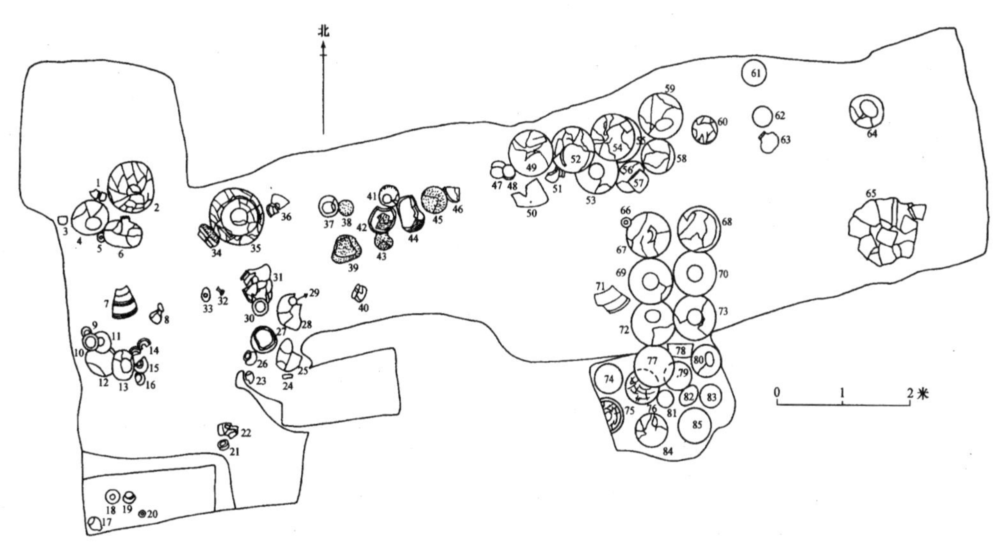

长陵车站作坊遗址 59XYCLJC1 器物分布图

1、7、16、22、23、36、48、61、62、71、78、80. 陶盆　2、27、39、42、43、44、54、56、58、75、76. 陶鬲　3. 石器　4、10、11、13、17、18、28、30、31、35、37、49、50、52、53、55、59、63~70、72、73、77. 陶罐　5、41. 陶器　6、9、12、25、33. 茧形壶　8. 陶壶　14、15. 陶器盖　19、21、26、34、38、40、45~47、51、57、79、81~85. 陶釜　20、29. 制陶工具　24. 陶圆形器　32. 陶豆　60、74. 带耳陶釜

图 15-8　滩毛南作坊陶器分布图

烧砖瓦、水道之类的陶窑，其规模较烧陶器的窑稍大。除穹窿顶外，窑床平面有马蹄形、方形和三角形的。后者见于始皇陵园西侧的赵背户，其窑床、火膛呈等腰三角形，后壁有等距的 3 个烟囱，火膛低于窑床 20 厘米，窑床也是前高后低呈斜坡状，进

① 陕西省考古研究所等:《秦始皇陵兵马俑坑一号坑发掘报告》(1974 ~ 1984 年)，文物出版社，1988 年。

深 2 米、宽 1.6 ~ 3.92 米。此三角形陶窑的火膛接窑床处呈弧形，再加 3 个烟囱的抽风作用，就使得火力均匀分布、窑温平衡，可说是创造性的窑烧工艺。

2. 秦代的瓷器遗物

陕西瓷器的历史以耀州窑的黑釉瓷和青瓷为代表，最早只能追溯到唐代。尽管中国的瓷器滥觞于商代，但过去考古发掘所获原始瓷的出土地点并不在陕西。而周原凤雏村西周建筑遗址出土的瓷豆、瓷罍，内外施黄灰色或青灰色薄釉，却把陕西的原始瓷上推到三千多年前[①]。

秦都咸阳确已有瓷器的发现。1974 年在发掘一号宫殿遗址（西阙）时，在主室的秦文化层中有瓷片出土，是一只残破的黄褐釉瓷碗。它同多块布纹瓦片，被当作“杂土”倾倒在牛羊沟里去，又囿于“汉瓦（布纹）”“晋瓷”旧闻的影响，也没有敢写进《简报》中去，随后才由我们这些亲自发掘的知情者作了补正[②]。

无独有偶，时过八年，于 1982 年发掘秦始皇陵园“丽山食官”遗址时，又出土了有完整器形的瓷器，计有瓷罐 2 件、器盖 5 件、瓷罐残片若干[③]。瓷罐作短颈、鼓腹、圈足的球体，盖有子母口，顶立半环纽，通体施青绿釉，腹径 22.6 厘米、口径 14.8 厘米、底径 14.5 厘米、胎厚 1 厘米、通高 24.5 厘米。有的瓷盖表面施茶黄色釉。（图 15–9）

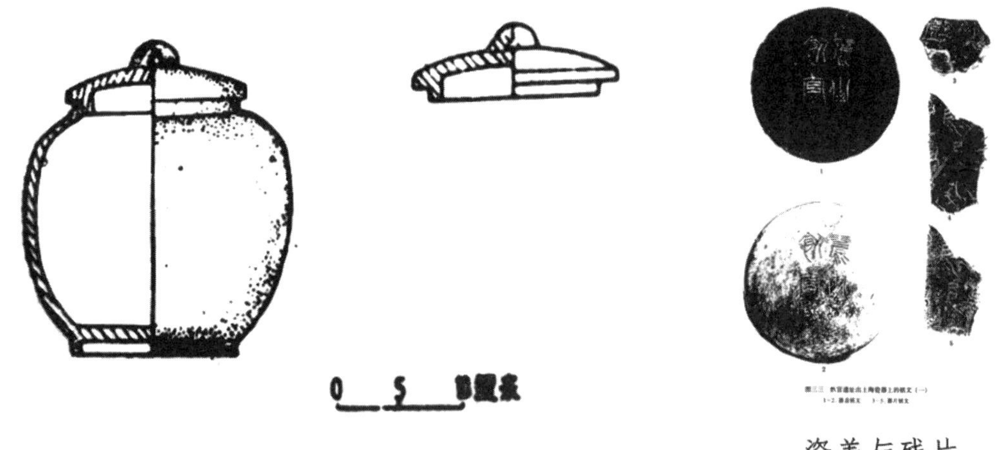

图 15–9　秦始皇陵园食官遗址出土瓷罐

① 陈全方：《周原与周文化》，上海人民出版社，1988 年。

② 秦都咸阳考古工作站：《秦都咸阳第一号宫殿建筑遗址简报》，《文物》1976 年第 11 期。王学理等：《秦都咸阳发掘报道的若干补正意见》，《文物》1979 年第 2 期。

③ 秦始皇陵考古队：《秦始皇陵西侧“丽山食官”建筑遗址清理简报》，《文博》1987 年第 6 期。

丽山食官瓷器确属秦瓷，除过考古学地层的关系外，刻字瓷片则提供了不容置疑的时代证据。在T2出土的一片瓷片上阴刻“丽邑九升”四个秦篆字，这同该遗址伴出器物上的“丽邑五升”“丽山食官”陶文是一致的，当属“秦置丽邑”（《史记·秦始皇本纪》）之后，是专用于始皇陵园具有量化标准的用具①。

秦瓷表施釉有黄褐、青绿等色，器形作碗、罐等食具，使人第一次看到秦代已经有了较为成熟的瓷器。因出土于秦宫殿与陵园内，数量较少，说明极为珍稀，只供皇室使用，在社会生活中还是难得一见的。

秦瓷的面世，把陕西生产瓷器的历史上推了800多年！

（五）冶金与机械制造

1. 冶金的成果

例1，十二个大铜人

作为秦代冶金技术的成果，有两种无与伦比的代表，这就是十二个大铜人和始皇陵西侧的铜车马。

秦始皇并灭六国，收缴天下兵器铸作钟鐻与十二个铜人，属于无可争辩的历史事实。但长期来人们对“重各千石”“坐高三丈”的数据大惑不解。核心问题就在于每个铜人重30.75吨、高7.26米，在秦代是否能铸造得出来？

现在，对铜人体量之重、之高的存在，到了应予承认的时候了。第一，阿房宫以前殿为主体的宫殿群落遗址、始皇陵及陵园的各类丛葬设施、七千左右大同真人的兵马俑群、陵西的彩绘铜车马、陵东的石甲府库坑②等，就是其真实再现；第二，四川广汉三星堆古蜀国的青铜立人像高2.62米，而灵彻三界的通天神树残高3.95米就是采用分段铸造法铸造而成。那么，始皇铸造的十二个大铜人当是世界冶金史、雕塑史上的奇迹！

例2，秦陵彩绘铜车马

秦始皇陵西侧出土的彩绘铜车马与铜御俑，则以其铸造与金银细工见长。前导的驷马立车，全长2.57米，由3064个零部件组成，总重1061公斤。车上站有握辔挎剑的铜御俑，弩弓、箭箙、盾牌等兵器也全系铜制，车上撑起的一柄圆盖铜伞由地面至顶就高达1.68米；作为主车的驷马铜安车，通长3.17米、高1.07米，由3462个大小不同的铜、

① 王学理：《秦始皇陵研究》，上海人民出版社，1994年。书中对秦始皇置丽邑及丽山食官有专文论述。

② 在始皇陵东南的内外城之间，有一个纵横百米以上的丛葬坑，在过洞内有一领领石甲扑地，叠次参压，相当整齐，估计是原来挂在如兵有阑的木架上，经火焚而无存。甲衣如真，前后甲及披膊完全。札叶小于秦俑铠甲上的，均用青石片雕刻琢磨，再以铜丝连缀。

金、银零部件组成，重 1241 公斤。这两乘彩绘铜车马与铜御俑，采用了浑铸、嵌铸、焊接、镶嵌成型，表面加工彩绘，再以子母扣连接、转轴连接等十多种连接方法，拼接组装而成，多道、多种工艺手段交互并用的综合性技术，是把以青铜为主体的大件铸物同玲珑剔透的金银小件巧妙地组合成巨型金属工艺品的典范。

例 3，冶铸场

销毁兵器重新铸造钟鐻与铜人的冶炼场，据《元和郡县志》记载，在户县东北 25 里的“钟官故城”（亦名“灌钟城”）。今鄠邑区大王镇兆伦村的钟官城遗址是秦代一处大规模的冶铸中心，不但进行过销兵铸鐻、铜人的活动，也铸造半两铜钱。西汉时，水衡都尉的属官钟官在此基础上继续铸钱，成为上林三官之一。汉武帝元鼎四年（公元前 113 年）上林三官五铢钱的出土，证实了销毁旧钱、通行三官钱的那段历史。《三辅黄图》一书却因传抄而误将“钟官”当作“钟宫”[①]。

例 4，青铜兵器的合金成分比例

青铜铸造中，对合金成分配比的掌握极为重要。因为这是对合否实际效用的具体回答，不容含糊。青铜剑是随身便携式近刺武器，锋利而坚韧就是人们对其物理性能的要求。我们对三柄秦俑坑出土的铜剑检测的结果是：铜含量占 71% ~ 76.32%，锡占 18.02% ~ 22.13%。二者的比例接近 3 ∶ 1，大体符合《考工记》一书中关于“三分其金而锡居一，谓之大刃之齐”的配比要求（3 ∶ 1，即铜 75%，锡 25%）。剑的希氏硬度为 106 度，大约相当于中碳钢调质后的硬度。青铜镞首的铜锡比为 6.6 ∶ 1 ~ 7.21 ∶ 1，虽不符合“削杀矢之齐”，但锡铅总量达到 18.7% ~ 20.28%，却获得了“戈戟之齐”的坚韧性能。铜矛头的铜锡之比是 5 ∶ 2，正符合“削杀矢之齐”，但镦的铜锡比接近 6 ∶ 1，显然铜量高于矛头，这种反差说明这样一个道理：正因矛头是刺兵的着力点才需要加强，而镦则不需要。从秦青铜兵器冶金成分按人的需要配制，足见铸造技术达到很高的水平[②]。

例 5，金属器物的表面处理：铬盐氧化技术

对青铜器表面作铬盐氧化处理，是秦人一种独特的发明。对秦俑坑剑、矛、镞、殳、针镈样品经激光显微光谱、X 光萤光、电子探针、光谱分析，在其光洁而色灰的表

① 《三辅黄图》：“钟官，在户县东北二十五里。始皇收天下兵销为钟鐻，此或其处也”。既是宫殿，又何言“销为钟鐻”？把“官”传抄作“宫”，是明显的错误。

② 王学理：《秦俑坑青铜兵器的科技成就管窥》，《考古与文物》1980 年第 3 期。经修改，收入《秦俑专题研究》一书中。

面都有一层致密的含铬化合物的氧化层，如三棱铜镞表面铬的含量为 0.87% ~ 2.23%，平均 1.98%，厚度 10 ~ 15 微米；287 号剑表层铬量是 0.6% ~ 2%，厚 10 ~ 15 微米；戈镦表面含铬 0.23%。这种处理合金表面使之发生铬盐氧化还原反应，从而生成浅灰或深灰色的薄层，以增加青铜抗腐蚀的能力。在两千年前的中国，已能就地取材，通过用铬铁矿、火硝、草木灰的参与而实现，但德国人是 1937 年实验成功，美国人是 1950 年才掌握铬盐氧化处理技术的[①]。

2. 机加工的创造

例 1，标准化

咸阳的机械产品出自中央手工业作坊，规整大气，代表着国家级的水平。兵器铭刻、秦俑陶文，多有咸阳工师或匠工的名号。青铜及金银制品的兵器、车马器属于“王者之器”，多同民事无关，按照秦《秦律十八种工律》“为器同物者，其大小、短长、广［狭］亦必等”的规定，就能做出符合统一规范要求的产品。

经我测量和统计的秦俑坑 76 束箭表明：一般箭长 70 厘米左右，前端装镞，竹笴（杆）后设羽、括。箭杆表涂黑、红、赭三色漆，其占杆长的比例依次是 1 ∶ 9.6 ∶ 3.2。羽毛占后端 13 厘米、基本符合《考工记》“五分其长而羽其一”的规范要求。据 5769 支铜镞统计，其中三棱式“羊头镞”占 99.76%，首长、三底边与铤长也同《考工记》“刃长寸，围寸，铤十之”的杀矢标准一致。特别值得注意的是铜镞首作钝头三棱锥体，截面作凸边三角形，无论是每面或每边，误差甚微，表现出加工技术的高超。

例 2，通用与互换

秦俑铜弩机虽然没有郭，但悬刀的宽厚、望山下部的宽度与基厚、牛的厚度，因涉及咬合关系，加工要求严格，平均误差仅在 1.7608 ~ 1.9192 毫米。枢孔直径 8.54 ~ 12.9 毫米，销钉具有互换性。其他如戟、铍、剑等制作规整，都是些标准化的制品。剑无砂眼，内部结构紧密，表层硬度为 HRC22 ~ 24 度，又高于内部，这除过纯熟的冶铸技术外，也同加热锻打、消除内应力使组织细化有关。再经表面的抛光处理，光洁度可以达到▽ 9 ~ ▽ 10。

例 3，加工机械

车属乘载工具，制作上是多工种、多部件的综合产物，也往往是衡量工艺水平高下

---

① 王学理：《秦俑坑青铜兵器的科技成就管窥》，《考古与文物》1980 年第 3 期。经修改，收入《秦俑专题研究》一书中。

的标尺，所以就有“一器而工聚焉者，车为多”（《考工记》）的说法。从秦俑坑的戎车与辎重车这两种军车看，车舆宽1.5米、进深1.2米，辕长在3.7～3.9米。其毂、牙、辐、衡、辀及其他铜构件，都是些标准化了的通用件。而两乘秦陵彩绘铜车马尽管是真车的1/2，其机械加工和表面处理的精细，同今日车床产品比，都毫不逊色。但是，仅用锉、钻一类简单的工具是不可能对大型金属部件进行切削、锉磨、抛光、铆接、拉拔、弯曲和矫直的。由秦俑坑铜剑、铍、矛、戈、钺、殳、镞等看，其几何体对称、表面光洁、锋刃尖利，显然是经过切削加工的产品。河北满城汉刘胜墓的五铢钱上刀花痕迹均匀，振动波纹清晰，椭圆度很小，估计是把很多铜钱穿叠在方轴上夹于车床，用车刀或锉刀加工的。郑州二里岗商代铜钻，汲县三彪镇春秋时代青铜刀、锯、锉，河北满城刘胜墓的三棱青铜钻、铁凿、铁锉等工具的出土，我们有理由说像秦陵铜车马这样的大件，一定是用了多种机械进行加工的[①]。

另外，一些金银细工的金属制品非常精制，往往是冶金、机械加工、表面处理同造型美的结合。像咸阳出土的铜戈镦，金银错出涡纹与凤鸟纹，图案规整而生动。他如秦陵铜车马上的韅、辔、联索、络头上的金当卢、金银泡，以及塔儿坡秦墓出土的铜镜、带钩，都是一些华贵而实用的艺术品。

① 王学理：《秦陵彩绘铜车马》，陕西人民出版社，1988年。

十六、秦封泥横空出世与始皇的办公地

（一）秦代封泥的重大发现

1995年，汉长安故城遗址内的相家巷村村民发现了大批秦封泥，随即流向市场。此消息一传出即引发了学术界的振奋。在前后三年间，收藏并拥有封泥资料的主要有4家，情况是：

1995年夏天，北京古陶文明博物馆馆长路东之首先收藏一批，并于次年举办瓦当封泥展，还将其中一部分捐赠给西北大学文博学院博物馆。西北大学文博学院提前于1996年12月26日借考古专业成立四十周年之机，召开了学术座谈会，并在《西北大学学报》（哲社版）上率先公布了这批资料2000余枚，同期也刊载了李学勤、周晓陆等多位学者的研究文章。随后，周晓陆、路东之出版了《秦封泥集》，公布了封泥1360枚[①]，还在1997年的《考古与文物》第1期上公布了170幅拓片[②]。

西安市文物园林局考古研究所于1997年3月，在相家巷、六村堡、铁锁、黄庄、何家寨之间传出封泥的地方，重新布方，作了抢救性发掘，获得封泥300多枚[③]。

就在这年春天，傅嘉仪及西安市中国书法艺术博物馆又从民间获得一批相家巷出土的秦封泥，有300多枚，资料最先发表在《收藏》1997年6期上，后又结集成多种版本。

2000年，中国社会科学院考古研究所汉长安城工作队又对相家巷秦封泥遗址进行考古发掘，获封泥325枚[④]。

除以上4批外，上海博物馆、北京文雅堂及西安、东京个别藏家也收有少量秦封泥。

---

① 北京梦斋先生将多批流入市场的秦封泥收购，得1000余枚，几近二百品种，并将部分封泥捐赠给西北大学文博学院历史博物馆。路东之：《秦封泥图例》，《西北大学学报》1997年第1期。

② 周晓陆、路东之、庞睿：《秦代封泥的重大发现——梦斋藏秦封泥的初步研究》，《考古与文物》1997年第1期。周晓陆、路东之：《秦封泥集》，三秦出版社，2000年。

③ 当时，我应西安市文物园林局韩保全之邀，对封泥出土地作了调查并布方。通过发掘，出土令人振奋。可惜西安市所的资料一直未公布。

④ 傅嘉仪的封泥资料见载于《历代印匋封泥印风》，重庆出版社，1999年。又《新出秦代封泥印集》，西冷印社，2002年。又《秦封泥汇考》，上海书店出版社，2007年。中国社科院考古研究所汉长安城工作队张建峰：《西安相家巷秦封泥遗址的发掘》，《考古学报》2001年第4期。

据估计，就目前出土的加上传世的秦封泥，总数或在 4000 枚以上，品种有数百之多。

学者刘瑞新近出版了《秦封泥集释》（上下）一书，收录秦封泥达到 2300 多枚，集释的文字 140 多万[①]。从秦中央职官、地方职官到未能归类释读的封泥，以及私名、吉语的封泥，一概收录。内容之广、集释之精，在收藏、研究秦封泥方面，截至目前，称得上是一部权威性的煌煌巨著，对借用封泥进行研究的学人提供极大便利。（图 16–1）

图 16–1　刘瑞《秦封泥集释》

（二）秦职官封泥概览[②]（图 16–2）

1. 中央三公九卿的职官及属官：其中包括丞相以下分管宗庙礼仪、宫廷事务、宿卫、武官、刑律、仓储、府库、厩苑、田官、工官、食货、交通、民族事务、市亭等类的官印。如：丞相之印、左丞相印、右丞相印、御史之印、奉常之印、卫尉之印、中尉之印、郎中丞印、宗正、少府、少府工丞、车府、中车府丞、廷尉之印、泰内之印、都水丞印、尚书、泰医丞印、祝印、祠祀都水丞印、郎中左田、永巷、永巷丞印、驺丞之印、公车司马丞、宦走丞印、卫士丞印、骑马丞印、家马、上家马丞、下家马丞、泾下家马，中车府丞、章厩丞印、宫厩丞印、中厩、中厩丞印、中厩马府、中厩将马、下厩丞印、左厩丞印、右厩、右厩丞印、小厩丞印、小厩将马、泰行、郡左邸印、郡右邸

① 刘瑞编著：《秦封泥集释》（上、下），上海古籍出版社，2021 年 12 月。

② 周晓陆、路东之、庞睿：《秦代封泥的重大发现——梦斋藏秦封泥的初步研究》，《考古与文物》1997 年第 1 期。

印、宫司空印、宫司空丞、内者、内官丞印、泰仓、泰仓丞印、泰官库印、泰官丞印、斡廥都丞、少府斡丞、泰官丞印、乐府、乐府丞印、外乐、左乐丞印、雍左乐钟、佐弋丞印、居室丞印、居室寺从、寺从、寺从丞印、寺工之印、寺工丞印、铁市丞印、谒者之印、西方谒者、御府之印、御府丞印、宦者丞印、左司空丞、右司空丞、采司空印、泰匠丞印、上林丞印、御羞丞印、中羞、中羞府印、中行羞府、中羞丞印、武库丞印、都船丞印、内史之印、诏事之印、诏事丞印、属邦工室、属邦工丞、寺车丞印、私府丞印、御府之印、御府丞印、弄阳御印、弄阴御印、宫司空印、宫司空丞、上寝、尚佩、尚衣府印、尚浴、尚浴府印、中官丞印、中府丞印、中宫、中谒者、永巷、永巷丞印、内者、宦走丞印、郡左邸印、郡右邸印、南宫郎丞、北宫、北宫斡丞、北宫工丞、北宫弋丞、北宫私丞、北宫宦丞、章台、高章宦者、高章宦丞、安台丞印、华阳丞印、泰厩丞印、章厩丞印、宫厩、官厩丞印、中厩、中厩丞印、中厩将马、中厩马府、左厩、左厩丞印、右厩、右厩丞印、小厩丞印、小厩将马、御厩丞印、宫厩丞印、下厩、下厩丞印、东苑丞印、杜南丞印、白水之苑、麋苑、具园、左云梦丞、左礜挑支、右礜桃丞、左田之印、内史之印、典达、罯趋丞印、吴炊之印、走士丞印、走翟丞印、特库丞印、官臣丞印、宰胥、隧夫、咸阳、咸阳丞印、咸阳亭印、咸阳工室丞、阳陵禁丞、东苑丞印、咸阳工室丞等。

2. 都郡等地方职官官印：其中包括着从国都到郡、县道、乡里、市亭。如：咸阳、咸阳丞印、咸阳工室丞、雍丞之印、雍左乐钟、栎阳右工室丞、茝阳丞印、杜丞之印、高陵丞印、蓝田丞印、下邽丞印、翟导（道）丞印、频阳丞印、云阳丞印、犛丞之印、美阳丞印、废丘、废丘丞印、酆丞、宁秦丞印、重泉丞印、临晋丞印、南郑丞印、商丞之印、洛都之印、上郡侯丞、四川太守、成都丞印、西共丞印、代马丞印、邯郸之丞、邯郸造工、邯造工丞、代马丞印、安邑丞印、蒲反丞印、襄城丞印、女阴丞印、长平丞印、建陵丞印、西盐、兰干丞印、西采金印、江右盐丞、游阳丞印、堂邑丞印、任城丞印、邓丞之印、蔡阳丞印、济阴丞印、吴丞之印、南顿、南顿丞印、相丞之印、般阳丞印、卢丞之印等。

3. 私印：司马歇、苏段、桓段、上官□、聂华印等。

秦咸阳南区这批封泥提供给学术界研究的价值是多课题性的。举凡历史、官制、地理、文字、书法、玺印、封简等等，无不涉及。对研究咸阳布局、城制演变史都是极为重要的资料。

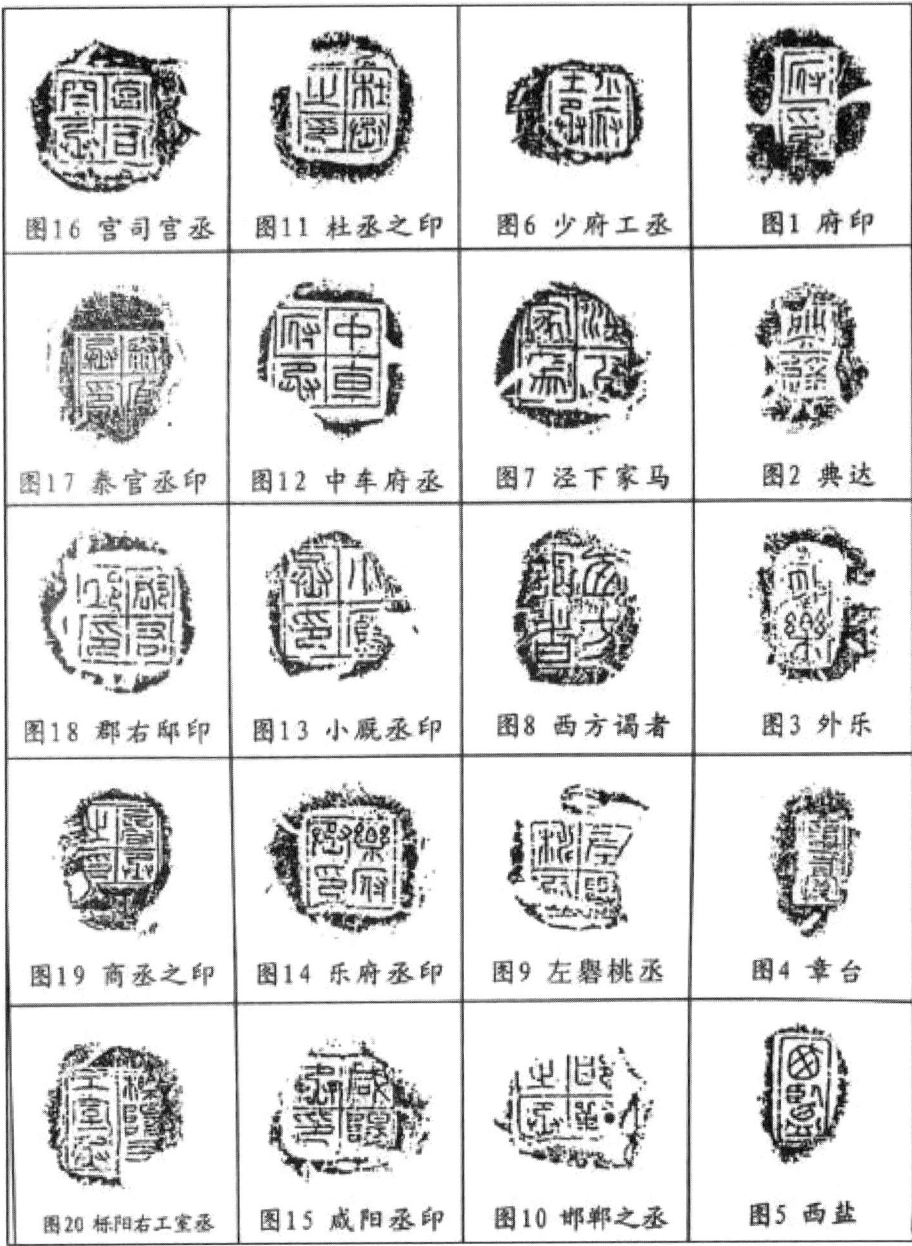

图 16-2 秦封泥示例

（三）秦始皇在渭南办公地追踪

秦都咸阳南区封泥的出土，更加证实了本人原来提出秦昭王以后政治重心南移的看法。由此还可以进一步指出的是：这批封泥的印文中有“丞相”，分左、右而无“相邦”，这对于断代尤为重要。铭年兵器中，相邦戈最晚的是四川青川出土的秦始皇九年

（公元前 238 年）相邦吕不韦戈[①]，最早的丞相戈是秦始皇十七年（公元前 230 年）丞相启状戈[②]，但“丞相”一职早在秦武王二年（公元前 309 年）已经设立，并得到四川青川“更修田律”木牍的证实。可见“相邦”同“丞相”并存，只是到了吕不韦免相的秦始皇十年（公元前 237 年）之后，再没有“相邦”铭器的出现。由此可见不但废除了自秦惠文王以来“相邦”的称号，而且为避免相权独专而有数相并设的出现。封泥中职官级别最高的“丞相之印”有 3 枚，“左丞相印”3 枚，“右丞相印”6 枚。以右为尊，自是明显。换言之，这批始皇封泥的时间上限应不早于公元前 237 年。这也同他亲政后每日阅奏简册 60 公斤，不中呈不得休息的记载是相互印证的。那么，除过大典庆封之事得去咸阳宫之外，他日常处理政务必在渭南的宫殿了。

秦封泥出土地在汉桂宫东北角，按本书《八、离宫别馆遍天下（一）都中宫殿群》考订，汉桂宫是在秦甘泉宫的基础上建立的。那么，原来的甘泉前殿，正是秦始皇在渭南新区处理政务之所。

① 尹显德：《四川青川出土九年吕不韦戈》，《文物》1979 年第 12 期。

② 田凤岭等：《新发现的“十七年丞相启状戈”》，《文物》1986 年第 3 期。

十七、咸阳权力中心的人性扭曲与社会风尚中的变化

秦昭王时，新兴地主阶级杰出的唯物主义思想家、新儒家理论的优秀代表荀况来到秦国。当时的相国范雎问他："入秦何见？"荀子发了这么一通观感：

其国塞险，形势便，山林川谷美，天材之利多，是形胜也。……及都邑官府，其百吏肃然，莫不恭俭敦敬、忠信而不楛，古之吏也；入其国，观其士大夫，出于其门，入于公门。出于公门，归于其家。无有私事也，不比周，不朋党，倜然莫不明通而公也，古之士大夫也；观其朝廷，其朝闲，听决百事不留，恬然如无治者，古之朝也。故四世有胜，非幸也，数也。（《荀子·强国》）

其中谈到统治者上层的这些话，不尽是溢美之词，也反映了一定的实际。当然，这就需要以历史的、发展的、辩证的眼光来看了。

（一）政治舞台上的奏鸣曲

1. 御前会议的优良传统——"廷议制"的确立与废除

古代国君出于巩固政治统治、避免重大国事问题的失误的需要，允许群臣当廷议事，甚至辩论，最后才作出裁决。这种颇具几分民主色彩的咨政形式，被称为"廷议制"。

秦国实行朝廷议事具有历史传统。最早见载的是秦穆公十二年（公元前648年），晋国发生饥荒，经过丕豹、公孙枝、百里奚等人的辩论，秦穆公决定输粟于晋（《左传·僖公十三年》）。

穆公十五年，秦晋"韩原之战"，俘虏了背信弃义的晋惠公（夷吾）。秦公子絷主杀，公孙枝主放。在权衡利弊后，"是故归惠公而质子圉"（《国语·晋语》）。

秦孝公用商鞅，在栎阳是否变法的问题展开廷议。商鞅驳斥了甘龙、杜挚"法古无过，循礼无邪"的保守论调，提出"治世不一道，便国不法古"的进步主张（《史记·商君列传》），孝公终于"拘世以议，寡人不之疑也"（《商君书·更法》），实

行变法，秦国卒强。

秦惠文王后九年（公元前 316 年）在伐韩或是伐蜀问题上“犹豫未能决”，张仪同司马错意见相左，各陈利弊，后采纳司马错的看法，决定先伐蜀。“十月，取之，遂定蜀”，使“秦以益强，富厚，轻诸侯”（《史记·张仪列传》）。

从以上诸例中可以看出，这种君主虚心问询、臣下积极陈策的廷议，对秦国的发展起了积极的作用。

当秦始皇继位的前期，仍能坚持君臣议事的做法。统一六国后，当庭令丞相王绾、御史大夫冯劫、廷尉李斯与博士共议“帝号”，特别是对立诸子、实行分封制或中央集权、实行郡县制的重大问题，经过明辨，终于废除分封同姓子弟为王的制度，坚定不移地实行郡县制以确保中央集权制国家统一。

但是，秦始皇三十四年（公元前 213 年）“置酒咸阳宫”，周青臣的“面谀”、淳于越又提分封，却遭到李斯盛气凌人的反驳，竟诱发了全国性的“焚书”运动。加之次年因“求奇药”未果而发生的“坑儒”事件，廷议之制从此被彻底地被废除了。

廷议有利于集思广益。在有关国家的重大问题上，举凡涉及政治、经济、军事、文化、礼仪、人事等，秦君往往从君臣的争论中权衡利弊，都能找到解决的对策，从而避免了失误。君臣关系和睦，国家相安，事业发展，但随廷议制的取消，秦始皇面对一统天下的局面，唯我独尊，遂走上专权之路，致使奸邪的权臣钻了空子。由于政治昏暗，其必然导致秦帝国的覆灭。

2. 招揽人才——群星灿烂

秦国因为没有传统的、严格的宗法制，因而在选用人才上不以宗室贵族为限，而是唯才是举。秦拥立国君，不是嫡长子继承制，而是不论嫡庶，要“择勇猛者立之”。秦君用人，也是重在能为秦统一战争效力的“客卿”。秦穆公、孝公、惠文王、昭襄王、秦始皇这五代国君重贤任能有着积极的成就，如穆公西取由余于戎，东得百里奚于宛，得蹇叔于宋，得来丕豹、公孙枝于晋，故能灭国十二，开地千里，遂霸西戎。

孝公用商鞅变法，实行耕战，走上富国强兵的道路。

惠文王用张仪、司马错，北收上郡，西并巴蜀，南取汉中，终拔三川、制鄢郢、散合纵，使版图更加扩大。

昭襄王用范睢，远交近攻，蚕食诸侯，奠定了统一的基础。

秦王政文用李斯，武用王翦、蒙骜等，离间各国君臣，攻城略邑，逐个攻灭六国，完成统一，终登帝座。

还有一大批曾在秦担任要职、卓有建树者，如春秋时代的内史廖、随会、白乙丙、西乞术、孟明视等，战国时代的公孙衍（犀首）、乐池、魏章、甘茂、向寿、陈轸、齐明、周最、屈盖、田文、楼缓、寿烛、芈戎、白起、任鄙、吕礼、蒙武、尉斯离、客卿胡伤、客卿灶、王龁、司马梗、张唐、蔡泽、将军廖、吕不韦、甘罗、蒙恬、王齮、茅焦、尉缭、桓齮、昌平君、王贲、李信、王绾、冯劫、王离、赵亥、隗林、冯无泽、王戊、赵婴、杨樛、宗胜等。他们同秦国统治者没有任何血缘关系，虽不是秦国人，有的甚至来自敌国，甚或出身下层，因其才干而给予信任、重用，竟进入统治者上层。相反，嬴姓同族的人进入上流政治集团者却很少，即使见载的公子挚、公子慭、公子鍼等在春秋时期也不见有多大作为。战国时期有公子虔、公孙贾、魏冉、高陵君、华阳君、泾阳君、成蟜等宗室贵族，不是被刑，就是被逐，其下场往往不终。所以，秦国择人标准不是任之以亲，而是任之以贤。

重用外来人才（即战国所谓的“客卿”）是秦国用人政策方面一大特点。而且待人以诚，表现出礼贤下士的态度：孝公与商鞅谈霸道，不自知膝之前于席，语数日不厌；始皇“见缭亢礼，衣服食饮与缭同”（《史记·秦始皇本纪》）。

秦君尊重人才，用之不疑，委以重任的例子很多。当韩人郑国修渠的“疲秦计”败露之后，秦宗室大臣乘机建议“一切逐客”，始皇一明白利害关系，就立即收回成命。他还听从客卿茅焦的批评，把太后从雍都迎回咸阳。这些都表现出一般治国者少有的大度。

还有不少秦君即使听到合理的批评，也能虚心地接受，像秦武王同“中期争论，不胜，王大怒。中期徐行而去。或为中期说王曰：悍人也”，但武王并未怪罪（《战国策·秦策五》）；顿弱见秦始皇不但不参拜，还批评始皇是“无其名又无其实”，王竟勃然而怒。但听了他的献计之后，提供重金，使之成为己所用的间谍（《战国策·秦策四》）。

没有宗法制的约束，血缘关系也普遍淡漠，致使秦国引用外来人才时就没有太大的思想障碍。但秦人原来落后，面对三晋与齐、楚改革出现的新局面，则有被兼并的危险，所以改变自己积弱、富国强兵的欲望更为紧迫。

争辩于朝，接受进谏，顾全大局，表现出秦君的胆识。延用客卿，深得好处，也就形为制度。

3. 贪大夸富自来有之

有人曾戏说：“秦始皇真伟大，喝酒用大瓮，生前住大殿，死后埋大墓。”贪大、求实、务多，不仅是秦始皇如此，可说是秦文化的一大特色。雍都诸公南指挥陵区有13座陵园，围沟内的陵区范围达13平方公里，其中的秦景公墓（1号大墓）全长300米、深及24米。三岔村陵区虽有一座陵园，占地仍有1.9平方公里；秦始皇陵原高69.6米，现在周边还有1390米，其陵城周长6321.59米①。陵园地面建筑宏伟，地下从葬品类多样，光陵东的兵马俑三坑计有7000件左右，其多、大、真、神的构成特点为世界所无。至于秦的宫殿建筑、通天下的大道、万里长城，以及生活用具等，无不体现出一个“大”字。贪大求多的价值观，在政治上就表现出对权力和国土不断扩大的“进取”。即以秦都咸阳而论，早年只是占“山南水北”之地；随之“表河以为秦东门，表汧以为秦西门”；统一六国后，则立“东门”“碣石门”于海，“国”的概念已不限于“都”，真的成为“国家”一体。

“贪大夸富”之风影响深远，今“贪大求全”“贪大求快”“贪大求洋”“贪大求奢”……不尽一一。

但当君权膨胀到了极点，虚心就被傲慢所代替，有限的民主色彩就化作专制独裁。从秦王政到秦始皇，前后虽是一人，由地位、思想、语言一变而全变，最后导致秦的灭亡。

4. 争权夺利百态、尽显招数

“私”是内核，“权利”是外壳，贪官污吏们就像一群嗜血成性的大小鳄鱼，为了权，频换假面具者，出卖灵魂者，拳脚相加者……无所不用其极。那么，在秦都咸阳，曾出现过一张张历史脸谱，演出过一幕幕闹剧：

例1，国王挟私报复，朝臣奸贼害忠良

尽管秦朝廷不排挤人才，经常吸收客卿作为“智囊团”，但官场的倾轧，明争暗斗，暗流涌动。秦孝公刚死，惠文王就听信宗室的恶言中伤和挑拨离间，挟私怨，车裂了有功于秦的重臣商鞅，还残酷地杀害了他的全家（《史记·商君列传》）。

白起是秦昭王时的一员良将，善于用兵，一生战功卓著。由于秦王听信了范雎别有用心的一派说辞，不但从长平之役的前线撤兵，失去灭赵的战机，而且逼令白起带病出征，以至于夺爵削职，赶出咸阳，逼杀于西门外十里的杜邮亭（《史记·白起王翦列传》）。其实，置这位杰出的军事家于死地的不是别的，而完全是因身居相位又心胸褊狭的范雎出于嫉妒、陷害的结果！

但这位用权整人、害人，还要装人的范雎也没能善终。因为他保举的王稽和郑安平

① 王学理：《秦始皇陵研究》，上海人民出版社，1994年。

二人，一个身为河东守，竟“与诸侯通”，一个率军攻赵时，在邯郸投敌。范雎也就因任人不善，食取了妒贤嫉能、结党营私的恶果——身遭弃市[①]。

本来韩非同李斯都是拜师荀卿门下的老同学，各有才学。韩非口吃木讷，但著作有成，曾受到秦王“寡人得见此人，与之游，死不恨矣”的赞赏（《史记·老子韩非列传》）。随后，韩非确实也来到了秦国。但这时，能言善辩、工于心计的李斯担心韩非受到重用而妨碍自己的仕进，就勾结“梁之大盗，赵之逐臣”姚贾，以韩国间谍的罪名进谗言于秦王政。结果韩非被囚于云阳狱中，李斯就从速用权，步步进逼。不但送去毒药，逼令他自杀，还不准许韩非申诉。当秦王后来想赦免韩非时，并派人去了云阳狱查看时，而韩非却早已被老同学害死了。

李斯害死有才的老同学之后，由此得意，官至廷尉，后任丞相，也圆了享尽人间荣华富贵、作“仓中鼠”的梦。但这位贪而无义、恃才无行的阴谋家尽管善用法、术、势的统治术，在说人话的背后暗藏着通向权力之门的杀机，既以害人取胜，也以被害而告终（《史记·李斯列传》）。

渤海郡鄚（今河北任丘市）人扁鹊（又名秦越人）医病“随谷而变”，游历邯郸，洛阳等地，“名闻天下”。来到咸阳后，因秦人爱小儿，他就改治儿科病，也曾为秦武王诊治过病，但遭到太医令李醯的排挤而只得离开咸阳东去。就是这位“自知技不如扁鹊”的李醯，竟派人把扁鹊刺杀在半道上（《史记·扁鹊仓公列传》）[②]。

例 2，宣太后的“女功”

宣太后芈八子在秦国掌权 40 余年，同两弟穰侯魏冉、华阳君芈戎结为“后党”，威威赫赫；另一派则是以昭襄王为中心形成的“帝党”，同母亲宣太后明争暗斗。昭襄王即位在公元前 306 年，时年 20 岁，已属成人，这时宣太后三十五六岁。两人均有才

---

① 云梦秦简《编年纪》：秦昭王“五十二年，王稽、张禄死”。同《战国策·秦策三》《史记·范雎蔡泽列传》不同。范雎从魏国逃出改名张禄，因王稽的引进得幸于秦昭王，出任相。反过来，王稽因范雎的保举，由谒者擢升为“河东守”，恩人郑安平也拜为将军。《史记·六国年表》也记昭王五十二年（公元前 255 年）“王稽弃市”。据黄盛璋先生研究，范雎也是受了郑安平和王稽的牵连而一同与王稽弃市的（《云梦竹简〈编年纪〉初步研究》）。

② 据传说，扁鹊殉难的地方在今西安市临潼区东 15 公里的戏河沟东岸。今南陈村旁有土冢，曰扁鹊墓。1983 年成立“临潼县东周秦越人扁鹊墓文物管理所”，1991 年更名为“临潼县扁鹊纪念馆”，1997 年更名为“西安市临潼区扁鹊纪念馆”。馆内主要建筑由仿古门楼、神医殿、东西配殿及扁鹊堂五部分组成。陈列有《扁鹊生平及医学成就展》《中国古代医史展》《中国古代十大名医展》和《中草药保健品展》等。鹊一名卢医，在原籍有旧址，称“卢邸”，人也多称其为“药王”。其墓地或说在“鄚（今河北任丘市北鄚州镇）城东郊”（《河南府志》），或“在汤阴县伏道社”（《明一统志》《彰德府志》）均不可靠。其纪念地甚多，遍及河北、山东、河南、陕西等地，说明他行医范围甚为广阔。

干，但在随后并行的时间里，宣太后把持政柄，虽然干了几件与国有益的大事，但并不应成为“霸权不舍”的理由。因为她明白：还权于帝（尽管是儿子），就是自己地位的丧失。也正因为有她的庇护，魏冉伐齐时才能扩大自己的封邑——陶，欲“长小国以朝天子”，成“五伯之事”（《战国策·秦策三》），泾阳君、高陵君也乘机捞钱“富于王室”（《史记·穰侯列传》）。帝后争权，终于在秦昭王四十一年（公元前266年）画上了句号。这就是说60岁的国王终于把七十五六岁的太后从政坛上拉了下来。尽管儿子如此这般的“客气”，但丢了权的妈妈在第二年就告别了人世，可见政治家那脆弱的生命全是靠政治生命来支撑的。

宣太后这位生于南国楚地的女子，能耐与权欲使她在政治漩涡里不择手段地施展“才华”，生活作风之“开放”已近乎无耻。像她对韩国使臣靳尚来求秦伐楚时，举例说“妾事先王日，先王以其髀加妾之身，妾困不支也。尽置其身妾之上，而妾弗重也。何也？以其少有利焉”（《战国策·韩策》）。在这里，风马牛不相及，哪是讲道理，简直是在宣淫！她同来朝不归的义渠王私通，生下了两个孩子，竟诱杀戎王，使秦乘机灭了义渠。从此秦除却心腹之患，有了安定的大后方，可全力东向，确有赖于她用的“女功”。不过，这又成了她“擅行不顾”的资本。尽管被赶下了政治舞台，但在弥留之际，仍公开要求把情夫魏丑夫给自己去殉葬。因有庸芮的说情，这才免了魏丑夫一死（《战国策·秦策》）。

例3，小人张仪害人又害己

朝臣拉帮结派，以权谋私。各自为达到目的，免不了要找政治靠山。于是，在同僚间便使出搞阴谋、耍诡计、纵横捭阖、借刀杀人、趁火打劫、偷梁换柱一类招数的。在这里，“笑里藏刀”的一张脸、“三寸不烂之舌”的一张嘴，都能起到意想不到的作用。

张仪为了争宠固位，就要设法干掉所有可能挡自己仕路的一切人。他建议秦惠文王给樗里疾委以重任使楚，又跑到楚怀王那里唆使请相于秦，然后按照“敌人的朋友，就是敌人”的逻辑，抓到樗里疾“叛国”的口实，进谗言给秦王，使“秦王大怒”。这时，就连以“智囊”闻名的樗里疾面对小人的使坏，也是有口难辩的。三十六计，剩下的只有“出走”一条路！张仪出于同样的老毛病，在秦惠文王面前又诋毁陈轸，说他“自为而不为国”而要“去秦而之楚”。这次，秦惠文王来了个实际调查，直接问陈轸是怎么回事。陈轸不仅直言不讳，还来了个绝妙的回答：“吾不忠于君，楚亦何以轸为忠乎？忠且见弃，吾不之楚何适乎？”（《战国策·秦策一》）。待秦惠文王死后，李雠给公孙衍（犀首）出了个点子：召甘茂于魏、召公孙显于韩，重新起用樗里疾三人，使这无仁义、善用口舌功夫的小人张仪无权失宠。他失相位之后离开秦国，同所有失权的政客一样，郁闷而客死在魏国。你方唱罢我登场，公孙衍升任了相位（《战国策·秦策二》）。

例 4，秦皇父子自食苦果

嫪毐凭着帝太后的影响同吕不韦形成两大势力集团，造成门下人择主时往往左右为难。感叹“与嫪氏乎？与吕氏乎？”秦始皇虽然铲除了嫪毐势力，但未能接纳吕不韦手下的有用人才。

赵高是奸邪小人、李斯要当“仓中鼠”。二人的合与分，则是为了权位。都是凭阴谋手段，建立在互相利用关系上的噬杀行为。秦始皇不辨忠奸，在身边埋下了“定时炸弹”。

秦始皇生前未立皇储，猝死于出巡的归途之中，竟给身边一帮表面恭顺、实则奸佞的丑类造成了篡权弄谋的可乘之机。秦二世开始也能意识到自己“能薄而才谫，强因人之功”（《史记·李斯列传》），但权位的欲望是不顾父兄之情的。在赵高的串通下，他同李斯结帮，害死长兄扶苏，矫诏篡位，迈出罪恶的第一步。随之把屠刀挥向宗室大臣及始皇诸公子。不要说右丞相冯去疾、大将军冯劫被杀，连同伙的李斯父子也未能幸免。翦除异己的结果，自己竟成了赵高玩于股掌之间的傀儡，最后也成了赵氏集团（赵高升为中丞相，弟赵成为郎中令，婿闫乐为咸阳令）的刀下之鬼。昏庸无能又荒淫残暴的秦二世是皇权的攫取者，也是皇权的牺牲品。他虽遭后人的唾弃，但“抢非所得”的哲学总不乏步其后尘者。

（二）纯朴的“秦风”处在变化中

1. 有“先王遗风”的一面

新儒家理论的优秀代表荀况入秦，对秦民的观感是：“观其风俗：其百姓朴，其声乐不流污，其服不佻，甚畏有司而顺，古之民也”（《荀子·强国》）。

咸阳所在的关中秦地，自然环境优美无污染，资源饶多无破坏，百姓质朴没有污秽下流的声乐与轻佻的妖艳之服。“民有先王遗风，好稼穑，务本业”（《汉书·地理志》），规规矩矩，服从管理。荀子称之为“古之民”，这一点没有错。秦自商鞅变法以来，经过秦孝公、惠文王、悼武王和昭襄王四代君主的治理，官吏忠于职守，朝廷办事效率高，整个社会呈现出一派勃勃生机，这也属于事实。所以，荀况也有把秦国作为推行自己政治主张的打算，但当看到“秦之所短”时，最后还是放弃了。

当然，荀子面对主人的诚恳与热情，只能发表感受最为突出的第一印象。事实上，社会风尚是一个不恒定的因素，既有固守稳定的一面，即所谓“古者”“民性”；也有随势而变的一面，即“人心不古”“世风而下”。

风俗习惯是个群体行为，有着不容忽视的形成过程，即“系水土之风气，故谓之风；好恶取舍，动静无常，随君上之情欲，故谓之俗”（《汉书·地理志》）。既然地理环境与政治引导两大要素是形成风俗习惯的动因，就只能是相对稳定，这也就是人常说的：“山水易改，本性难移。”但也由于经济的、政治的影响，必然发生“好恶取舍，动静无常”的变化，风俗也就随之而变，于是社会贤达人士就有了“移风易俗”的要求。

稳定，是相对的；变化，是绝对的。稳定后于变化，这才是常理。也正因为荀子看到和盛赞的，只是秦国由政治上死气沉沉转到朝气蓬勃的风气，其间既有秦人带来强取即理的“悍性”，也杂有更普遍的“先王遗风”之民，因此二者合拍相应而治。但在随后的历史进程中，秦地的社会风尚因外来人口的不断增加，也发生着更为复杂的变化。

周文王都丰、武王治镐，利用优良的土壤条件和丰饶的水利资源，规划城市、发展农业、施行教化，民性敦厚，风尚纯朴。故而班固称赞跨有雍、梁二州的“秦地”之“民有先王遗风”（《汉书·地理志》）。

秦人原来僻处西垂，同戎狄杂居。进入关中，虽积极吸取华夏文化，并不能完全摆脱旧日陋习。商鞅变法，使社会风气为之大变。在耕战政策驱动下，制定全新的授予爵禄的标准，使贵族与平民在军功面前人人平等。“功赏相长”，从而形成民人“勇于公战而怯于私斗”的社会风尚。秦统治者“以秦地旷而人寡，晋地狭而人稠，诱三晋之人，耕秦地，优其田宅，而使秦人应敌于外”（马端临：《文献通考·兵考》），正是利用秦人强悍勇敢的这一性格特点。魏国大将吴起通过战场上的接触，就作出概括性的总结：“秦性强，其地险，其政严，其赏罚信，其人不让，皆有斗心，故散而自战”(《吴子·料敌》）。

严肃不华、质朴实用的风尚，在造器上也有着充分的反映。咸阳宫殿建筑经过夯筑，其夯层厚 5 ~ 7 厘米，面平如砥，密度大而质地坚硬，经得起风吹雨打，也足以承载重大的负荷。相反，暗柱之础多用原石，无需精雕细琢，以节省人力。砖瓦及水道等建筑材料，不但造型大，而且坚实牢固。他如塔儿坡铜器群中，固然有不少的精品，但也不乏几经修补而继续使用的例证（如两个素面铜钫的颈部多处有补丁存在）。即使器物上的装饰纹样，像云纹、龙纹，本应流畅飞扬，但多呈拘谨规正而图案化之态。有以蟠虺纹为地的作品，排列整齐，使人无繁缛细腻之感，却显得呆滞而无生气。器物上多刻工匠与地名，兵器铭刻表明三级督造制异常完备。“物勒工名”为的是“以考其诚”，严防伪劣假冒。严肃务实、不尚奢华的风气可见一斑。

2. 功利主义的价值观在形成中

自战国以降，咸阳地区已是“五方杂厝，风俗不纯”（《汉书·地理志》）。商鞅实行什伍之法，相收司连坐，告奸之风兴起，加之严刑峻法与徭役苛赋，弄得人情菲薄，“暴戾刻核”，心常惴惴不安（《文献通考·职役考》）。

秦的宗法观念本来就薄弱，加之变法中以强力手段涤荡着血缘关系的残余，使宗室之亲淡化，刻薄寡恩到了秦二世时就能够轻易地处死自己宗室子弟的地步！

秦人“重功利、轻伦理”，不讲仁义道德与自我反省，而是对自身物质需求的赤裸裸索取。汉代的贾谊对这种功利主义的价值观有着这么一段精彩的描述：

> 故秦人家富子壮则出分，家贫子壮则出赘。借父耰锄，虑有德色；母取箕帚，立而谇语。抱哺其子，与公并倨；妇姑不相说，则反唇而相稽。其慈子耆利，不同禽兽者亡几耳。然并心而赴时，犹曰蹶六国，兼天下。功成求得矣，终不知反廉愧之节、仁义之厚。信并兼之法，遂进取之业，天下大败。众掩寡，智欺愚，勇威怯，壮陵衰，其乱至矣。（《汉书·贾谊传》）

这种对利的锱铢必较、迷信强力，贯穿于秦人的行为中，并不为之羞。连生活在咸阳的吕不韦也看不惯：“秦之野人，以小利之故，弟兄相狱，亲戚相忍”(《吕氏春秋·高义》）。

受功利主义的驱动，秦人关心的“是生产、作战等与日常生活密切相关的利、害，而不注意仁义之兴废、礼乐之盛衰以及道德之完善”[①]。重视耕战，就规定“大小僇力本业，耕织致粟帛多者复其身。事末利及怠而贫者，举以为收孥”(《史记·商君列传》）“斩一首者，爵一级；欲为官者为五十石之官。斩二首者，爵二级；欲为官者为百石之官。官爵之迁，与斩首之功相称也”（《韩非子·定法》），“五甲首而隶五家”（《荀子·议兵》）。这种非常明确的追求与具体的保障措施，使秦收到由小到大、由贫转富的实际效益。同样，在接受外来文化、用人制度等方面，选择的根据就是“有利于我

① 林剑鸣：《从秦人价值观看秦文化的特点》，《历史研究》1987 年第 3 期。

者，都要”。

金钱在社会生活中的作用诱惑着人对钱的贪欲。官府虽禁止私人铸钱，但私铸和盗钱的事，时有发生，《封诊式》《法律答问》中都有此案例。

“贪狠强力，寡义趋利”是对秦人价值观外在表现的概括。固然功利主义促使它“进取”成功，岂知“轻仁义”的结果是对人自身价值的损害。在一切“向钱看”的诱导下，人可以为目不择手段。腰包鼓了，道德全无。世风歪邪，自是必然。秦不恤民力，严刑峻法最后的结果是激起复仇的怒火，彻底烧毁统治的大厦。

3. 重男轻女

秦人偏爱小儿，名医扁鹊来咸阳后专治儿科疾病。商鞅变法时曾明令“民有二男以上不分异者，倍其赋”(《史记·商君列传》)，目的之一就是鼓励人口增加。《韩非子·六反》记“产男则相贺，产女则杀之”的话，或指的就是秦国。

出于战争的需要，“秦人应战于外”，是重视男丁的。生男致贺，形成风气。但是，战争的残酷、劳役的苛重，人们违心地唱出“生男甚勿举，生女哺用脯。不见长城下，尸骸相支柱”（《古谣谚》）的悲愤怨歌。

4. 厚葬与盗墓

筑墓与厚葬，本赖于主人财富的多寡而定，但二者未必匹配，当同习俗有关。但秦的统治上层都把筑大墓和厚葬紧密地连在一起，这已得到考古资料的验证。从甘肃礼县、陕西凤翔的秦公墓地，咸阳秦文、武二陵，临潼秦东陵、始皇陵无不是如此。

陵墓之宏大，随葬品之奢丽，形成厚葬之风气。《吕氏春秋》的作者作了如下的描述：

> 世俗之行丧，载之以大輴，羽旄旌旗如云，偻翣以督之，珠玉以佩之，黼黻文章以饰之，引绋者左右万人以行之，以军制立之，然后可。（《节丧》）
>
> 世之为丘垄也，其高大若山，其树之若林，其设阙庭，为宫室、造宾阼也，若都邑。（《安死》）
>
> 国弥大，家弥富，葬弥厚。含珠鳞施，夫玩好、货宝、钟鼎、壶滥、辇马、衣被、戈剑，不可胜其数。诸养生之具，无不从者。题凑之室，棺椁数袭。积石积炭，以环其外。（《节丧》）

厚葬是对财富的浪费，是对人力资源的破坏，毫无意义。生不及养，死则厚葬，对某些人也属欺世盗名之举。若是“侈靡者以为荣，节俭者以为陋”(《节丧》) 形成风气，不为死者着想，纯系“生者以相矜尚”，就会诱发“奸人闻之，传以相告”，刮起盗墓之风，造成“今世欲大乱”。吕不韦在这里完全是采用墨家的主张，提倡节丧以安死，为统治者着想，并向即将主政的秦始皇发出警告：“自古及今，未有不亡之国也；无不亡之国者，是无不扣之墓。以耳目所闻见，齐、荆、燕尝亡矣，宋、中山已亡矣，赵、魏、韩皆亡矣。其皆故国矣。自此以上者亡国不可胜数，是故大墓无不扣也。而世皆争为之，岂不悲哉？……宋未亡而东冢扣，齐未亡而庄公冢扣。国安宁而犹若此，又况百世之后而国已亡乎？”（《节表》）

由于大墓中宝物的诱惑，那些“惮耕稼采薪之劳”又“祈美衣侈食之乐”的不逞之徒，终于掀起盗墓狂潮。他们“聚群多之徒，以深山、广泽、林薮，扑击遏夺。又视名丘大墓葬之厚者，求舍便居，以微扣之，日夜不休，必得所利，相与分之”(《安死》)。

盗墓之风兴起，古之盗墓贼挖诸金银财宝，尔今无所不要。既盗又抢，技高一筹，可谓“盗亦有道”。

十八、反压迫与复仇的怒火，终于焚毁了咸阳

（一）始皇统治下的社会灾难

1. 战争之灾

“国以民为本”。但“暴秦”之所以速亡，并非“安民”不当，而是“烦民”有过。虽说“男乐其畴，女修其业，事各有序，惠被诸产，分并来田，莫不安所”（《碣石刻石》）。这，只能是统治者为了自吹而撒下的弥天大谎。事实是：民不聊生，到了不能为继的程度。且看：

战争中人民遭屠戮，财物被劫夺，家园被毁弃。随着兼并战争激烈程度的增加，越到战国末期，情况就越加严重。此时战争规模大，又旷日持久，一次大战中双方投入的兵力可达到几十万人。由于兵器制造术提高，强弓劲弩的使用，杀伤力大大增强。作战方式也因车阵战改变为步、骑兵的野战和包围战，既使军事行动范围扩大，无疑地增强了战争的破坏力，而且也使战争带有长期的、持久的性质，如秦、赵的“长平大战”，战程长达三年之久，一次坑杀赵卒就有四十万之众，竟“流血成川”（《战国策・秦策三》）。秦国自孝公之后，在历次战争中杀了一百多万人，自己也付出了惨重的代价。

战争不仅使生灵涂炭，而且统治者都把沉重的军事负担转嫁到百姓头上。农民是战争的直接受害者，他们不但被编入军队，还要自备军衣、粮食，或从事运输。既负担战争费用，又耽误农时，使田园荒芜，无形中被逼到了饥饿与死亡线上。经过一场大战，死伤费用、车马武器损耗，足以超过十年的辛勤耕作，苏秦就说：“十年之田而不偿也”（《战国策・齐策五》）。实际上管子就曾指出战争的深远影响是：“一期之师，十年之积蓄殚；一战之费，累代之功尽”（《管子・参患》）。而战争的发生，又连绵不绝，一部“战国史”几乎就是一部战争的日程表。单以秦国而论，自昭襄王以后，可说是无年不战，无月不战。不战的时间，正是为战而准备的间歇时间。当秦始皇亲政后至全国统一，一战就连续了十六七年。华夏大地，进攻与反攻的武装对抗，岂容百姓休息十年！

长期的战争，使全社会卷入，老百姓承受着无尽的灾难和损害。战国时期的二百

多年间，群雄割据，战争频仍，其残酷的情景正如孟子说的：“争地以战，杀人盈野；争城以战，杀人盈城”（《孟子·离娄》）。墨翟描述道：当时的大国一旦攻入别国，就焚烧宗庙，割去庄稼，砍掉树木，拆毁城郭，掠夺家畜，见人就杀。男俘作“仆”“圉”“胥靡”，女的则成了“舂酋”一类奴隶（《墨子·天志下》）。

战争这个恶魔在吞噬着生命和财富。

2. 徭役之苦

岂料统一战争刚一结束，百姓还没有得以喘息，秦始皇就全国动员，发起百万之众大兴土木，把疲惫不堪的劳苦大众又投入到徭役工程和边防戍守上去。

建筑工程的情况是：修筑郦山陵墓的劳役，从秦国范围扩大到全国征发；咸阳的宫殿建筑工程同战争并行不悖，接连进行，以至达到“关中计宫三百，关外四百余”的规模（《史记·秦始皇本纪》），随后在上林苑中营造“朝宫”——阿房宫和始皇陵墓竟动用七十万“隐官徒刑者”；修筑“万里长城”，同南北戍守边防的道路工程（驰道、直道、岭南新道、凿灵渠、五尺道等）是配套展开的。这些使人苦不堪言的徭役，后世人谑之为“秦始皇在磨民”。掌握生杀予夺大权的统治者，志得意满，开动“磨民”机器，把全社会都尽情地消磨。

秦王朝规定：一个成年男子，在一生中有一年时间“屯戍”或劳役，一年时间当“正卒”，每年还得用一个月时间给所在的郡县当“更卒”（《汉书·食货志》《文献通考·兵考》）。从表面看，似乎不算太重。但事实并非如此，“过年之徭”“逾时之役”已司空见惯，“法外之徭”更是弄权者延长役期的借口。据估计，秦时的全国人口不过两千万，其中的青壮年劳力至多不过千万（男女共计），但征发来修筑郦山陵墓的有七十二万人，北筑长城四十万人，蒙恬率军三十万人，南戍五岭五十余万人，总计达一百九十二万人左右。而转送粮草（即“转输”）的人数，最少还得超出这个数字一倍多[①]。那么，男丁中 76.8% 的人去当兵并从事劳役，再加之对死伤者的更替，从事生产劳动的人就所剩无几了。

至于长途转输的徭役那更是无法估量的负担。汉主父偃算过一笔账：“使天下飞刍挽粟，起于黄、腄（今山东烟台市福山区）、琅邪负海之郡，转输北河（今内蒙古阴山南麓的黄河段)，率三十钟而致一石，男子疾耕不足于粮饷，女子纺绩不足于帷幕”(《汉

① 王学理：《秦始皇陵研究》，上海人民出版社，1994 年。

书·主父偃传》）。从东海之滨运输一石重（合今30.75公斤）[①]的粮食到河套地区，在路上就得耗费粮食“三十钟”（合秦1920斗，1秦斗=2010毫升[②]）。兵役和徭役几乎使全部男丁被逼离开了生产，剩下的不过是些老弱妇孺而已。这种“三十倍于古”的徭役负担（《汉书·食货志》），必然直接地落在占全国人口最多的农民（“黔首”）身上。

“丁男被甲，丁女转输，苦不聊生。自经于道树，死者相望”（《汉书·严安传》）、“戍者死于边，输者偾于道”（《汉书·晁错传》），是当时劳役之苦所发生的真实写照。

3.赋税之繁

秦代赋税之苛繁，同样是套在人民身上的桎梏。作为社会主体的农民，其所承担的赋税主要是两大内容，即：土地税和人头税。表现形式为：前者为“物”，后者为“钱”。

秦土地征税制起自简公七年（公元前408年）“初租禾”（《史记·六国年表》）。但不税田，孝公十四年（公元前348年）才“初为赋”（《史记·秦本纪第五》），鼓励垦荒增产，赋田计功。田租租率是“收泰半之赋”（《汉书·食货志》《淮南子·兵略训》《史记·淮南衡山列传》《文选·东京赋》），即三份取二。例如郑国渠修成溉田，产量达到“收皆亩一钟（六斛四斗）”，秦政府取4.26石多，耕者留2.13石多。垦田数同缴、留数成正比，对国、对民都有利，从而收到民富国强的效果。但秦始皇在统一后征发不已，徭役繁兴，正常的生产秩序遭到破坏，使农民陷入了困顿而不能自拔。

征课刍（饲草）稿（秆）也是土地税的又一重要内容。云梦秦简规定：“入顷刍稿，以其受（授）田之数，无垦不垦，顷入刍三石、稿二石。刍自黄穗（干叶）及苈（乱草）束以上皆受之。入刍稿，相输度，可也”（《田律》）；“入禾稼、刍稿，辄为廥籍，上内史。刍、稿各万石一积，咸阳二万一积，其出入、增积及效如禾”（《仓律》）。从中可知，征刍、稿是不论垦否，而是按授田亩数实收。按“石”的计量单位缴，按“积”的单位归仓。县不得截留，一律缴国库，上籍簿存内史。

秦的人头税有二：口钱和算赋。按人头计口征税虽沿自战国旧制，但口钱的税率及税额已无从查知。从七岁到十四岁，要缴纳口钱。但自十五岁起却要缴纳算赋。二十至五十六岁是服役期年龄，虽然除却了口钱，但随时都将征召，照样出算赋，数额按《汉

① 此处主父偃说的“石”，指的是重量而不是后世量制中的“石”。否则，同后面他说的“钟”同制，就没有必要了。据高奴铜石权知，秦一石重61.5斤。

② 1钟=6斛4斗，1斛=10斗=100升。由商鞅量测知1升=201毫升。故1钟＝640升×201＝128640毫升。那么，30钟＝（128640毫升×30）÷2010毫升＝1920秦斗。

旧仪》记是“人，百二十为一算，为治库兵车马”（《汉书·高帝纪》如淳注引）。既缴税又服役，受着双重剥削。当时按人头出算赋有个说法叫“头会箕敛”（《史记·张耳陈余列传》)，从秦简《金布律》“官府受钱者，千钱一畚，以丞、令印印。不盈千者，亦封印之”的话知，“畚”是税钱的盛具，千钱为“一畚”。“畚”与“箕”虽然形非一物，但作为征税钱的用途是一致的。

赋税虽有比例限额，但随意性很强。《汉书·食货志》载：“至于始皇，遂并天下，内兴功作，外攘夷狄，收泰半之赋，发闾左之戍……竭天下之资财奉其政，犹未足以澹其欲也。”所以董仲舒说秦的“田租口赋，盐铁之利，二十倍于古”（《食货志》引）。

本来赋税属于国家财政收入，归大司农管，以“量吏禄，度官用”（《史记·平准书》)，而皇室的费用则取之于“山海池泽之税”，由少府掌管。但秦始皇“头会箕赋，输于少府”（《淮南子·汜论训》)，把算赋的收入也统交皇室私有和享用，再加上地主剥削农民收获的十分之五[①]，这种尽情搜刮就直接造成了“贫民常衣牛马之衣，而食犬彘之食”的悲惨景象。

4. 失田之痛

地主阶级通过军功赏田和土地兼并，加速了地主土地私有制的进程。无论是大、小军功地主，豪强地主，工商业地主，都或多或少地在政治上发展自己的势力。皇帝是全国土地的最大占有者，秦始皇三十一年（公元前 216 年）“使黔首自实田”（《史记·秦始皇本纪》)，正是土地兼并激烈造成占有情况混乱而核实限制田数的措施。而土地兼并与掠夺，使广大自耕农逐渐丧失土地，成为依附于地主的佃农或雇农。

两极分化，贫富悬殊，出现了“富者田连阡陌，贫者无立锥之地，……邑有人君之尊，里有公侯之富，小民安得不困”（《汉书·食货志》引董仲舒语）。

5. 迁徙之难

秦迁徙“乱化之民”是自商鞅变法以来就实行的传统政策，而秦始皇把它扩大化，及至秦帝国建立之后，被迁对象广、人数多、规模大、地域远，达到了空前未有的程度。

秦始皇的徙民活动，见载如下：

八年（公元年 239 年）“成蟜将军击赵，反，死屯留（今山西屯留）……迁其民于临洮”（《史记·秦始皇本纪》)。

九年（公元前 238 年）“长信侯嫪毐作乱而觉。……战咸阳，斩首数百。……杀之，

---

① 《汉书·食货志》引董仲舒语：“或耕豪民之田，见税什伍”。

五十万。尽得毐等……二十人皆枭首，车裂以徇，灭其宗。及其舍人，轻者为鬼薪，及夺爵迁蜀四千余家，家房陵（今湖北西北）”（《史记·秦始皇本纪》）。

十二年（公元前 235 年）“而出文信侯就国河南。岁余，……秦王恐其为变，乃赐文信侯书曰：“君何功于秦？……其与家属徙处蜀！”[①]（《史记·吕不韦列传》）。

十九年（公元前 228 年）“取赵地东阳，得赵王”（《始皇本纪》）、“赵王迁流于房陵。思故乡，作《山木之讴》”（《淮南子·泰族训》）。

二十五年（公元前 222 年）秦灭楚，“徙严王之族于严道”（今四川荥经县，《太平御览》引《蜀记》）。

二十六年（公元前 221 年）“徙天下豪富于咸阳十二万户”（《史记·秦始皇本纪》）。

二十八年（公元前 219 年）“乃徙黔首三万户琅邪台下，复十二岁”（同上）。

三十三年（公元前 214 年）“发诸尝逋亡人、赘婿、贾人略取陆梁地，为桂林、象郡、南海，以谪遣戍”（同上）。“秦时已并天下，略定杨越，置桂林、南海、象郡，以谪徙民，与越杂处十三岁”（《史记·南越尉佗列传》）。“前使秦徙中县之民南方三郡，使与百粤杂处”（《汉书·高帝纪》）。“又使尉佗逾五岭，攻百越……使人上书求女无夫家者三万人，以为士卒衣补。秦皇帝可其万五千人”（《汉书·淮南衡山济北王传》伍被语）。

“西北斥逐匈奴，自榆中并河以东属之阴山，以为四十四县，城河上为塞。又使蒙恬渡河，取高阙、阳山、北假中，筑亭障以逐戎人，徙谪实之”（《史记·秦始皇本纪》）。“临邛县郡西南二百里，本有邛氏，秦始皇徙上郡实之”（《华阳国志》）。“秦遣蒙恬攘却匈奴，得其河南造阳（今河北张家口市）之北千里，地甚好，于是为筑城郭，徙民充之，名曰‘新秦’，四方杂错”（《汉书·食货志》颜师古注）。

三十五年（公元前 212 年）“因徙三万家丽邑，五万家云阳，皆复不事十岁”（《史记·秦始皇本纪》）。

三十六年（公元前 211 年）“迁北河、榆中三万家”（同上）。“定襄、云中、五原，本戎狄地，颇有赵、齐、卫、楚之徒”（《汉书·地理志》）。

三十七年（公元前 210 年）“徙天下有罪适吏民，置海南故大越处，以备东海外越”“徙大越民置余杭”（《越绝书》）。

---

① 《水经注》卷三十七《叶榆河》：“汉明帝永平十二年，置为永昌郡，郡治不韦县。盖秦始皇徙吕不韦子孙于此，故以不韦名县”。地在房陵。

秦始皇迁徙政敌、亡国之君及其旧贵族，在于剥夺其政治权力与政治影响力；迁徙豪富及大商人，既避免了社会势力集团的形成，又乘机掠取其财富；而迁徙社会罪犯和人民，纯属一种处置措施，其目的在于巩固自己的统治。通过徙民实边和易地之迁[①]，固然被动地发生过各地区经济文化交流的作用，但几乎是连年全国性人口大流动，动辄数万甚至四十多万，奔波于道，生老病死的发生，恓恓惶惶，苦不堪言，对家庭对社会都带来混乱和不安。

6. 天灾之殃

连绵不绝的战争、繁重的徭役负担、苛刻的横征暴敛、东西南北的人口流徙，死伤惨重又田园荒芜，到了民乏财匮的地步。而自然灾害接连发生，更是雪上加霜。

自然灾害的发生，往往同战争相伴。

秦始皇三年（公元前244年）秦“岁大饥”（《史记・秦始皇本纪》）。

四年（公元前243年）“蝗虫从东方来，蔽天”（《史记・秦始皇本纪》《六国年表》），“状如严雪。是岁，天下失瓜瓠”（《吕氏春秋》），“天下疫”（《史记・秦始皇本纪》）。

九年（公元前238年）“四月，雨雪寒冻，有事者”（同上）。

十二年（公元前235年）“天下大旱，六月至八月乃雨”（《史记・秦始皇本纪》）。

十五年（公元前232年）秦“地动”（同上）。

十七年（公元前230年）“地动。……民大饥”（《史记・秦始皇本纪》），“（赵亦）大饥”（《史记・赵世家》）。

十九（公元前228年）“大饥”（《史记・秦始皇本纪》）。

二十一年（公元前226年）“大雨雪，深二尺五寸”（《史记・秦始皇本纪》）。

在19年间发生饥馑、蝗灾、瘟疫、旱灾、严寒、地震计8次，严重地造成人命与

---

① 易地之迁，我指的是内地进行的迁徙，如马非百先生搜集的资料：秦灭楚，迁班氏于晋代之间（《汉书・叙传》）；秦拔魏东地，徙卫元君于野王县（《史记・卫康叔世家》）；秦灭魏，迁大梁都于丰（《汉书・高帝纪》）；秦灭魏，迁梁人孔氏到南阳（《史记・货殖列传》）；秦灭韩，徙天下不轨之民于南阳（《汉书・地理志》）；秦灭魏，迁冯城之氏于湖阳（《后汉书・朱冯虞郑周列传》）；秦灭魏，徙晋士会后、魏大夫于沛（《新唐书・宰相世系表》）；赵亡，万石君徙居温（《史记・万石张叔列传》）；秦并天下，楚之柳氏迁于河东（《新唐书・宰相世系表》）；齐之莱氏后于秦末，徙于义阳之新野（《通志・氏族略》）；秦灭韩，徙韩哀侯少子后平氏于下邑（《通志・氏族略》）。秦徙天下豪富十二万户于咸阳，也属内地之迁。

秦迁西边，今属内地亦录载于此：秦灭楚，迁大姓权氏于陇西，居天水；秦灭赵、代，王迁兄嘉降，子公辅主西戎，居陇西天水西县；秦迁齐王建于共（今甘肃泾川县北）（《史记・太史公自序》）；秦灭楚，迁楚王上官氏于陇西上邽（《通志・氏族略》）。

经济的损害。至于在这时期接连发生的天象变异，如二年“流星大小西行”、五年“冬雷”、七年“彗星先出东方，见北方，五月见西方。……复见西方十六日”、八年“河鱼大上”、九年“彗星见，或竟天”，二十年“白虹贯日”（《史记·秦始皇本纪》《绎史·战国第四十八》）等，造成人心浮动，增加迫苦也是不待言的。

诸种灾害，关系到国计民生大计的是粮食歉收，以至不收。缺粮的危机，自然也反映在粮价上。商鞅变法时，秦每石粟价是二十钱强①。战国末年到秦统一前期，粮价是一石三钱②。但到了秦始皇三十一年（公元前216年）“始皇为微行咸阳，与武士四人俱，夜出，逢盗兰池，见窘。武士击杀盗。关中大索二十日，米石千六百”（《史记·秦始皇本纪》）。当然，咸阳是首都，供粮有相当部分要靠关外输入。既然闭关搜查，使内外隔绝，米价就会出现临时上涨。不过，秦统一后粮价一直处于上涨的趋势。平时米石千钱左右，总是可信的③。因为楚汉战争时，粮食危机，粮食价飞涨到“凡米石五千，人相食，死者过半”（《汉书·食货志》）。

天灾人祸殃及农业凋残，大量劳动力脱离土地。经济既没有恢复，更谈不上发展。国家无粮可征，民无余粮可食，粮价飞涨，直接受害者，首先还是百姓。民无粮自散，本属自然之理。

7. 刑罚之酷

法律是体现统治阶级意志的纸上条文，刑罚是体现统治阶级意志的手段。后者又不一定是以前者为根据的。凡是政治越黑暗、统治无术之际，当权者一定离不开“法”、“刑”与“组织”手段的。秦王朝滥用残酷的刑罚，给历代暴君带了个坏头。

秦推行法治路线，从严厉转向残酷。商鞅变法时，以法治秦，尽管“深刻寡恩”，但“公平无私，罚不讳强大，赏不私亲近。法及太子，黥劓其傅”，故而能收到“期年之后，道不拾遗，民不妄取；兵革大强，诸侯畏惧”（《战国策·秦策一》）的效果。但是，秦始皇“刚毅戾深”“刻削毋仁恩和义”的性格，参透“法”“术”“势”的帝王之术，

---

①《商君书·去强》：“金一两生于境内，粟十二石死于境外；粟十二石生于境内，金一两死于境外。……国好生粟于境内，则金粟两生、仓府两实，国强”。高亨先生译作：“黄金一两输入国界以内，就有粮谷十二石输出国界以外。粮谷十二石输入国界以内，黄金一两就输出国界以外。……国家喜欢粮谷输入国界以内，那么，金钱和粮谷就都能获得，粮仓和金库都充实，国家也就强了”。
很多学者如吴慧、蔡万进都注意到商鞅所言“金”“粟”的生与死，是当时“国际贸易”中黄金同粮食的一般比价。当时黄金一斤值四千钱，每两为二百五十钱，合十二石粟价，则每石粟值20.84钱。

② 云梦秦简《司空律》：“系城旦舂，公食当责者，石卅钱”。凡属服“城旦舂”，劳役而吃官府饭食的，都得付钱。标准是每石糙米三十个“半两”钱。

③ 尹振环：《从秦代前期粮价奇高谈起》，《贵州大学学报》1989年第3期。

独断专行。“事皆决于法”，竟“灭礼谊之官，专任刑罚，躬操文墨，昼断狱，夜理书，自程决事，日县（悬）石之一。不中呈，不得休息”（《汉书·刑法志》）。为了自己长久统治，拒绝扶苏的忠告，坑杀儒生，专任精通整人、害人术（狱法），又善结政治靠山的卑鄙奸诈小人赵高为中车夫令，“以吏为师”，“所习者非斩劓人，则夷人之三族也”（《汉书·贾谊传》《新书·保傅篇》），把残酷的刑罚用来对付整个社会。而秦二世、赵高、李斯这帮贪暴篡权的阴谋集团，通过政变攫权，为掩饰自己的罪行与空虚，践踏法律，滥用刑罚，诛杀异己，“重以贪暴之吏，刑戮妄加，民愁亡聊，亡逃山林，转为盗贼，赭衣半道，断狱岁以千万数”（《汉书·食货志》），把全国变成一个大监狱。

秦法律涵盖面广、律文苛细、刑罚繁密峻急，轻罪重判，反使各级官吏利用职权徇私枉法、谋害无辜而造成方便。商鞅参照李悝《法经》制定《秦律》，后历经修订，就出现了像云梦秦简那样包括《田律》《厩苑律》《金布律》《关市律》《工律》《工人程》《徭律》《司空律》《置吏律》《效律》《军爵律》《传食律》《行书律》《内史杂》《尉杂》《属邦》等律文及释文、治狱文书程式。文献中也有一些零星的律条，再经秦始皇参照六国法律，从而形成统一帝国时最为完备的法典。虽然它还保留着李悝《法经》分类时“盗”“贼”“囚”“捕”“杂”“具”等六个大的篇目，但细则却大大增加，见于秦简的律名就不下二十几个。

秦法严酷，刑罚名目繁多。

同样是死刑，处死之法就有 20 多种，如弃市（处斩于闹市，暴尸示众）、腰斩、车裂、矺（或作磔，肢解）、戮（砍头后陈尸）、僇（砍头）、枭首（悬头于竿示众）、剖腹、囊扑（盛袋中打死）、绞、凿颠（击头）、抽胁、镬烹（下锅）、大辟、生埋、定杀（淹埋）、赐死，具五刑（黥、劓、斩趾、笞杀、枭首次第施刑）；

株连范围更广的，莫过于“族刑”，就是施刑于犯死刑者本人外，连他（她）的族人也被处死，有“三族”“七族”“九族”[①]，以至于“灭里”等；

肉刑有宫、刖、劓、笞、髡、髌、榜掠、斩左趾、矐、断舌、饿囚、鋈足等；

判处的徒刑见有：城旦、城旦舂、完城旦、鬼薪、白粲、隶臣、隶臣妾、司寇、侯、下吏等；

其他处刑、处罚的形式，还有迁、谪、逐、收、系、赀、赎、废、夺爵、削籍、囚等。

律文苛细，刑罚惨毒，使人动辄得咎。统治者借助重刑威慑无权者，各级官吏贪赃枉法，使全社会处在恐怖之中。

（二）秦二世统治集团的黑暗

1. 政治上倒行逆施

秦始皇三十七年（公元前 210 年），他第五次出巡，行云梦、过丹阳、至钱塘、临浙江，上会稽、到琅邪、绕成山、行之罘，然后踏上归程。由于长途跋涉，劳累过度，精神恍惚，噩梦连连，车驾行至平原津（今山东平原县东南）就一病不起。最后到达沙丘平台（今河北巨鹿与广宗县之间），悄然死去，年仅五十岁。就在秦始皇弥留之际，这才想到公子扶苏，下玺书令速返咸阳奔丧并继位。就在历史的关键时刻，一个由赵高策划篡权的阴谋活动随之展开，那就是后世说的“沙丘之变”或“矫诏事件”。

秦始皇“有二十余子”（《史记·李斯列传》）[②]，长子扶苏最贤。他为人“刚毅而武勇，信人而奋士”（《史记·李斯列传》），是位德、信、智、勇俱全的人才。就

---

① 族刑的施杀范围极广，对“族人”的多寡历来解释不一。

“三族”:《史记·秦纪·集解》中，张晏说是“父母、兄弟、妻子也”；如淳以为是“父族、母族、妻族”;《仪礼·士昏礼》注：“三族，谓父昆弟、己昆弟、子昆弟”；《周礼·春官·小宗伯》注：“三族，谓父、子、孙”。

“七族”：《史记·鲁仲连邹阳列传·集解》引张晏：“七族，上至曾祖，下至曾孙”；《史记·鲁仲连邹阳列传·索隐》：“父之族，一也；姑之族，二也；姊妹之子，三也；女子之子，四也；母之族，五也；从子，六也；及妻父母，凡七”。

“九族”：汉儒之说分为两派：《今文尚书》认为是异姓亲族，即父族四、母族三、妻族二；《古文尚书》家认为是同姓亲族，即从自己算起，上至高祖，下至玄孙为九族。明清刑律均以为高祖至玄孙为同宗亲族的范围，九族以自己为本位，直系亲族可上推至四世高祖、下推至四世玄孙；旁系亲族则横推至三从兄弟，即以族兄弟、再从兄弟、堂兄弟、兄弟，同为高祖四世孙。

② 《史记·李斯列传》说秦始皇“有二十余子。长子扶苏……少子胡亥爱……”《史记集解》：“二世是始皇帝第十八子”。据载，二世篡权后，把六公子和十公主戮死于杜，把十二公子僇死咸阳市，公子将闾昆弟三人自杀于内宫，公子高从死于丽山墓之足。再加上扶苏与胡亥，以上总计 24 人。项羽入关能“杀子婴及秦诸公子宗族”，说明还有秦公子存活着。另外，《古今图书集成·职方典》记大城县北段堤村有“秦太子墓”，是始皇巡行中埋幼子处；又记山东文登县烧车岭埋子，系东巡中妃子所生子死于此。如此总计，始皇有子 30 人左右，这比之“二十余子”的记载要更具体一些。

是因为他预料到焚书坑儒的严重后果而多次上书直言极谏，惹得秦始皇很不高兴，被派到上郡去，在正主持修筑长城的大将蒙恬军中监军。这次，秦始皇出巡病归途中，料到不久人世，也才想到了扶苏。就写了遗诏，令其“以兵属蒙恬，与丧会咸阳而葬”。但诏书和“皇帝之玺”都落在中车府令、“兼行符玺令事”的赵高之手，还没有看到派专使送诏书时，他就咽气身亡了。

谋权、掌印的赵高心怀鬼胎，深恐“诸公子及天下有变”，封锁始皇死讯，秘不发丧，除同少子胡亥、丞相李斯及近身宦者五六人外，让百官奏事如常。始皇的尸体载在辒辌车上，摇摇晃晃。他们不南下走函谷关的快速“驰道”，也不选西南行的一条最近的“蒲关道”，而故意过井陉（也称“故关”，在河北井陉县西）北行，拖延时间，以便杀害扶苏、蒙恬，为篡权扫平政治障碍。尽管遇七月的暑天，他们为了遮盖从车上散发出来的尸臭味，竟在车上放了60公斤鲍鱼，以掩人耳目。车驾绕道云中（治今内蒙古呼和浩特市与托克托县之间）、九原（治今内蒙古包头市西），等到扶苏、蒙恬一死，就南下“直道”，返回首都咸阳。这才发丧，使胡亥袭位，九月葬始皇于丽山陵墓。

身为丞相的李斯，首鼠两端，“患失权位，执志不坚”（郑樵：《通志》卷94），唯恐扶苏立为皇帝，就势必以蒙恬为相。出于贪权保位的考虑，竟依从了赵高“圣人迁徙无常，就变而从时”的一派胡诌。“有奶便是娘”的他，怕大权旁落，在“长有封侯，世世称孤，必有乔松之寿”的诱惑下（《史记·李斯列传》），私下篡改了始皇的遗诏加罪扶苏，并逼令其自杀[①]，逮捕三世忠良的大将蒙恬，夺去兵权，药杀之，遂立傀儡“二世皇帝”，就从根本上动摇了秦帝国的根基。

赵高本赵国远系没落贵族的后裔，生于“隐宫”。其父母都做了秦国的俘虏，父犯法受了宫刑；母犯法，身被刑戮，“世世卑贱”。清人赵翼在其《陔余丛考》（《廿二史札记》著录）中说赵高“痛其国为秦所灭，誓欲报仇，乃自宫以进”。实际上，他既不是蔺相如那样的儒士爱国者，也不如荆轲般的侠肝义胆式的英雄，而是急于摆脱“卑贱”，不择手段，忍辱挣扎，是个不顾羞耻的卑鄙小人和阴谋家。靠了一身“强力”的

① 扶苏墓位于陕西绥德县城内疏属山巅，状作长方形，长30、宽6、高8米，墓前碑刻“秦长子扶苏墓”六字。城北一公里处，当无定河与大理河交汇处，今有晋溪洞，相传是扶苏忧国忧民常于此赏月，以排遣抑郁的心情，名“赏月台”或“凉月台”，又名“月宫寺”。县南一公里卢家湾山崖壁立，有一股水从空中落地成泉，据说是扶苏赐死之处。对扶苏的死，连山泉也垂泪鸣咽，故名“鸣咽泉”。据《大清一统志》说，在绥德州城内有扶苏祠。

《关中胜迹图志》卷30，记扶苏墓的还有临潼滋水村、甘肃平凉东宁西等两处。当属纪念性假墓。

唐诗人胡曾有《杀子谷》一诗：“举国贤良尽泪垂，扶苏屈死戍边时。至今谷口鸣咽泉，犹似当年恨李斯。”

膘，精通害人的“狱法”，深得秦“尚刑”的三昧，骗取了秦始皇的信任，当了太仆的属官“中车府令”。虽说此官不大，但对政治投机家说来却是难得的晋身之阶。他以教公子胡亥“决狱”为名，私结关系，虽然犯了死罪当杀，却因秦始皇被“敦于事”的假象蒙蔽而赦免了，使他再次蒙混过关而潜伏在秦政权内部。这因择人不善的疏忽大意，竟给倾国灭门种下了祸根。

胡亥作为秦始皇的少子，自幼居深宫、受宠娇惯，任性无知，既没有受到良性教育，又缺乏从实践来的才干。他师从奸臣赵高，学整人、害人的“决狱”之术，起步就坏。后依赵高的阴谋策划，窃取了皇帝的宝座，自己也陷进了这张吞噬好人、自己又被吞噬的政治蛛网。

就是秦二世这么一个昏庸无能、残暴荒淫的傀儡皇帝，就是赵高、李斯这么几个心术诡诈、贪权弄势、妒贤嫉能、狠毒凶煞的佞臣，当然结成的就是这么一个靠阴谋和刑杀维持统治的政治集团。他们深知用伪诏逼杀了公子扶苏，又杀蒙毅于代（今山西阳高县），把蒙恬囚禁于阳周（今陕西横山区南大理河）狱中[①]，继而药杀之[②]。这种害忠良、窃帝王的罪恶行径，诸公子及大臣已经怀疑到“沙丘之谋”，皆“怏怏不服”。秦二世、赵高他们为非心虚，常常是“战战栗栗，唯恐不终”（《史记·李斯列传》）。于是，又推出一套倒行逆施的行动计划，一时间在首都屠刀乱舞，天下的百姓也跟着遭殃。

秦二世、赵高的做法之一是“收举余民，贱者贵之，贫者富之，远者近之”（《史记·秦始皇本纪》）。这就是说，把被秦始皇打倒的政敌重新起用，通过招降纳叛，从根本上破坏了统一大业的社会基础。

“灭大臣而远骨肉”“尽除去先帝之故臣，更置陛下之所亲信者近之”（《史记·李斯列传》），这是赵高给秦二世献的又一毒计。他要砍断股肱之臣，把孤单无辅的傀儡皇帝掌握住，以便实施自己攫权的计划。排除异己、培植亲信，大开杀戒，“行诛大臣

---

① 秦阳周县一般注释作陕西子长县北，《嘉靖一统志》载：“阳周故城，在安定县北九十里”。安定县就是今子长市瓦窑堡西16公里的安定镇（宋设安定堡，属延川县。元升为县。1942年改名子长县，治迁瓦窑堡）。由此北去45公里，据说在原石家湾乡曹家坬村城墙梁上有阳周城故址。

② 蒙恬墓位陕西绥德县城西南约0.5公里处的县第一中学内，墓前立石碑一通，题“秦将军蒙恬墓”，系清乾隆年间绥德知州张之材立。
1997年7月13日，因拍摄系列片《中国皇帝》赴绥德，题《蒙恬墓》：“三代忠良，一世良将。篡逆为奸，龙脉何涉？”

及诸公子以罪过，连逮少近官三郎，无得立者”[①]。他们把“公子十二人僇死咸阳市，十公主矺死于杜，财物入于县官，相连坐者不可胜数”（《史记·李斯列传》），把“六公子戮死于杜”，逼杀公子将闾弟兄三人于内宫（《史记·秦始皇本纪》）。公子高请死于始皇陵旁，经批准，“赐钱十万以葬”（《史记·李斯列传》），很客气地送给了一个全尸[②]。随后，秦二世又把右丞相冯去疾、将军冯劫下狱问罪。二冯说“将相不辱”，就自杀了。接着，就是丞相李斯被囚，其“宗族宾客”全被收捕。李斯父子具五刑，腰斩咸阳市，被夷三族。秦二世诛杀自己的亲生骨肉兄弟姊妹，弄得“宗室振恐”；屠戮大臣、株连无辜，人人自危，“黔首振恐”。他们“严法刻刑”的结果是“刑者相半于道，而死人日成积于市，杀人众者为忠臣”（《史记·李斯列传》），竟给一些“无节行”的投机家创造了“持禄取容”的机会。

赵高怂动秦二世，不但杀戮始皇的大臣及诸公子，甚至连郎官也未能幸免。郎官，是帝王的侍从官，职责是护卫侍从，也具有随时建议、备作顾问及差遣的作用。无定员，也无实权。因为能接近皇帝，有着自我表现的机会，所以就成为出仕的重要途径。《史记·秦始皇本纪》：“以罪过连逮少近官三郎。”《史记·秦始皇本纪·索隐》：“逮，训及也。谓连及俱被捕，故云连逮。少，小也。近，近侍之臣。三郎谓中郎、外郎、散郎。”《史记·秦始皇本纪·正义》：“《汉书·百官表》云，有议郎、中郎、散郎，又有左右三将，谓郎中、车郎、户郎”。

面对秦二世问“居三公位”何以不能禁盗的责难，李斯献媚上书，要皇帝行“督责之术”。意思是对臣下的过失用“薄罪重罚”，就能收到“臣无邪则天下安”“国家富则君乐丰”的效果。他认为只有“督责之术设，则所欲无不得矣。群臣百姓救过不给，何变之敢图？”（《史记·李斯列传》）。给群臣百姓找茬，使之自顾不暇，哪有眼睛

---

① 郎，是帝王的侍从官，职责是护卫侍从。也具有随时建议、备作顾问及差遣的作用。无定员，也无实权。因为能接近皇帝，有着自我表现的机会，所以就成为出仕的重要途径。

赵高怂动秦二世，杀戮始皇的大臣及诸公子，甚至连这些郎官也未能幸免。《史记·秦始皇本纪》：“以罪过连逮少近官三郎”。《史记·秦始皇本纪·索隐》：“逮，训及也。谓连及俱被捕，故云连逮。少，小也。近，近侍之臣。三郎谓中郎、外郎、散郎”。《正义》：“《汉书·百官表》云，有议郎、中郎、散郎，又有左右三将，谓郎中、车郎、户郎”。

② 1970年，在秦始陵东侧的上焦村，我们考古队探测出17座秦墓南北一字排开。经过发掘的8座墓都是一棺一椁，其中有五男二女，年龄在20～30岁。他们尸骨不全，或零乱（M7），或身首四肢分离（M10），或颌骨错位（M11），或身首异处（M12、M16、M17）或头骨有铜箭镞（M15）……，显然都是非正常死亡。但墓形作规模较高的“甲”字形，具有棺椁，随葬金、银、铜器、玉器、陶器及车马器，丰富而珍贵，显然墓主是具有贵族身份。这些情况说明，他们很可能是被秦二世杀戮的宗室大臣。因为同是一次下葬的，墓群排列有序，表现了秦二世虚伪地给予陪葬始皇的优待。

在始皇陵冢西墓道之北、下和村分别有“甲”字形大墓的发现，是否为公子高、公子将间的墓葬？

盯着统治者的空子。李斯转移责任又害人的瞎点子，把整个国家变成了黑暗的地狱，也自食其果，被五刑，夷三族。

2. 腐败偷生

秦二世这位昏庸、残暴、荒唐的皇帝，一上台也要装腔拿势地给百姓显示一下自己的“五官端正”。但虚假的外表，很快就被其淫虐的实质所穿破，留下的竟是劣迹斑斑，罪行累累！

“年少”的胡亥登台，先“尊始皇庙为帝者祖庙。皇帝复自称朕”。先借死者之威名抬高身价，以自己是这个国家的“法人”正名。接着兴师动众巡行郡县，履碣石，并海，南到会稽，凡是始皇去过的地方，现在仍然要走一遭，还要在始皇刻石之后再补上自己一段言之无物的铭刻。与其说是巡行在于“示强，威服海内”，刻石在于“章先帝成功盛德”（《史记·秦始皇本纪》），不若说这是穷极无聊的折腾。劳民伤财之举，为历代大小掌权者“欺世盗名”树立了坏榜样！

大兴土木，加重徭役。“又作阿房之宫，治直、驰道，赋敛愈重，戍徭无已”（《史记·李斯列传》）。还“尽征其材士五万人为屯卫咸阳，令教射狗马禽兽。当食者多，度不足，下调郡县转输菽粟刍藁，皆自令赍粮食。咸阳三百里内不得食其谷”（《史记·秦始皇本纪》）。

当了皇帝的秦二世饭饱思淫。他“燕居”无聊，就问：人生如六骥过隙一样的短促，我“欲悉耳目之所好，穷心志之所乐，以安宗庙而乐万姓，长有天下，终吾年寿，其道可乎？”而奸诈的赵高竟说这才是“贤主之所能”。赵高这时为郎中令，“常侍中用事”，既诱导二世及时行乐，又因“所杀及报私怨众多，恐大臣入朝奏事毁恶之”，更愿意使二世“深拱禁中”“不坐朝廷”（《史记·李斯列传》）。为了架空这位傀儡皇帝，赵高动用“色刀”使秦二世“奢淫不制，征天下美女，以充后宫，乃纵酒离宫，作戏倡优，宫女侍者千人”（《秦会要订补》）。竟“日游弋猎。有行人入上林中，二世自射杀之”。不仅极尽声色犬马之淫乐，而且重演桀纣那灭绝人性之故伎！

当李斯等人被害，赵高拜为中丞相，封武安侯，“事无大小，辄决于高”，他通过“指鹿为马”的试验，证明政变时机已稳操手中之时，终于在二世三年（公元前 207 年），就伙同其弟赵成、女婿咸阳令阎乐攻入望夷宫，杀了傀儡皇帝胡亥。

本来秦始皇晚年已使各种社会矛盾在上升，而秦二世、赵高集团的胡作非为更弄得天怨人怒。这时期，尖锐对立着的阶级矛盾达到了白炽化的程度，各种社会势力也在跃跃欲试。“欲为乱者，十室而五”(《汉书·蒯伍江息夫传》)，也因“法令诛罚日益刻深，群臣人人自危，欲畔者众”（《史记·李斯列传》）。这一切，都预示着一场革命的风暴即将来临。

（三）社会处在大动荡中

1. 反抗情绪

秦王朝徭役繁兴，横征暴敛，谪戍不已，把人民推入水深火热之中，又企图通过严刑峻法来巩固自己的统治地位。适得其反，反抗情绪在滋蔓，反抗力量在积聚。亡国的贵族人还在，新仇旧恨也没有因岁月的短暂流逝而忘却。总之，社会的反抗情绪在酝酿中，且看：

秦始皇二十九年（公元前 218 年），当他第三次出巡滨海和中原地区路过阳武的博浪（今河南原阳县东南），车行沙丘中，突然遇到刺客的袭击，险遭不幸。原来，派人行刺的是张良。他出身于“五世相韩”的贵族之家，当韩国被秦消灭之后，就破财结交刺客，图谋杀害秦始皇，为韩报仇。这次，仓海大力士用的是重一百二十斤（合今 61.5 斤[①]）的铁椎，但遗憾的是并不曾击中秦始皇，而误中了随从的副车，使暗杀未遂(《史记·留侯世家》）。虽然张良与力士利用黄河北岸的这处沙丘地形隐藏，借沙尘弥漫便于狙击，但是目标不准，只得又乘机撤离。当秦始皇惊魂甫定，即下令搜索，结果是一无所获。他于心不甘，接着又在全国范围内大规模地搜查了十天（《史记·秦始皇本纪》）。张良的这次刺秦，真是“报韩虽不成，天地皆振动”（李白：《经下邳圯桥怀张子房》)，其影响可谓具有“轰动效应”。为实现抱负，张良“乃更名姓，亡匿下邳”（今江苏睢宁县[②]），把暗杀计划变成研究兵法以便推翻秦王朝的行动。

三十一年（公元前 216 年），“始皇为微行咸阳，与武士四人俱。夜出，逢盗兰池，见窘，武士击杀盗，关中大索二十日”（《史记·秦始皇本纪》）。在首都咸阳竟“逢盗兰池”，使始皇很尴尬，可见不是偶然；“微行”既被侦知，可能必有预谋。所以，始皇不能容忍。在首都抓不到作案集团，就把范围放大到整个关中。在闭关搜查的二十天内，竟使粮价也直线上涨。

三十二年（公元前 215 年），燕方士卢生入海求仙归来，向秦始皇奏录图书，借鬼神的口气说：“亡秦者胡也”（《史记·秦始皇本纪》）。始皇竟一怒而发军攻胡，使

① 此大铁椎重一百二十斤，也就是秦的一石。由高奴铜石权知：1 秦石 =61.5 斤。

② 《史记·项羽本纪·正义》：“下邳，泗水县也。应劭曰：‘邳在薛，徙此，故曰下邳。’按有上邳故曰下邳”。

不满同镇压变为直接的对抗。

三十四年（公元前 213 年），丞相李斯说“今诸生不师今而学古，以非当世，惑乱黔首。……率群下以造谤”。用“以古非今”的言论罪，诱发了一场全国性的焚书运动（《史记·秦始皇本纪》）。

三十五年（公元前 212 年），方士侯生、卢生“（以始皇）贪于权势至如此，未可为求仙药，于是乃亡去”。始皇以诸生“或为妖言以乱黔首”的诽谤罪，在咸阳坑儒四百六十人，“使天下知之以惩后”（《史记·秦始皇本纪》）。

三十六年（公元前 211 年），有陨石落在东郡（今河南濮阳县西南）的地面上，“黔首或刻其石曰：‘始皇帝死而地分’。”秦始皇接到报告，立即派遣御史查问，没有追究出个结果来，就把陨石旁居住的人尽情杀死，还愤愤然烧毁了这块天外来石。刻写“寓言”，寄托着人民的不满情绪，正如夏王朝行将灭亡之际，国人指着太阳发出“时日曷丧？予及汝偕亡”（《尚书·汤誓》）一样。

这年秋天，有使者郑容（《水经·渭水注》引《春秋后传》）从关东返回咸阳，夜过华阴平舒道，有个人捧着一块玉璧拦住他说：“为吾遗滈池君”，还说“今年祖龙死”。接着，就不见了人影，只是把玉璧留给了郑容。始皇令御府检验，原来这是二十八年始皇渡江时沉入水中的那块玉璧。他默然良久，虽然口里说那不过是“山鬼”，但心里明白那所谓“祖龙”实际指的就是自己。因为“祖”者，始也；“祖龙”乃是人君之象。“滈池”就在首都咸阳的南侧，是周武王所建之都。把代表秦始皇的玉璧交给伐纣灭商的“滈池君”（指周武王），不是寓意秦的灭亡吗？这个带谶纬色彩的预言，固然不足凭信，但它却是被司马迁郑重地写进了《史记》的《秦始皇本纪》里，反映了秦施暴政引起人心愤怨的情绪。

作恶施暴于人者，未必不知自己也将受到清算。但秉性难改，害人不忘被害，既要多疑，又要防范。按秦法，臣下是不能带兵器上殿的，即使宫廷中的宿卫也只能执兵站在殿下“陛戟”而立。所以，当刺客荆轲同秦王政在殿上发生了你死我活的搏斗时，没有诏进命令，“诸郎中”也不敢近前（《史记·刺客列传》）。以后，尽管始皇认出了燕人高渐离，是当年的刺客，但要想听他击筑而赦免之，仍不忘记“矐其目”（据说用马屎熏眼，使之失明）。据载，秦始皇建阿房宫时，北门作成“磁石门”（又名“却胡门”）使“隐甲怀刃”者不能通过（《三辅黄图》《水经·渭水注》）。对宫廷人员也是严加控制的，以提防怀有二心，更不允许越轨，一旦可疑即行处置。《西京杂记》有这么一则故事："秦宫有方镜，广四尺，高五尺九寸，表里洞明。……女子有邪心，则胆张心动。秦始皇帝以照宫人，见胆张心动者，则杀之也。"方镜能有如此功能？很不合乎科学。不过，一连串的遇刺，确使这位不可一世的统治者神经紧张得很！

被压迫、被剥削、被损害者，当无路可走时，反抗必有一线生机。在秦始皇统治的晚年，小规模的反抗斗争已在全国各地发生：

黥布"论输郦山"，同修筑始陵墓的"郦山徒"的"徒长豪杰"结交。率领一批人逃亡到"江中为群盗"，后来参加了讨秦的起义军（《史记・黥布列传》）。

彭越，昌邑（今山东金乡县西北）人，在钜野泽（今山东巨野县北[①]）捕鱼为生。秦末，聚集渔民为盗百余人，后起义（《史记・魏豹彭越列传》）。

刘邦是原楚属沛县丰邑中阳里人（今江苏沛县）[②]，作泗水亭长时，常以吏的身份到咸阳。后押送服役的人到郦山修筑陵墓，半路上"徒多道亡"，就干脆隐匿芒砀山（今河南永城市东北[③]），积蓄力量，等待反秦时机（《史记・高祖本纪》）。

秦始皇毕竟是以武力统一天下的，六国的贵族地主对国破家亡不甘心，同秦政权有着新仇旧恨，他们时刻都在企图夺回失去了的"天堂"。像"世世为楚将"项氏家族在地方拥有党徒，存在势力。曾被秦将王翦所杀的楚将项燕，其子项梁教其侄项籍（字羽）学剑法及兵法，后因杀人，从家乡下相（今江苏宿迁市西）逃到吴中（今江苏吴县），暗中"以兵法部勒宾客及子弟"，崇信楚南公"楚虽三户，亡秦必楚"的训示，伺机起事（《史记・项羽本纪》）；韩国贵族之后张良狙击秦始皇未中，后藏匿下邳，研究圯上老人所赠《太公兵法》，在等待机会。

2. 起义烽火燃遍华夏大地

秦始皇极端专制统治、秦二世政治上倒行逆施，把秦王朝推上火山之巅。社会上各

---

① 钜野，大泽名，又作"大野泽"。《尚书・禹贡》："大野潴"。元代末年，黄河泛滥淹没钜野泽，水退后，泽干涸为平地。

② 现在丰、沛分为两县，刘邦出生地应在沛县。今江苏沛县围绕《大风歌碑》建起"歌风台""泗水亭公园""高祖原庙""汉街""汉城公园"等一大批现代人文景观，规模宏大，《大风歌》不绝于耳。1997 年 7 月 22 日，我等《中国皇帝》拍摄组到沛县采风。在县博物馆指出几处误释，并见到刘邦的 71 世孙、做狗肉精加工生意的刘忠新。交谈甚欢，其乐融融。并题《游汉高祖原庙》诗一首："大风卷神州，猛士守四方。同是归故里，刘项差霄壤。"

③ 芒砀山位于河南永城市东北 30 余公里处，是芒山、保安山、夫子山、铁角山、僖山等小山峦的总称，面积 10 余平方公里，主峰海拔只有 156.8 米。这里今有刘邦斩蛇碑、高祖庙银杏和陈胜墓。芒砀山是西汉梁国王陵区，多已探明并作发掘。1996 年 11 月 20 日～22 日，我应邀到商丘市参加"中国汉梁文化研讨会"，参观了芒砀山汉墓群。1997 年 7 月 16 日，同《中国皇帝》摄制组第二次来此拍摄，晚上持灯照"斩蛇碑"，十步之内即可见碑上有戴鍪擐铠的幻象出现，均以为奇。

阶层的人再也难以生活下去，火山终于爆发了。

公元前209年7月，一支被征发去戍守渔阳（今北京市密云区十里镇统军庄东）的队伍，约九百人，屯驻在蕲县大泽乡（今安徽宿州市南大泽乡涉故台村[①]）。适逢阴雨连绵，泥泞载道，无法行进。按照秦法：失期当斩。在这生死的关头站出来两个人，举起义旗，这就是陈胜和吴广。

陈胜（又名陈涉），阳城（今河南登封市东南）人[②]，是位出卖劳力、“为人佣耕”的雇农阶层的一员。吴广（字叔），阳夏（今河南太康县）人，也是位贫苦的农民。当大泽乡遇雨，他们二人看到“天下苦秦久矣”的民情，私下计议：“今亡亦死，举大计亦死。等死，死国可乎”。于是，以公子扶苏和楚将项燕之名为号召，通过“鱼腹丹书”和“篝火狐鸣”活动聚集群众[③]，杀掉押送这批“适戍”的将尉，发出“王侯将相宁有种乎”的呐喊，自立为将军，提出“伐无道，诛暴秦”的战斗口号，正式率众起义，在占领陈县（今河南淮阳县），正式称王，树起“张楚”旗帜。没有武器，就“斩木为兵，揭竿为旗”。这支以陈胜为首的起义军，以陈（今河南淮阳）为根据地，并建立起中国专制社会第一个农民起义的政权（《史记·陈涉世家》）。这，在汉代人眼里标志着秦的灭亡，所以把“张楚”政权直接承接在秦始皇三十七年之后。

受陈胜起义的影响，各地反秦力量迅速作出反应。“诸郡县苦秦吏者，皆刑其长吏，杀之以应陈涉”（《史记·陈涉世家》）。“家自为怒，人自为斗，各报其怨而攻其仇，县杀其令丞，郡杀其守尉”（《史记·张耳陈余列传》）。这时，起义的有“陵（今江苏泗阳县）人秦嘉、铚人董緤、符离（今安徽符离集）人朱鸡石、取虑（今江苏睢宁县西南）人郑布、徐（今江苏泗洪县南大徐台子）人丁徐等皆特起，将兵围东海守庆于郯（今山东郯城县北）”（《史记·陈涉世家》）。黥布“聚兵数千人”叛秦，活跃在鄱

---

① 1997年7月19日，我同电视系列片《中国皇帝》摄制组在安徽灵璧拍过虞姬墓、垓下古战场之后，进发宿州市南境，从西寺坡才找到了当年的“大泽乡”。

大泽乡涉故台村有陈胜、吴广起义纪念馆——“鸿鹄苑”，北有“涉故台遗址”，台高5米，顶长、宽各60米。台前立巨型石雕群像，通高11米，系1986年所建。台上有“龙眼井”一口，旁多近人题碑数通。大泽乡至今仍是一片汪洋的“泽国”。据说南有陈胜妹之墓。

鸿鹄苑题联曰：“义旗动天地，丰碑照日月”。

② 陈胜的籍贯有说在今河南商水县，或在安徽宿县（今宿州市）湖沟一带。均是“阳城”一地解释上的歧异，应以今河南登封为是。

③ 陈胜起义时，忧虑众人服，为制造舆论，鼓动人心，树立威信，就在帛上用朱砂书“大楚兴，陈胜王”几字，藏于鱼腹。然后又把鱼暗藏进网中，以使民兵买到这条鱼，并发现其帛，从而让人相信陈胜为王属于天意。还在夜里把火放在篝里，使隐隐约约有如磷火，同时又学狐叫。假托狐鬼发动群众起义，这在迷信天意的古代往往是很有效的手段。

阳湖地区（《史记·黥布列传》）。彭越在钜野泽聚集百余人起事，“乃行略地，收诸侯散卒，得千余人”（《史记·魏豹彭越列传》）。

当刘邦得知陈胜至陈而王，号为“张楚”时[1]，即纠集数百人，杀沛令，自立为“沛公”，率领“沛子弟二三千人，攻胡陵（今山东鱼台县东南）、方与（今山东鱼台县西旧城集），还守丰”（《史记·高祖本纪》）。

一些地主阶级、野心家也乘机起兵，如项梁、项羽在会稽郡治所在的吴县（今江苏苏州市）以欺诈的手段杀了假守殷通，“遂举吴中兵，使人收下县，得精兵八千人……梁为会稽守，籍为裨将”（《史记·项羽本纪》）。

还有一些原来出逃的旧贵族，也纷纷投奔到反秦的起义队伍中来，如魏公子魏咎、陈国的“贤人”周文、孔子的八世孙孔鲋等。

秦之大地，遍举反字旗，帝国统治摇摇欲坠。

陈胜的“张楚”政权一建立，就抓紧时机，向秦王朝展开了全面攻势。部署三路大军，分别南攻九江郡、北略河北、西进关中。

陈胜派将军周文（即周章）率领十万大军、带车千乘，向秦的统治中心进攻。当时，由假王吴广统帅的农民军把秦的三川郡守李由（李斯子）带的政府军围困在荥阳城内，使得周文军得以顺利地穿过这一咽喉地区，突破函谷，攻入关内，直抵今陕西临潼区东北的戏水一带。此时，秦二世才如梦初醒。但调发近县的军队显然是来不及了，就采纳了少府章邯的建议，赦免了还在修筑始皇陵墓的刑徒和“奴产子”（奴隶）。把这些被奴役的人临时编入军队，授予武器，来同农民军对抗。

周文率领的农民起义军同章邯领的“郦山徒”军进行了激战。由于孤军深入，又缺乏战斗经验，几经搏击，终因寡不敌众，义军被迫退出函谷关。岂料面对善于指挥的秦将章邯，周文军节节失利，从曹阳（今河南灵宝市东北）败到渑池（今河南渑池西），于十一月自杀。军中无将，溃散不战。此时，适逢吴广攻荥阳不下，“不知兵权”又同李由军呈僵持状态，无法抽兵策应周文，竟被部下田臧杀害。

至此，起义内部发生分裂倾向，像武臣徇赵地，受赵国贵族出身的张耳、陈余鼓动，却自立为王，非但不出兵援助关内，还派韩广带兵徇燕以扩大地盘；韩广一入燕

---

① 1973年，长沙马王堆三号汉墓中出土帛书《五星占》，记录了秦王政元年至汉文帝三年这七十年间五星运行的情况。其中的五星行度和刑德佚书的干支表中，都有“张楚”国号的记录。但是，“张楚”是直接同始皇三十七年相接，并不出现秦二世年号，可见张楚政权早已被汉人所承认。见马王堆汉墓帛书整理小组：《“五星占”附表释文》，《文物》1974年第8期。

地，却自立为燕王；齐贵族田儋自立为齐王，反击周市；周市败回魏地，拥立咎为魏王，自任魏相。

起义军分裂，出现割据，从内部削弱了战斗力，给章邯造成各个击破的可乘之机。

章邯指挥秦军猛扑义军。在敖仓击破田臧主力军，田臧死；攻破荥阳，李归死；在郯县，击败邓说军；在许县，击败伍余军。接着，猛攻张楚的国都陈县，房君、张贺均战死。十二月，陈胜退到汝阳（可能是今河南商水县汝水之南），还至下城父（今安徽蒙城县西北），即遭到自己的车御庄贾的杀害。

陈胜、吴广领导的起义，从秦二世元年七月（公元前209年）至十二月（秦以十月为岁首，当二世二年），前后只有半年时间。虽大军被击败，陈胜王死，但他的部下依然奋起反秦。故涓人、将军吕臣组织“苍头军”，在二世二年（公元前208年）的春天，攻下陈，杀了庄贾，“复以陈为楚”。随即，陈又被秦军攻陷。吕臣军后同黥布的当阳军联合，在青波败秦军，再次夺得陈县，恢复“张楚”，继续反秦。

（四）刘邦、项羽入关的灭秦之战

陈胜、吴广领导的农民起义军被章邯统帅的秦军各个击败，而那些乘机起兵的旧贵族、地主武装力量，在争权扩地中不可避免地成为反秦的骨干。经过军事力量的重新组合，最后形成项羽同刘邦为代表的两大军事集团。

项梁、项羽叔侄本是凶残狠斗之徒，当诈杀会稽守殷通、得吴中八千精兵后，听广陵人召平的矫命，拜项梁为楚王上柱国。遂渡江而西，先有陈婴率众归附，渡淮后又有黥布、蒲将军率兵投奔，兵力迅速发展到六七万人，屯下邳（今江苏宿迁市境）。此时，秦嘉立景驹为楚王，军驻彭城（今江苏徐州市）东，对抗项氏。项梁在胡陵杀死秦嘉，景驹也走死梁地。项氏队伍在粟邑（今河南夏邑县），同章邯军遭遇。项梁派别将出击，余樊君战死，朱鸡石军败后被杀。项梁攻取薛（今山东枣庄市西），项羽攻下襄城（今河南襄城县），随后把秦的降军全部坑杀。

二世二年（公元前208年）六月，项梁得知陈胜遇害，即在薛召集各路义军将领计事。这时，刘邦也从沛地来薛参与。项梁听信了谋士、居巢（今安徽巢县）人范增“立楚之后”的建议，从民间找来前楚怀王之孙心。把这位沦为牧羊儿的楚裔拥立为王，并用了容易激起楚人仇秦情绪的称号，仍称“楚怀王”。陈婴为上柱国，项梁自号“武信君”，立都盱台（今江苏盱眙县北）。

七月，项梁、刘邦救齐，大破秦将章邯军于东阿（今山东阳谷阿城镇）。九月，章邯夜袭项梁于定陶（今山东定陶西北），楚军大败，项梁战死。正在攻打陈留的项羽、刘邦闻讯东返，把楚怀王从盱台迁到彭城（今江苏徐州市）。共保彭城的是三员大将：吕臣驻军城东，项羽驻军城西，刘邦驻军砀郡（治砀县，在今河南永城北）。

章邯败项梁后，移兵攻赵，派王离、涉间围巨鹿（今河北平乡西南）。赵王赵歇求救。出自救赵即自救的战略考虑，楚怀王命宋义为上将军、项羽为次将、范增为末将，引兵救赵。宋义在安阳（今山东曹县东）驻留四十六日按兵不动，不顾被围困城内赵军的死活、不顾“天寒大雨，士卒冻饥”，也拒绝项羽引兵渡河夹击秦军的建议，而是坐观秦、赵相拼，自己整日饮酒宴会。项羽怒杀宋义，报于楚怀王。怀王任项羽为上将军。于是，项羽派当阳君、蒲将军率二万人渡漳水救赵，不胜。于是，项羽率楚军渡河，“破釜沉舟”，遭遇秦军。楚军勇敢，以一当十，杀声震天，救赵的诸侯军都不敢攻秦，只作“壁上观”。经九战，绝秦甬道，杀苏角，虏王离，打败秦军，取得了“巨鹿大战”的彻底胜利。

巨鹿一战，秦军失败，驻棘原，同漳南的项羽军呈相持状态。章邯派长史欣请事，赵高拒见。章邯受到秦二世的责备，面对赵高专权，“有功亦诛，无功亦诛”。就在项羽引兵大破秦军于汙水之际，章邯在洹水南殷墟上投降了（《史记·项羽本纪》）。

当项羽引兵救赵时，楚怀王已在安排向秦的统治中心——咸阳进军问题。他“与诸将约：先入定关中者王之”。当时，诸将看到秦兵尚强，谁也不认为先入关有利，唯独项羽出于对项梁报仇的心态愿同刘邦入关攻秦。楚怀王考虑到项羽为人“僄悍猾贼”、刘邦“素宽大长”，出于“秦父兄苦其主久矣，今诚得长者往，毋侵暴，宜可下”，就确定刘邦入秦。刘邦西略地，一路上收陈胜、项梁的散兵，取道砀（今安徽砀山县），到达城阳，在杠里败秦军，在城武南击破王离军。过高阳（今河南杞县西南），攻陈留（今河南杞县西北）夺粮草。西行，在曲遇（今河南中牟东）败杨熊军。略韩地轘辕（今河南偃师区东南关口）。攻平阴，绝河津，战洛阳，还阳城（今河南登封市东南）。略南阳，封宛守，“引兵西，无不下者”。由于刘邦“所过无得掠虏，秦人”，所以很顺利地沿武关道北上，绕道峣关（今陕西蓝田东南）。在蓝田一战，堵截的秦军全线溃败。公元前 206 年 10 月，刘邦先诸侯一步到达霸上。秦王子婴虽然英明果断地除去祸国殃民的“猾臣贼酋”赵高，但在不可挽回政治颓败的形势下，只有“素车白马，系颈以组，封皇帝玺、符节，降轵道旁”（《史记·高祖本纪》）。秦始皇建立的秦帝国只存在了十五个年头，就此被推翻了。

（五）项羽纵火，三月不熄，咸阳毁于一旦

刘邦受降后，进入首都咸阳，“欲止宫休舍”。他听从了樊哙、张良的进谏，“乃封秦重宝、财物、府库”，“萧何尽收秦丞相府图籍文书”，即还军霸上。此时，刘邦召集诸县的“父老豪杰”约法三章：“杀人者死，伤人及盗抵罪”。尽除秦的严刑峻法，各级官吏不予更动，百姓也可守其业。这些安定社会秩序的措施，派人与秦吏在关中各地的县、乡、里广为宣传，赢得了秦人的热烈欢迎和拥护。“秦民大喜，争执牛羊酒食献享军士。沛公曰：‘仓多，不欲费民’。民又益喜，唯恐沛公不为秦王”（《汉书·高帝纪》）。

就在这年11月，项羽听到刘邦已入定关中，大为恼怒，派出黥布攻破函谷关（今河南灵宝市北）。12月进军戏下（今陕西临潼东戏水地），正准备进攻驻军霸上的刘邦。当时，项羽有兵四十万而号称百万，刘邦虽说有二十万，充其量也不过十万。力量对比的悬殊，刘邦自知莫如。于是，刘邦听从张良的建议，亲自带了百余骑到鸿门（今陕西临潼区新丰镇东南鸿门坂）同项羽会见。在宴席上，项羽的谋士范增设计要杀害刘邦，而项羽不作理会。接着，项庄出来舞剑，名曰“助兴”，实际是想伺机刺杀刘邦。但有项伯出来对舞，遂使范增谋刺计划未能得逞。酒席宴上，剑来剑往，杀气腾腾，使人屏息。刘邦借故退席，便带了樊哙、夏侯婴、靳强、纪信等四人，从郦山脚下，取道芷阳，逃回自己营中。留下张良献出玉璧、酒杯辞谢，项羽也无可奈何，只得作罢。这，就是历史上有名的“鸿门宴”。

在鸿门宴后不多日，志得意满、骄横逞力的项羽带兵进入秦都咸阳。烧、杀、虏、掠，无所不用其极。据《史记·项羽本纪》载：“项羽引兵西屠咸阳，杀秦降王子婴，烧秦宫室，火三月不灭。收其宝货妇女而东”（图18-1）。

图 18-1　项羽荣归故里（徐州戏马台）

宏伟的咸阳都城及其宫阙建筑，在项羽的一把火下，统统化为灰烬。有名的“冀阙宫庭”、咸阳宫、阿房宫地区的宫殿建筑等等，从地平线上消失了，留下来的是累累夯土，火红色的瓦砾!

项羽不但把咸阳的财富席卷而去，即使死人的随葬品也未能幸免。后来，刘邦在广武战场上当面历数项羽的罪状，把“烧秦宫室，掘始皇帝冢，收私其财物”列为第四大罪（《史记·高祖本纪》）。郦道元在其《水经·渭水注》中记下了这一历史的细节：“项羽入关发之，以三十万人，三十日运物不能穷。关东盗贼销椁取铜，牧人寻羊烧之，火延九十日不能灭”[①]。同样，始皇陵园的礼制建筑留给我们的仍然是一片废墟而已。从发掘的兵马俑坑看，这处地下建筑遭到焚毁，俑仰马翻，兵械被“缴”，大概就是那次厄运光顾的结果!

项羽为人“僄悍祸贼”，生性残暴，攻襄城（今河南襄城县），人民无复活者（即“无噍类”），一次坑杀秦降卒就有二十万人。他“所过无不残灭”，已使人民恐惧不安，而对咸阳屠城，更使“秦民大失望”。他自伐其功，兵力过人，把刘邦封为汉王，领巴蜀、汉中地，而把关中分给三个秦降将：咸阳以西属雍王章邯，咸阳以东至黄河间地属塞王司马欣，上郡地属翟王董翳。三分关中的目的是阻塞刘邦向关中发展的道路。另外，他割地分封，一共封了十八个王，自己为“西楚霸王”，领有九个郡的地方，都城设在彭城（今江苏徐州市）。在这一系列倒退措施完成之后，在“富贵不归故乡，如衣绣夜行”的夸富思想支配下，把关中破坏成一个烂摊子，带着从咸阳抢走的财宝、宫女，扬长而去[②]。

（六）咸阳故地上新主人

“富十倍于天下”的秦中，经过项羽的破坏，已是满目疮痍。在项羽同刘邦的五年

---

① 这条记载，我在《秦始皇陵研究》一书作过辨证，认为是一种误传，不可靠。事实证明，始皇陵墓没有被项羽掘开。不是说项羽没有追求珍宝的欲望，而是说陵冢高大、地宫深远，警戒设施严密，要在短时间内挖开陵墓，其难度之大，在当时是绝对办不到的。我们考古队经过探测，在陵冢周围、方城、墓道上，均未发现通向地宫的盗洞。1981 年，中国地质科学院物探所用汞测量方法，发现在封土表层有一个面积达 12000 平方米的强汞区，证明《史记》记载墓室内“以水银为百川、江河、大海”确属事实。据测汞含量在 70 ~ 1500ppb 之间变化，比周围正常地带高出 6.83 倍。如果地宫被盗焚，水银早就挥发殆尽，岂能保留到今日继续挥发!

不可否认项羽确实在始皇陵园盗宝并作了抢劫、焚烧。我据考古事实，认为秦末兵燹破坏包括三项内容，即：烧毁了地面建筑；掘毁了地下的从葬设施；劫取了陵园的地面财物。

② 流落海内外的秦器，不可否认的是，其中有相当一些同这次劫掠、散失、流传有关。1978~1980 年，在山东淄博窝托村西汉齐王刘襄墓丛葬坑出土银器 130 余件，其中一件鎏金银盘口径 37 厘米、高 5.5 厘米。在盘的口沿、内外腹部各饰六组龙凤纹图案，内底饰盘龙三条。盘外底、口沿背面刻四组铭文，其中有“卅三年”等字。汉初不论汉帝还是齐王均无在位 33 年的，再从龙凤纹图案看具有战国时代特点。据此推断，此鎏金银盘系秦始皇三十三年（公元前 214 年）制作的宫廷用物，大概是项羽劫掠去以后流散到齐国的器物。现存中国历史博物馆。

楚汉战争之后，这段“逐鹿中原”的历史以刘邦建立的西汉王朝而胜利结束[1]。汉高祖终于在秦帝国首都咸阳的废墟上，又建立起更为强盛的汉帝国的新都长安。渭水两岸这“天地之隩区”，迈入了一个新的历程。

政权易手，昔日繁盛的北阪宫区经过大火也日趋荒僻。在牛羊村秦宫遗址内，发现有多座中小型汉代洞室墓。1980年经过清理的16座汉墓中，除过一座瓦棺葬外，其余均为竖井或斜坡道洞室墓。出土各类文物1912件。其中铜钱1555枚，时代最早的是汉初四铢半两，大量的是王莽时的大泉五十、货泉、货布。有一块刻东汉明帝年号的“永平十三年”（即公元70年）文字砖。事实说明，北阪的秦宫殿建筑，有些在西汉中期以前尚被利用，到了西汉晚期已彻底毁弃，而这一地区竟成了汉人的墓葬区。

汉人对秦的个别旧宫除过修葺再用者外，或有沿用故名而重建的，如汉之兰池宫；也有择地新建的，像毛王沟和后排村的汉宫虽处于北阪的秦宫殿区范围之内，却纯属汉的建筑物。毛王沟建筑遗址面积10余万平方米，地面散布有大量的绳纹板瓦、筒瓦、陶水管道、陶井圈，也发现过汉文帝时轻薄而不规则的“半两”铜钱140枚。1968年，在村东平整土地时出土马蹄金一枚，直径5.2厘米，重265克，含金量98%，同出土的文物还有西汉五铢铜钱、表饰卷云纹的金器圈等[2]。1978年5月，在村北耕地时又发现马蹄金、麟趾金各二枚，分别重256.47克、266.510克、284.095克和244.34克，均系赤金成分，錾刻重量的铭文有“廿朱”、“十五两十朱”和“斤一两廿三朱”等字[3]。

出土金器的地区内发现建筑遗址，有秦有汉，正是那里历史交替与变迁的反映。以

① 笔者1997年随同《中国皇帝》拍摄组野外采风，涉及项羽这位末路英雄“业绩”的景点有：咸阳原宫阙、阿房宫前殿、始皇陵墓与兵马俑的焚毁遗址，想到火烧咸阳三月不灭，人民逃亡的惨状；在荥阳的“鸿沟”，领略了刘、项对垒，似乎听到刘邦历数项羽十大罪状的指斥声，似乎看到项羽恼羞成怒，无言以对，用“伏弩射”作答的窘相；在徐州周围见到的有关景物，更是能勾起人对那段风云变幻历史的回顾。

《水浒传》第四回有这么一首山歌：“九里山前作战场，牧儿拾得旧刀枪。顺风吹动乌江水，好似虞姬别霸王。”

彭城曾作楚怀王之都，伐秦诸将从这里出发，推翻了秦的专制政权。随后，又成了西楚霸王项羽的都城，王九郡。胜利于斯，失败于斯，彭城城墙残迹似乎诉说着这段曲折的历史：

“霸王戏马台”项羽的塑像固然英俊，纪念性浮雕描述着赫赫战功，过多地寄托着今人对这位“霸王”的惋惜。但却掩饰不住他残暴、凶狠的性格。就在他足下的土地上，“放杀义帝”，可谓大逆不道。逼死王陵之母不算，还要将她的尸体再放进锅里去煮。历史上“霸王”的榜样，是否是对今日“霸道”者的启发？

“彭城之山，岗岭四合”，城周山头44座，其中的九里山是徐州北面的天然屏障。韩信伏兵、樊哙挥旗，大战项羽。双方投入兵力60万，战斗激烈，至今仍有“旗眼”“旗磨石”遗迹。

7月19日，《中国皇帝》拍摄组在安徽灵璧县寻迹垓下古战场，并访虞姬陵园。笔者赋诗一首：“垓下数百里，灵璧接大荒。兹事越千载，犹闻鼓角狂。大营香玉焚，旷野争战忙。乌骓不逝兮，无颜过江东。英雄安在哉，令人涕感伤。”

② 咸阳市博物馆：《咸阳市近年发现的一批秦汉遗物》，《考古》1973年第3期。

③ 王丕忠、许志高：《咸阳市发现的麟趾金和马蹄金》，《考古》1980年第4期。

毛王沟为中心，村北出土马蹄金和麟趾金各二枚，村东 250 米出土马蹄金一枚，村西北 1000 米处的路家坡出土“陈爯”金币 8 枚、村南下塬的灰堆村也出土过金饼。在这东西 2.5 公里、南北 2 公里的范围之内，可以想见自战国末年到汉武帝年间，虽然中经秦末大火与丧乱，仍不失其繁华殷实的地位。至于后排村北遗址，地表见有大量的几何纹或方格纹铺地砖及绳纹板瓦、筒瓦和云纹瓦当，文化遗存面积达 3.7 平方公里，这当同高祖长陵有关。

由于秦咸阳的城阙宫殿毁废，汉高祖元年（公元前 206 年）择地渭城湾设立新城，名新城县。七年并入长安县。武帝元鼎三年（公元前 114 年）复设，因邻近渭河而改名渭城县，辖属右扶风。后赵石勒元年（319 年）改置石安县。隋文帝九年（589 年）改泾阳为咸阳，十一年迁治秦杜邮亭附近。唐高祖六年（623 年），县治由鲍桥迁到白起堡（任家嘴一带）。武则天天授二年（691 年）曾更名赤县，过了 15 年又复咸阳旧名。虽然前后隶辖与县治多有变更，但咸阳之名沿用至今。据调查，虽汉渭城县故城形制不明，但地当今长陵车站西北的渭城湾一带，是大体可定的，现看到残存的南北向城垣有三段，分别长 10 米、94 米和 2 米，基宽 3 米。地面也多散布有绳纹瓦片等遗物。

十九、秦都咸阳最后的悲歌：始皇从明智到愚妄的必然

（一）从秦王到皇帝的跌宕起伏人生

秦始皇从王孙、王子到秦王，再到皇帝的人生，可以划分几个阶段：

1. 从学习到见习，积累丰厚的文化底蕴与治世借鉴

秦始皇本名嬴政，秦昭王四十八年（公元前 259 年）正月生于赵国邯郸。就在他出生的前一年，“长平之战”中秦大将白起坑杀了赵国的降卒 40 万人。这不但使赵国蒙受极大的损失，而且在悲愤中激起的仇恨情绪更是有增无减。那么，作为人质的子楚虽然有大商人吕不韦的资助，但依旧同尚在襁褓中的嬴政过着受歧视与困顿的生活。昭王五十年（公元前 257 年），大将王齮围攻邯郸，子楚也几乎被赵国追杀。后来通过给守吏行贿才得只身逃脱，随秦军回到了秦国。

昭王五十六年（公元前 251 年），这位长寿的秦君去世，继位的太子则是 53 岁的秦孝文王。嬴政之父子楚被立为太子，赵国这时才把他的夫人和幼子嬴政送还给了秦国。那么，在赵国度过了 8 年时光的嬴政，尽管他的聪慧可以超过常人，但接触的人事与知识也不过几年。那么，处于异国又逢乱世，其所接受文化知识的程度是大成问题的。

可惜秦孝文王即位只有三天，就一命呜呼，继位的太子子楚是为庄襄王。这位不是秦王嫡子的子楚，没有忘记当年“分秦国与君共之”的承诺，便任用吕不韦为丞相，封“文信侯”，还把河南洛阳十万户作为他的食邑（《史记・吕不韦列传》）。大概也因为做人质时期的身心亏损、在位时的内外劳累，不到三年时间，就在 35 岁去世了。

公元前 246 年，13 岁的嬴政被历史推上了“秦王”的宝座，也就是后来统一中国的秦始皇帝。但是，他刚即位时还是个少年，便“委国事大臣”，即把处理国事的大任不由自主地委托给了这位被称作“仲父”的吕不韦。

秦始皇九年（公元前 238 年），也就是嬴政 22 岁。按礼制，到了“王冠，带剑”的成人年龄。随后通过消灭嫪毐、吕不韦两大势力集团，才真正掌握了秦国的实权。

现在，让我们回头来看嬴政接触中国文化的时间与可能性。他在赵国的后两年是段

空白，在回国后，从王孙、王子到秦王，特别是在13岁到22岁之间，不但给嬴政提供了学习古代文化的机会，而且也给他增长治国经验提供了机遇。我这么认识的根据，是出于多方面的考虑：

第一，先秦时期，中国文明已是昌盛发达。战国时期，地域文化、各种学术思想百花齐放、百家争鸣。秦人从部族到封国，在接受“周文化”影响的同时，发展成了具有特色的“秦文化”。这种继承性，在秦孝文王、庄襄王时不会断绝，在“委国事大臣”时期更不会断绝。

第二，秦自商鞅变法以来，国力上升，客卿纷纷踏上西土，愿为统一大业出谋献策。这当然为嬴政接触不同文化提供了方便，为以后处理政事增加阅历是大有帮助的。

第三，吕不韦招致宾客，养士三千，均是些各怀技艺的辩士。“使其客，人人著所闻……以为备天地万物古今之事”，成就了二十余万言的《吕氏春秋》。这期间，能没有秦王讨教的机会么？限于政治地位，固然他们不能用“太傅”“少傅”相称，但吕不韦著此书的目的就是给秦始皇规划一幅治国蓝图。

第四，吕不韦为丞相时，曾出兵三晋，击退攻秦的五国之兵。一系列军事斗争，都使年轻的秦王嬴政有了见习的机会。

从以上几点考虑可以想见的是，从嬴政13岁即秦王位，到22岁加冕的这十年空档期，富有创新进取精神的他，时间和环境给了他学习不同文化奠定了扎实的基础。我们从秦统一之初议帝号看，他不但能指出“太古有号毋谥，中古有号，死而以行为谥”的弊端，而且也能做出废除“谥法”的决策。另外，他五次出巡，有七处刻石。这些刻辞概述自己统一之功，宣布道德准则，其言简意赅，遣词造句异常优美。可以认为，这些不一定都是李斯所为。以标准的小篆书体上石，那是出自李斯的手笔，而君臣合议，成就了一篇篇旷古又有司马迁忠实录载才传之后世的诏文。再从很多诏令与建制中，看到那高屋建瓴的分析与坚定不移的语气，显然非秦始皇莫属。这些在在都反映出秦始皇具有较为高深的学识与文化素养。

2. 亲政专权，统领秦军，削平诸侯割据，统一中国

秦王嬴政九年（公元前238年），在22岁“王冠带剑”时粉碎荒唐的嫪毐集团。次年，相国吕不韦坐免。

秦王嬴政正式执政后，奋六世之余烈，以大无畏的精神指挥秦军展开统一之战。并多次亲临前线，如十三年（公元前234年）“王之河南”，十八年（公元前229年）“秦

王之邯郸”，二十三年（公元前224年）“秦王游至郢陈”。二十六年（公元前221年），秦“初并天下”，结束诸侯割据，建立起中央集权的郡县制帝国。40岁，登上始皇帝的宝座。

3. 创立制度，为巩固“天下”空间格局奔波

秦始皇建立的秦王朝，并非完全是改朝换代的翻版。“皇帝”的称号是嬴政创造，为历代沿用。在行政管理上，中央设置“三公”，由丞相、太尉、御史大夫分管行政、军事、监察，辅佐皇帝。在丞相节制下，有主管各部门的“九卿”，共同为皇帝服务；在地方行政管理上，实行郡县制。即分全国为三十六郡，“郡置守、尉、监”，分属节制，长官由皇帝根据其才干任免。郡下是县、乡，里属基层组织。另外，有派出所性质的“亭”维持地方治安。秦中央的“三公九卿”、地方的郡县制，作为一种管理体制被历代传承了下来。

秦始皇“一法度衡石丈尺。车同轨，书同文字”，堕坏城郭、决通川防、夷去险阻，利国利民。巡视各地，重在东方，刻石颂功，正是为巩固帝国长治久安奔波不已。

（二）急政暴虐，民不聊生，刚戾自用，走入歧途

1. 宣言与现实的矛盾

秦王朝行政管理得体，改制便民，刻石颂功中也一再宣称“皇帝临位，作制明法，臣下修饬”（峄山刻辞）、“诛乱除害，兴利致福”（琅琊刻辞）、“烹灭强暴，振救黔首，周定四极”（之罘刻辞）、“阐并天下，灾害绝息，永偃戎兵”（东观刻辞）、“惠被诸产，久并来田，莫不安所”（碣石刻辞）……既然秦始皇已拯救民众于水火，使流离失所的人返还田园，安居乐业，但为什么他缔造的这么一个强大的帝国只存在了15年（公元前221～前206年），就被老百姓给彻底推翻了呢？究竟是不知福的“黔首”不安生，还是秦王朝不让“黔首”安生？原来留在石头上的刻辞同现实存在严重的矛盾，好听的未必是实际的。

2. 严刑峻法的暴政下，黎民百姓走投无路

人民是国家存在的基石，是本。国家只有“固本（人民）”才得以存在。这只是近现代马列主义理论的认识，在古代“人民”和“国家”是对立存在的。“溥天之下，莫非王土。率土之滨，莫非王臣”“民可使由之，不可使知之”。统治和奴役“人民”的是君王和他的一帮臣僚，秦王朝的统治关系也不可能摆脱这个怪圈。

秦始皇及其追随者以严刑峻法压迫、剥削人民，在那个时代，是司空见惯的。但

是，秦的压榨已经超过了人民的承受能力。至于破坏人民这块基石的事例，鉴于前述，这里不再重复。

（三）始皇严重失策，暴政使秦王朝走上不归路

历代的研究者都在探究秦速亡的原因，说法也多种多样。各自有理，但略显片面。我以为以下一些因素是值得重视的：

第一，秦始皇没有考虑大战之后国库空虚、人民贫困，而又急功近利地大兴土木，筑长城、修陵墓、建宫殿、辟道路，投入了大量的劳力，耗费巨大的物资和财力，荒废了农业生产，严重地削弱了帝国的经济基础。各项工程的兴建，对疲惫不堪、忍饥挨饿的广大人民都会带来前所未有的灾难。残酷的政治压迫、超强的剥削、严厉的刑罚，不但丧失了人民的支持，反倒增加了无限的仇恨。

第二，为战争付出巨大牺牲的广大农民，在统一中国之后没有得到喘息的机会，接踵而来的是繁重的徭役、劳人的转输、苛刻的赋税、酷虐的刑罚等一系列套在脖子上的枷锁，严重地影响了国家和人民的正常生产与生活。秦始皇没有满足人民休养生息的意愿，反而使统治阶级与劳动人民之间的阶级矛盾日益扩大化、尖锐化，失去了土地的农民成为赤贫，或逃亡山林，社会稳定局面被打破，整体人心思变，使秦帝国丧失了统治的根基。

第三，国家行政管理缺乏地区差别与灵活的变更。在全国推行“郡县制”还是“分封制”的问题上，统一六国之初在朝廷是有争议的。丞相王绾等人曾建议：就“诸侯初破，燕、齐、荆地远，不为置王，毋以填之，请立诸子，唯上幸许”（《史记·秦始皇本纪》）。地方政权机构建制实行郡、县、乡、里四级行政组织，这是延续秦国原有的管理模式，秦始皇推行全国，这应该予以肯定。王绾的“封王”建议虽不合潮流，但他针对的是“燕、齐、荆地远”，在管理上还存在着一时“鞭长莫及”的事实。特别是，这些远离秦统治中心咸阳的原诸侯国，经济发达，有着雄厚的人文基础。六国的名门望族如张良、项羽之辈，暗中行动，时刻想夺回失去的江山。秦始皇在武力削其国之后，固然郡下设“道”对待少数民族，但要取得被征服地区广大人民的认同，使中央集权与分封地区别对待，采取灵活的措施与权宜之计，在行政管理上不再是军事的强制、严厉的法办，也许收效会更好一些。但廷尉李斯粗暴片面地驳斥，始皇以“立国是树兵”的认识把王绾建议中的合理部分全盘否定。后来农民起义爆发，举起“灭秦者楚也”大旗的正是发生在楚地。揭竿而起，一呼百应，原六国贵族乘机加入反秦的大潮，农民起义很快就演变成六国贵族的复辟斗争。这不能不说是秦始皇执政上的一大失误，也应是秦帝国速亡的重要原因之一。

第四，秦国原来具有引进有用人才的优良传统，像百里奚、商鞅、张仪和李斯等都以自己的智慧为秦国出力。统一中国的初期，秦始皇还能坚持具有民主作风的“廷议”之制，但随后转向刚愎自用的独裁专断，“天下之事无小大皆决于上”。他堵塞言路，“焚书”的结果使文化典籍遭受了空前的浩劫；“坑儒”带来的是“以吏为师”的文化专制主义。以李斯的法制思想与一家之言为圭臬，从而失去集体智慧与参谋作用。严禁私学，恢复“学在官府”的旧制，这应看作是秦始皇、李斯开的历史倒车，也是秦速亡不可逾越的一道坎。

第五，在意识形态领域中，秦始皇依然按照战争思维治理国家，没有顺应历史发展要求，根据形势变化调整指导思想。吕不韦编纂的《吕氏春秋》本来就是为秦始皇统一中国后制定的一整套治理天下的大纲。既重法家耕战，又利用儒家仁义礼智的教化作用；既主张严刑峻法，又强调道家的“无为而治”；既肯定君主专权，又反对君主独断。但是，吕不韦的政治主张被否定了，并没有做到全民对国家文化的认同，只是用简单残酷的“焚书坑儒”办法，强调“以吏为师”，把法家思想推向极端。统一天下后，对六国贵族杀戮、流放、迁徙，严酷镇压。不给“出路”的结果，导致了六国贵族为报“亡国之仇”，彻底地站在新政权的对立面。意识形态统摄功能的缺失，其结果是法网密布下的社会衰败。

第六，秦始皇妄自尊大，认为自己平定天下，“自上古以来未尝有，五帝所不及”，刚戾自用，追求个人享乐，修建豪华宫殿，收六国美女，求长生不老之药。耗费大量的人力、财力和物力，加重百姓负担。秦二世宠信宦臣赵高，听信谗言，无限放纵私欲，任意妄为，农民受尽剥削和压迫，从而加速了秦朝的灭亡。

第七，贪于权势，妄想长生不老。当走到生命尽头，在弥留之际才想到远在北边长城的长子扶苏。虽然写下诏书要扶苏“与丧会咸阳而葬”，但中车府令赵高窜通丞相李斯和公子胡亥，矫诏赐死扶苏、蒙恬，立胡亥为太子，后袭位为皇帝。秦二世诛杀忠于始皇的大臣及诸公子，连小郎官也不放过。最后，秦二世和李斯都没有逃过赵高的魔爪。但赵高也没有摆脱被杀的命运。咸阳充斥血腥的厮杀，山河变色。当刘邦率军破武关，行至霸上时，为秦王仅仅 46 天的子婴“系颈以组，白马素车，奉天子玺符，降轵道旁”，秦帝国宣告灭亡（《史记·秦始皇本纪》）。以上史实说明：聪敏一生的秦始皇在用人上不辨忠奸，没有着力培养接班人，铸成大错之由就在于“霸权不舍”，私欲熏心。

（四）秦鉴之可“览”

秦始皇以其宏大的胆识与气魄，顺应历史趋势，结束了数百年的战乱，统一了中国。专制主义中央集权秦王朝的建立，是历史的一大进步，其所施行的许多制度与创新措施，对中国历史的进程都产生着深远的影响。但秦始皇毕竟还是一位暴君，武断专横，好大喜功，贪图享受，不惜民力。政治压迫、残酷剥削、滥用刑罚，把生活在死亡线上的百姓逼上绝路。揭竿而起的农民和图谋复辟的六国贵族，形成反秦的洪流，一举推翻了秦始皇一手创建的秦帝国。

历史是一面镜子，秦朝的速亡也给后代提供了治国立世的无数教训。

首先，“民”是国家政权的“本”，当政者不应忘也不能忘民。要爱民、惜民，为民切实办根本性的大事。不能视民为草芥、为群氓，更不应欺民、害民。民是水，既可载舟也能覆舟。

其次，当政者既要掌控全局，也要有民主作风。用人要善辨“忠”与“奸”，既要重“才”，更要重“德”。秦始皇以为赵高懂法，岂知他片言折狱，具有钻法律空子的本领。

复次，培养和选好接班人最为关键。秦始皇听不进长子扶苏的忠言，自己霸权不舍，批阅公文不中呈也不休息，巡行天下，鞍马劳顿，辛辛苦苦，在累死的弥留之际才想起交权。“沙丘之谋”“矫诏害良”发生，一帮阴谋家把本可折返的秦王朝断送了。

再次，只有重视文化教育事业，才能提高全民的向心力和凝聚力。国家软实力的增强，才是抵御外部一切对抗力的基础。粗暴片面的“焚书坑儒”“以吏为师”，缺乏文化与意识形态的吸引力，是导致国家衰退之源，也给六国贵族从意识形态上瓦解秦朝以可乘之机。

最后，“打铁还需自身硬”。当政者需得自省、自察，严抓吏治清廉。秦始皇贪图享受，咸阳附近宫殿二百七十座，所得六国钟鼓美人充入其中，案署不移徙。国家虽有监察、法律，但放任各级官吏乘机搜刮民财，无异于虎狼。把社会矛盾推向尖锐化，势必演变成官逼民反的结局。

秦鉴可览，盖有益也。

二十、在秦咸阳故都废墟上追寻昔日的辉煌

（一）回顾秦咸阳故都考古历程

为剥开笼罩在秦帝国首府上的迷雾，研究凭借的资料来自两方面。一是文献记载，二是考古材料。

当我们研究秦都咸阳存在的那段历史时，借助的古代文献就不能不首推伟大的史学家、文学家司马迁的名著《史记》了。而对宫殿苑囿记载较为具体者，当数《三辅黄图》。他如《三辅决录》《三辅旧事》《关中记》《三秦记》等所记，均是后人的辑录。《水经注》《元和郡县志》《太平寰宇记》《长安志》《雍录》等书中均有引录，《括地志》也有涉及。可惜年代久远，典籍散佚，拾掇错简，讹误难免。引用时，无不需要详审而加以辨正。

考古资料是研究不可或缺的凭借，已为治史者所重视。秦都咸阳的考古工作，是从20世纪60年代开始的，经过大面调查、选点试掘、部分发掘，在今咸阳市渭城区、西安市、临潼区这广阔的地域上有着重大的发现。其中有些考古项目已有发掘报告的出版，如秦始皇陵园、秦俑一号坑和秦陵铜车马①，塔儿坡秦墓群和任家咀墓群②，随之也有一批颇具影响的专题研究成果问世③。

具体到秦都咸阳城制考古这一主要项目，我们就有必要陈述一下咸阳“渭北老区”

① a.陕西省考古研究院、秦始皇兵马俑博物馆:《秦始皇帝陵园考古报告(1999)》,科学出版社,2000年;b.又《秦始皇帝陵园考古报告(2000)》,文物出版社,2006年;c.又《秦始皇帝陵园考古报告(2001～2003)》,文物出版社，2007年；d.陕西省考古研究所、始皇陵秦俑坑考古发掘队：《秦始皇陵兵马俑坑一号坑发掘报告》（1974～1984），文物出版社，1988年；e.又《秦始皇陵铜车马发掘报告》，文物出版社，1998年。

② a.咸阳市文物考古研究所:《塔儿坡秦墓》，三秦出版社，1998年。b.又《任家咀秦墓》，科学出版社，2005年。

③ a.王学理：《秦都咸阳》，陕西人民出版社，1985年；b.又《咸阳帝都记》，三秦出版社，1999年；c.又《秦陵彩绘铜车马》，陕西人民出版社，1987年；d.又《秦始皇陵研究》，上海人民出版社，1994年；e.又《秦俑专题研究》，三秦出版社，1994年。f.又《轻车锐骑带甲兵》，百花文艺出版社，2002年。g.又《解读秦俑——考古亲历者的视角》，学苑出版社，2011年；h.袁仲一：《秦始皇陵兵马俑研究》，文物出版社，1990年；i.又《秦始皇陵考古发现与研究》，陕西人民出版社，2002年。

和“渭南新区”的考古历程。从 20 世纪 60 年代起至今，可分为四个“工作阶段”、两个大的“停滞期”：

第一阶段（1959 年 ~ 1963 年），对这个初期阶段，可称之为“调查试掘时期”：

在这一阶段最佳的工作状态要算是 1961 年 ~ 1963 年。陕西省考古研究所渭水队在吴梓林主持下，从大面调查入手，随后试掘秦宫一号宫殿建筑遗址并给予正确定性、长陵车站两批铜铁器出土、对滩毛村南制陶作坊遗址开方发掘。出土有地层关系的陶器、陶文及其他文物资料，对确定秦都位置和认识秦物质文化面貌的意义都相当重要。他们由调查进入解剖（试掘）的这一做法，完全符合科学考古工作的惯例。1963 年年底，对全所工地的资料进行检查，以渭水队的纪录最为详细完整。这为 40 多年后编写《秦都咸阳考古报告》提供了翔实的文、图资料[①]。

创始人王家广所长题字

陕西考古的拓荒者

纪念王家广所长文（《中国文物报》）

王家广所长部分著作

王家广所长探望实习学生（1960年下孟村）

王家广所长、饶康利主任与部分职工欢送周廷信参军

王家广所长办刊

图 20-1　省考古所创始人王家广所长

1963 年 12 月 18 日，陕西省哲学社会科学研究所来了工作组搞起“四清运动”。这位创家立业、颇有能力的首任所长王家广成了审查对象，使得业务瘫痪（图 20-1）。此后，15 名业务干部同技术辅助人员下放农村，留城人员 27 名。1970 年，在“工宣队”

① 陕西省考古研究所：《秦都咸阳考古报告》，科学出版社，2004 年。

主持下陕西省考古研究所同陕西省文管会、博物馆合并。整整十年，使秦都咸阳考古陷入到第一个停滞期（1963 年 12 月 18 日 ~ 1973 年 5 月）。

第二阶段（1973 年 ~ 1979 年），是“咸阳原宫殿区钻探发掘时期”：

1973 年 5 月，由下放干部、“业务归队”的王学理对秦咸阳故址再作调查。写出恢复考古的报告，经陕西省文化局批准，由文管会、博物馆同咸阳博物馆联合成立了“秦都咸阳考古工作站”。

1973 年，“秦都咸阳考古工作站”钻探了咸阳原上由聂家沟到刘家沟之间的宫殿遗址区。以 1 号建筑遗址（西阙）为重点，对周围进行钻探并发掘。随后，咸阳地区文管会介入，发掘了 3 号建筑遗址的“长廊”部分。工作站还对黄家沟平民墓地作了部分清理。

第三阶段（1980 年 ~ 1991 年），是“重复踏查的时期”：

咸阳地区文管会离开工作站。秦都咸阳的田野考古，又回归到机构已经恢复了的陕西省考古研究所。重新组建“秦都咸阳考古工作站”，仍允许咸阳市博物馆留下参与考古工作。

这个以陕西省考古研究所为主体的“考古工作站”，在 12 年内的前段时间内，除发掘 2 号建筑遗址用了两年时间（1980 年 10 月至 1982 年 9 月），零散地对黄家沟墓地进行清理外，在此后的大段时间内，据说是在“踏查”，但并无显著成果。

从 1990 年起，秦都咸阳考古又彻底地进入了第二个停滞期（1991~2011 年）。

第四阶段（2011 年 ~ ），进入“重新启动田野工作的新时期”：

20 世纪 90 年代初，随着汉景帝阳陵陵园考古成果的面世，使得同处于咸阳地面的秦咸阳遗址也振奋起来。特别是盗墓狂潮席卷陕西时，国家强调对大遗址保护的重要性，于是在秦一号建筑遗址上征地建馆。“秦咸阳宫遗址博物馆”于 1995 年 9 月 5 日正式开馆，这对已发掘过的遗址就地保护，利用出土文物展现秦风秦韵无疑是有益的善举。但是，除过各级领导和相关学者外，每年参观的内宾不超过千人，外宾也只有 50 位左右。怎样才能摆脱尴尬的窘境？

从 2011 年起，陕西省考古研究院加强人力，随后邀请咸阳市考古研究所、渭城区秦咸阳宫遗址博物馆参加。因为在第一、二阶段，秦都咸阳考古与多年来的学术研究，对秦都范围、城制扩容、城市布局、宫殿建筑、陵墓分布、桥梁干道、工场地区以及文化遗存等，都有重大成果面世。现在研究院新组建的考古队，在原来奠定的都城框架内作专题细部发掘，或根据原先提供的线索新辟项目，开展过细工作。尽管城制框架不会有大的突破，文物遗存也多是数量的增加，但这毕竟是秦火与劫余的遗留，其是非常有意义的。

新的考古队，通过10多年的野外工作，已有不少成绩：

先是对聂家沟北的秦汉大道一带调查勘探，后围绕宫城，再集中柏家嘴到牛羊村的二道原调查。再次确认宫城南部和西侧有建筑基址117处，城北区有夯土建筑基址15处，冶家台墓区有墓葬1774座。

2014年11月，对聂家沟制骨作坊作了局部清理。

2016～2017年，对胡家沟建筑遗址和墓葬作了发掘。

2018年起，对6号高台建筑遗址进行连年发掘。

（二）渭河南北两地四区的考古成果汇总

1. 渭北区

（1）最早的考古调查与发掘

1959年秋，陕西省考古研究所派出渭水队来到咸阳故地进行调查，从此揭开了秦都咸阳考古的序幕。（图20–2）

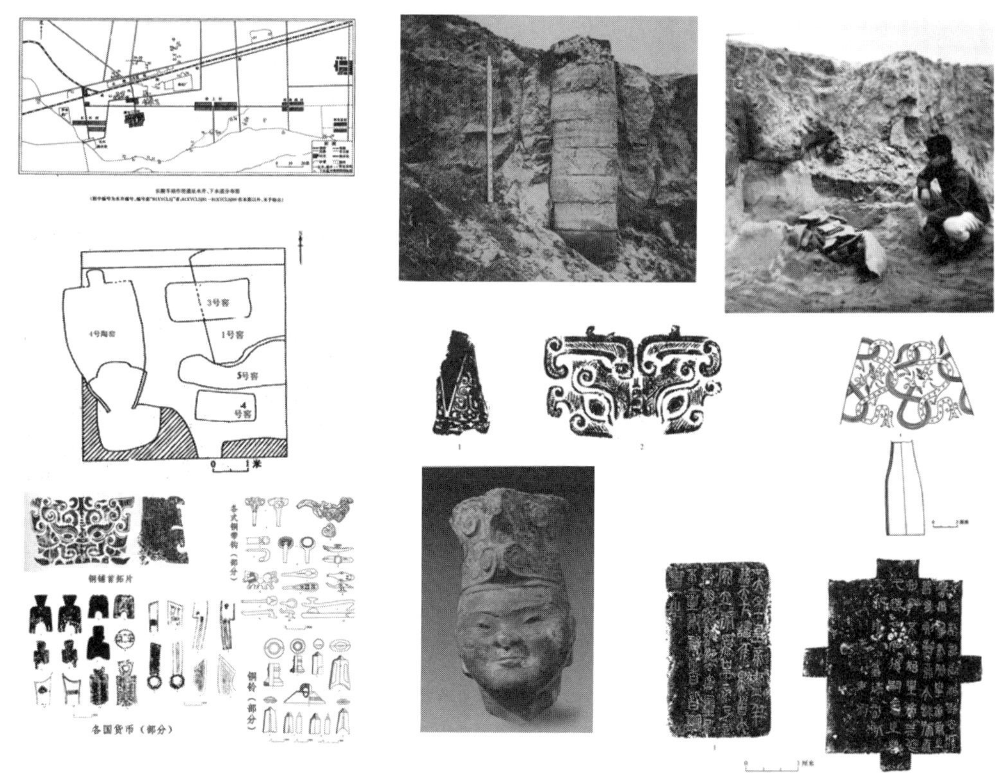

图20–2　渭北区早期部分考古成果

渭水队于1960年春和1961年，再对今咸阳市龚家湾到杨家湾这一渭北区间进行了广泛的考古调查和试掘。确认以滩毛村为中心的渭河北岸是一处重要的制陶作坊区，也确认了牛羊村北阪的宫殿区[①]。

1961年11月，渭水队的吴梓林、王学理二人对咸阳原的第六号建筑遗址（后改编为第1号）作了勘测，并在顶部试掘（即后编的第5室）。遗址中发现的红褐色的硬土地面、彩色壁画残块、部分烧熘的具有精致图案的青铜梁架构件等，使人耳目一新。

1962年到1963年，我等在滩毛村南作重点发掘，出土陶窑3座，结构完整，陶具清楚，器物有了地层关系[②]。

（2）长陵车站沙坑三处铜器窖藏的清理，大大丰富了对“秦文化”的认识

1961年11月，吴梓林和王学理清理北沙坑，出土500多公斤铜器和铁器烧结的残块，提供了多方面研究信息，特别是秦始皇统一度量衡的铜诏版出自秦都遗址，大大胜过传世之品。“廿六年皇帝尽并 / 兼天下诸侯黔首大 / 安立号为皇帝乃诏 / 丞相状绾法度量则 / 不壹歉疑者皆明 / 壹之”40字刻文作小篆书体秀丽娟美[③]。

1962年年初，本书作者即赶赴滩毛村工地。在长陵车站南沙坑中，又清理出一个铜器窖藏。其中有铜器280多件，诸侯国货币140枚和一些铜料。铜器包括着鉴、鼎、鍪、罐、盒、勺、三足架、镜残片等生活用具，铜弩机件、戈、矛、镞等兵器，戈内铭刻“郁郅”（今甘肃宁县北）二字。货币除秦“半两”钱外，还有齐、燕、魏、楚等国的铜货币15种136枚之多，其中的“蚁鼻钱”竟有124枚。车马器、始皇诏版（残）、铜印章及装饰品，也相当精美。而动物造型的各式铜带钩和金银错铜戈镦，甚富艺术美感。铜镞与铜铃样式繁多，也很具特色[④]。在铜车軎的面上铸一“公”字，而阴刻“太后”二字，是否为秦昭王之母宣太后的专用车乘？而铺首的背面錾“北库”二字，表明这批铜器绝非私人之物，专属宫廷的库藏品。可见这批铜器窖藏的出土，大大增长了人们对秦文化及其同关东诸国文化关系的认识。

---

① 陕西省社会科学院考古研究所渭水队（吴梓林，郭长江）：《秦都咸阳故城遗址的调查和试掘》，《考古》1962年第6期。

② 陕西省博物馆、文管会勘查小组（王学理）：《秦都咸阳故城遗址发现的窑址和铜器》，《考古》1974年第1期。

③ 陕西省社会科学院考古研究所渭水队（吴梓林，郭长江）：《秦都咸阳故城遗址的调查和试掘》，《考古》1962年第6期。

④ 陕西省博物馆、文管会勘查小组（王学理）：《秦都咸阳故城遗址发现的窑址和铜器》，《考古》1974年第1期。

1982年，在车站西南的沙坑中清理的铜器有车饰、构件、生产工具、兵器、生活用具、货币及装饰品，计320余件，其中一件铜武士头像和一件秦二世诏版尤为珍贵。武士面庞丰满、五官端正，戴云纹的武冠，通高11厘米，是一件极为罕见的铜雕艺术品，个性描述上与秦始皇陵兵马俑、陵墓彩绘铜车马之御俑比，有着异曲同工之妙！二世诏版完整，四边出耳，长12.6厘米、宽0.3厘米，刻诏文60字，但部分诏文漫漶不清。

（3）北阪宫城与几处宫殿建筑遗址的发掘

经调查，北阪宫殿建筑遗址有47处（原确认33处、新探14处）。主要集中分布在西起聂家沟、东到刘家沟之间的广阔地域。目前探明的夯土遗址，虽多连绵相接，但大体可以划出27处独立的单元建筑。其中的8处分布在宫墙之内，有3处还保留着夯土台基，最高者可达6米。

① 北阪宫城

1973年，作者本人于六七月份对停工已久的遗址又作了一次大面积复查，9月15日成立“咸阳考古工作站”。并同廖彩梁、孙德润以牛羊村为中心，对塬上下展开钻探测绘工作。终于在地表之下探出一座东西长方形的城墙遗迹。根据选点解剖，从地层与包含物断定，这是初建“冀阙宫庭”的宫城。大体可确认为它就是历史上所谓的“咸阳城”①。

② 第一号高台建筑遗址（西阙）

第一号建筑遗址（1961年编为第六号）是1974年3月4日至1975年11月发掘的。经探测知，此遗址平面呈“凹”字状，地跨今牛羊沟，东西长130米，南北宽40米。牛羊沟是后期形成的，正从遗址中部穿过，至今沟的东西断崖上仍可看到殿基的夯土层和预埋的下水陶管道。在“凹”字遗址的西端即牛羊村西侧是一个现残高6米的大夯土台，略呈长方形，东西60米，南北45米。在沟东对应的位置上，原来也应有同样的一个夯土台，只是在岁月的流逝中被人们给夷毁了。对此建筑发掘、复原，不但使我们获得了秦宫殿建筑的一般认识，也从壁画的出土中，更明白了众多遗存同建筑本身的依存关系②。

③ 第三号建筑遗址（画廊）

1979年3月至9月对咸阳第三号宫殿建筑遗址进行了部分发掘。在长廊内相对的东

① 王学理：《咸阳帝都记》，三秦出版社，1999年。

② 秦都咸阳考古工作站（刘庆柱，陈国英）：《秦都咸阳第一号宫殿建筑遗址简报》，《文物》1976年第11期。同期有陶复：《秦咸阳宫第一号遗址复原问题的初步探讨》。

西壁上原来绘有连续性的大幅壁画[①]。

④ 第二号高台建筑遗址（北宫）

咸阳第二号宫殿建筑遗址位于一号建筑西北约 93 米处，南距三号建筑遗址 70 余米。1980 年 10 月至 1982 年 9 月，由陕西省考古研究所重新组建的“秦都咸阳考古工作站”进行了正式发掘。

⑤ 第六号高台宫殿建筑遗址发掘（曲台宫）

咸阳原上第六号高台宫殿建筑遗址，在窑店镇牛羊村的“冀阙宫庭”东侧。陕西省考古研究院于 2018 年正式发掘，工作正在进行中。

⑥ 乐器储库建筑遗址

秦咸阳府库建筑遗址位于今咸阳市渭城区窑店镇胡家沟，地当牛羊村宫城区西侧。2016 年 ~ 2018 年，由陕西省考古研究院进行发掘。

（4）近郊几处宫殿遗存

① 柏家嘴宫殿群遗址

今咸阳市渭城区正阳乡曾有秦宫殿建筑群，因毁于秦末大火而夷为平地。今传为汉“戚夫人墓”的周围和封土中，还多夹杂战国秦时的瓦片、夔龙纹瓦当、几何纹方砖、空心砖残块及烧渣，说明此汉墓是埋在秦建筑区内，而对原地基有所破坏的。目前残存的夯土基址有 6 处，在文化堆积层中，包含有细绳纹筒瓦、云纹瓦当等。其中的一号遗址已有房屋地面的露头，居住面长 6.5 米[②]。这里曾有“兰池宫当”文字瓦当的出土，当是秦兰池宫的旧地。

② 望夷宫建筑群遗址

今咸阳市东北韩家乡东史村、徐家寨和西侧泾阳县蒋刘乡福隆庄、余家堡四地，都有大片夯土和建筑遗存。其中余家堡东北，夯土范围东西长 1000 米，南北宽 100 余米，其中一宫殿基址东西长 98 米，南北宽 34 米，夯基残厚 3.2 米。地表存有战国到秦时期的各式瓦当、方砖、空心砖等建筑遗物。由临泾的地位判断，这里当是秦的望夷宫遗址。汉代仍有沿用的迹象[③]。

③ 雍门宫所在地

---

① 咸阳市文管会、咸阳市博物馆、咸阳地区文管会：《秦都咸阳第三号宫殿建筑遗址发掘简报》，《考古与文物》1980 年第 2 期。

② 王丕忠：《秦咸阳宫位置推测及其他问题》，《中国史研究》1982 年第 4 期。

③ 参见本书第三章注㉙。

咸阳市塔儿坡附近原有秦雍门宫，可惜地面已遭破坏，无迹可寻。但经常有宫廷铜器的出土[①]。

（5）散见的手工业作坊遗存

手工业作坊详见本书第六章，这里有选择地从略。

① 制陶

生产建筑材料的陶窑遗址集中地分布在西起黄家沟、东至柏家嘴长达 8 公里的塬坡一线。1974 年以来，经过多次调查，特别是 1980 年 9 月至 1983 年年初，陕西省考古研究所秦都咸阳考古工作站较为集中地调查，并作过部分发掘[②]。这一带共发现陶窑遗址 108 座，其中有秦窑 32 座、汉窑 75 座[③]。秦窑集中分布在黄家沟至胡家沟、聂家沟之间，以胡家沟最为密集。胡家沟发现陶窑 29 座，纵横排列有序，占地 7936 平方米，作坊在西北部。而汉窑主要分布在聂家沟以东至三义村、柏家嘴一带。胡家沟西北又有一处作坊遗址，可见其生产规模之宏大。

从制陶的官窑分布地知，由冶铁、铸铜、制砖瓦组成大型的综合手工业作坊区，就在北阪宫殿群的西侧附近。聂家沟村西北有一处地方，遍地可见铁渣、炉渣、铁块、红烧土和灰土，显然是冶铁作坊遗址。

② 制骨

聂家沟制骨作坊遗址位于咸阳市窑店镇聂家沟秦汉大道东侧，东距咸阳宫城 580 多米，见有骨质堆积坑两个。2014 年 11 月清理，得骨质遗物 600 公斤[④]。该简报既称“作坊”，看到的是“堆积坑”，却不见范围、加工场地与房舍。

③ 石铠甲的制作点

牛羊沟东 6 号高台宫殿建筑之北，约 500 米处发现。[⑤]

④ 制玉作坊区

位于黄家沟南。1979 年，在这里一次就出土了半成品的玉环 100 多件，其中还有玉印坯一方。

---

① 王学理：《雍门宫室今安在　塔儿坡前寻踪迹》，《中国社会科学报》2011 年 12 月 15 日第 12 版。

② 秦都咸阳考古工作站：《秦都咸阳古窑址调查与试掘简报》，《考古与文物》1986 年第 3 期。

③ 吕卓民：《从考古资料看秦汉时期咸阳的制陶业》，《文博》1989 年第 3 期。

④ 陕西省考古研究院等：《2018 年考古年报》《陕西咸阳聂家沟秦代制骨作坊清理简报》，《考古与文物》2019 年第 3 期。

⑤ 陕西省考古研究院：《2019 考古年报》。

（6）郊区几处大型的士民墓地（参见本书有关专论及图片）

① 胡家沟墓地

2015年发现竖穴墓48座。其中平面呈梯形的2座、长方形的45座、正方形1座。多数深在5～13.5米。较大的墓室长7米、宽4.5米、深9米，时代不晚于战国晚期。距宫城区最近。

② 黄家沟墓群

黄家沟墓群是1975年年初平整土地时发现的，清理了32座墓。1975年秋和1977年春，又分段清理了两次，除两座唐墓外，发掘战国墓48座。在6年之后，即1983年和1984年又作了第四次发掘。前后总计清理墓葬136座，出土器物623件[①]。

黄家沟墓葬分布密集，从战国中期到秦统一，在时间上有连续性，葬俗上有其特点。

③ 冶家台墓区

在陕西咸阳渭城镇冶家台村发现1774座墓葬，是咸阳周边已知的最大一处秦平民墓地。

④ 任家嘴墓群

1990年冬，清理任家嘴古墓葬285座，其中有春秋时期墓葬24座，战国时期墓葬142座，秦代墓葬77座，汉代墓葬42座。出土文物计1650件[②]。墓葬时代上起春秋中期，下至汉代，中间无缺环，表明秦孝公迁都之前，秦人已进入此地，当是一处延续时间较久的墓地。为探讨都城布局提供了新线索。特别是墓葬形制、葬俗、器物组合关系的变化，对研究秦文化的形成具有重要作用。

⑤ 塔儿坡墓秦墓群

1995年，咸阳市文物考古研究所发掘塔儿坡墓地，共清理古墓葬399座，其中战国秦墓381座、汉墓11座、唐墓6座、宋墓1座。于1998年8月出版了《塔儿坡秦墓》。塔儿坡墓群分布密集，极有规律，是战国到统一的秦的都城平民墓地。随葬器物1374件，有彩绘的骑马陶俑2件，殳镦铭刻“十九年大良造庶长鞅之造殳”等14字，尤为重要。带钩237件，造型别致、体型特大，是极为珍贵的艺术品。

---

① a.秦都咸阳考古队:《咸阳市黄家沟战国墓发掘简报》,《考古与文物》1982年第6期。b.中国考古学会:《中国考古学年鉴》，文物出版社，1985年。

② a.咸阳市文物考古研究所:《咸阳任家嘴春秋墓清理简报》,《考古与文物》1993年第3期。b.曹发展:《咸阳任家嘴秦人墓地发掘的主要收获》，《泾渭稽古》1995年第2期。c.咸阳市文物考古研究所:《任家咀秦墓》，科学出版社，2005年。

⑥ 坡刘墓地

2011 年 7 月，对坡刘墓地考古发掘。共有 108 座战国至秦统一的秦墓，主要分竖穴土坑墓、竖穴墓道洞室墓两种类型。共出土文物 741 件（组）。

（7）零星出土的重要文物

塔儿坡一带既有秦都咸阳北区的一处墓地，又距雍门宫不远，经常有重要的文物出土。

1966 年 4 月，塔儿坡塬边取土，清理出 20 多件铜器，有鼎、钟、修武府温杯、钫、提梁钫，提链炉、盆、蒜头形扁壶、雁足灯，鎏金器座。[①] 没有“遗迹”，也不点墓葬。王学理断定这是一处秦代末年设置的铜器窑藏。有相当一些器物是关东诸侯国的铜器，被作为战利品俘获来秦的。此地当是秦都咸阳西郊的雍门宫遗址[②]（参见彩版三、四）。

1978 年 11 月，在塔儿坡塬边取土时，又挖出来铜錞于一件。[③]

1970 年，咸阳柏家嘴上一处建筑遗址中出土一件错金银云纹球形盖鼎。

1972 年 2 月，窑店镇路家坡村北在陶器内盛陈爯金版 8 块，周围也采集到秦半两铜钱和素面铜镜。陈爯金版，应是秦人在战争中取自楚国的战利品。

1974 年，黄家沟出土青铜提梁盉一件，刻铭“僇大”“大官四斗”“四斤”。

1980 年，在窑店镇北出土陶瓮一件，内存秦“半两”铜钱 25 公斤。

渭城湾多年来屡有秦戈、铜矛、货币等文物的出土。

咸阳市博物馆，于 1973 年征集到两件带铭文的铜器。一件是“寺工壶”；另一件是“雍工敃壶”，圈足有“茜府”铭刻[④]。

（8）道路

在咸阳市渭城区窑店镇南东龙村东 150 米、邓家村南，有一条古道路，北对“冀阙宫庭”，南及渭河北岸。相对的南岸，也有一条位于汉长安城横门外的南北向古道路，长 1250 米。由此可见，渭河南北两条对直一线的道路是跨过横桥的大道[⑤]。

2. 渭南区

“渭南”是指秦都咸阳渭河南岸的新区，其范围很大，在这里暂定沣、灞二水之间的渭河南岸，由汉长安城到今草滩镇南的闫新村一带。“渭南”原来是秦咸阳的离宫别

---

① 咸阳市博物馆：《陕西咸阳塔儿坡出土的铜器》，《文物》1975 年第 6 期。

② 王学理：《雍门宫室今安在　塔儿坡前寻踪迹》，《中国社会科学报》2011 年 12 月 15 日第 12 版。

③ 王丕忠：《咸阳塔儿坡出土秦代铜錞于》，《考古与文物》1981 年第 4 期。

④ 李光军、宋蕊：《咸阳博物馆收藏的两件带铭铜壶》，《考古与文物》1983 年第 6 期。

⑤ 王学理：《咸阳帝都记》第六章，三秦出版社，1999 年。

馆之地，虽然兴起时间比渭北要晚，但发展很快，地域广阔。所谓“渭南”，固然《史记·秦始皇本纪》有“诸庙及章台、上林皆在渭南”的话，我也常以“秦都咸阳渭南新区”相称，但考虑到“上林”占有很大的地域，为叙事方便，就把上林作为“阿房区”单独列出，于此仅谈诸庙、章台、兴乐、甘泉等重要宫殿集中、道路交通频繁的区间。

“渭南”在战国到秦代虽然是繁华的所在，但也遭到秦末大火的波及。不过，由于汉长安城的兴起，渭南的一些秦宫曾被改造、扩修，还保持了二百多年兴旺的势头。西汉之后，随长期动乱而陷入了荒凉。隋、唐长安城南移，汉代故都及其东北郊被划入禁苑。历史沧桑，兴衰无常，因为这块地方长期以来人事活动稀疏，竟使秦汉的一些建筑基址和陵墓保存了下来，为我们考知那段消逝的历史提供了机缘。

（1）闫家寺秦宫殿建筑遗址

闫家寺村位于今西安市北郊草滩镇东南。它东临灞河，正处灞、渭交汇的广阔平原上，隔渭水西北与秦都北区相望。这里有成组的高台建筑夯土台基；在一大型夯土基址前面，有对称的4座台基分布在中轴线两侧。大土台基的东南角已被修筑厂区铁路时截断，对剩下的部分，1956年上半年由陕西省文管会作过抢救性清理。[①]

由打破关系看，这一处建筑持续的时间很久。可惜前面4个土台与地面设施早已平毁，无材料可凭，只可付之阙如，而剩下的主殿建筑已被取土弄得面目全非，恐怕也“不久人世”了！

（2）章台宫的影子

秦惠文王的异母弟樗里疾，臣事三代国君，死葬章台之东。其墓北有汉武库，左侧临长乐宫。汉张敞“走马章台街”的台下之街也就是安门大街。武库遗址已经发掘，长乐宫、未央两宫的范围、安门及安门大街也被勘定。那么，汉未央宫前殿遗址当是秦章台改制的遗留。

章台，必有台，这同战国以来盛行高台宫殿建筑的风格是一致的。现在汉长安故城内西南部的未央宫前殿遗址，位于今西安市未央宫区马家寨村西北、大刘寨西南。当然，汉未央宫前殿是萧何利用秦章台所在的龙首山丘陵建造的，在“重威”的指导思想下“毋令后世有以加”[②]，所以雄伟壮丽的程度在当时是空前的。那么，作为未央宫前

① 刘致平：《西安西北郊古代建筑遗址勘查初记》，《文物参考资料》1957年第3期。

② 《汉书·高帝纪》：“萧何治未央宫，立东阙、北阙、前殿、武库、大仓。上见其壮丽，甚怒。谓何曰：‘天下匈匈，劳苦数岁，成败未可知，是何治宫室过度也！’何曰：‘天下方未定，故可因以就宫室。且夫天子以四海为家，非令壮丽亡以重威，且亡令后世有以加也。’上说”。

殿既非全是秦章台之旧，汉未央宫也全非秦章台宫的原貌。这些只是给我们提供了追溯秦宫的启示，而且也是不容忽视的线索。

（3）追寻兴乐、甘泉宫的线索

渭南秦宫在市中区有迹可考者，在本书第三章提供的线索是：

秦兴乐宫—汉长乐宫（《关中记》）

秦甘泉宫（南宫）—汉桂宫（《三秦记》《关中记》）

汉宫范围经考古探测，较为明确。不再赘述。

对汉桂宫二号建筑遗址发掘，出土有砖瓦类建筑材料和兵器，时代当在西汉中晚期。文字瓦当有“长生无极”。发掘者认为“桂宫第二号建筑遗址的主殿遗址与未央宫皇后所居椒房殿遗址和孝宣王皇后陵寝殿址之规模、布局结构基本相同……应属于桂宫之内的后妃使用的重要宫殿建筑”①。

（4）相家巷秦封泥的发现（从略，见本书十六章）

（5）平民墓区

渭南的平民墓地，前有专章介绍，于此不再赘述，仅提示发现要点：

① 尤家庄墓地

墓地西距汉都长安城 2 ~ 3 公里，今西安市北郊张家堡以南。以尤家庄为中心，扩及翁家庄、南里村一带，西及北康村，向东可到西十里铺。西安市文物考古研究所等单位清理古墓葬两千座左右，其中有战国墓葬八九百座。陕西省考古研究院于 1998 年 5 月至 2001 年 10 月，在尤家庄、北康村、翁家庄，清理战国中期至统一的秦晚期的墓葬 123 座，在尤家庄南的 12 处清理战国中期至统一秦晚期的小型秦墓 197 座。再向东长庆油田征地千亩之内还有一批墓葬，但至今还没有公布发掘材料。

② 山门口墓地

1988 年秋天，西安市文物管理处在电子城 205 工地清理出战国时期的秦墓有 11 座，属于秦都咸阳渭南新区一处平民墓地。

③ 杜城墓群

西安市文物保护考古所自 1989 年开始，至 2003 年，发掘了 2500 多座秦墓。其中发掘茅坡村光华胶鞋厂墓地春秋战国墓 93 座、邮电学院南区墓地的战国墓葬 162 座、潘家庄墓地的战国至西汉的秦墓 62 座、清凉寺战国至秦统一的秦墓 549 座，共计 866 座。

---

① 李毓芳：《汉长安城桂宫二号建筑遗址发掘有重大收获》，《中国文物报》1998 年 12 月 13 日第 1 版。

④ 半坡墓地的发现与发掘

半坡墓地位于浐河以东800米的河谷第二台地上，当今西安东郊纺织城西北的半坡与堡子村之间。1954年至1957年，在三区计20000平方米的范围之内，清理发掘了古墓240余座。其中有战国秦墓112座，显然是秦咸阳城市规划的又一处平民墓地。

分布稠密，时代延续长，占地范围也大。墓形结构以洞式墓为主，墓向仍是以“西首葬”为多数。洞式墓有101座，占总数的90.2%；竖穴墓只有11座，仅占9.8%。墓向东西者92座，占82.1%；南北向者18座，占16%，另有两座洞式墓的方向不明。

3. 阿房区

（1）阿房宫遗址的残毁

阿房宫遗址在西安市西咸新区的沣东新城管辖范围内，包括主要的朝宫——阿房前殿及众多的附属宫殿建筑、池沼。秦始皇原计划“表南山以为阙，络樊川以为池”，但施工仅及朝宫的基础部分，尚未完成，秦朝即已灭亡。

阿房宫不仅享有历史盛名，其所在地又是历史上人类活动频繁的区域。历来是破坏与保存结伴而行，留给我们的结果只能是残缺、零碎。出土重要文物时有所闻，但面对隐现在茫茫广野中的建筑群落遗址及复杂的人事关系，面对夯土台被鲸吞蚕食（砖瓦厂、城市建筑、农民生活取土），往往使考古工作者望而兴叹，所以长期来不能明其范围及其构筑布局。当20世纪90年代初期，盗掘古墓与文物走私狂潮席卷关中时，阿房宫遗址在1994年的公路施工中也遭到破坏。在社会各界人士的关注、专家学者的多次呼吁下，引起上级部门的重视。西安市文物局、文物保护考古研究所在保护区10平方公里的范围内进行了文物普探与现状调查，拟定了《秦阿房宫遗址保护规划》。尽管亡羊补牢，是多年来“破坏—保护—破坏”老规矩的重复，但毕竟还是比“没有保护”好得多。

在阿房宫遗址10平方公里的保护区内，据1994年11月的统计，有国营及乡镇企业232家，其中就有造纸厂18家、砖瓦厂18家、钢厂11家、化工厂24家，占地面积2409亩。他们一方面在遗址上展开“吃土”竞赛，另一方面排放污染物，使得这一重要遗址在日益恶化的自然环境中被改造、侵蚀，迅速地改变着自己的容颜。但对“蚀”余夯土遗迹的钻探和调查所得，经过整理，毕竟是关于这一重要遗址的第一份报告[①]。

---

① a.韩保全：《秦阿房宫遗址》，《文博》1996年第2期。b.西安市文物局文物处、西安市文物保护考古所（杜征）：《秦阿房宫遗址考古调查报告》，《文博》1998年第1期。

（2）阿房宫前殿的台基

西安市文物保护考古研究所阿房宫考古队，近几年对阿房宫展开大面积钻探，除过探清阿房前殿基址之外，对其他宫殿建筑遗址也进行了详探，取得一定成果，为文物保护与研究提供了第一手田野资料。2003年，当秦阿房宫考古队对前殿遗址做了一些钻探和试掘工作之后，后由本书作者就“上林苑”、“阿房宫”、“阿房前殿”和“前殿阿房”等四个名词，作了有根据的科学辩证[①]。

（3）阿房宫附属建筑

从阿房宫地区今残存的20多处夯土遗迹整个平面布局看，占地范围大、地面标志显著的“前殿”遗址居中前部正位，坐北面南，前有广场，形为主体；右侧从纪阳寨南到“烽火台”，形成又一个小区域的建筑群；左侧南起“上天台”，北到武警学院，东至沣河西岸，散布有湖泊、宫殿建筑群，构成一处风景区；后部经小苏村、闫庄、十里铺，北迄后围寨、车张村一线，分布着一些大型宫殿建筑，但由“西安—户县”公路的开通与人事活动而破坏殆尽，唯见后围寨还残存有一个夯土台。

蔺高村（原高窑村）位于前殿遗址东北1000米的地方，其西侧的夯土基址残存已是支离破碎的状态，但秦代那种麻点纹板瓦、筒瓦、云纹瓦当和屋脊式陶水管道等建筑材料及陶釜、盆之类的生活用器，还常有所见。

关于阿房宫的主体建筑、附属建筑及其他设施的探测、内容定性，可参看本书第三章中有关阿房宫的记述。

（4）阿房宫遗址范围之内，常有秦汉文物的出土（图20-3）

①　“高奴铜石权”[②]

1964年3月村民发现，上有三段铭文，分别为秦昭王三年（公元前304年）铸铭、秦始皇和秦二世的刻诏。前属秦王廷颁发给高奴县（今陕西延长县境）以称量谷物的标准衡器，后两次是调回校核后刻诏令以发还的纪录。可惜二世未及发还高奴而秦亡。所以说高奴铜石权不仅是秦统一度量衡的物证，而且也是秦廷政治重心南移的物证。这里出土的铜蝉，制作精美，也当是宫廷的装饰器。

① 王学理：《“阿房宫”、“阿房前殿”与“前殿阿房”的考古学解读》，《文博》2007年第1期。又收入《王学理秦汉考古文选》（第一辑），三秦出版社，2008年。

② 陕西省博物馆：《西安西郊高窑村出土秦高奴铜石权》，《文物》1964年第9期。

图 20–3　阿房遗址出土部分文物

② 汉代的铜器窖藏

1961 年，在蔺高村发现一处窖藏，内储武帝天汉四年（公元前 97 年）经宣帝、元帝到成帝鸿嘉三年（公元前 18 年）四个时期的大型铜器 22 件，其中有铜鉴 19 件、鼎 5 件、钟 5 件、钫和铜各一件。围绕这批“上林”铜器出土地四周都是大型的建筑基址，其中有些是两次修整后的建筑[①]。“上林”铜器群的出土，表明蔺高村至少是秦、汉两代的重要宫殿之所在（图 20–4）。

③ 小苏村建筑铜构件

小苏村在蔺高村之西 2000 米处。这里是一处被平毁了的秦代建筑区，尽管夯土地基无存，但地面上仍留有一些绳纹瓦的残片。1974 年 1 月，在村东南 100 米的地方曾出土有固定铜柱的外箍、户枢等 3 种 6 件铜建筑构件[②]。其造型厚重粗大，正是这批建筑宏伟富丽的反映。

④ 高足玉杯

1976 年 9 月，在车刘村出土一件高足玉杯，质地属青玉，色呈橘黄，通体以点阵式

① 西安市文物管理委员会：《西安三桥镇高窑村出土的西汉铜器群》，《考古》1963 年第 2 期。

② 朱捷元，黑光等：《陕西长安县小苏村出土的铜建筑构件》，《考古》1975 年第 2 期。

的虺纹为主，口沿（上部）与杯底（下部）由云纹和柿蒂纹组成条带，造型由长筒形的杯体与短束腰的柄构成，极其精美高贵。通高 14.5 厘米，口径 6.4 厘米，足径 4.5 厘米（参见彩版六）。

⑤ 铜车马饰件

1978 年，阿房宫村西出土错银的铜车马饰件，工艺精湛，堪称上乘。

图 20-4　汉上林铜鉴与铭

4. 骊山区

骊山区也包括芷阳地在内。秦始皇陵位居骊山之阴，“东陵”在骊山西麓。二者在地理上比邻，所以很自然地归在一个大的范围之中。

“东陵”（即“芷阳陵区”）虽然是秦都咸阳范围扩大及政治重心南移之后重新规划的王陵区，但芷阳城与半坡的战国秦人墓地，都应属于骊山区。

（1）秦芷阳与东陵

1982年10月，从调查和试掘知：秦芷阳宫—秦芷阳县—汉霸城县，就在西安市临潼区油王村一带①。

1986年年初，在骊山西麓发现了4座独立的陵园，都有人工水沟围护。

2010～2013年，重新钻探，除原探出4座陵园，其中有“亚”字形大墓3座（一号陵园内有“亚”字形主墓两座ZM1、ZM2，四号陵园内有“亚”字形大墓一座ZM1），“中”字墓4座，“甲”字形墓8座，陪葬墓284座，丛葬坑29个，地面建筑14处②。

（2）秦始皇陵园考古成就盘点

日本人足立喜六于1906年考察并测量了秦始皇陵，尽管他所言的陵墓实属于墓圹上口的施工范围，但毕竟是涉足此陵作科学记录的第一人。法国人维克多·萨加林等三人于1917年又作了一次实地考察，他们描述陵冢“像是三座小山重叠在一起”，实际就是“上崇三坟”（《汉书·楚元王传》）的反映③。

1956年8月，秦始皇陵被列入“陕西省名胜古迹第一批重点文物保护单位”。1961年3月，秦始皇陵被国务院正式公布为第一批全国重点文物保护单位。1962年2月，陕西省文物管理委员会对陵园进行调查和初探，获得了大量有关陵园形制、建筑遗迹和文物的资料。

当1974年3月，临潼县西杨村农民凿井时，无意中掘出陶武士俑残片和铜兵器后，7月15日由陕西省成立考古队先行试掘。秦兵马俑坑的面世，才正式揭开了陵园考古的新纪元。

秦始皇陵园的形制规模、地面建筑遗迹、陪葬墓群、丛葬设施、工程保障等具体内容，由调查、探测、试掘到正式发掘并取得一系列惊世的成果，基本上是前后两个考古队奠基与完成的。陕西省文物管理委员会的“秦俑坑考古队”和陕西省考古研究所的“秦始皇陵考古队”，给世人勾绘出秦始皇陵园的平面布局及各项具体内容，从而掀起秦文化与“秦俑学”研究的热潮。20世纪90年代以来，先后由陕西省考古研究院（所）与秦始皇帝陵博物院对陵园作重点复探与试掘，取得了更丰富的成果。

---

① 张海云：《芷阳遗址调查简报》，《文博》1985年第3期。

② 陕西省考古研究所等：《秦东陵第一号陵园勘查记》，《考古与文物》1987年第4期；第二号陵园材料刊1990年第4期；第四号陵园材料刊1993年第3期。又《秦东陵考察述略》（内刊）；王学理主编《秦物质文化通览》（上、下），科学出版社，2017年。

③ 王学理：《秦始皇陵研究》，上海人民出版社，1994年。

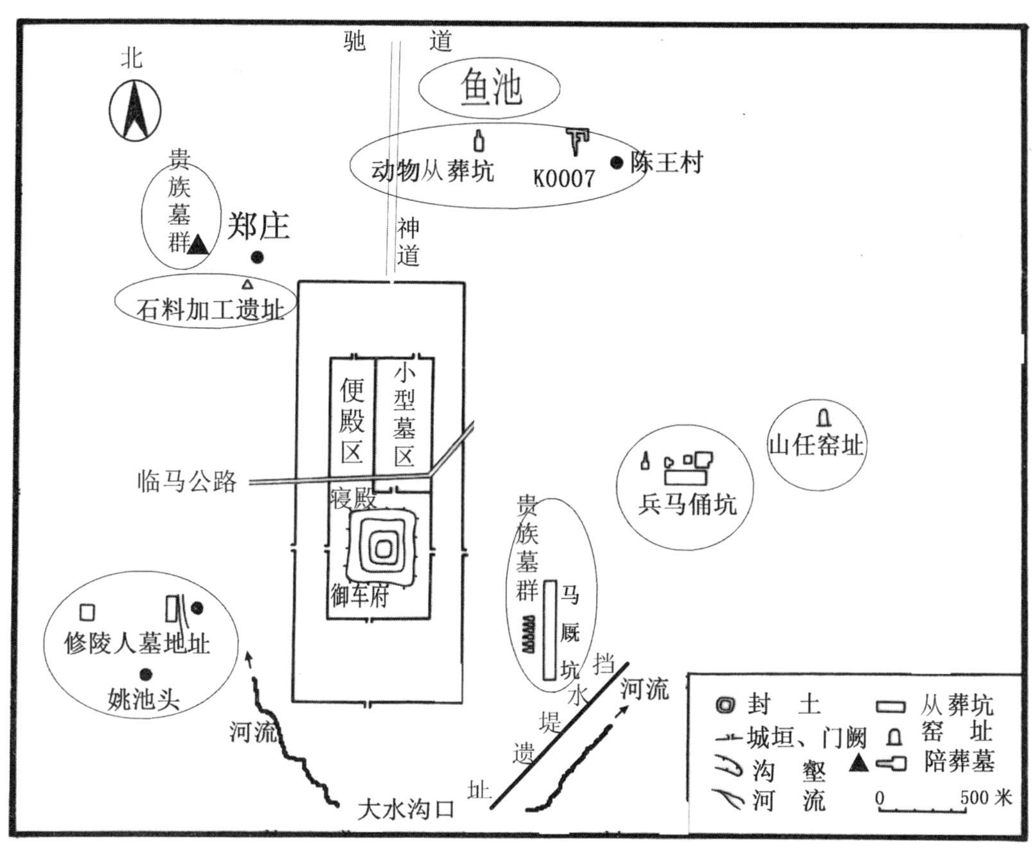

图 20–5 秦始皇陵区兆域示意图

秦始皇陵园的考古工作，从 1974 年以来，除过对陵园内外围墙、小城及陵冢重新勘测之外，发现地面建筑遗址 8 处、陪葬墓 150 座、郦山徒墓 404 座、大小丛葬坑 464 个。鉴于前面对其面貌多有详述，在此不再重复，只围绕陵墓这个中心点，由里到外，分 3 个同心圆（内圈、中圈、外圈）。在此只简单罗列于后（图 20–5）：

① 内圈（陵冢边缘到内城墙之间）——有秦陵彩绘铜车马（陵西侧）[①]，陵冢四周的御府坑（近陵）总计在 27 个[②]，文官俑坑和散坑（陵西南）4 个[③]，公子高墓（陵西北角），寝殿建筑遗址（北偏西），便殿建筑（陵北）[④]，陵园内小城有中小型墓 99 座。

② 中圈（内城之外与外城之内）：阙门建筑（东西内外城间），珍禽异兽坑（陵

① 王学理：《五时副车铜偶所反映的秦代銮驾制度》，载《考古与文物丛书》第一号，1983 年 11 月。

② 陕西省考古研究院、秦始皇兵马俑博物馆：《秦始皇帝陵园考古报告（2001 ~ 2003）》，文物出版社，2007 年。

③ 陕西省考古研究院、秦始皇兵马俑博物馆：《秦始皇帝陵园考古报告（2000）》，文物出版社，2006 年。

④ 赵康民：《秦始皇陵北二、三、四号建筑遗迹》，《文物》1979 年第 12 期。

西南）31座[①]，双门道马厩坑（陵西南）和曲尺形马厩坑（陵西南）埋入的活马700多匹，两个不明动物坑K0004和K0005（陵西南），空墓区（位于陵西）发现61座空墓，飤官建筑遗址（陵西北）[②]，园寺吏舍建筑区遗址（陵西北），百戏坑（K9901，陵东南）与大铜鼎[③]，武库坑（K9801，陵东南）[④]，“巨”形动物坑（K9902）与东神道10坑（陵东）[⑤]。

③ 外圈（外城之外的四周）

外城东：上焦村陪葬墓17座[⑥]，马厩坑400余坑[⑦]，下和村陪葬墓平面呈“甲”字形，山仁村郦山徒墓（陵东）清理出尸骨121具；秦兵马俑阵营坑4个地下巨型土坑[⑧]展示秦国军事生活的主要场景[⑨]，根据探测，估计可出土陶武士俑7000件左右，陶马634匹，木质战车130乘。按兵种，可分为步兵近5000件、骑兵116件、车兵（含指挥车）387件、弩兵1400件。由四个兵种携带戈、矛、戟、铍、殳、剑、钩、弩弓等兵器，体大如真的俑、马塑造写实，在雕塑艺术史上占有极重要的地位；

外城北：食府之一的家养动物坑（陵北偏东），禁苑坑（K0007）（陵东北）[⑩]，石材加工场遗址（陵西北）[⑪]，砖头房陪葬墓区（陵西北）有“中”字形墓1座（M1）、“甲”字形5座（M2 ~ M6）、小型墓葬30座、丛葬坑1处[⑫]；鱼池村官邸、军防建筑遗址（陵东北）[⑬]；

① 秦俑坑考古队：《秦始皇陵园陪葬坑钻探清理简报》，《考古与文物》1982年第1期。

② a.秦始皇陵考古队（王玉清）：《秦始皇陵西侧“丽山飤官”建筑遗址清理简报》，《文博》1987年第6期。b.王学理：《丽山食官遗址（东段）复原的构想》，《考古与文物》1989年第5期。

③ 王学理：《秦鼎石甲二论》，《秦文化论丛》第八辑，陕西人民出版社，2001年。

④ a.陕西省考古研究院、秦始皇兵马俑博物馆:《秦始皇帝陵园考古报告(2000)》,文物出版社,2006年;b.又《秦始皇帝陵园考古报告（2001 ~ 2003）》，文物出版社，2007年。

⑤ 王学理：《秦鼎甲二论》，《秦文化论丛》第八辑，陕西人民出版社，2001年。

⑥ 秦俑考古队：《临潼上焦村秦墓清理简报》，《考古与文物》1980年第2期。

⑦ 秦俑坑考古队：《秦始皇陵东侧马厩坑钻探清理简报》，《考古与文物》1980年第4期。

⑧ a.陕西省考古研究所、始皇陵秦俑坑考古发掘队:《秦始皇陵兵马俑坑一号坑发掘报告》(1974 ~ 1984年),文物出版社,1988年;b.皇陵秦俑坑考古发掘队:《秦始皇陵东侧第二号兵马俑坑钻探试掘简报》,《文物》1978年第5期;c.秦俑坑考古队《秦始皇陵东侧第三号兵马俑坑清理简报》,《文物》1979年第12期。

⑨ 王学理：《秦俑专题研究・一幅秦代的陈兵图》，三秦出版社，1994年。

⑩ 陕西省考古研究院、秦始皇兵马俑博物馆：《秦始皇帝陵园考古报告（2001 ~ 2003）》，文物出版社，2007年。

⑪ 秦俑考古队：《临潼郑庄秦石料加工场遗址调查简报》，《考古与文物》1981年第1期。

⑫ 陕西省考古研究院、秦始皇兵马俑博物馆：《秦始皇帝陵园考古报告（2001 ~ 2003）》，文物出版社，2007年。

⑬ 始皇陵秦俑坑考古发掘队：《陕西临潼鱼池遗址调查简报》，《考古与文物》1983年第4期。

外城南：防洪障堤遗址[①]；

外城西：赵背户的“居赀”役人墓地160余座[②]，姚池头刑徒墓地（陵西南）尸骨凌乱，上下叠压者厚达5厘米左右[③]，第五砂轮厂“郦山徒”墓地（陵西）秦墓243座[④]。

陵周围，分散者：陶窑遗址多处[⑤]。秦始皇陵区的制陶内容较为驳杂，既有一般陶器的生产，而围绕陵墓工程则以建筑用陶为主，在赵背户、上焦村、西黄村、陈家沟、下和村及鱼池村都分布有陶窑，陵西的赵背户向北到郑庄，南北长达2公里，东西宽1公里的范围内，早年都有陶窑的发现[⑥]，7000件左右的陶兵马俑当然是由一支庞大的独立的烧造队伍完成的。

---

① a.《史记·秦始皇本纪·正义》引《关中记》：“始皇陵在骊山。泉本北流，障使其东西流”。b.王学理、秦勇：《秦始皇陵工程与兵马俑从葬坑浅探》，《人文杂志》1980年第1期。

② 始皇陵秦兵马俑坑考古发掘队：《秦始皇陵西侧赵背户村秦刑徒墓》，《文物》1982年第3期。

③ 王学理：《秦始皇陵工程与兵马俑从葬坑浅探》，《人文杂志》1980年第1期。

④ a.临潼县博物馆等:《临潼县城东侧第一号秦墓清理简报》,《考古与文物》1993年第1期。b.林泊:《临潼发现秦人砖室墓》,《中国文物报》1990年5月10日；c.又《临潼新发现建陵匠师墓》,《中国文物报》1999年11月20日。

⑤ 秦俑考古队：《临潼县陈家沟遗址调查简记》，《考古与文物》1985年第1期。

⑥ 秦俑考古队：《秦代陶窑遗址调查清理简报》，《考古与文物》1985年第5期。

秦都咸阳大事年表

公元前	秦公纪年	大　事　择　要
350	秦孝公十二年	1. 令卫鞅在咸阳营筑冀阙官庭； 2. 合并小乡聚，普遍设县。计立41县； 3. 开拓原“井田”上的阡陌封疆； 4. 正式迁都咸阳。
349	秦孝公十三年	1. 正式迁都咸阳； 2. 初在县设立秩史。
344	秦孝公十八年	1. 秦派公子少官帅师参加诸侯的逢泽之会，并朝见周天子； 2. 各诸侯向秦祝贺； 3. 齐君率卿大夫到秦国聘问。
343	秦孝公十九年	周天子始封秦孝公爵，为“伯”（霸）。
340	秦孝公二十二年	1. 卫鞅率兵攻魏，计擒魏公子卬，迫使魏交还一部分河西地； 2. 封大良造鞅于商、於，为列侯，号“商君”。
338	秦孝公二十四年	1. 秦军渡河，与魏战于岸门，虏其将魏错； 2. 孝公去世，惠文君立，车裂商鞅于彤。
337	惠文王元年	楚、韩、赵、蜀派使来咸阳朝见。
336	惠文王二年	1. 周天子祝贺； 2. “初行钱”。
335	惠文王三年	秦惠文王行冠礼。
334	惠文王四年	1. 周天子“致文武胙”； 2. 魏夫人来咸阳。
333	惠文王五年	阴晋人犀首（即公孙衍）被任命为秦大良造。
330	惠文王八年	魏献纳河西地给秦。
328	惠文王十年	1. 秦始设相邦，张仪为秦相； 2. 魏献纳上郡十五县给秦。
322	更元三年	1. 韩、魏太子来咸阳朝秦； 2. 张仪免相后，去魏国为相。
320	更元五年	惠文王抵达戎地北河，到灵、夏州黄河一带。
318	更元七年	乐池为秦相。
317	更元八年	张仪复相秦。
315	更元十年	伐取韩地石章，韩太子苍来咸阳作人质。
313	更元十二年	1. 秦惠文王与魏王会于临晋； 2. 张仪相楚。
311	更元十四年	蜀相壮杀蜀侯来降。
309	武王二年	1. 张仪死于魏； 2. 秦初置丞相，樗里疾、甘茂分别任左、右丞相。
308	武王三年	秦武王与韩襄王会于临晋城外。
307	武王四年	1. 魏太子来咸阳朝见； 2. 武王同大力士孟说举鼎，绝膑，八月死。族孟说。

续表

公元前	秦公纪年	大 事 择 要
306	昭襄王元年	1.武王死，诸弟争立。异母弟昭王为质于燕，送归而立。魏冉支持最力，于是任冉为将军，卫守咸阳； 2.严君疾为相； 3.甘茂去魏。
305	昭襄王二年	1.武王弟庶长壮勾结大臣诸公子在首都进行反对昭王的叛乱，魏冉受命镇压。 2.公子壮、公子雍及其党羽全被处死，支持作乱的惠文后忧死，武王后被驱逐。
304	昭襄王三年	1.昭王行冠礼； 2.与楚王会于黄棘。
302	昭襄王五年	魏王来朝应亭（一说临晋）。
300	昭襄王七年	樗里疾死。魏冉为相。
298	昭襄王九年	孟尝君薛文相秦。
297	昭襄王十年	1.楚怀王受骗朝秦，被扣留； 2.孟尝君薛文“以金受免”，逃回齐国； 3.赵楼缓入秦为相。
296	昭襄王十一年	楚怀王走赵，不受，还之秦，即死，归葬。
295	昭襄王十二年	秦免楼缓相，用魏冉为相。
291	昭襄王十六年	1.魏冉因病辞谢，免相，以客卿寿烛为相； 2.分别封公子市、悝及魏冉为诸侯。
290	昭襄王十七年	东周君及城阳君来咸阳朝秦。
288	昭襄王十九年	1.十月，魏冉约齐称帝，齐为东帝，秦为西帝； 2.十二月齐用苏秦计放弃帝号，秦也放弃帝号。
287	昭襄王二十年	昭王之汉中，又去上郡、北河。
285	昭襄王二十二年	秦昭王会楚王于宛，与赵王会中阳。
284	昭襄王二十三年	秦昭王会魏王于宜阳，与韩王会新城。
283	昭襄王二十四年	秦昭王与楚王会鄢，又会穰；魏冉免相。
282	昭襄王二十五年	秦昭王与韩王会新城，与魏王会新明邑。
281	昭襄王二十六年	魏冉复为相。
278	昭襄王二十九年	1.周君来咸阳； 2.秦昭王与楚王会襄陵； 3.封白起为武安君。
267	昭襄王四十年	质于魏的悼太子死，归葬芷阳。
266	昭襄王四十一年	1.昭王用范雎谋，除宣太后支持下的穰侯、华阳君、泾阳君、高陵君等结成的“四贵集团”； 2.魏冉被罢相，其他人不得留咸阳，均出关就封邑。昭王拜范雎为相，封应侯。
265	昭襄王四十二年	1.安国君为太子； 2.九月，穰侯魏冉出关赴封地陶； 3.十月，宣太后死葬芷阳。
259	昭襄王四十八年	正月，嬴政生于赵都邯郸。
257	昭襄王五十年	1.武安君白起遭贬，不得留咸阳，出咸阳西门至杜邮，自杀； 2.异人得吕不韦助，逃出邯郸，返秦。
256	昭襄王五十一年	西周君武公背秦，秦使将军摎攻西周。西周君来咸阳谢罪，尽献其邑三十六城，口三万。
255	昭襄王五十二年	1.周赧王去世，周民东逃，秦收取周的九鼎宝器，除一丢失，其余八器入秦； 2.处死有间谍行为的王稽于咸阳市； 3.范雎谢病免相； 4.灭西周，西周君迁居惪狐，旋死。
254	昭襄王五十三年	1.诸侯宾客来咸阳； 2.韩王入秦朝见。
253	昭襄王五十四年	昭王郊礼，祀于雍。

续表

公元前	秦公纪年	大　事　择　要
251	昭襄王五十六年	1. 秋，昭王死。韩王着丧服来咸阳吊，各诸侯国也都派使来参加葬礼； 2. 昭王子柱五十三岁，继立为秦王。
250	秦孝文王元年	1. 十月，除丧，柱继位。立三日而亡； 2. 将皇家园林打开，准许百姓入内耕种或狩猎。
249	庄襄王元年	1. 在首都纪念先王的功臣，布惠于民； 2. 用吕不韦为相。灭东周，迁其君。
246	秦王政（始皇帝）元年	1. 嬴政初立，年十三； 2. 吕不韦仍为相，封十万户，号文信侯； 3. 开凿郑国渠。
243	始皇帝四年	秦质子归自赵，赵太子出归国。
241	始皇帝六年	庞煖组织最后一次合纵，率赵、楚、魏、燕、韩五国兵攻秦至蕞（今临潼东北），被击败。
245	始皇帝七年	夏太后死。
239	始皇帝八年	封嫪毐为长信侯，予山阳地，令居之，又以太原郡更为“毐国”。
238	始皇帝九年	秦王嬴政满二十二岁，在旧都雍举行冠礼，嫪毐借机发兵欲攻雍蕲年宫。相国、昌平君、昌文君率军截击，战于咸阳，平定此次叛乱。
237	始皇帝十年	1. 相国吕不韦因嫪毐叛乱坐免； 2. 齐、赵来置酒； 3. 迎太后于雍，入居咸阳甘泉宫； 4. 撤销“逐客令”，任用李斯为长史； 5. 魏人尉缭来咸阳，任国尉。
235	始皇帝十二年	吕不韦畏惧自杀。
234	始皇帝十三年	王之河南，到洛阳一带视察。
233	始皇帝十四年	韩非使秦，被李斯逼死云阳狱中。
231	始皇帝十六年	1. 登记成年男子（即“令男子书年”“自占年”）； 2. 设置丽邑。
228	始皇帝十九年	1. 秦王到邯郸，与母家有仇者皆坑之，从太原、上郡回到咸阳； 2. 母太后死。
227	始皇帝二十年	燕太子丹派荆轲入秦献图，在咸阳宫刺杀秦王未遂，被杀。
222	始皇帝二十五年	因秦平定韩、赵、魏、燕、楚五国，五月令天下欢庆饮酒作乐，首都更热烈。
221	始皇帝二十六年	1. 灭齐，统一中国，隆重庆祝（“大酺”）； 2. 议帝号，除去谥法，嬴政由秦王改称始皇帝； 3. 分天下为三十六郡，设守、尉、监； 4. 收天下兵器，销以为钟鐻、铜人，置咸阳宫前； 5. 把诸侯国家的豪强富户十二万户迁徙到咸阳； 6. 秦每破诸侯，仿作六国宫室于咸阳北阪上，地在今牛羊村北原上。
220	始皇帝二十七年	1. 秦始皇第一次由咸阳出发，巡视陇西、北地； 2. 在渭南建造信宫，后更名为极庙，并筑复道通郦山、筑甬道连接渭北咸阳诸宫； 3. 作甘泉前殿； 4. 修治驰道，起自咸阳，东通燕齐，南极吴楚。
219	始皇帝二十八年	1. 第二次出巡，上邹峄山、泰山、之罘、琅邪，刻石纪功； 2. 过彭城，临泗水捞鼎； 3. 南至衡山、南郡，浮江，至湘山祠； 4. 经武关回到咸阳。
218	始皇帝二十九年	1. 第三次出巡，东游至阳武博浪沙遇刺客； 2. 登之罘，刻石； 3. 经琅邪由上党返回咸阳。
216	始皇帝三十一年	1. “使黔首自实田”，即核实田数，把土地私有权推向全国； 2. 始皇微服私行咸阳，夜间在兰池遇“盗”，有武士救护。在关中大搜捕。

续表

公元前	秦公纪年	大事择要
215	始皇帝三十二年	1. 第四次出巡至碣石，刻石纪功； 2. 拆除旧日城郭，并决通阻碍交通的堤防。 3. 巡视北边后由上郡返回咸阳； 4. 遣将军蒙恬发兵三十万人北击匈奴，略取河南地。
213	始皇帝三十四年	咸阳宫设宴，因群臣争论分封，采纳李斯建议：焚书。
212	始皇帝三十五年	1. 修筑直道自云阳到九原； 2. 营造朝宫于渭南的上林苑中，先作前殿阿房； 3. 移民三万家到丽邑，五万家到云阳，免除其赋税徭役十年； 4. 继续修丽山陵墓； 5. 把咸阳旁二百里内的二百七十座宫观用复道相连； 6. 群臣朝会、决事都去咸阳宫； 7. 在咸阳坑杀犯禁的儒生四百六十余人。
210	始皇帝三十七年	1. 第五次巡行至云梦，望祀九疑山； 2. 沿江而下，至钱唐临浙江，祭大禹，刻石会稽； 3. 傍海北至琅邪，经之罘，返至平原津染病，死在沙丘平台； 4. 宦官赵高勾结胡亥、李斯密谋篡权，矫诏，赐死公子扶苏，载灵柩至咸阳始发丧； 5. 胡亥袭位为秦二世皇帝，赵高专权；九月，葬始皇丽山。
209	秦二世元年	1. 十一月作兔园于咸阳； 2. 十二月就阿房宫，登帝位； 3. 轶毁襄公以来的先王庙。只设七庙，尊始皇庙为帝者祖庙； 4. 春天，秦二世东行郡县，到碣石，会稽，刻石始皇所立石之旁。至辽东返咸阳； 5. 二世、赵高集团杀先帝大臣、诸公子、公主，下及三郎，使得“黔首振恐”； 6. 复作阿房宫； 7. 征材士五万人屯卫咸阳，令教射狗马禽兽。令郡县输送粮草到首都，“咸阳三百里内不得食其谷”； 8. 用法苛刻严峻； 9. 七月陈涉起义，天下响应。
208	秦二世二年	1. 陈胜起义军在周章（即周文）率领下攻入关中，抵戏水，秦朝廷大乱； 2. 丽山陵园工程停辍，秦二世免丽山徒人，授予武器编入队伍，由章邯带领对抗起义军； 3. 用赵高计，把进谏的右丞相冯去疾、左丞相李斯、将军冯劫逮捕办罪。李斯入狱就五刑，其他二人不肯受辱先行自杀； 4. 李斯父子被腰斩于咸阳市。
207	秦二世三年	1. 赵高欲为乱，在殿上指鹿为马，逼杀二世于望夷宫； 2. 立子婴为秦王，子婴刺杀赵高于斋宫，夷其三族； 3. 子婴立四十六日，奉天子玺印，于轵道旁投降入关的刘邦； 4. 刘邦入咸阳，封存宫室府库，还军驻霸上； 5. 月余，项羽入关。杀子婴及诸公子宗族，屠咸阳，烧秦宫室，火三月不灭； 6. 咸阳毁弃，关中残破。项羽虏得妇女宝货而出关。

秦世系表

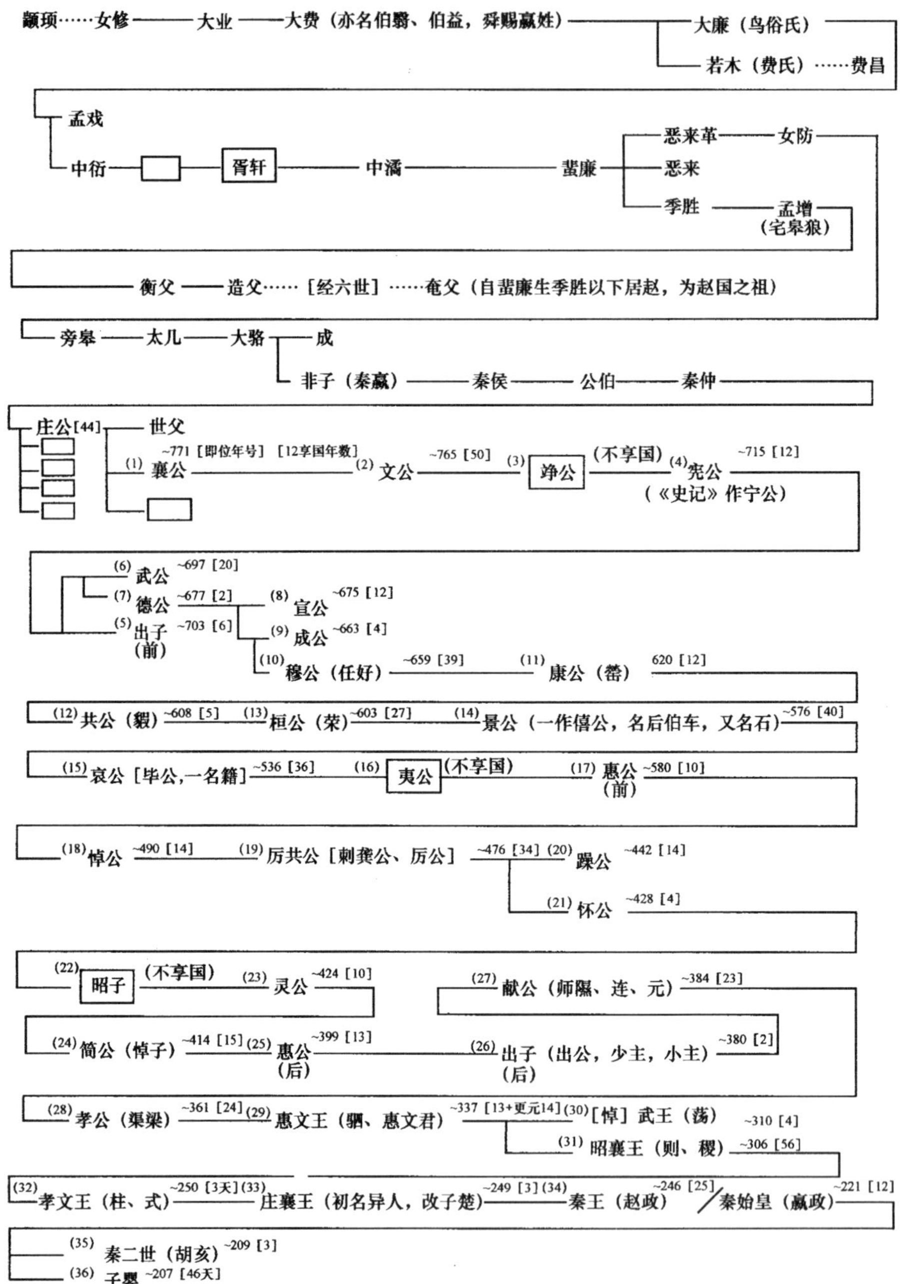
颛顼……女修
大业
大费（亦名伯翳、伯益，舜赐嬴姓）
大廉（鸟俗氏）
若木（费氏）……费昌
孟戏
中衍
胥轩
中潏
蜚廉
恶来革
女防
恶来
季胜
孟增
（宅皋狼）
衡父
造父……［经六世］……奄父（自蜚廉生季胜以下居赵，为赵国之祖）
旁皋
太儿
大骆
成
非子（秦嬴）
秦侯
公伯
秦仲
庄公[44]
世父
~771［即位年号］［12享国年数］
(1) 襄公
(2) 文公 ~765［50］
(3) 竫公 (不享国)
(4) 宪公 ~715［12］
（《史记》作宁公）
(6) 武公 ~697［20］
(7) 德公 ~677［2］
(5) 出子（前） ~703［6］
(8) 宣公 ~675［12］
(9) 成公 ~663［4］
(10) 穆公（任好） ~659［39］
(11) 康公（罃） 620［12］
(12) 共公（貑） ~608［5］
(13) 桓公（荣） ~603［27］
(14) 景公（一作僖公，名后伯车，又名石） ~576［40］
(15) 哀公［毕公,一名籍］ ~536［36］
(16) 夷公 (不享国)
(17) 惠公（前） ~580［10］
(18) 悼公 ~490［14］
(19) 厉共公［刺龚公、厉公］ ~476［34］
(20) 躁公 ~442［14］
(21) 怀公 ~428［4］
(22) 昭子 (不享国)
(23) 灵公 ~424［10］
(27) 献公（师隰、连、元） ~384［23］
(24) 简公（悼子） ~414［15］
(25) 惠公（后） ~399［13］
(26) 出子（出公，少主，小主）（后） ~380［2］
(28) 孝公（渠梁） ~361［24］
(29) 惠文王（驷、惠文君） ~337［13+更元14］
(30)［悼］武王（荡） ~310［4］
(31) 昭襄王（则、稷） ~306［56］
(32) 孝文王（柱、式） ~250［3天］
(33) 庄襄王（初名异人，改子楚） ~249［3］
(34) 秦王（赵政） ~246［25］
秦始皇（嬴政） ~221［12］
(35) 秦二世（胡亥） ~209［3］
(36) 子婴 ~207［46天］

说明：

（一）鉴于过去学者所作的秦世系或简略，或名号有误，或承接关系错乱，今对文献记载作一详细梳理，故成此表式。或有违误，待后作改正。

（二）谥前（ ）内数字为秦立国后世系顺序代数，谥世数字为即位年，表示公元前。[ ] 内数字系在位之年。如：孝公（渠梁）~ 361 [24]，即是渠梁谥秦孝公，于公元前 361 年即位，执政 24 年。

（三）横线后按辈份垂直继承，拉通为计；同辈相承者，则并列，横线中折。

（四）万国鼎（中国历史纪年表》、陈梦家《六国纪年》中，均在秦简公之后有秦敬公（公元前 405 年 ~ 前 393 年），但不见秦《二纪》，故省略不计。

（五）秦襄公至二世的秦世总年数，各书不同，如：

610 年——《史记 · 秦始皇本纪》后秦世系；

576 年——《史记 · 秦始皇本纪 · 正义》引《秦本纪》；

617 年——《史记 · 秦本纪 · 索隐》；

571 年——《中国历史纪年表》。